中国出版蓝皮书
CHINA PUBLISHING BLUE BOOK

2020—2021
中国出版业发展报告

ANNUAL REPORT OF PUBLISHING INDUSTRY IN CHINA(2020-2021)

魏玉山 ◎ 主　编
李晓晔 ◎ 副主编

图书在版编目（CIP）数据

2020—2021 中国出版业发展报告 / 魏玉山主编；李晓晔副主编. —北京：中国书籍出版社，2021.11
ISBN 978 – 7 – 5068 – 8663 – 5

Ⅰ.①2… Ⅱ.①魏… ②李… Ⅲ.①出版工作 – 研究报告 – 中国 – 2020—2021 Ⅳ.①G239.2

中国版本图书馆 CIP 数据核字（2021）第 178409 号

2020—2021 中国出版业发展报告

魏玉山　主　编

李晓晔　副主编

责任编辑	庞　元
责任印制	孙马飞　马　芝
封面设计	楠竹文化
出版发行	中国书籍出版社
地　　址	北京市丰台区三路居路 97 号（邮编：100073）
电　　话	（010）52257143（总编室）　　（010）52257140（发行部）
电子邮箱	eo@ chinabp. com. cn
经　　销	全国新华书店
印　　刷	三河市顺兴印务有限公司
开　　本	787 毫米×1092 毫米　　1/16
印　　张	22.75
字　　数	434 千字
版　　次	2021 年 11 月第 1 版　2021 年 11 月第 1 次印刷
书　　号	ISBN 978 – 7 – 5068 – 8663 – 5
定　　价	138.00 元

版权所有　翻印必究

《2020—2021中国出版业发展报告》
主编、副主编和撰稿人名单

主　编：魏玉山

副主编：李晓晔

撰稿人（按文章顺序排列，作者单位见内文）

　　李晓晔　冀素琛　周蔚华　程　丽　杨　伟　赵文义
　　陈国权　毛文思　刘成芳　刘积英　倪　成　张文彦
　　田　菲　邓　杨　舒　彧　李　旗　张文红　陈怡颖
　　刘莹晨　李家驹　王国强　黄昱凯　潘翠华

目 录

第一编　主报告

危机中育新机　变局中开新局
　　——2020—2021中国出版业发展报告／3
　　一、2020年中国出版业发展概况／3
　　二、2020年中国出版业趋势分析／13
　　三、推进中国出版业发展的建议／19

第二编　分报告

2020—2021中国图书出版业发展报告／31
　　一、2020年图书出版业的基本情况／31
　　二、2020年图书出版业发展亮点／39
　　三、图书出版业发展存在的问题及对策建议／42
　　四、2021年图书出版业趋势展望／46

2020—2021中国图书市场报告／48
　　一、2020年中国图书零售市场基本情况／48
　　二、2020—2021新冠肺炎疫情影响下的行业应变／53

三、2020—2021 影响和推动图书出版业发展的重要事件 / 62

四、2021 年及未来一段时间图书出版业发展展望 / 65

2020—2021 中国期刊出版业发展报告 / 68

一、2020 年期刊业发展基本情况 / 68

二、2020—2021 期刊业发展趋势 / 77

三、关于期刊出版业发展的建议 / 83

2020—2021 中国报业发展报告 / 91

一、2020 年报业面临的窘境 / 91

二、2020 年报业迎来新的发展机遇 / 95

三、报业的转型探索 / 102

2020—2021 中国数字出版业发展报告 / 108

一、2020 年数字出版业发展的基本状况 / 108

二、数字出版业的发展趋势 / 115

三、关于数字出版业发展的思考和建议 / 119

2020—2021 中国印刷业发展报告 / 123

一、疫情下印刷业面临的影响和冲击 / 123

二、印刷业迎难而上取得的成绩 / 127

三、对推动印刷业实现平稳持续发展的建议 / 132

2020—2021 中国出版物发行业发展报告 / 135

一、2020 年出版物发行业的基本情况 / 135

二、出版物发行业发展趋势 / 140

三、出版物发行业存在的难点问题 / 142

四、推动出版物发行业高质量发展的建议 / 144

第三编　专题报告

2020年出版上市公司发展报告 / 151

　　一、2020年出版上市公司发展情况 / 151

　　二、2020年出版上市公司发展亮点 / 161

　　三、2020年出版上市公司发展存在的问题 / 164

　　四、对出版上市公司发展的建议 / 165

2020—2021全民阅读发展报告 / 168

　　一、第十八次全国国民阅读调查情况总结 / 168

　　二、全民阅读政策的推进 / 178

　　三、全民阅读行业的发展 / 180

　　四、全民阅读研究的趋势 / 182

　　五、推进"十四五"全民阅读生态体系的良性发展 / 184

2020年VR/AR出版情况分析 / 186

　　一、"出版+VR/AR"发展概述 / 186

　　二、"出版+VR/AR"多样态应用 / 189

　　三、"VR/AR+出版融合"发展过程中存在的问题 / 194

　　四、VR/AR技术在出版领域的发展趋势 / 195

2020—2021民营书业研究报告 / 198

　　一、民营书业的发展现状 / 198

　　二、民营书业的发展趋势 / 202

　　三、民营书业的发展亮点 / 207

　　四、推进民营书业发展的对策建议 / 209

2020—2021出版物市场治理情况 / 211

　　一、2020年出版物市场治理成效 / 211

二、2020年出版物市场治理典型案例 / 215

三、2020年出版物市场治理特点 / 221

四、2021年出版物市场治理重点 / 222

2020年新闻出版标准化综述 / 224

一、2020年标准化工作基本情况 / 224

二、标准化工作存在的问题及趋势 / 236

三、关于新闻出版标准化工作的建议 / 239

2020年出版专业教育现状、新形势与变革趋势 / 242

一、2020年出版专业教育的现状分析 / 242

二、2020年出版教育发展的新特点 / 250

三、出版专业教育未来变革趋势 / 252

2020年新闻出版走出去发展报告 / 258

一、2020年出版走出去基本情况 / 258

二、2020年出版走出去发展亮点 / 266

三、推动出版走出去的建议 / 271

第四编　中国香港特别行政区、澳门特别行政区、台湾地区出版业发展报告

2020年中国香港特别行政区出版业发展报告 / 277

一、百年一遇的困境 / 277

二、业界自救 / 278

三、出版业的整合与变化 / 281

四、出版界履行社会责任 / 282

五、社会半停摆下的阅读状况／283

　　六、出版风貌与特征／284

　　七、教育出版仍是焦点／286

　　八、结语："求变是不变的硬道理"／288

2020年中国澳门特别行政区出版业发展报告／289

　　一、出版物统计／289

　　二、图书出版情况／290

　　三、出版单位类型及出版数量／293

　　四、新成立出版单位情况／300

　　五、报纸及期刊出版情况／301

　　六、出版业界交流／302

　　七、书店业／302

　　八、结语／303

2020年中国台湾地区出版业发展报告／304

　　一、出版概况／304

　　二、发展现状分析／305

第五编　出版业大事记

2020年中国出版业大事记／315

2020年中国香港特别行政区出版业大事记／332

2020年中国澳门特别行政区出版业大事记／344

2020年中国台湾地区出版业大事记／346

第一编

主报告

危机中育新机　变局中开新局
——2020—2021 中国出版业发展报告

2020 年是脱贫攻坚、全面建成小康社会和"十三五"规划的收官之年，也是"十四五"谋篇布局之年。这一年，新冠肺炎疫情在全球范围内肆虐蔓延，中国出版业面临严峻考验。面对重重困难，出版业响应习近平总书记和党中央号召，按照中宣部的周密部署，团结一心，共同奋斗，在危机中育新机、于变局中开新局，不仅为助力决战决胜脱贫攻坚、全面建成小康社会作出了应有的贡献，而且为奋力夺取疫情防控和实现经济社会发展目标双胜利提供了有力的舆论支持和精神动力。站在新的历史起点上，按照"十四五"规划和 2035 年远景目标要求，出版业立足新发展阶段，贯彻新发展理念，构建新发展格局，正阔步迈向全面建设社会主义现代化国家新征程。

一、2020 年中国出版业发展概况

（一）出版管理：完善制度建设，加大管理力度

1. 一批重要法律、规定、政策相继出台

2020 年 6 月，国家新闻出版署印发《报纸期刊质量管理规定》（以下简称《规定》）。《规定》明确报纸、期刊质量包括内容质量、编校质量、出版形式质量、印制质量四项，分为合格和不合格两个等级。四项均合格的，其质量为合格；四项中有一项不合格的，其质量为不合格。《规定》明确报纸编校差错率不超过万分之三、期刊编校差错率不超过万分之二的，其编校质量为合格；报纸出版形式差错数不超过三个、期刊出版形式差错数不超过五个的，其出版形式质量为合格。《规定》所附的四个附

件，围绕报纸、期刊编校差错率和出版形式差错数，给出具体量化的计算方法。《规定》的出台，有利于健全报刊质量监管体系，提升报刊质检工作法制化、规范化水平，提高全行业责任意识和质量意识，推动报刊业加快向高质量、高水平发展阶段迈进。①

2020年10月22日，中央宣传部印发《关于促进全民阅读工作的意见》（以下简称《意见》），把阅读推广与实现"两个一百年"奋斗目标和中华民族伟大复兴的中国梦联系在一起，把这一工作提升到前所未有的高度。《意见》的印发，标志着党和国家对全民阅读的高度重视，也为出版行业的高质量发展提供了广阔空间。

2020年11月11日，最新修订的《中华人民共和国著作权法》（以下简称《著作权法》）正式发布，并于2021年6月1日起实施。此次新修订的《著作权法》进一步顺应了数字经济发展的现实需求，对新型数字作品的版权问题做出明确规定，更具包容性和前瞻性。

2020年12月14日，国家新闻出版署印发《出版物鉴定管理办法》（以下简称《办法》），自2021年7月1日起施行，同时废止新闻出版署1993年3月16日发布的《新闻出版署出版物鉴定规则》。《办法》的颁布和施行，有利于加强国家对出版物鉴定活动的管理，规范出版物鉴定工作，保障出版物鉴定质量。这将促进图书出版行业环境的净化，推动图书出版业的高质量发展。

此外，《关于加快推进媒体深度融合发展的意见》《关于进一步加强网络文学出版管理的通知》《关于做好国家文化大数据体系建设的通知》《教育部基础教育课程教材发展中心中小学生阅读指导目录（2020年版）》等规定和文件的出台，也为新闻出版业营造了良好的发展环境。

2. 质量管理：图书"质量管理2020"专项工作开展

国家新闻出版署在2020年3月启动图书"质量管理2020"专项工作，对2019年以来出版的社科、文艺、少儿、教材、教辅和科普类图书进行内容质量和编校质量检查，加大对引进版、公版图书内容和编校质量的检查力度，以"三审三校"制度的执行情况为检查重点，进一步加强图书质量保障制度建设，加强出版物质量全流程管理。

---

① 袁舒婕. 健全质量监管体系　推进报刊业高质量发展——国家新闻出版署有关负责人就《报纸期刊质量管理规定》实施答记者问 [J]. 中国出版，2020（13）：12-13.

3. 出版工程和基金项目推动出版高质量发展

2020年是我国全面建成小康社会和"十三五"规划收官之年,2021年迎来中国共产党成立100周年。2020年2月,中宣部办公厅下发通知,明确2020年主题出版六方面选题重点。围绕上述重要方向和出版项目,出版界精心筹备、认真策划,一大批出版物得以陆续出版并推出给读者。4月13日,国家新闻出版署印发通知,决定在前八届"优秀通俗理论读物推荐活动"的基础上实施"优秀通俗理论读物出版工程"。5月14日,国家新闻出版署发布了关于开展2020年"优秀现实题材文学出版工程"作品申报工作的通知。5月22日,2021年度国家出版基金开始申报。6月11日,全国古籍整理出版规划领导小组办公室公示了2020年度国家古籍整理出版专项经费拟资助的85个项目名单。这些重点项目的陆续发布,为疫情影响下的出版单位指明了新的方向,也为出版工作的高质量发展奠定了基础、提振了信心。

(二) 内容生产亮点频现,抗疫图书广受好评

1. 主题出版发挥引领作用

2020年,围绕全面建成小康社会、决战脱贫攻坚等重大事件和重要时间节点,出版单位提前启动、精心谋划了一批主题鲜明、内涵丰富、风格多样的主题图书。据中宣部出版局统计,2020年各出版单位共上报主题出版选题2233种,比2019年的1856种增加20%。经精心评审,最终125种被列入2020年主题出版重点出版物选题目录,其中图书110种、音像电子出版物15种。①

2020年,出版界推出了一批习近平新时代中国特色社会主义思想研究阐释的主题出版物,既有文献精编、权威读本,又有理论专著、通俗读物。外文出版社以中英文出版了《习近平谈治国理政》第三卷,面向海外发行,在国内外产生了强烈反响。人民出版社和中共中央党校出版社正式出版《习近平新时代中国特色社会主义思想基本问题》,该书聚焦基本理论和重大实践问题,深刻回答了习近平新时代中国特色社会主义思想"是什么""何以产生",学习这一思想"学什么""怎么用"等问题。人民出版社出版的《新时代·新思想》,对习近平新时代中国特色社会主义思想的理论来源、

---

① 陈香. 2020年中国出版十件大事[N]. 中华读书报,2020-12-23.

历史地位、核心要义、精神实质等进行了深入阐释。中央文献出版社出版了《习近平关于防范风险挑战、应对突发事件论述摘编》和《习近平关于统筹疫情防控和经济社会发展重要论述选编》《习近平关于中国特色大国外交论述摘编》《习近平关于力戒形式主义官僚主义重要论述选编》以及《论党的宣传思想工作》《论坚持全面依法治国》等习近平同志的专题摘编；中央党史与文献研究院还编辑出版了《习近平新时代中国特色社会主义思想学习论丛》第一辑至第五辑等重要的文献精编和权威读本。

2020年，出版界把记录好、讲述好脱贫攻坚实现全面小康的故事，作为全年工作的重点。围绕着这一主题，一大批呈现典型人物、记录生动事迹、总结扶贫经验、弘扬脱贫攻坚精神的精品主题图书不断涌现。商务印书馆出版的《习近平扶贫故事》讲述习近平同志近半个世纪投身中国扶贫脱贫事业的实践探索和心路历程；研究出版社与国务院扶贫办全国扶贫发展中心和全国扶贫宣教中心深度合作、联合开发，推出了"中国扶贫书系"；人民出版社出版的《精准扶贫的故事》讲述了100个精准扶贫先进案例，多角度全方位总结扶贫实践经验。出版社还根据自身特点和优势，策划了一批独具特色的主题出版物，如上海音乐出版社的《在希望的田野上——脱贫攻坚大众金曲一百首》、人民美术出版社的"决胜全面小康、决战脱贫攻坚"系列宣传画集、中国农业出版社的面向农村干部的"农村扶贫攻坚工作"系列丛书等。

2. 抗疫出版物助力打赢疫情防控阻击战

2020年，面对新冠肺炎疫情肆虐蔓延，出版界迅速策划了一批讲述中国抗疫故事，全面客观记录中国政府和人民抗疫进程的图书。广东科技出版社仅用48小时就出版了全国第一本预防新冠肺炎的科普图书《新型冠状病毒感染防护》，该书发行量接近200万册，版权输出到十多个国家。湖北科学技术出版社2020年1月22日编撰出版了《新型冠状病毒肺炎预防手册》一书，该书版权输出到全球24个国家和地区，创造了湖北省图书版权输出的历史纪录。此外，《大国战"疫"》《众志成城——武汉战"疫"记》《中国共产党防止重大疫病的历史与经验》《最美逆行者》、"致敬最美战'疫'医务工作者"系列等抗疫出版物也广受读者好评。各少儿出版社也快速反应，策划推出了一批与抗疫有关的少儿读物，如江苏凤凰少年儿童出版社的"童心战'疫'·大眼睛暖心绘本"、接力出版社的《钟南山：生命的卫士》等。此外，出版界还推出了一批通俗易懂的普及新冠肺炎防控知识的图书，出版了一批诗集、家书、日记、征文等抗疫文学作品。这些出版物满足了特殊时期广大人民群众的精神文化生活需要，为稳定人民群众焦虑情绪，打赢疫情防控阻击战提供了有力的舆论支持和精神动力。

3. 一批大型出版工程竣工

2020年，在多方共同努力下，历经数年，一批重大出版工程得以面世。这些国家重大出版工程扶持的精品力作，既功在当代，又影响未来。6月26日，中华书局出版的点校本二十四史修订本《梁书》在北京以线上形式正式发布。国家重大文化工程《辞海》（第七版）历时5年编纂完成，2020年8月出版，9月上市。该书总字数约2350万字，总条目近13万条，图片1.8万余幅；新增条目（含义项）1.1万余条，75%以上的条目都有程度不同的修订或更新。9月3日，由上海交通大学东京审判研究中心与中国第二历史档案馆合作历时近5年编撰完成，近5万页、百卷本的《中国对日战犯审判档案集成》在上海首发出版。这是迄今所见最为完整、全面的中国战后审判文献，也是首次系统公布抗战胜利后中国对日本战犯进行法律审判的原始档案，填补了战后审判领域空白。

4. 教育出版：在线教育服务需求显著提升

2020年，新冠肺炎疫情给教育和学习模式带来深远影响，线上线下学习相结合逐渐常态化。教育出版社的在线教育服务在疫情中受到考验，部分在线教育服务平台出现瘫痪现象，这迫使教育出版社进一步完善在线教育服务平台。疫情使在线教育服务的需求显著提升，并加速了在线教育的发展，因而2020年也被称为教育OMO（线上线下融合）元年。

5. 优秀学术著作不断涌现

2020年，面对新冠肺炎疫情的严重冲击，各专业与学术出版单位快速响应，凭借自身的专业优势，策划一大批专业学术性抗疫图书，为国内疫情防控提供解决方案。与此同时，2020年在人文社科和自然科学各细分领域也有一批优秀的学术著作涌现。"国家社科基金文库"继续资助出版了一批有分量的哲学社会科学著作，国家出版基金资助出版了各个学科有较高学术价值的公益性学术著作。还有很多出版社紧紧围绕国家宏观发展形势，出版了一些面向经济社会发展现实的学术著作。此外，结合人工智能、5G、区块链等新兴技术，一批相关的学术著作推出，并受到读者欢迎，如清华大学出版社的《世界的下一个主宰——人工智能》、中国科学技术出版社的《智能控制方法与应用》等。

6. 大众图书需求上涨明显

2020年，疫情对全球政治经济格局都带来深远影响，投资理财、自我提升类大众图书受到读者欢迎。疫情居家隔离期间，人们的闲暇时间增多，小说、文学、历史、人物传记、育儿家教等类型图书需求明显上涨。一批面向大众的畅销书广受欢迎，如人民文学出版社的莫言新作《晚熟的人》和冯骥才新作《艺术家们》、人民出版社的《百年变局下的中国经济》、接力出版社的《中华先锋人物故事汇（第二辑）》、中国大百科全书出版社的《科技创新：中国未来30年强国之路》等。

（三）疫情冲击下，部分出版发行企业业绩逆势增长

在国内疫情严重的2020年上半年，出版行业的生产、销售饱受冲击，生产链条骤停，实体店面销售骤减，诸多营销活动无法落地，甚至面临生存危机，不少出版社经济效益指标尤其是第一季度和第二季度的销售和利润受影响较大。印刷业在2020年一季度也受到较大冲击。面对严峻形势，仍然有部分出版单位同心协力，奋力拼搏，业绩不降反增，逆势上涨。这些出版社企业充分利用直播带货、短视频营销、跨界联动、渠道拓新等方式，大力加强图书营销，实现了销售增长。其中，以少儿书为主要业务板块的出版机构是明显的增长力量。2020年，二十一世纪出版社集团全年营收同比上升7.68%，利润同比上升7.23%。[1] 部分教育出版社也是主要的逆势增长力量。2020年，华东师范大学出版社销售码洋13.63亿元，回款码洋13.52亿元，营业总收入5.15亿元，利润超过1亿元。[2] 在新冠肺炎疫情蔓延和全球经济环境下行的背景下，出版上市公司营业收入总额同比上年小幅下滑，归属于上市公司股东的净利润总额与上年基本持平。虽然不少出版上市公司的营业收入和净利润都出现了增速放缓或不同程度下滑的情况，但仍有部分公司的业绩逆势上涨，比如掌阅科技、读者传媒、南方传媒等。此外，新冠肺炎疫情给很多民营图书公司自身的运营带来不小的影响，但是仍有21.78%的受调查图书公司在2020年"业绩大幅度增长"。[3]

---

[1] 刘蓓蓓. 二十一世纪出版社集团：深度发挥线上渠道优势［N］. 中国新闻出版广电报，2021-01-25.
[2] 金鑫. 华东师范大学出版社：在"内外兼修"中稳健成长［N］. 中国新闻出版广电报，2021-01-20.
[3] 黄璜. 近半数公司业绩下滑 但对2021年抱以乐观——民营图书公司生存状况调查［J］. 出版人，2021（1）：40-43.

（四）疫情冲击下，出版业融合发展进程加速

1. 出版企业转型升级持续推进，线上线下融合发展加速

2000年，面对突如其来的疫情冲击，出版企业纷纷发力线上，通过构建图文、视频号、直播、MCN的立体营销矩阵，借助线上商城、社群营销、直播带货等方式打开营销新局面，不仅克服了疫情对线下图书零售带来的不利影响，而且还实现了线上零售的新突破。如皖新传媒通过拓展"阅+"智慧新零售体系，不断扩大线上用户群体，构建以线上商城、社群电商、直播电商为主的线上销售网络，形成电商渠道网络和实体门店拓展互为支撑的文化服务新零售体系。

2. 实体书店智慧化升级，技术应用助推高质量发展

面对疫情冲击，许多实体书店运用人工智能、人脸识别、大数据等新技术手段，对传统的门店网点、教育服务、供应链、运营管理等进行全面的智慧化升级。不断对线下门店进行全面的数字化重构，打造智慧书城"新零售"服务体验；不断培育基于大数据、云计算、物联网、人工智能等新技术的新型文化业态，成为门店多元运营新亮点；不断通过直播、社群、新媒体营销等新营销手段，加快实现由传统营销向数字化营销转型；持续推进互联网教育平台建设，努力实现由传统教材教辅发行商向以教育服务为核心的数字化平台的转型。技术在出版物发行业的应用越来越广阔，发挥的作用越来越明显，正成为引领推动行业高质量发展的最重要助推力。

3. 直播成图书营销新利器

2020年初，疫情致使图书线下销售无法开展，大量实体书店面临生存危机，出版社纷纷转战线上，入驻抖音、快手、微博、B站、京东、淘宝等平台，邀请作者、名人、编辑、社长担任主播。出版机构还充分抓住世界阅读日以及"6·18""双11""双12"等重要营销节点，密集安排直播活动。从新书发布、线上领读再到在线授课，直播的主题多元、内容丰富。出版社通过直播带货取得了不错的社会反响和经济效益，图书出版业直播营销崛起成为2020年度新亮点。除了直播营销以外，出版机构还借助短视频营销、社群营销、盲盒营销、外卖平台送货等新手段来"花式"卖书。

4. 期刊融合出版向纵深推进

由于新冠肺炎疫情的影响，期刊界将大部分工作都转到了线上，如开展线上会议、

网络审稿、稿件处理等。在疫情影响、大众阅读习惯和媒介传播方式改变的大环境下,移动端已经成为了聚集受众、传播信息的主阵地。对于期刊业来说,纵深融合出版成为了期刊业不容回避的自我革命方式之一。例如,2020年2月,《读者》在其移动客户端"读者蜂巢"上免费开放杂志近三年的经典内容,将用户阅读的使用场景从线下向线上转移。8月,《读者》上线"读者+"微信小程序,从图文到音频、视频、直播甚至商城,以更加融合的表现形式吸引广大读者。[①]《中国科学院院刊》在渠道层面打造了由官方网站、微信公众平台、邮件推送以及学习强国、人民网等主流媒体和头条号、新浪微博等市场传媒相结合的三个传播圈层。

(五) 出版公共服务目标明确,参与广泛

1. 全民阅读明确主要目标和任务

2020年10月22日,中央宣传部印发《关于促进全民阅读工作的意见》(以下简称《意见》),其中明确了主要目标:到2025年,基本形成覆盖城乡的全民阅读推广服务体系,全民阅读理念更加深入人心,国民综合阅读率显著提升。《意见》提出了全民阅读工作的重点任务,包括加大阅读内容引领、组织开展重点阅读活动、加强优质阅读内容供给、完善全民阅读基础设施和服务体系、积极推动青少年阅读和家庭亲子阅读、保障特殊群体基本阅读权益、提高数字化阅读质量和水平、组织引导社会各方力量共同参与和加强全民阅读宣传推广等。《意见》还明确了保障措施,包括加强组织领导、加强服务保障、加强评估督导等。

2. 数字农家书屋:聚焦抗疫,助力"双决"

2020年,全国各地数字农家书屋认真贯彻习近平总书记和党中央对疫情防控和经济社会发展的重大决策部署,深化改革创新、提升服务效能,以海量数字资源、优质投送平台、丰富阅读活动,投身疫情防控,助力决战决胜脱贫攻坚,发挥了实实在在的作用。一是充分利用数字化传播优势,整合资源、全媒联动,及时传达习近平总书记和党中央决策部署,准确发布权威信息,把疫情防控宣传引导覆盖到广大农村千家万户。二是通过讲解农民最想学的知识、提供农民最需要的服务、开展农民最喜爱的

---

① 付江. 重新发现读者——2020年中国社科市场期刊动态盘点 [J]. 科技与出版,2021 (3):78-85.

活动，在精准服务群众中提升效能。三是加强数字化平台建设。湖北利用"互联网＋"技术，对农家书屋进行智慧管理网络和大数据监管改造，形成"内容自上而下统一智能分发，数据自下而上统一智能反馈"的格局，为打好湖北防疫战作出重要贡献。

3. 积极履行社会责任，投身社会公益事业

面对突如其来的新冠肺炎疫情，出版企业展现出了文化企业的责任担当。一方面，积极贯彻落实党中央抗击新冠肺炎疫情的决策部署，做好疫情防控工作；另一方面，积极开展疫情下的生产经营活动，力求"抗疫经营两手抓"。许多出版单位第一时间推出了大量抗击新冠肺炎疫情相关的出版物，并免费向社会公众开放电子版，发挥了知识抗疫的积极作用；同时还纷纷免费开放数字阅读资源，满足广大人民群众在特殊时期的精神文化生活需求。如人民教育出版社免费开放"人教点读"数字教学资源库；北京师范大学出版社从2月1日起全面免费开放以教材电子课本为主的大量学习资源；各出版社均免费开放了海量教学资源平台，覆盖大中小各级各类教育。同时，一些出版集团和企业继续落实精准扶贫工作，通过文化扶贫、产业扶贫、旅游扶贫、教育扶贫、科技扶贫等多种方式，助力打赢脱贫攻坚战。

4. 发行业服务意识与时俱进，公共文化服务创新提质

2020年，为配合教育部"停课不停学、停课不停教"的工作要求，出版发行企业克服疫情封锁、物流不畅、防疫物资紧缺等困难，顺利完成"课前到书"任务。还向师生免费提供线上教学资源和阅读资源，确保疫情期间教学工作的顺利开展。同时，出版发行企业持续创新公共文化服务建设运营模式，通过线上线下整合运营、云书展、云馆配等创新举措，提升大型品牌文化活动品质，在推进全民阅读的同时，不断增强人民群众的文化获得感、幸福感。此外，出版发行企业聚焦产业链上下游，创新产品和服务模式，行业整体服务水平持续提升。门店员工主动服务意识、服务行为逐步专业、规范，店外销售主动性、积极性、创造性有效提升，线上平台运营、直播带货、社群营销服务能力大有改观。

5. 民营书企积极投身抗疫，彰显家国情怀和社会责任

在抗击新冠肺炎疫情的战役中，民营策划与发行企业积极投入，通过捐赠善款、购买防护物资、捐赠图书等方式支援一线医护人员以及志愿者，彰显了民营书业的家国情怀和社会责任。如曲一线定向支持湖北武汉黄冈、仙桃、利川、襄阳、宜昌等急需医疗物资和帮助的医院,支援一线志愿者购买防护物资。为了积极响应国家关于"停课不停学"的号召,不少民营教辅公司依托自身的内容优势,第一时间推出了免费的学习资源、在线课程、备课平台等教育数字化服务,以满足师生的在线教育资源需求。如春雨集团为全国各地中小学生提供疫情期间在线服务,紧急制作电子样书两千余本,通过线上推送、免费下载打印的方式,提前送达数百万居家的孩子手中。

(六)克服疫情影响,线上走出去成新亮点

2020年,受疫情影响,纸质图书海外出版发行受到较大阻力,出版业开拓了线上走出去的新模式,通过积极参加和举办国际"云书展"、建立国外社交媒体账号、在线上与国外出版界沟通合作、数字版权输出、数字产品走出去等方式,继续推动中国图书对外推广、海外传播,成为出版业走出去的新亮点。

1. 探索线上线下融合型书展的新模式

2020年,许多国际书展因为疫情原因采取线上或线上线下相结合的方式举行,包括第57届意大利博洛尼亚国际童书展、第72届法兰克福书展、第33届莫斯科国际书展等。中国出版机构积极参加了这些国际"云书展",推动对外交流与合作。同时,中国出版界主动自建走出去平台,探索线上线下融合型书展的新模式,举办了多个国际书展。北京国际图书博览会首次以线上"云书展"方式举行,第6届中国上海国际童书展采取了线上线下融合的书展模式。2020年7月,中国外文局发起并建设运营"中国国际云书馆"项目,充分利用虚拟现实等新技术构建3D虚拟展厅,为各国出版机构提供丰富的图书版权资源和出版信息。

2. 积极探索"走出去"的新方式

除了"云书展"以外,疫情之下出版机构在积极探索"走出去"的新方式。中国出版集团推出了"中版好书云展销"平台,吸引了150多家海外图书馆、大学、研究机构等前来订货,保持了海外销售渠道的畅通。人民文学出版社在海外社交媒体照片墙(Instagram)上创立人文社账号,开辟了中外文学交流的窗口。中国图书进出口总公司用"云版权"筛选国内各出版社优质版权,在YouTube、LinkedIn等国际媒体平台上进行定期发布。

3. 推动数字产品和版权走出去

一些出版机构在数字产品走出去方面，收获颇丰。浙江出版联合集团《肿瘤整形外科学》（英文版）、《手及上肢先天性畸形》（英文版）数字版本资源被全球顶尖科研数据库平台 Web of Science 收录；安徽少年儿童出版社《熊猫日记》的 AR 版权输出到英国，这是我国本土作家作品首次被制作成 AR 图书走向全球；广西出版集团接力出版社《酷虫学校科普漫画系列》等以电子书的形式分别输出韩国、越南，《阿狸和小小云》《我用 32 个屁打败了睡魔怪》以有声书形式输出马来西亚；中国青年出版社研发的"中国艺术在线——中国文化艺术国际传播数据库"由英国布鲁姆斯伯里出版集团为英文版提供国际营销支持。同时，在数字版权输出方面，华语教学出版社积极探索新的版权合作模式，以数字版权带动版权输出数量及收入的提升，筛选优质的海外合作方进行数字版权授权，2020 年海外电子授权图书下载量累计 26 万余次，电子版权收入仅已逾 5 万美元，新兴的数字版权授权品种数及收入位居行业前列。

二、2020 年中国出版业趋势分析

2021 年是第十四个五年规划的开局之年，我国由此开启全面建设社会主义现代化国家新征程的第一个五年。站在"两个一百年"奋斗目标的历史交汇点上，出版业要以习近平新时代中国特色社会主义思想为指导，认真学习贯彻习近平总书记有关出版工作的重要论述，准确把握"十四五"规划和 2035 年远景目标纲要要求，总结经验，谋划未来，牢牢把握正确导向，坚定文化自信，弘扬优良传统，坚持改革创新，不断提高出版质量，不断提升国际传播能力和水平，提供更多优秀精神文化产品，更好地向世界展现真实、立体、全面的新时代中国形象。

（一）"十四五"规划和 2035 年远景目标为出版业发展明确目标任务

2020 年 10 月 29 日，中国共产党第十九届中央委员会第五次全体会议通过了《中

共中央关于制定国民经济和社会发展第十四个五年规划和二〇三五年远景目标的建议》，2021年3月，十三届全国人大四次会议审议通过了《中华人民共和国国民经济和社会发展第十四个五年规划和2035年远景目标纲要》（以下简称《纲要》）。《纲要》提出，到2035年建成文化强国的战略目标，并对如何实现这一战略目标做出新的谋划和部署，包括坚持马克思主义在意识形态领域的指导地位，坚定文化自信，坚持以社会主义核心价值观引领文化建设，加强社会主义精神文明建设，围绕举旗帜、聚民心、育新人、兴文化、展形象的使命任务，促进满足人民文化需求和增强人民精神力量相统一，推进社会主义文化强国建设。

出版业作为社会主义文化强国建设的重要组成部分，必须发挥其在文化强国建设中应有的作用。《纲要》对出版业的未来发展也提出了具体要求，如"全面繁荣新闻出版、广播影视、文学艺术、哲学社会科学事业""加强国家重大文化设施和文化项目建设，推进国家版本馆、国家文献储备库、智慧广电等工程""传承弘扬中华优秀传统文化，加强文物古籍保护、研究、利用""坚持把社会效益放在首位、社会效益和经济效益相统一，深化文化体制改革，完善文化产业规划和政策，加强文化市场体系建设，扩大优质文化产品供给""以讲好中国故事为着力点，创新推进国际传播，加强对外文化交流和多层次文明对话"等，这一切，为出版业未来发展指明了方向。

出版业是文化产业的核心部分，如何根据《纲要》要求，在2035年建成出版强国，是出版业需要深入思考，全力谋划的重要课题。今年是"十四五"规划的开局之年，出版业要深入学习贯彻"十四五"规划和2035年远景目标纲要，根据《国家新闻出版署关于编制"十四五"国家重点图书、音像、电子出版物出版规划和2021—2030年国家古籍规划的通知》要求，围绕中心、服务大局，总结经验，谋划未来，深入宣传习近平新时代中国特色社会主义思想，大力倡导社会主义核心价值观，进一步明确出版业在文化强国建设中的地位和作用，大力推动出版业高质量发展，为广大读者生产更多的精品力作，为全面建成社会主义现代化强国的第二个百年奋斗目标作出更大的贡献。

（二）后疫情时代出版业加速融合发展

2020年，新冠肺炎疫情使出版业遭受巨大冲击，社会阅读需求和大众阅读习惯发生了新的变化，出版业的生产运营模式发生了根本性变革，融合发展取得实质性突破，预示着出版业进入新的发展阶段。① 疫情对于出版机构而言是一次危机，但也可能是一次实现"弯道超车"的转机。出版机构能否实现"弯道超车"取决于能否化危为机，抓住融合创新发展的机遇。

新冠肺炎疫情对各个领域带来的影响不是短期的变化，而是长期的变局，宏观环境和市场需求的不确定因素增加。随着疫情防控步入常态化，人们的数字内容需求更加多元，这将催生新业态、新形态、新模式、新渠道和新场景，在不同领域加速融合过程中，也将涌现出新的消费市场，从而产生新的竞争赛道。同时，数字内容的各个领域的底层发展逻辑、市场格局都正在发生悄然变化，实现了数字内容产业链条的延伸和产业生态的重塑，数字内容的传播半径持续扩大，逐渐突破原有的受众群体和场景的局限。此外，随着5G大规模商用提速，数字内容产业技术应用范式、商业模式、大众消费方式将发生转变，头部数字内容企业将依托平台优势和强大的运营体系，聚焦新需求、新市场，寻找新的商业机会，拓展业务布局，把变量转化为增量，健全内容服务体系，进而形成新的竞争优势，成为数字内容企业未来发展的重要着力点，整个数字内容产业以及各个细分领域的行业格局都将面临新一轮洗牌。

此次疫情使出版融合发展的迫切性更加凸显，出版机构更加明确地意识到加大线上布局的重要性。疫情不仅考验着出版机构网络化生产运营的效率和水平，而且重塑着读者的阅读和消费习惯，加速改变着出版业态，倒逼出版社加快融合发展步伐。疫情期间，网络教育如火如荼，全国中小学全面开通了网络课程。这是中国教育界由实体教育向虚拟教育转型的一次重大演练，同时也倒逼出版社进行观念的转变，重新定位自身的角色，从传统的内容提供者，转变为阅读服务者、数据分析使用者、IP孕育开发者。大数据时代下，出版产业的运营结构也从单向的供应链模式，向泛中心的网络化、动态化、平台化生产模式转型。②

2021年是出版业融合发展和破局突围的关键之年。首先，宏观政策持续利好。"十四五"规划和2035年远景目标的建议、纲要多次提到"出版融合"相关内容，为"出版融

---

① 章红雨. 出版业融合发展取得实质性突破［N］. 中国新闻出版广电报，2021-01-20.
② 陈香. 2020年中国出版十件大事［N］. 中华读书报，2020-12-23.

合"未来发展提供了路径与方向指引。其次，出版业将在融合发展方面更加主动作为。以往由于数字出版投入多、产出慢，资源集中度不高，以及授权等原因，出版社融合发展的步子不快，而这次疫情增大了人们对于数字出版的需求量，出版机构将加大投入力度，增加数字资源供给，完善线上平台建设，在技术、内容、渠道、服务和人才等方面进行融合发展布局，继续深化对5G、大数据、云计算、人工智能、AR、VR、区块链等新技术的开发和运用，推动出版产业朝着数字化、数据化、智能化方向发展。

疫情防控期间，出版机构通过免费开放资源带动了流量的提升，未来只有不断开发优质内容资源，稳定并持续运营，才能留存用户。疫情期间直播带货、短视频带货等方式在图书行业快速兴起，帮助出版机构解决了线下销售渠道不畅的燃眉之急。在后疫情时代，出版机构应切实总结经验，不断提升优质内容生产和运营能力，丰富优质内容呈现形式，推出更多的有声书、电子书、在线课程、移动阅读等数字出版产品，加大直播、短视频、社群等新媒体营销推广的力度，重视融合型人才培养，助力融合发展加速前行，重塑图书出版产业生态。

（三）出版公共服务面临发展新机遇

1. 提升公共文化服务水平写入"十四五"规划和2035年远景目标建议

党的十九届五中全会通过的《中共中央关于制定国民经济和社会发展第十四个五年规划和二〇三五年远景目标的建议》，站在推进社会主义文化强国建设的高度，着眼满足人民日益增长的精神文化生活需要，明确提出"提升公共文化服务水平"，并作出一系列重大部署。随着我国进入高质量发展阶段，人民改善生活品质的愿望更加强烈，享有更丰富、高品位文化生活的期盼日益高涨。出版业要适应我国社会主要矛盾变化，着眼不断实现人民对美好生活的向往，围绕着力推出更多文艺精品，推进媒体深度融合，推进城乡公共文化服务体系一体建设、推动公共文化数字化建设、传承弘扬中华优秀传统文化等目标任务，努力提供更多优质产品和服务，更好满足人民多样化、多层次、多方面的文化需求。

2. 全民阅读目标任务更加明确

中央宣传部印发《关于促进全民阅读工作的意见》，明确了全民阅读工作主要目标和重点任务。出版发行企业要抓住机遇，加强优质阅读内容供给，针对市场需求组织出版多层次、多品种的优质出版物。要加大相关数据资源的处理和新技术应用，持续快速推出成体系、有厚度的知识性数字产品，大力推进基于社区阅读、有声阅读、社媒阅读等细分领域的全民阅读新手段和新载体创新，更好地满足读者的高品质阅读需求。要针对青少年阅读和家庭亲子阅读、特殊群体基本阅读的需要，组织生产相关高质量产品，为全民阅读的深入开展提供源头保障。要主动转换出版营销模式，从图书市场营销向阅读服务营销转型，积极引领全民阅读。此外，还要促进阅读与教育、民生等社会基础体系的有机结合，实现阅读价值的社会联动。全民阅读工作投入大、周期长、见效慢，只有继续加强协同化推进，才能延伸臂膀、形成合力、做出实效。

（四）民营书业融合发展提速增效

1. 销售和营销进一步向线上迁移，探索私域渠道的打造

2020年初受新冠肺炎疫情影响，物流一度暂停，电商发货受阻，导致2020年线上电商渠道和前几年相比增速有所放缓。受到疫情"宅经济"的催化，线上社交平台抖音、快手等实现了从"积蓄流量"到"转化流量"的蜕变。无论是销售还是营销，都在全面向线上迁移，直播带货也一跃成为主流销售方式。除了知名主播的图书带货，大量的民营策划与发行机构也建设了自己的抖音、快手账号，如磨铁图书、果麦文化、万唯教育等，通过运营社交平台，定期更新短视频、定期直播，增加了粉丝黏性，从而促进了销售转化。同时培养了出版机构的专职主播，旨在打造主播个人影响力，放大社交媒体人与人之间互相信任从而跟随购买的特点。在微信平台，民营策划与发行机构自建的微信公众号以及微店仍然有一定的影响力，是其重要的"私域流量"。民营书企能借此得到更多、更长期的品牌及图书展示，潜移默化影响其在读者心目中的地位，最终将影响对应在线上甚至线下的销量表现。

2. 教育信息化成民营教辅企业热点

近几年，很多专业出版机构、教育出版机构和民营教辅企业已经逐步摸索出一条数字出版、服务教育的网络化发展之路，尝试"互联网＋内容""互联网＋渠道"的多种形态，为用户提供知识服务解决方案。在2020年，教育出版在在线教育的大框架下有了更为多元化的长足发展。其中较为突出的便是打造新形态的一体化教辅材料。新形态一体化教材是以纸质教材为核心，以互联网为载体，以信息技术为手段，将数字资源与纸质教材充分融合，并通过多种终端形式应用的新型教材产品。主业运营方向、优势区域不同也决定了拓展在线教育领域的定位不同。民营书业通过对在线教育市场进行细分，既可以发挥民营书业的主业优势，也可以将在线教育的成果与经验反哺传统出版。疫情期间，网络教学凸显出对各种网络教学平台、各类内容资源的需求，为相应的内容出版机构向民营书业的进入提供了发展的契机。

3. 馆配开启数字化转型

馆配也是民营策划与发行企业的业务重点，人天、三新等民营馆配商经过近二十年的发展，成为了产业链上下游的重要连接点。在新冠肺炎疫情的催化下，摆在馆配行业面前的数字化转型命题，已不再是一道"需不需要做"的选择题，而是一道"要怎么全力以赴"的生存题。目前来看，国有馆配商和民营馆配商主要通过实施"线上云采购"等模式，开展馆配行业线下活动转型的探索与实践，进一步加大数字资源业务，如电子书、教育体系辅助平台建设力度，并利用"互联网+"等新经济技术，实现差异化备货，提供更多客户赋能，维老拓新，构建"数字化服务平台"，推动并夯实数字资源业务链的发展。

（五）疫情将对印刷业的长期发展产生影响

疫情期间，由于外出不便，越来越多的人开始转向线上购物，这在带动快递纸箱等印刷品需求增长的同时，也推动了企业营销推广渠道由线下向线上的转移，减少了对名片、宣传单页、画册等商业印刷品的需求。疫情还推动了在线办公、视频会议、网络直播工具的普及和应用。这种新型的办公和商务交流方式，将对办公、会议类印刷品的长期需求产生一定影响。

在部分印刷品受疫情带来的线上化、无纸化趋势加速影响，需求面临阶段性或趋势性下滑的同时，也有一部分印刷品受益于线上化的趋势出现较大增长。这其中，最具代表性的是为在线教育配套的教辅材料。2020年，受疫情影响，线下教育培训陷入停滞，大量教育培训机构转到线上，在线教育行业呈现爆发式增长，从而带动对教辅材料的大量需求。很多服务于在线教育行业的印刷企业，在近一年多时间得到快速发展。

疫情之下，人们生活、工作和学习方式的改变不仅会影响印刷企业的短期需求，还会对印刷业的长期发展产生潜移默化的影响。

三、推进中国出版业发展的建议

文化强国建设对出版业发展提出了新的要求，新冠肺炎疫情也对出版业的发展带来了巨大影响，出版业发展面临新的变局。为此，出版界要深入思考行业面临的形势任务，努力把握出版业发展的趋势和规律，提高前瞻性，把握主动性，积极做好行业发展规划，破解影响行业发展的关键问题，加大政策扶持力度，加快建立健全应急出版机制，提高应急响应能力，加速推进融合发展，加强出版人才队伍建设等，为出版强国建设作出更大贡献。

（一）进一步加大对出版业的政策扶持力度

"十四五"时期，党和国家对出版业发展提出了新要求，同时面临着后疫情时代带来的不确定性，仍然需进一步加大对出版业的政策扶持力度。

在实体书店方面，近年来，实体书店经营问题一直是公共文化服务领域关注的焦点话题。根据开卷发布的《2020中国图书零售市场报告》，2020年实体书店渠道受到新冠肺炎疫情影响明显，同比下降33.8%，其中，一线、二线城市以及超大书城同比下滑严重，全年同比降幅均在35%以上。为此，应进一步强化已有政策，从而加大对实体书店的扶持力度。

在出版公共服务方面，党的十八大以来，出版公共服务建设取得了长足发展。"十四五"期间要继续加大对出版公共服务的投入力度，从出版政策法律环境、窗口指导、资金投入、出版公共基础设施建设等方面增强出版公共服务能力。尤其要在促进全民阅读、培育和壮大出版消费者群体，保护知识产权、创造良好的法律环境，加快出版公共服务基础设施建设，加大对公益性出版的投入，在财政、金融、税收方面等继续对出版业进行倾斜和优惠等方面加大支持力度，把出版公共服务的基础打牢打实。①

在期刊业发展方面，要完善财政政策支持期刊业发展。一是由于期刊一直未纳入国家出版基金评审资助范围，而期刊定价低，发行销售成本高，利润率低，发行销售更加困难，更需要给予支持，因此应将期刊出版纳入国家出版基金资助范围。二是期刊增值税问题。《关于延续宣传文化增值税优惠政策的通知》仅对所列6类期刊出版环节执行100%先征后退政策，对其他绝大部分期刊执行50%的先征后退政策。在免征图书批发、零售环节增值税方面，并未将期刊列入免征范围。建议财政部门参照《关于延续宣传文化增值税优惠政策的通知》精神，进一步完善支持期刊发展的财政支持和税收优惠政策，对所有期刊出版执行100%先征后退政策，免征期刊批发、零售环节增值税，支持和推动期刊业发展。②

在印刷业发展方面，当前部分印刷企业处境还十分艰难。面对当前复杂经济和行业发展局面，建议有关政府部门继续贯彻落实中央"六稳六保"政策，加大对印刷企业金融贷款、减税降费政策的支持力度，拓宽印刷企业融资渠道，降低印刷企业运营成本，对印刷企业的技术改造和设备引进给予财政补贴、贷款贴息等政策支持，尤其是对印刷企业进行绿色化、数字化、智能化转型升级，应出台专项扶持和鼓励措施，帮助印刷企业平稳渡过疫情的考验，在后疫情时代努力实现更高质量的可持续发展。

在智库建设方面，由于新闻出版领域研究机构没有纳入高端智库试点，未能享受到赋予智库试点的特殊政策，其作用的发挥受到很多的限制。建议加强新闻出版行业智库的顶层设计，从国家总体需要出发，高端智库主管部门加强对新闻出版研究机构的顶层设计，按照研究机构的特点，分别施策，引导其面向党和国家重大需求，开展全局性、方向性、前沿性重大实践、现实问题和热点难点问题研究，增强研究的针对性和实效性，提出咨询建议。③

---

① 周蔚华．"十四五"时期中国出版的特殊使命［N］．中国新闻出版广电报，2020－07－27．
② 章红雨，孙海悦，袁舒婕，郝天韵．新闻出版广电等领域代表委员建言献策"十四五"为新征程开启注入文化力量［N］．中国新闻出版广电报，2020－05－27．
③ 张畅．魏玉山委员：应建立公版书资源数据库，避免重复出版、粗制滥造［N］．新京报，2021－03－10．

（二）建立健全应急出版机制，提高应急响应能力

1. 多元主体协同应对公共危机，建立健全应急出版机制

经历过新冠肺炎疫情这次突发公共危机后，出版界应从中汲取经验教训，建立健全应急出版机制，以使出版界在以后遭遇公共危机时，能够快速反应，高效应对。在突发公共危机时，政府、行业协会、出版机构三方协同运作，共同进行公共危机治理。在公共危机治理中，政府应发挥主导作用，及时对形势进行研判分析，提高响应效率，通过宏观调控指引出版活动方向，有针对性地指导出版活动开展；行业协会是行业纽带，应发挥好中介作用和组织作用，既遵从政府管理，号召会员单位按照政府指引开展出版活动，引领行业方向，并做好行业自律，同时又要及时向政府反映会员单位的困难和需求，给予困难单位应急救援，帮助会员单位渡过难关；出版机构在服从政府和行业协会管理的同时，应提升图书市场敏锐度，及时全面地把握市场供需关系，避免选题和内容同质化，加强与其他出版机构的沟通和合作，实现优势互补，互利共赢，共同应对公共危机。

2. 加快融合转型步伐，提高应急响应能力

突如其来的新冠肺炎疫情使传统出版的运营模式遭受严重冲击，从编辑出版，到物流配送，到营销推广，再到门店销售，出版业的各个环节，均受到了不同程度的影响。部分出版机构融合力度不足的短板在疫情背景下被放大和凸显，而融合水平较高的出版机构在此次疫情中不但没有受到冲击，反而业绩逆势上涨。疫情使读者阅读需求与习惯发生变化，疫情重塑了出版发行业态，按下了出版融合转型发展的加速键。出版上市公司应提高危机意识、寻机意识和创新意识，应对后疫情时代的产业变革新格局，加快融合转型步伐，加快调整业务模式，增强市场把控能力，以降低疫情持续给出版发行业造成的不利影响。

3. 开展后疫情时代的前瞻性研究

新冠肺炎疫情对出版业产生了巨大影响，当前全球疫情仍然未能得到有效控制，暴发增长的态势仍在持续。疫情防控常态化的"后疫情时代"的到来，将给出版业带来哪些影响，出版业应如何应对，这一切要求出版业加大研究力度，对疫情给各行业

尤其是出版业带来的深刻变化进行深入分析、总结、研判和预测，从而为出版企业提供强有力的理论指导。要加强研究能力建设。除了继续鼓励、支持专业研究机构、高校的研究外，还应鼓励和支持出版企业成立各类研究机构开展研究。要通过国家哲学社会科学、国家出版规划立项上的倾斜，搭建学术交流平台等措施，培养一批高质量的研究机构和研究队伍，切实提升出版科研的质量和水平。

（三）推动出版融合发展迈向更高水平

"十四五"规划和2035年远景目标纲要提出，要在未来坚定不移地建设质量强国、网络强国和数字中国，壮大数字出版、网络视听等产业，同时推进全媒体传播和数字文化发展，建设国家文化大数据体系，实施出版融合发展工程。这表明"出版融合"由分散化发展走向一体化工程构建。① 出版业应抓住机遇，加速推动出版融合发展迈向更高水平。

1. 提升内容和运营水平，抓住数字阅读新机遇

疫情给数字阅读带来新的发展机遇，但出版企业发展数字阅读业务也面临诸多困难和挑战，应多措并举进行应对。首先，强化内容建设。优质内容是数字阅读平台的核心竞争力。面对不断上涨的版权采集价格，出版企业应紧扣自身专业定位，提升内容策划与IP开发能力，形成自主生产和开发内容资源的竞争力。同时也需积极采购外部优质内容版权，通过聚集大量优质数字内容资源形成竞争优势。其次，提升运营水平。出版企业应加快数字阅读平台建设，提升用户运营能力，满足不同垂直细分领域用户的不同阅读需求，提供更贴合用户需求的产品和服务。进一步探索可行的商业模式，提高数字阅读平台的商业化价值。此外，还要积极应对外部挑战。对于数字阅读版权侵犯问题，出版企业可以通过设置专门人员负责版权事务，并积极维权；跟踪调查市场上的盗版情况，积极参与或配合有关部门做好打击盗版活动；进一步研发版权保护的技术手段。

2. 提升数字教育服务水平，加速数字教育效益转化

对于疫情期间暴露出来的平台运行问题，出版企业应加大技术的研发力度和资金

---

① 周蔚华，陈丹丹. 2020年中国出版融合发展报告［J］. 科技与出版，2021（6）.

投入，提升平台运行的稳定性和流畅度，不断优化用户的使用体验。同时加快大数据、云计算、人工智能等新兴技术在数字教育中的应用，提升数字教育的智能化服务水平。通过自主生产和与教研院、学校等外部单位合作生产的方式构建数字教育资源矩阵，为教师、学生、家长提供多元的数字教育产品和服务。进一步提升数字教育平台的运营水平，创新商业模式和营销模式，提高数字教育服务和产品的变现能力，加速数字教育效益转化。此外，还要充分发挥数字教育与传统业务的协同效应，以数字教育业务拓展和延伸传统教育出版服务体系的广度和深度，使新旧教育业务之间产生协同效应，降低发展数字教育业务的风险，带动传统教育出版的发展，并形成完善的教育产业链。

3. 未雨绸缪，出版单位应重视图书馆采购的变化趋势

后疫情时代，图书馆对线上的依赖度正在加强，图书馆采购重点由纸转电的变化趋势明显。① 当前，很多图书馆纸质书的馆藏已经达到了超负荷的状态，新书上架不易，图书馆对电子书、数据库采购的比例将会日益提高。出版单位要高度重视图书馆这一发展趋势，未雨绸缪，做好应对。要提高服务和有效供给，推动产业链再造和价值链提升，对出版的流程进行梳理和再造，建立纸质和电子书的一体两端的现代出版运行模式，促使出版单位更好地与图书馆进行合作。

（四）推进民营策划与发行企业健康发展

1. 进一步释放民营策划与发行企业的发展动能

目前，民营书业已经成为中国出版业重要的力量，在政策和管理方面，应针对文化企业、出版企业的特殊性，加强对民营书业的政策引导和价值引领，在文化强国建设中，培育、扶持一批有活力、守规矩、有担当的民营策划与发行企业，释放民营策划与发行企业推进市场发展的动能，充分发挥其在出版强国建设中的重要作用。同时，引导民营策划与发行企业加大科技创新投入，通过企业自主研发，外部技术加持以及以资本为手段的并购重组，推动民营书企完成技术迭代。

---

① 张君成. 馆配市场融合布局进入高速赛道［N］. 中国新闻出版广电报，2021-03-29.

2. 引导民营策划与发行企业走高质量发展道路

2020 年，新冠肺炎疫情带来的各种不确定性，也让民营书业意识到了增强抗风险能力的重要性。疫情期间，大量出版社和民营书业因没有建设运营的数字化平台，只能临时在官网发布电子课本等资源，服务不到位，难以产生用户积累价值。与互联网公司相比，出版业普遍技术力量比较薄弱，缺乏成熟平台与持续运营能力。因此，微视频、补充性电子化学习资料应当成为疫情之后民营策划与发行企业首先着手建设的内容，并在运营方面投入更多的人力物力以求改进。而追求高质量发展，避免盲目追求短期业绩、追求眼前利益，探索更加稳健的发展路径，也愈发成为民营书企需要长期坚持的发展逻辑。

3. 逐步建立完善的现代公司制度和法人治理结构

随着民营策划与发行企业规模的不断发展壮大和市场管理体制的不断完善，传统的民营策划与发展企业管理体制和管理方式越来越不能应市场经济发展的客观要求。当前，除了几家头部企业出于上市 IPO 的需求，逐步建立并完善了现代企业制度和法人治理结构，很多民营书企普遍还采取作坊式、家族式、粗放式的管理模式，与真正科学、高效的管理相去甚远。随着产业的不断发展和成熟，建立完善的法人治理结构，有助于提升企业的盈利能力、运营效率和成长能力，通过科学合理的股东治理、董事会治理、经理层治理和监事会治理，弥补民营书企在管理制度和管理知识上的欠缺，提升企业在未来的竞争力。

（五）加强出版走出去规划和平台建设

1. 加强顶层设计，做好战略规划

在世界百年未有之大变局和后疫情时代的背景下，我国出版走出去面临着更为严峻的挑战。"十四五"时期，我国出版走出去应在战略、动力、对象、方式、载体等方面进一步加强"五个转向"：在战略上，在加强对外传播的基础上，应更加注重对外交流与合作，充分发挥出版智库的作用，不断充实和完善国际出版资讯库、版权交易信息库、走出去重点项目库、中外作家库等，为出版走出去提供咨询与服务；在动力上，要从"让我走"进一步转向"我要走"，在不断加大政策扶持力度的前提下，进一步增强出版单位走出去的内在动力;在对象上,要从周边和欧美国家进一步转向"一带一路"相关国家,尤其要采取一国一策分众化方式,依据不同国家、不同情况、不同需求,采取不同的策略;在方式上,要从单纯输出进一步转向本土化运作;在载体上,要从以纸媒为主进一步转向与数字媒体并举。①

2. 发挥出版联盟平台作用,推动各类平台建设

新冠肺炎疫情暴发以来,国际书展大多转为线上,美国书展甚至宣布永久停办线下书展,由于国外疫情仍然未能得到有效控制,未来国际书展线下举办依然存在很大不确定性,因此线上平台的建立尤为重要。2020年,中国外文局、中国出版集团等多家国内出版集团、出版社举办了各类线上图书展示和交易,取得了初步成效,为出版对外交流合作提供了新可能。另一方面,为发挥出版联盟平台的作用,集合国内资源,国内出版单位加强沟通合作,形成合力推动出版走出去。如中国人民大学出版社发起的"一带一路"共建国家出版合作体、外语教学与研究出版社发起的"中国—中东欧出版联盟""接力—东盟少儿图书联盟"等在疫情期间充分发挥出版联盟沟通交流机制,各联盟"发起人"积极引导国内外出版单位加强版权合作,起到了沟通纽带作用。因此,未来需要进一步加强出版联盟平台的作用,为中外出版机构搭建创造了新的合作机会,为走出去起到了积极的贡献。

3. 培养国际化视野,提升期刊对外传播能力

期刊走出去需要在以下两个方面进一步拓展:一是吸引国外优质稿源。国际化的作者队伍对期刊的国际传播能力能产生很大助力。在期刊国际化的传播过程中,要强调周边传播,可以借助"一带一路"倡议,积极加强与周边国家的稿源合作,通过吸纳周边国家的优秀稿件来提升内容质量;二是创办外文期刊以提升对外传播能力。国内期刊业可以根据自己的办刊定位和刊物内容有针对性地创办外文期刊,用外文讲好中国故事,为中外沟通架起桥梁。

(六)进一步加强出版人才队伍建设

实现出版高质量发展,建设出版强国,关键在人。"十四五"时期,人才在行业发

---

① 范军. 出版走出去加强"五个转向"[N]. 中国新闻出版广电报,2020-08-24.

展中的地位将变得越来越突出,出版单位对于高素质人才的需求也将变得越来越强烈。因此,加强出版人才队伍建设已经刻不容缓。

1. 进一步加大对高素质人才、复合型人才的培养

近年来,出版业人才队伍建设成为出版界热议的话题,高素质人才、复合型人才、创意创新人才、经营管理人才、企业管理人才、国际化人才缺口严重,急需进一步加大培养力度,尤其是随着媒体融合发展迈向纵深,对数字出版专业人才培养,提出了新的要求。5G时代到来,需要从业者具备更为全面的媒体把控能力,因此,培养具有融合思维的全媒型人才成为数字内容产业的迫切需求和未来出版人才队伍建设的重要着力点。

2. 引导出版企业加大对人才培养的投入

为解决人才短缺问题,一些企业通过和高校合作,成立人才学院等,积极拓宽人才培养渠道。如山东文友书店有限公司与高校合作,建立阅读推广人才培养基地,读客文化有限公司通过上市IPO进一步深化"合伙人制度",吸纳外部人才,优化团队结构,世纪天鸿则表示将在"十四五"规划期间加强人力资源建设,成立人才学院,都在加大力度培养和储备集团业务发展所需要的人才,同时建立科学、规范、系统的人力资源培养体系。这些探索拓展了出版人才培养的思路和途径,值得在行业内普遍推广。

3. 进一步加强出版学科建设

改革开放四十年来,我国出版教育取得了历史性的进步,对出版业的发展提供了有力的人才支持。可是,近十年来,出版学科在高等教育中的地位不升反降。据不完全统计,2009年我国开设出版学本科专业的高校达到213家,现在却已经锐减至55家。① 因此,"十四五"时期,应当高度重视出版学科的建设和发展,力争出版学科列入国家一级学科目录取得突破,以充分调动广大出版教育工作者的积极性,吸引更多高素质人才投身出版科研,切实提高出版科研水平,为出版业融合创新,健康发展提供更好的人才资源和科研支撑。

---

① 聂震宁. 未来五年的五点希望[N]. 中国新闻出版广电报,2020-08-27.

4. 高校应顺应时代发展，及时调整课程设置与教学方式

随着人工智能、5G、虚拟现实等技术在出版业的运用，出版单位对具有新媒体复合型技能人才的需求日益强烈。为了更好地适应新业态、新模式对出版人才技能的新需求，从单一专业能力的出版人才培养，转向多元实践能力的智媒传播人才培养，不仅要在人文社会科学领域内进行学科交叉与融合，还要突破人文社会科学的限制，在文理与文工学科领域内进行更大跨度的融合与重组，更多强调学生素质与思维能力各方面的全面提升。同时，要重视出版专业课程设置，结合时代发展背景，依托新文科教育理念，打破学科间的壁垒，拆除专业之间的围墙，重视交叉学科课程的开设，同时根据学校主体学科侧重的特点，集合自身的师资和资源优势，设置围绕优势学科领域的出版专业课程结构，着力培养能够胜任新型出版产业链条各生产环节的应用型复合型现代出版人才。

参考文献

［1］2020 年新闻出版产业分析报告［R］. 中国新闻出版研究院.

［2］2020 年新闻出版基本情况［R］. 中国新闻出版研究院.

［3］2020 全国国民阅读调查报告［R］. 中国新闻出版研究院.

［4］范军. 2019—2020 中国出版业发展报告［M］. 北京：中国书籍出版社，2020.

［5］袁舒婕. 健全质量监管体系 推进报刊业高质量发展——国家新闻出版署有关负责人就《报纸期刊质量管理规定》实施答记者问［J］. 中国出版，2020（13）：12－13.

［6］中宣部印发《关于促进全民阅读工作的意见》［N］. 人民日报，2020－10－23.

［7］黄璜. 账期拉长，现金吃紧——中小型图书公司复产复工情况调查［J］. 出版人，2020（6）.

［8］小刺. 我们是否仍能仰望繁星？——2020 年实体书店生存情况调查［J］. 出版人，2021（1）.

［9］龚渝婷. 在线教育视域下的教育出版多元化发展［J］. 出版广角，2020（11）.

［10］杨忠杨. 基于公共危机治理的疫情防控时期出版活动机制探析［J］. 出版发行研究，2020（4）.

［11］章红雨. 出版业融合发展取得实质性突破［N］. 中国新闻出版广电报，2021－01－20.

［12］李杨芳. 新修著作权法：符合实际，面向国际，面向未来［N］. 中国知识产权报，2020－11－20.

［13］陈香. 2020年中国出版十件大事［N］. 中华读书报，2020－12－23.

［14］施晨露. 纸张价格连连飙升，印刷出版业怎么办？［N］. 上观新闻，2021－02－06.

［15］孙珺，吴波. 新型冠状病毒防护手册 免费阅读成为网红书籍［N］. 广州日报，2020－02－03.

（课题组组长：魏玉山；副组长：李晓晔；成员：冀素琛、周蔚华、程丽、杨伟、赵文义、陈国权、毛文思、刘成芳、刘积英、倪成、张文彦、田菲、邓杨、舒彧、李旗、张文红、陈怡颖、刘莹晨、于秀丽；执笔人：李晓晔）

第二编
分报告

2020—2021 中国图书出版业发展报告

2020年是脱贫攻坚、全面建成小康社会的收官之年，也是"十三五"规划的收官之年。这一年，新冠肺炎疫情在全球范围内肆虐蔓延，中国图书出版业面临种种考验，但没有停止高质量发展的脚步，融合出版迈向纵深，对外交流合作持续推进。疫情面前，图书出版业快速反应，推出了一批与抗疫相关的出版物；为抗疫提供知识力量，出版单位纷纷向全社会免费开放数字资源，彰显了图书出版业的责任与担当。疫情打乱了图书出版业正常的节奏，多个环节受到冲击，线下渠道受阻，出版活动转移至线上，直播带货、云书展、在线教育等"火"了起来。疫情改变了图书阅读和消费习惯，重塑了出版业态，按下了融合发展的加速键。目前，新冠肺炎疫情已得到有效控制，在后疫情时代，图书出版业如何化危为机，谋求新发展，成为图书出版业面临的重要问题。

一、2020年图书出版业的基本情况

（一）政策与管理情况

1. 全民阅读：《关于促进全民阅读工作的意见》发布

2020年10月22日，中共中央宣传部印发《关于促进全民阅读工作的意见》，其中明确了主要目标：到2025年，基本形成覆盖城乡的全民阅读推广服务体系，全民阅读理念更加深入人心，国民综合阅读率显著提升。意见提出了全民阅读工作的重点任务，包括加大阅读内容引领、组织开展重点阅读活动、加强优质阅读内容供给、完善全民阅读基础设施和服务体系、积极推动青少年阅读和家庭亲子阅读、保障特殊群体基本

阅读权益、提高数字化阅读质量和水平、组织引导社会各方力量共同参与和加强全民阅读宣传推广等。意见还明确了加强组织领导、加强服务保障、加强评估督导等保障措施。①

习近平总书记多次强调要爱读书、读好书、善读书，建设书香社会。2012年"开展全民阅读活动"写入党的十八大报告；2014年以来，"倡导全民阅读"连续8年写入《政府工作报告》，涉及全民阅读的一系列国家级重大政策、法律、规划陆续出台。这反映出党中央、国务院对全民阅读工作的高度重视，全民阅读顶层设计不断向纵深推进。

2. 鉴定管理：《出版物鉴定管理办法》颁布

国家新闻出版署于2020年12月14日印发《出版物鉴定管理办法》（以下简称"新《办法》"），自2021年7月1日起施行。同时废止原新闻出版署1993年3月16日发布的《新闻出版署出版物鉴定规则》（以下简称"旧《规则》"）。所谓出版物鉴定，是对出版物鉴定样本是否属于非法出版物或者违禁出版物进行分析审鉴，并提出鉴定意见的活动。②

旧《规则》在内容上包含4章，共15条，而新《办法》则包含了6章，共37条。与旧《规则》不同，新《办法》中"出版物鉴定机构""出版物鉴定程序""出版物鉴定文书""法律责任"分别单独成章，并进行了更为细致的规定。值得注意的是，新《办法》中规定出版物鉴定实行"鉴定机构负责制"，明确了鉴定机构的职责范围，新增的"法律责任"章对出版物鉴定机构的失职行为进行了界定，失职行为造成严重后果的，要承担相应法律责任，这对鉴定机构的行为起到了约束作用。

相较于旧《规则》，新《办法》对出版物鉴定要件的规定更为明确和具体，具有更强的指导性、规范性和可操作性。新《办法》的颁布和施行，有利于加强国家对出版物鉴定活动的管理，规范出版物鉴定工作，保障出版物鉴定质量。这将促进图书出版行业环境的净化，推动图书出版业的高质量发展。

3. 质量管理：图书"质量管理2020"专项工作开展

国家新闻出版署在2020年3月启动图书"质量管理2020"专项工作，对2019年以

---

① 中共中央宣传部印发《关于促进全民阅读工作的意见》[N]. 人民日报，2020-10-23.
② 国家新闻出版署关于印发《出版物鉴定管理办法》的通知 [EB/OL]. (2020-12-25). http://www.nppa.gov.cn/nppa/contents/312/75462.shtml.

来出版的社科、文艺、少儿、教材、教辅和科普类图书进行内容质量和编校质量检查，加大对引进版、公版图书内容和编校质量的检查力度，以"三审三校"制度的执行情况为检查重点，进一步加强图书质量保障制度建设，加强出版物质量全流程管理。①

此次图书"质量管理2020"专项工作分为三个阶段，分别是出版单位自查自纠阶段、省级出版管理部门和主管部门督查整改阶段、国家新闻出版署抽查处罚阶段。国家新闻出版署将对出版编校质量不合格图书的出版单位和直接责任者依法依规作出处罚。其中，对相关类别图书连续两年检查不合格的出版单位，或将撤销其相关出版资质。

4. 版权保护：最新修订《中华人民共和国著作权法》公布

2020年11月11日，最新修订的《中华人民共和国著作权法》（以下简称"新修《著作权法》"）正式公布，并于2021年6月1日起实施。此次新修《著作权法》进一步顺应了数字经济发展的现实需求，并且更具包容性和前瞻性。② 当前人工智能、大数据、云计算等新兴技术的发展和应用，丰富了内容传播的途径和形式，催生出短视频、直播、有声读物等一批新的内容业态。新修《著作权法》对这些新型数字作品的版权问题作出明确规定。

数字化阅读时代，图书出版物的内容形态越来越多样化，电子书、有声书、音视频、知识付费产品等新形态出版物不断涌现。新媒体技术的发展和普及，使得生产和传播这类新形态出版物的技术难度不断降低，侵犯版权行为时有发生，同时变得更为隐蔽，利用新技术故意侵权的手段也不断翻新。这要求出版社在融合转型发展的同时，根据新修《著作权法》严格规范出版行为。出版社一方面要依法尊重作者的劳动成果，保护好作者的合法权益，防止发生侵权行为；另一方面也要提高版权保护和维权意识，防止被侵权。

（二）五大板块基本情况

1. 主题出版

2020年，"习近平新时代中国特色社会主义思想""脱贫攻坚""全面小康""新冠

---

① 孙海悦. 图书"质量管理2020"专项工作启动［N］. 中国新闻出版广电报，2020-03-13.
② 李杨芳. 新修著作权法：符合实际，面向国际，面向未来［N］. 中国知识产权报，2020-11-20.

肺炎疫情"等成为了主题出版聚焦的选题。出版单位守正创新、稳中求进，推出了一批主题鲜明、内涵丰富、风格多样的主题图书。

党的十九大以来，要求推动学习贯彻习近平新时代中国特色社会主义思想往深里走、往实里走、往心里走，真正做到入脑入心。2020年，出版界推出了一批围绕这一思想研究阐释的主题出版物，既有文献精编、权威读本，又有理论专著、通俗读物。外文出版社以中英文出版了《习近平谈治国理政》第三卷，在国内外产生了强烈反响。关于突发事件应对和疫情防控工作，中央文献出版社出版了《习近平关于防范风险挑战、应对突发事件论述摘编》和《习近平关于统筹疫情防控和经济社会发展重要论述选编》。此外，中央文献出版社2020年还先后出版了《习近平关于中国特色大国外交论述摘编》《习近平关于力戒形式主义官僚主义重要论述选编》以及习近平《论党的宣传思想工作》《论坚持全面依法治国》等习近平同志的专题摘编，中共中央党史和文献研究院还编辑出版了《习近平新时代中国特色社会主义思想学习论丛》第一辑至第五辑等重要的文献精编和权威读本。人民出版社和中共中央党校出版社正式出版《习近平新时代中国特色社会主义思想基本问题》，该书聚焦基本理论和重大实践问题。人民出版社出版了《新时代·新思想》，对习近平新时代中国特色社会主义思想的理论来源、历史地位、核心要义、精神实质等进行了深入阐释。

2020年，出版界把记录好、讲述好脱贫攻坚、实现全面小康的故事，作为全年工作的重点。围绕着这一主题，一大批呈现典型人物、记录生动事迹、总结扶贫经验、弘扬脱贫攻坚精神的精品主题图书涌现。研究出版社与原国务院扶贫办全国扶贫发展中心和全国扶贫宣教中心深度合作、联合开发，推出了"中国扶贫书系"；商务印书馆出版的《习近平扶贫故事》讲述习近平同志近半个世纪投身中国扶贫脱贫事业的实践探索和心路历程；人民出版社出版的《精准扶贫的故事》讲述了100个精准扶贫先进案例，多角度全方位地总结扶贫实践经验。出版社还根据自身特点和优势，策划了一批独具特色的主题出版物，如上海音乐出版社的《在希望的田野上——脱贫攻坚大众金曲一百首》、人民美术出版社的"决胜全面小康、决战脱贫攻坚"系列宣传画集、中国农业出版社的面向农村干部的"农村扶贫攻坚工作"系列丛书。

2020年新冠肺炎疫情肆虐蔓延，出版界策划了一批主题图书，讲述中国的抗疫故事，赞扬抗疫中的先进人物和感人事迹，全面客观地记录中国政府和人民的抗疫进程。

出版了《大国战"疫"》《众志成城——武汉战"疫"记》《中国共产党防治重大疫病的历史与经验》《最美逆行者》以及"致敬最美战'疫'医务工作者"系列等抗疫主题出版物。

2020年还是抗美援朝出国作战70周年、抗日战争胜利75周年、深圳经济特区建立40周年、浦东开发开放30周年、故宫建成600周年、《民法典》表决通过之年……围绕这些重大题材的重要时间节点，有一大批主题出版物涌现。

2. 大型出版工程

2020年，在多方共同努力下，历经数年，一批重大出版工程得以面世。这些国家重大出版工程扶持的精品力作，既利在当代，又影响未来。纪传体史书"二十四史"及《清史稿》在中华文明史上占有极其重要的地位，是中华民族的宝贵历史文化遗产。2006年，中华书局开启点校本"二十四史"及《清史稿》修订工程。2020年，中华书局出版了点校本"二十四史"修订本《梁书》，6月26日，《梁书》在北京以线上形式正式发布。① 中华书局还把"二十四史"之后的最后一部纪传体正史《清史稿》进行转简、重新排版，出版了简体字本全12册。

2020年9月3日是抗日战争胜利75周年纪念日，当天，由上海交通大学东京审判研究中心与中国第二历史档案馆合作历时近5年编撰完成，近5万页、百卷本的《中国对日战犯审判档案集成》在上海首发出版。这是迄今所见最为完整、全面的中国战后审判文献，也是首次系统公布抗战胜利后中国对日本战犯进行法律审判的原始档案，填补了战后审判领域的空白。②

国家重大文化工程《辞海》（第七版）自2015年正式启动，历时5年编纂完成，2020年8月出版，9月上市。《辞海》是我国唯一一部以字带词，集字典、语文词典和百科词典等主要功能于一体，以百科知识为主的大型综合性辞书。《辞海》（第七版）收录条目近13万条，对75%以上的条目都有程度不同的修订或更新，同时建设开发了《辞海》网络版。③

---

① 史竞男. 点校本二十四史修订本《梁书》出版［EB/OL］.（2020-06-26）. http://www.xinhuanet.com/2020-06/26/c_1126163728.htm.
② 殷志敏，许婧. 中国对日战犯审判档案首次系统公布 专家指填补了战后审判领域空白［EB/OL］.（2020-09-03）. http://www.chinanews.com/cul/2020/09-03/9281458.shtml.
③ 颜维琦，韩寒. 百年《辞海》更新第七版，留下历史和时代足迹［N］. 光明日报，2020-08-14.

3. 教育出版

2020年初，突如其来的新冠肺炎疫情打乱了正常的工作和生活秩序，教育出版社的纸质教材业务受到了疫情的冲击，疫情导致春季开学时间延迟，已经到校的教材不能发到学生手中，出现大量退书现象。各地教育出版社全力服务教育部"停课不停教、停课不停学"的要求，积极履行出版业的社会责任。全国多家出版社不仅免费开放电子版教材、图书等数字资源，还提供在线课程服务，供广大师生使用，取得良好的社会效益。

新冠肺炎疫情无疑给教育和学习模式带来深远影响，线上线下学习相结合逐渐常态化。教育出版社的在线教育服务在疫情中受到大考，部分在线教育服务平台出现瘫痪现象，这迫使教育出版社进一步完善在线教育服务平台。疫情使在线教育服务的需求显著提升，并加速了在线教育的发展，因而2020年也被称为教育OMO（线上线下融合）元年。

继2019年义务教育阶段三科统编教材实现全覆盖以后，2020年，普通高中三科统编教材使用工作继续推进。截至2020年底，普通高中三科统编教材已覆盖20个省（区、市）。教育部明确2022年前将实现所有省份全覆盖，到2025年实现所有年级全覆盖。与此同时，中等职业学校三科统编教材编写工作也已启动。

2020年11月29日，习近平总书记给人民教育出版社老同志回信，信中提出"要坚持正确政治方向，弘扬优良传统，推进改革创新，用心打造培根铸魂、启智增慧的精品教材"。各教育出版社纷纷组织学习习总书记回信精神，贯彻落实习总书记对教材出版的指示要求。

4. 专业与学术出版

2020年，面对错综复杂的国际国内形势，特别是新冠肺炎疫情的严重冲击，各专业与学术出版单位快速响应，凭借自身的专业优势，策划了一大批专业学术性抗疫图书，为国内疫情防控提供解决方案，同时将这些抗疫图书多语种版权输出国外，助力全球抗疫，赢得良好的国际声誉。

广东科技出版社仅用48小时就出版全国第一本预防新冠肺炎的科普图书《新型冠状病毒感染防护》，该书发行量接近200万册，版权输出到十多个国家。[1] 两家中央级

---

[1] 徐平，余明浩. 广东省出版集团、南方传媒：积极做好主题出版 推动粤版图书走出去［N］. 中国新闻出版广电报，2020-09-25.

医学专业出版社也冲在抗疫最前面——人民卫生出版社和中国中医药出版社，这两家出版社在医学出版领域有着丰富的出版资源，形成了具有医学特色的智库，出版了48种疫情防控出版物，开放了9个知识服务平台。① 作为身处武汉疫情中心的专业出版社，湖北科学技术出版社2020年1月22日编撰出版了《新型冠状病毒肺炎预防手册》一书，该书版权输出到全球24个国家和地区，创造了湖北省图书版权输出的历史纪录。②

除了防疫相关的专业图书外，2020年在人文社科和自然科学各细分领域也有一批优秀的学术著作涌现。"国家社科基金文库"继续资助出版了一批有分量的哲学社会科学著作，国家出版基金资助出版了各个学科有较高学术价值的公益性学术著作。还有很多出版社紧紧围绕国家发展战略，出版了一些面向经济社会发展现实的学术著作。比如科学出版社推出的《迈向高质量发展之路》从学理上进行了我国经济高质量发展问题的有益探索，系统构建了高质量发展的分析框架，在此基础上对经济高质量发展进行了深入全面的研究。人民出版社出版的《国民收入分配与居民收入差距研究》以居民收入份额为新角度的研究，分析了我国经济转型、社会变迁中的问题，并制定相关的政策措施应对转型过程中凸显的收入分配问题，具有突出的理论和现实意义。结合人工智能、5G、区块链等新兴技术，一批相关的学术著作推出并受到读者欢迎，如清华大学出版社的《世界的下一个主宰——人工智能》、中国科学技术出版社的《智能控制方法与应用》、浙江科学技术出版社的《区块链革命》、电子工业出版社的《人工智能安全》等。2020年5月28日，十三届全国人大三次会议表决通过了《中华人民共和国民法典》。多家出版社抓住时机，推出了一批与民法典相关的图书，如法律出版社的《民法典立法背景与观点全集》、中国人民大学出版社的《〈中华人民共和国民法典〉条文精释与实案全析》、中国法制出版社的《中华人民共和国民法典实用版系列丛书》等。此外，有的出版社还推出了民法典相关的数字出版物，如人民出版社的视频书《民法典开讲》和人民法院出版社的有声典藏纪念版《中华人民共和国民法典》。这些出版物成为2020年出版业的一道亮丽风景，并给相关出版社带来了明显的效益。

---

① 张志林，刘华坤. 抗击疫情出版服务快速响应特点鲜明 [N]. 中国新闻出版广电报，2021-01-18.
② 穆宏志. 2020出版传媒八大热搜关键词 [N]. 中国出版传媒商报，2020-12-29.

5. 大众出版

2020年，出版界还及时推出了多种面向大众的抗疫出版物，加强对大众的健康安全教育、弘扬科学精神、普及科学知识、抚慰心灵、记录抗疫人物和事迹。其中，普及新冠肺炎防控知识、通俗易懂的图书成为大众出版的热点，如中国工人出版社的《新型冠状病毒职工防护50问》、中信出版社的健康科普书《张文宏说传染》、四川科学技术出版社的《新型冠状病毒大众心理防护手册》等。新冠肺炎疫情背景下，"抗疫文学"应运而生，成为文学界的一种新兴类别，诗集、家书、日记、征文等抗疫文学作品为战"疫"提供了精神力量和心灵抚慰，如安徽文艺出版社的全媒体抗疫诗集《鏖战》、百花文艺出版社的《致敬英雄——2020抗疫报告文学集》、作家出版社的诗歌选编《战"疫"之歌》、江西高校出版社的《武汉纪事》等。各少儿出版社也快速反应，策划推出了一批与抗疫有关的少儿读物，充满童真情感和人文关怀，引导少年儿童正确认识疫情，学习抗疫精神，如江苏凤凰少年儿童出版社的"童心战'疫'·大眼睛暖心绘本"系列、接力出版社的《钟南山：生命的卫士》、浙江少年儿童出版社的《逆行天使》。

2020年疫情给全球政治经济格局带来深远影响，投资理财、自我提升类大众图书受到读者欢迎。疫情期间居家隔离，人们的闲暇时间增多，小说类、文学类、历史类、人物传记类、育儿家教等类型图书需求明显上涨。2020年一些出版社出版了一批面向大众的畅销书，比如在社科类中，华文出版社的《故宫六百年》、浙江人民出版社的《此生只为守敦煌：常书鸿传》、上海人民出版社的《民法典与日常生活》等；在文学类中，人民文学出版社的莫言新作《晚熟的人》、冯骥才新作《艺术家们》，长江文艺出版社的徐贵祥新作《鲜花岭上鲜花开》等；在经管类中，中信出版集团的《变量：推演中国经济基本盘》、机械工业出版社的《危机自救：企业逆境生存之道》、人民出版社的《百年变局下的中国经济》等；在少儿类中，中信出版社的"我要去故宫"系列、接力出版社的《中华先锋人物故事汇（第二辑）》、浙江少年儿童出版社的《一根狗毛一首诗》等；在科技生活类中，四川人民出版社的《未来生活简史：科技如何塑造未来》、中信出版集团的《信息传》、中国大百科全书出版社的《科技创新：中国未来30年强国之路》等都入选了该年度的畅销书。

二、2020年图书出版业发展亮点

(一) 公益阅读助力抗疫

2020年初,出版社响应国家号召,遵从中宣部的部署安排,主动承担起普及和传播防疫抗疫科学知识的社会责任,在国内疫情最严重的时期向社会免费提供大量电子书、有声书和数字教学资源,体现了出版人应有的社会责任和文化担当。在教育出版、专业出版、大众出版等板块,公益阅读助力抗疫表现尤为突出。

在教育出版方面,教育类出版社对广大师生免费开放大量线上资源保障了"停课不停学"的顺利进行。人民教育出版社、北京师范大学出版社等60余个教育出版单位,免费提供了366个中小学国家课程教材电子版网址链接,供广大教师在家备课、网络教学和学生自主学习。清华大学出版社免费开放了个性化高等教育专业知识库"文泉学堂"。湖北教育出版社面向湖北省中小学生发起了"在家上课"行动计划,免费向广大师生开放在线学习工具和在线学习资源。

在专业出版方面,广东科技出版社、湖北科技出版社、江苏凤凰科技出版社等专业出版社迅速组织一批经验丰富的专家和学者,紧急出版了一批防护手册、防控指南,并在"学习强国"、新华书店网上商城、咪咕阅读、喜马拉雅等线上平台供大家免费阅读和传播,对病毒的传播、预防及诊疗等进行权威、通俗的解读。

在大众出版方面,出版单位纷纷以丰富的精神食粮满足广大人民群众在特殊时期的精神文化生活需求,稳定人民群众对疫情的焦虑情绪。中信出版集团向全社会免费提供3 000余本电子书和600余部有声书,还向全国医务工作者免费提供全年"好书快听"权益卡。掌阅科技股份有限公司为武汉读者免费提供VIP书库中的20万册图书一个月。人民文学出版社的"人文读书声"免费试听一个月。接力出版社向少儿读者免费提供自有平台上的童书产品。

(二) 直播成图书营销新利器

2020年初,疫情致使图书线下销售无法开展,大量实体书店面临生存危机,出版社纷纷转战线上，入驻抖音、快手、微博、B 站、京东、淘宝等平台，邀请作者、名人、编辑、社长担任主播。出版机构还充分抓住世界读书日以及"6·18""双 11""双 12"等重要营销节点，密集安排直播活动。从新书发布、线上领读再到在线授课，直播的主题多元、内容丰富。出版社通过直播带货取得了不错的社会反响和经济效益，图书出版业直播营销崛起成为 2020 年度新亮点。除了直播营销以外，出版机构还借助短视频营销、社群营销、盲盒营销、外卖平台送货等新手段"花式"卖书。

人民文学出版社成为较早入驻抖音、快手、腾讯视频的出版机构之一，一场《故宫六百年》定制款新书直播发布会累计观看人数超 1 800 万、新客下单率超 95.8%，而"回到文学现场，云游大家故居"大型系列直播活动覆盖人群上千万级别。3 月，安徽少年儿童出版社的《中国经典动画珍藏版》与知乎盐选会员年组套现身薇娅直播间，短短几分钟内销售 3 万余套，码洋超 500 万元。华东师范大学出版社"大夏主播团"4 月正式上线，3 个月累计进行近 50 场直播。中国少年儿童新闻出版总社开设了以"抗疫假期，我们陪你"为主题的系列直播活动，一个多月的时间里进行 80 余场直播，帮助家长在疫情期间陪伴和引导孩子读书。

（三）疫情之下业绩逆势增长

在国内疫情严重的 2020 年上半年，各行各业的生产、销售饱受冲击，甚至面临生存危机。在这样的背景下，仍然有部分出版单位的业绩不降反升，逆势上涨，如二十一世纪出版社集团、人民文学出版社、机械工业出版社、华东师范大学出版社、外语教学与研究出版社、中华书局、化学工业出版社等。这些逆势增长的出版社充分利用直播带货、短视频营销、跨界联动、渠道拓新等方式，大力加强图书营销，实现了销售增长。

以少儿图书为主要业务板块的出版机构明显增长。2020 年，二十一世纪出版社集团全年营收同比上升 7.68%，利润同比上升 7.23%。二十一世纪出版社集团 2020 年初成立电子商务公司，紧接着组建音像电子分社，之后又成立了网络营销小组。2020 年，二十一世纪出版社集团共在传统电商平台直播 193 场，在新型短视频平台直播 66 场，直播总触达人群超过 1 200 万。① 二十一世纪出版社集团已经构建形成了少儿图书网络

---

① 刘蓓蓓. 二十一世纪出版社集团：深度发挥线上渠道优势［N］. 中国新闻出版广电报，2021-01-25.

营销矩阵——让直播贯穿推广活动，以社群建立信任带动销量，让短视频营销常态化，同时建立有声书库、游戏阅读资源中心、视频播放平台中心，不断做强融合出版。

部分教育出版社也逆势增长。2020 年，华东师范大学出版社销售码洋 13.63 亿元，回款码洋 13.52 亿元，营业总收入 5.15 亿元，利润超过 1 亿元。华东师范大学出版社明确提出"护好教育基本盘"，将其旗下强势的教材教辅做强，在疫情期间迅速公开线上教育资源，并成立数字运营部，同时积极开拓、建设自有新媒体渠道，充分利用新媒体资源优势，进行立体化营销宣传。①

在国内疫情最为严重的 2020 年第一季度，四川教育出版社逆势增长，与上年同期相比，第一季度营业收入增长 12.46%，净利润增长 2.29%。四川教育出版社 2016 年以来进行改革，在坚守教育出版主业的同时，通过开发有声读物、强化增值服务、以 AR 技术开发教材教辅、推出高中 AI 融媒教辅等方式推动融合发展。

（四）线上"走出去"成新亮点

2020 年，在疫情背景下国内图书出版界开拓了线上"走出去"的新模式，成为图书出版业发展的新亮点。线上"走出去"具体形式主要包括积极参加和举办国际"云书展"、建立国外社交媒体账号、在线上与国外出版界沟通合作等。

2020 年，许多国际书展因为疫情原因采取线上或线上线下相结合的方式举行，包括第 57 届意大利博洛尼亚国际童书展、第 72 届法兰克福书展、第 33 届莫斯科国际书展等。中国出版机构积极参加了这些国际"云书展"，推动对外交流与合作。与此同时，中国出版界主动自建"走出去"平台，探索线上线下融合型书展的新模式，举办了多个国际书展。创办了 34 年的北京国际图书博览会首次以线上"云书展"方式举行，主办方以全景 3D 复刻技术打造了全景展厅，充分运用 5G、大数据、VR 等新技术手段，通过图文、视频、3D 全景等形式展示参展出版成果，实现了"云参展""云贸易""云交流"。第八届中国上海国际童书展采取了线上线下融合的书展模式，吸引了来自意大利、俄罗斯、美国、西班牙、瑞士等 21 个国家和地区，超过 350 家童书出版机构和相关企业参展，海外参展商占比超过 30%。

---

① 金鑫. 华东师范大学出版社：在"内外兼修"中稳健成长［N］. 中国新闻出版广电报，2021-01-20.

除了"云书展"以外，疫情之下出版机构在积极探索"走出去"的新方式。人民文学出版社在海外社交媒体照片墙（Instagram）上创立人文社账号，开辟了中外文学交流的窗口。接力出版社通过与战略合作单位英国尤斯伯恩出版社加强线上联系实现图书版权输出。部分出版社通过与国外汉学家等加强线上联系，充分利用国际上的人脉资源推动版权输出。[①]

三、图书出版业发展存在的问题及对策建议

（一）图书出版业发展存在的问题

1. 疫情之下传统出版饱受冲击，部分出版社融合短板凸显

新冠肺炎疫情的突然袭击使得传统出版的运营模式遭受冲击，从编辑出版，到物流配送，到营销推广，再到门店销售，出版业的各个环节均受到了不同程度的影响，尤其是实体书店更是遭受重创，面临生存危机。虽然图书出版机构编辑、审稿、校对、内容呈现、营销推广等部分工作可以在线上完成，但在此次突发的公共事件环境下，对出版机构线上办公效率、融合产品供应能力、平台运营水平、线上营销推广等都提出了更高的要求，部分出版机构融合力度不足的短板在疫情背景下被放大和凸显，而融合水平较高的出版机构在此次疫情中不但没有受到冲击，反而业绩逆势上涨。

疫情的快速变化和抗疫工作的紧迫需求，考验着出版机构的应急响应能力，但部分出版机构由于缺乏相关的经验，线上协作和审批的效率较低，工作流程相对烦琐，导致了图书出版周期比以往略有拉长。上半年国内疫情严重时期，人们线下学习、工作和生活无法正常开展，转而将线下的需求移至线上，这使得线上的需求被放大，尤其是"停课不停学"，使线上教学资源的需求量瞬时暴增。出版机构一些没有经过峰值测试的线上平台，出现了因服务器崩溃而系统瘫痪的情况，融合产品和线上平台设计不合理的地方也因用户使用更为频繁而越发凸显，线上平台的缺陷暴露无遗。不少出版机构在疫情背景下开始尝试进行线上的营销推广活动，但由于缺乏前期经验的积累，

---

① 章红雨. 出版业融合发展取得实质性突破［N］. 中国新闻出版广电报，2021-01-20.

出现了线上活动扎堆、流量不足、带货转化率低的尴尬处境。疫情更凸显了出版融合的重要性，但同时也凸现出当前出版融合力度不足的短板。

2. 出版物选题和内容同质化，"价格战"让书业不堪重负

疫情之下，出版机构大多都紧跟当下热点，推出了大量与抗疫相关的出版物，主题基本集中于防护手册、文学纪实、心理疏导、少儿科普等，但也出现出版物形式与内容存在雷同，同质化严重的问题。其中部分书籍成为爆款后，又有大量的同名或类似的书籍跟风出版，造成了出版资源的浪费。不仅在抗疫选题上，在其他选题上也广泛存在盲目跟风、急功近利的现象。

与此同时，部分出版机构还以无序的"价格战"来进行市场的恶性竞争，扰乱了图书市场的正常秩序。疫情的到来使得出版机构的营销推广活动移至线上进行，直播、短视频、社群、团购等"花式"卖书的背后，还伴随着抄底的电商"价格战"。疫情期间，读者线上消费的习惯被进一步强化，疫情过后平时喜欢去书店买书的人也会转向线上购书。这对于疫情中受到重创的实体书店而言无疑是雪上加霜。如果恶性的"价格战"在疫情过后得不到遏制，实体书店的生存环境将进一步恶化。恶性"价格战"对处于出版产业链上游的出版社而言同样也是不利的。出版社的利润空间被挤压得越来越小，作者和编辑的投入和产出不成比例，大大打击了作者和出版社的创作热情，导致出版业整体原创力下降。为了应对"价格战"，有的出版社尽可能节约成本，被迫降低图书产品品质，导致大量同质化、跟风、庸俗的快餐式产品充斥市场，陷入恶性循环之中。

3. 行业公共危机治理能力不足，缺乏完善的应急反应机制

新冠肺炎疫情的暴发已造成了公共危机，影响了正常出版活动的开展。党政机关、行业协会和出版机构快速响应，协同应对疫情对出版行业造成的冲击，并让出版行业发挥出了知识抗疫的作用。但出版行业对公共危机的治理能力仍存在不足，缺乏完善的应急反应机制。

疫情防控时期，出版活动存在各方供需对接不畅的问题，出现了非出版主管部门协调出版资源的情况，如教育部协调高校、出版机构、技术公司出版《抗击疫情湖北方言通》，类似这种工作完全可以由行业协会承担。此外，由于行业缺乏完善的应急反应机制，导致行业内难以进行明确的分工，出版机构对于市场供需关系的认知片面并

且滞后。在市场信息资源有限的情况下，出版机构依靠自发行动追随热门选题，造成选题"撞车"、同质化内容扎堆的现象。①

此次疫情还给整个出版产业链带来现金流问题。产业链下游的纸厂、印刷厂、物流企业、图书经销商等处境堪忧，这些企业普遍现金流控制能力有限，如果它们无法恢复正常经营，就会导致出版产业链现金流的断裂，现金无法回流至产业链上游的出版机构，出版机构的正常运转也面临资金困难。整个出版产业链的各个环节都面临巨大的资金压力，需要各方的协同应对。

(二) 促进图书出版业发展的对策建议

1. 疫情倒逼出版转型升级，抓住融合创新发展机遇

此次疫情使出版融合发展的优势得到充分展现，出版融合发展的迫切性更加凸显，出版机构更为明确地意识到加强线上布局的重要性。疫情不仅考验着出版机构网络化生产运营的效率和水平，而且重塑着读者的阅读和消费习惯，加速改变出版业态，倒逼出版社加快融合发展步伐。疫情对于出版机构而言是一次危机，但也可能是一次实现"弯道超车"的转机。出版机构能否实现"弯道超车"取决于能否转危为机，抓住融合创新发展的机遇。

以往由于数字出版投入多、产出慢，资源集中度不高，以及获得授权难等原因，出版社融合发展的步子一直不太大，这次疫情使人们对于数字出版物的需求量增加，出版机构应加大投入力度，增加数字资源供给，完善线上平台建设。疫情防控期间，出版机构通过免费开放资源带动了流量的提升，未来只有不断开发优质内容资源，稳定并持续运营，才能留存用户。疫情期间直播带货、短视频带货等方式在图书行业快速兴起，帮助出版机构解决了线下销售渠道不畅的燃眉之急。疫情之后出版机构应复盘总结运营经验，思考优化策略，提升销售转化率；构建直播、短视频、社群等新媒体营销矩阵，增加与读者的互动，做好读者服务，精准把握读者需求，打造私域流量池。

---

① 杨忠杨. 基于公共危机治理的疫情防控时期出版活动机制探析 [J]. 出版发行研究, 2020 (4): 11-17, 57.

2. 出版社走差异化发展路线，规范图书市场秩序

经历了疫情的冲击和考验以后，出版机构应对自身进行重新审视和调整，对于盲目跟风、重复出版的问题应给予高度重视，避免盲目竞争和出版资源的浪费，根据自身的出版特色和专业优势来策划选题，明确读者定位，在营销推广中也着重展现自身图书产品与其他同类型图书产品的区别，走差异化发展路线，寻求高质量发展。

对于恶性竞争导致图书市场失序问题应尽快进行整治和规范，这一方面是帮助出版企业在疫情之后恢复元气，另一方面也是促进行业良性可持续发展。图书市场失序问题单靠行业自身进行改变的作用有限，从长远来看，可以考虑由政府层面出台法律法规进行强力规范。参照德国、法国等国家的做法通过立法和行业协会建章立制，实现了书业的公平竞争和健康可持续发展。[①] 与法律法规相配套，可考虑建立诚信制或黑名单制，对出版社违规打折行为进行监督，把违规出版社列入失信名单或黑名单，并给予相应处罚。即使目前暂时还不能立即出台相关法律法规来进行治理，短期内也需通过行业协会规范图书市场秩序，尽快平抑恶性"价格战"。当然，发挥调节作用的不仅有政府这只"看得见的手"，还有市场这只"看不见的手"。出版社倘若不提升图书质量，低品质图书即使能够被法律保护不打折，也只会"有价无市"。

3. 多元主体协同应对公共危机，建立健全应急出版机制

经历过新冠肺炎疫情这次突发公共危机后，出版界应从中汲取经验教训，建立健全应急出版机制，以使出版界在以后遭遇公共危机时，能够快速反应，高效应对。在突发公共危机时，政府、行业协会、出版机构三方协同运作，共同进行公共危机治理。

在公共危机治理中，政府应发挥主导作用，及时对形势进行研判分析，提高响应效率，通过宏观调控指引出版活动方向，有针对性地指导出版活动开展；行业协会是行业纽带，应发挥好中介作用和组织作用，既遵从政府管理，号召会员单位按照政府指引开展出版活动，引领行业方向，并做好行业自律，同时又要及时向政府反映会员单位的困难和需求，给予困难单位应急救援，帮助会员单位渡过难关；出版机构在服从政府和行业协会管理的同时，应提升图书市场敏锐度，及时全面地把握市场供需关系，避免选题和内容同质化，加强与其他出版机构的沟通和合作，实现优势互补，互

---

① 孙珏. 疫情下致命"低折"出版商被逼"裸泳"[N]. 中国出版传媒商报，2020 – 03 – 06.

利共赢，共同应对公共危机。

四、2021年图书出版业趋势展望

（一）主题出版将持续打造精品力作

2021年是中国共产党成立100周年，是"十四五"规划和全面建设社会主义现代化国家新征程的开局之年。此外，《民法典》实施、宣布全面建成小康社会、"天问一号"火星着陆……围绕上述重要时间节点，出版界将在主题出版上持续发力，精心策划一批有规模、有分量的主题出版物。

围绕"十四五"规划，主题出版将聚焦分析我国今后发展的潜力、面临的环境和条件，围绕现代化新征程中的新挑战、新问题，寻找可行的解决方案。围绕庆祝中国共产党成立100周年，出版单位将推出一大批党史类主题出版物，在题材、策划、载体等多方面进行创新，从不同领域、不同层面、不同角度回顾党的发展历程，反映时代变迁，阐释中国共产党为什么"能"、马克思主义为什么"行"、中国特色社会主义为什么"好"、中国方案为什么"优"，建党百年节点将引领主题出版发展新高潮。

近年来，主题出版已成为出版产业一个非常重要的板块，许多出版企业将主题出版列为重点发展板块，不断加大资金投入、加强选题储备、加强营销、加强海外推广。主题出版的规模持续扩大，社会影响力不断提升，社会效益和经济效益都越来越好，2021年主题出版将延续这一发展趋势，保持良好的发展势头。

（二）后疫情时代出版业将加速融合发展

2020年，新冠肺炎疫情使图书出版业遭受巨大冲击，社会阅读需求和大众阅读习惯发生了新的变化，出版业的生产运营模式发生了根本性变革，融合发展取得实质性突破，预示着出版业进入新的发展阶段。①

---

① 章红雨. 出版业融合发展取得实质性突破［N］. 中国新闻出版广电报，2021-01-20.

2021年是出版业融合发展和破局突围的关键之年。图书出版业将在融合发展方面更加主动作为,在技术、内容、渠道、服务和人才等方面进行融合发展布局。出版机构将继续深化对5G、大数据、云计算、人工智能、AR、VR、区块链等新技术的运用,推动出版产业朝着数字化、数据化、智能化方向发展。不断提升优质内容生产和运营能力,丰富优质内容呈现形式,推出更多的有声书、电子书、在线课程、移动阅读等数字出版产品,加大直播、短视频、社群等新媒体营销推广的力度,重视融合型人才培养,助力融合发展加速前行,重塑图书出版产业生态。

(三) 出版业面临的不确定性仍将持续

2021年,新冠肺炎疫情在全球范围内仍将持续,国内疫情防控工作常态化,国内外政治经济格局继续深度调整变化,中国图书出版业面临的外部环境的不确定性仍将持续。在2020年饱受冲击的实体书店在新的一年依旧可能持续下行,但降幅可能会收窄。电商"折扣战""价格战"如果没有相关部门介入就仍会继续,图书市场竞争激烈,出版机构利润空间被迫挤压,多数出版机构仍面临较大压力。近一段时间,纸张价格的快速上涨,给出版业带来了明显的冲击,加大了出版社的经营压力,出版业应尽快适应这种变化,通过融合发展、提升品质、加强管理等措施应对这一挑战。

疫情持续的非常时期容易出现各类社会矛盾和风险,对于出版业来说,要以系统思维统筹好发展和安全的关系,增强风险意识和机遇意识,树立底线思维,建立健全现代化企业治理体系。出版机构要始终坚持正确的政治方向,切实守好意识形态阵地,把好政治导向关、价值取向关、内容质量关,有效防范和应对各类风险挑战。

(程丽 桂林理工大学公共管理与传媒学院;
周蔚华 中国人民大学新闻与社会发展研究中心、中国人民大学新闻学院)

2020—2021 中国图书市场报告

2020 年在全球社会经济的发展历史上是极为特殊的一年。持续时间长、影响面广的新冠肺炎疫情，对公众的日常生活和消费习惯产生了深刻的影响，进而影响到各行各业的生存和发展。

近些年来，图书出版行业本就处在"纸质图书地、网发展不均衡""多载体融合发展"的变化中，而 2020 年新冠肺炎疫情带来的消费环境改变，更加速了这个行业的变化。在危机来临之时，全行业奋起自救、积极推进复工复产，行业主管部门也加速出台相关政策和措施，帮助上下游企业共渡难关。在抗疫自救的同时，上游出版企业主动发挥专业优势，积极承担社会责任，紧急出版预防和防护新冠肺炎疫情的图书和电子出版物，向全社会发放。疫情暴发之初，应急响应是行业机构面临的最大考验；而在后续恢复期，关于自身商业能力、业务可持续性的深层考验才真正开始。在 2020—2021 年期间，创新、求变成了图书出版全行业的普遍话题，不同于以往的尝试性探讨，这一次的"创新"与"求变"对很多行业机构尤其是下游书店来说已源于"求生"的需要。

因此，这一年我们看到了行业的很多变化，一方面是法律法规及政策层面的完善，另一方面是上下游企业的积极探索与多元尝试。虽然从数据来看，这一年图书零售市场表现不尽如人意，但是我们相信，短期困难所激发出的决心、速度和活力终将让这个历史悠久的行业迎来更加光明的未来。

一、2020 年中国图书零售市场基本情况

（一）上半年产能受挫，全年新书品种数进一步收缩

2020 年的新冠肺炎疫情暴发于春节假期之前，这也正是上游出版单位全年出版节奏的淡季。春节后本应是出版产能回升的时节，但是受全国印刷、物流行业不能按时

开工的影响,各地出版社也不能恢复工作,加上整体发行营销甚至编辑策划工作启动受阻,这就直接反映在了新书上市的速度和数量上。

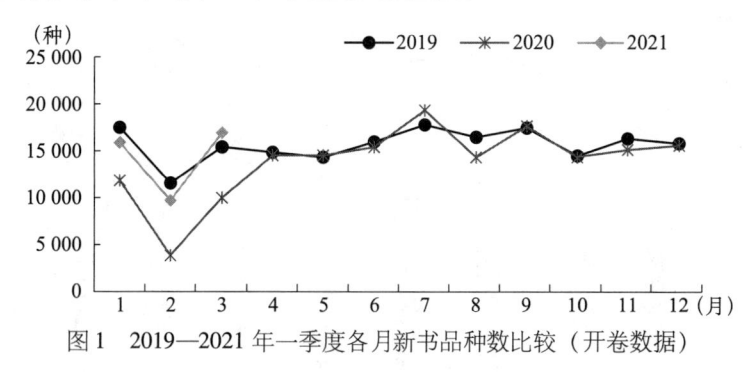

图1 2019—2021年一季度各月新书品种数比较(开卷数据)

北京开卷①数据显示,2020年一季度上市新书品种数只有往年的一半左右,上半年整体新书出版节奏严重压后。尽管在4月以后各月上市的新书品种数基本恢复到上年同期水平,但是2020年上半年全国动销新书品种数仅为7.1万种,比上年同期减少了2万种。2020年全年新书品种数达到17.1万种,比2019年减少了2万种以上,这也是自2016年度新书品种数出现下降以来的最低值。

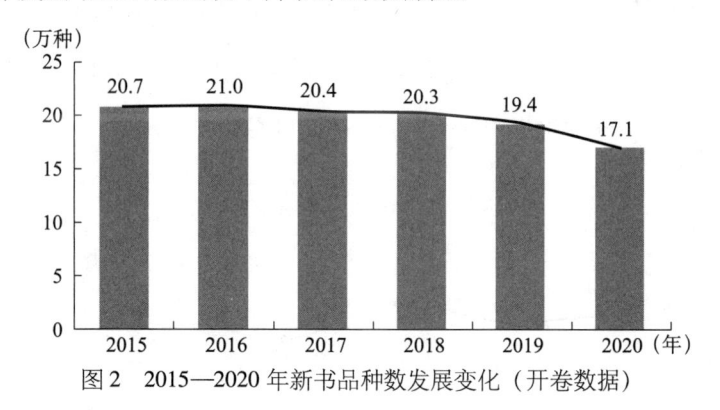

图2 2015—2020年新书品种数发展变化(开卷数据)

(二)全年图书零售出现负增长,疫情对图书消费影响巨大

近年来我国图书零售市场一直保持两位数以上的增长速度,2019年同比增长率为14.4%,也是在这一年,全国图书零售码洋总规模首次突破1 000亿元。但是在疫情影响下的2020年,全国图书零售市场码洋规模首次出现负增长,全年同比下降了

---

① 北京开卷全称北京开卷信息技术有限公司。本文中关于零售市场规模、结构等相关数据,未经特殊说明,均来自于北京开卷相关数据分析,其数据统计来自1998年开始建立的"全国图书零售市场观测系统"。截至2021年,该系统覆盖全国线上、线下的上万家图书零售终端。

5.08%，零售市场码洋规模回落到 970.8 亿元。

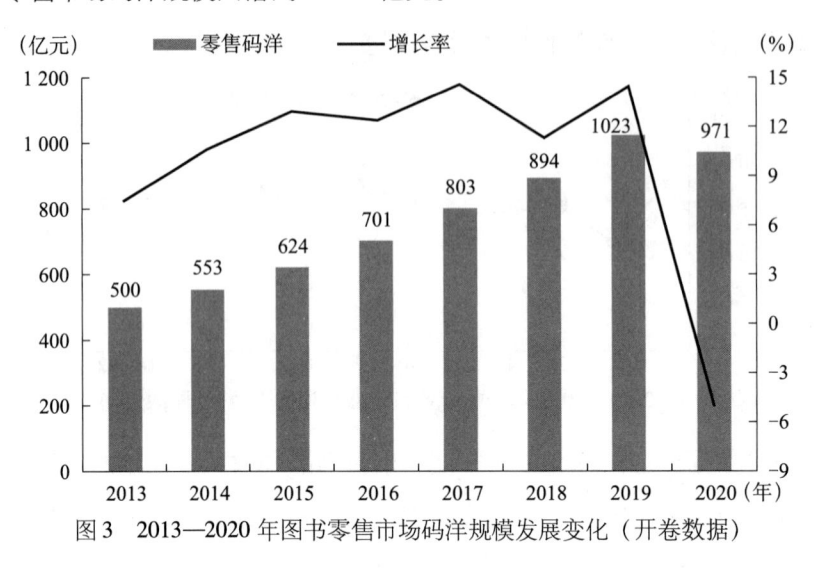

图 3 2013—2020 年图书零售市场码洋规模发展变化（开卷数据）

其中，网店渠道仍旧保持了正向增长，但是增长速度和前几年相比有明显放缓，年度增速仅为 7.27%；同时，实体店渠道受疫情影响更加严重，2020 年渠道降幅进一步扩大，码洋规模下降 33.80%。可见，疫情对图书零售影响是遍布多渠道的，整体图书零售规模负增长是网店渠道增速下滑以及实体店渠道降幅进一步扩大共同作用的结果。

图 4 近五年以来线上与线下零售渠道增速比较（开卷数据）

（三）图书零售缓慢恢复，网店渠道复苏明显快于实体店渠道

回顾 2020 年全年，图书零售市场在不同时期受疫情影响的程度有所差别。和新书产能的分布情况类似，我们可以把全年的四个季度分为"重创期"和"恢复期"两大阶段，其中，第一季度受疫情影响最为严重，属于"重创期"；第二到第四季度属于"恢复期"。

第一季度图书同比下降15.93%；进入第二季度后，随着逐渐全社会复工复产复学，市场降幅开始收窄；第三季度同比下降3.30%；到第四季度整体零售市场有所回暖，同比出现0.25%的上涨。伴随着各个季度的市场改善，各个季度的累积表现也逐渐改善。

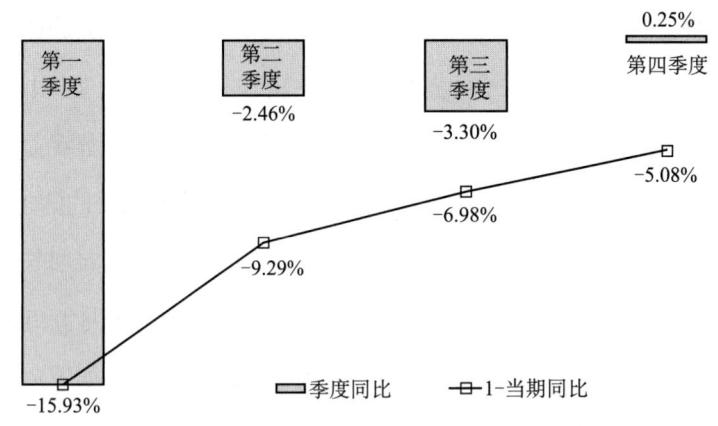

图5　2020年不同季度图书零售逐步恢复的情况（开卷数据）

相比之下，网店渠道的恢复速度明显快于实体书店渠道，尤其是在市场秩序恢复初期的第二季度，伴随着全国范围内物流体系的逐渐恢复以及上游出版单位陆续恢复工作，网店渠道的集约化效应充分显现出来。在广大消费者还不能放心前往实体店选书消费的时候，大型网店平台对图书零售复苏起到了重要的推动作用——"打包消毒""送货上门"在便利读者的同时也强化了安全保障。与此同时，也有众多出版单位以及实体书店的经营者们在这一时期已经开始主动或被动上线经营，使得网店渠道的销售恢复相较于实体店面更早更快。

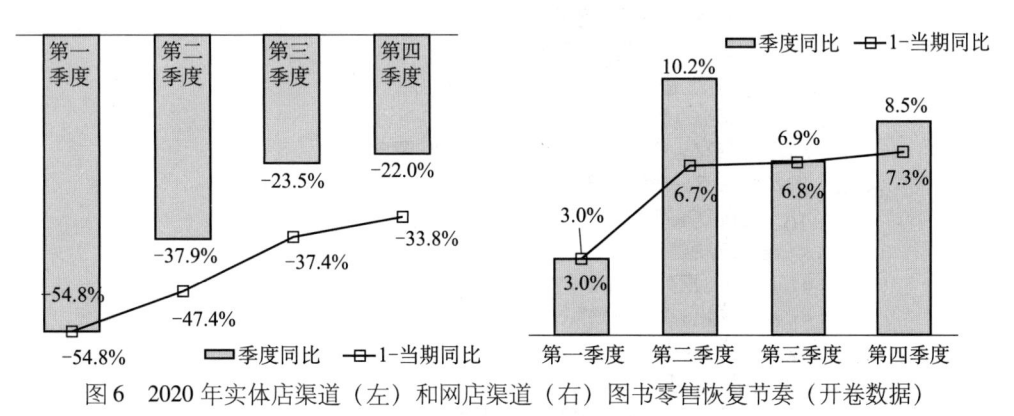

图6　2020年实体店渠道（左）和网店渠道（右）图书零售恢复节奏（开卷数据）

（四）需求结构发生改变，刚需教辅教材和主题出版类图书同比上升

在2020年上半年的图书销售当中，具备刚性阅读需求的类别在市场销售中表现更

为突出。春季复学之初，中小学不同年级的教科书、教辅书一度进入线上畅销榜前列，这与"开学延迟、家长安排提前自学"以及全国多地中小学生线上复课前后相关图书校内供应不足直接相关。教育需求在全年热点的统计中也得到了反映。2020年度，中小学幼儿园教材同比增长31.89%，教辅类同比增长8.9%，两个类的码洋比重和增长速度均高于往年，这就是受到了学生学习的刚性需求影响。少儿类同比增长1.96%，这在当时市场环境中实属不易，其中面向低龄儿童的低幼启蒙、游戏益智、少儿绘本类出现了较大涨幅，与疫情期间亲子时间增多，家长对于此类图书的需求增加有关。

除了教育相关需求，学术文化、法律和传记类在全年呈现正向增长，其中法律类增速最快，同比增长率达到36.16%，一部分原因来自2020年5月上市的一系列《中华人民共和国民法典》，另一部分则源自热销的大众法律读物——如罗翔的《刑法学讲义》。学术文化和传记类的上升则主要源自于主题出版新书的带动。相比之下，艺术、工程技术、语言和计算机等类别的下降幅度较大，和这些专业类别以往受考试相关图书带动、而2020年因疫情影响，很多考试推迟或取消相关图书无法出版和销售直接相关。

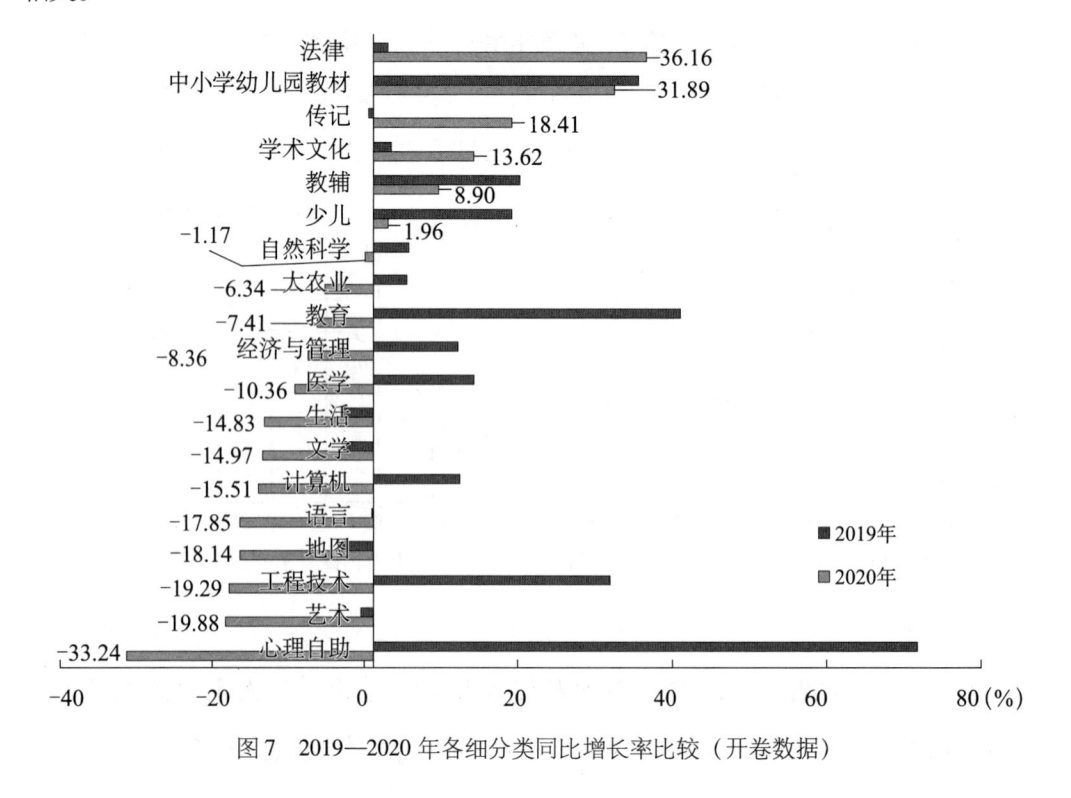

图7 2019—2020年各细分类同比增长率比较（开卷数据）

二、2020—2021 新冠肺炎疫情影响下的行业应变

对图书出版业的 2020 年来说，没有任何一个词比"应变"更能描述这一年的所有，甚至这一状态在 2021 年还在延续。对于突如其来的危机，出版发行人只能应对，跟着"变"或者更加主动地去规划如何"变"。

（一）纸质图书传播受阻，出版社数字内容优势显现

2020 年 1 月中下旬，新冠肺炎疫情突然暴发，此时已经临近各地出版社节前工作的尾声，春节前最后的销售备货陆续发出，国内主要物流服务也即将进入暂歇期——应该说，这一时间正是图书出版发行工作的周期性低谷。也正是在这个时候，出版人临危受命。疫情暴发之初，安全防护的信息知识成为社会普遍需求，各地出版单位快速展开行动。1 月 23 日，广东科技出版社《新型冠状病毒感染防护》出版上市，1 月 24 日该手册已发往武汉、北京、上海全国重点城市书店，同名电子书在京东、天猫、当当等主要电商平台以及出版社微信公号、广州日报 APP 上架，向读者提供免费阅读。电子书上线 4 天内，仅广东科技出版社微信公号上的电子书阅读量就已达到 2 000 万人次以上。2 月 10 日，湖北科学技术出版社《新型冠状病毒肺炎预防手册》首印 20 万册送往湖北全省各地疫情防控指挥部。根据开卷对图书市场的跟踪统计，到 2 月底"新型冠状病毒"相关防护防疫的图书出版品种已经接近 30 种，出版类型包括科普读物、手册、绘本、漫画等多种类型，也有专门面向儿童、老年读者的专属读物。

在此次疫情应急出版过程中，电子内容形式的出版物因为更加便于获取和传播，因此在社会化应急信息服务中发挥了重要作用，大大提升了全民抗疫科普的速度和效率。而且数字化图文以及辅助视频的内容形式也让读者阅读和理解信息更加生动和全面。应该说，数字内容在这一过程中的效率价值得到了极大的体现。

除了疫情防治科普以外，在更广泛的内容服务领域，数字内容产品也发挥了重要价值。人民教育出版社、北京师范大学出版社等教育出版社为服务延后开学的中小学

生免费开放教材、电子课本等大量学习资源；高等教育出版社、科学出版社、机械工业出版社、清华大学出版社、中国人民大学出版社、电子工业出版社、上海古籍出版社等数十家科技、专业出版社免费开放了大量专业数据库和教育资源，满足高校师生、研究者的广泛需要；在大众出版领域，已经建立数字内容产品线的各家出版社也纷纷开放免费服务，面向读者提供支持。

在数字出版和5G技术蓬勃发展的今天，数字化、信息化的趋势是不可逆的，这一场因疫情引发的"应急战"，也让各家出版单位深刻感受到了数字产品对于信息服务的便利性和价值。在这一次演练之后，数字化战略在图书出版行业的关注度和应用深度必将进一步加强。

（二）实体书店艰难恢复，这一年压力前所未有

2012年实体书店渠道首次出现年度零售码洋规模负增长。近十年来，实体店的图书零售业务长期处于"横盘"状态。各级各类书店大力推进门店升级改造、选址更换、业态创新，仍旧难敌价格战加持下快速扩张的网络书店。"单纯的图书零售业务无法支撑零售书店的生存"，这已经成为全行业的共识。而这一场突然暴发的疫情，更是让本就艰难转型的实体书店雪上加霜。在"自救"和"政策扶持"之下，实体书店的2020年前所未有地艰难。

1. 从"闭店停业"到"门可罗雀"，店面销售的恢复不易

2020年的2—3月，出于安全考虑并遵照各地疫情防控要求，实体书店大面积停业。书萌调查显示，在二月份闭店停业的书店占比超过了90%。从三月中下旬开始，尽管各地实体书店陆续恢复营业，但无论是新华卖场还是相对小型的民营书店，客流量和店面销售均远远低于常规水平。

持续一个多月的闭店停业让新春假期和开学季两大销售高峰成为泡影。在本应是实体店"小阳春"的2月，开卷实体店渠道图书零售指数环比下降81.7%，月度销售规模跌落不足20年前开卷建立市场监测基期的一半规模。直到2020年底，实体店渠道每月零售同比降幅均在20%以上。

"闭店停业"直接导致书店现金流中断，而复工之后无法随之恢复的客流和销售，

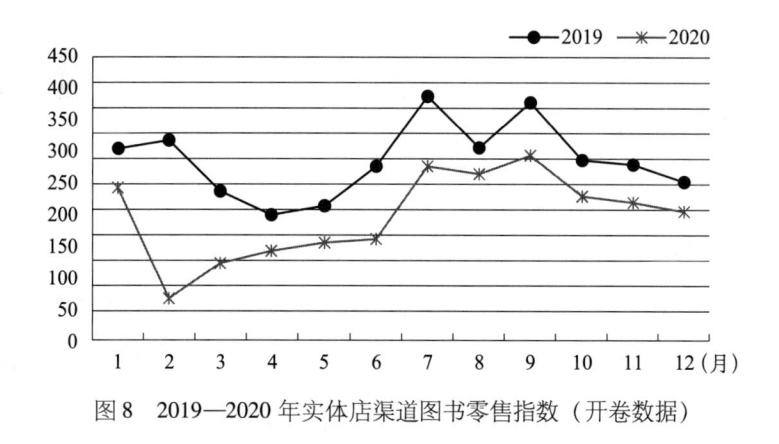

图 8 2019—2020 年实体店渠道图书零售指数（开卷数据）

则让持续的房租、员工工资等日常运营成本成了书店不能承受的"生命之重"。2020年上半年，有多家知名书店通过网络发声"求助"，也有更多的书店动员读者会员"提前储值"来改善现金流吃紧的状况。2月，单向街书店创始人发出题为《走出孤岛 保卫书店》的求助信，并设置了50元到8 000元不等的众筹项目吸引社会关注与支持。南京先锋书店则推出"先锋书店2020游学"项目，用户可购买不同价格的储值卡，附赠游学，次数不等。南昌青苑书店推出充值购书卡活动，价格从200到1 000，充值用户可获得价格不等的文创产品作为赠品。1200bookshop除了储值卡，还推出了"盲选图书礼包"和文创产品。

在2020年底开卷发起的"全国实体书店发展情况调研"中，有73.9%的受访者表示书店全年客流明显下降，甚至有部分书店客流降幅超过60%；同时，65%的书店反映本单位全年营业额下降。在营业额没有下降的书店当中，非图书业务以及大客户团供业务在书店经营中占比往往较高。可见，在店面销售受到客流严重影响的情况下，部分书店只能通过非书品类以及以往积累店外业务和大客户资源为店面销售聊作弥补。

2. "火线触网"效果有限，线上业务还需全面规划

为解决实体书店复工后的客流问题，2020年上半年实体书店与外卖平台展开了声势浩大的合作。3月，北京市72家实体书店进驻美团，成为"实体书店+美团平台"计划的首批示范企业，其后又有33家实体书店加入，北京实体书店的"外卖时代"正式开启。其中既有北京图书大厦等大型综合书城，还有建投书局、钟书阁这样的体验式阅读空间，也不乏小众书坊、码字人书店等经营理念独特、选品突出的特色书店。美团承诺会给予一定的流量和补贴以帮助书店商户渡过难关。随后，饿了么也在全国

各地招募实体书店上线外卖业务，截至4月23日，北京、上海、济南、沈阳、合肥在内的超100个城市的书店入驻饿了么，其中言几又、三联书店、大隐书局、上海新华等知名书店品牌赫然在列。

对于大多数"火线触网"的实体书店来说，尝试各种新的线上方式主要源于疫情重压之下的求生本能。根据媒体的后续报道，实体书店与外卖平台的联姻更像是昙花一现，除了部分书店早期"尝鲜"一度获得了较为可观的单日订单之外，图书品类与外卖模式之间的消费者差异也初步显现出来，即使是在三四月份外卖平台流量加持和促销投入的情况下，入驻实体书店也未能实现预想当中的消费爆发。

事实上，更多实体书店的触网手段是相对朴素的——通过自家微信公众号、读者微信群发布信息、低调卖书，很多实体书店也由此开始构建自己的私域流量。据深圳前檐书店负责人介绍，疫情期间前檐每周在公号上发布推荐书单，一本包邮的方式得到了众多读者认可。在北京新华门店的微信群里，书店负责人与读者密集互动，为读者提供紧缺的书籍登记和订购服务。沈阳离河书店的高明、孙小迪夫妇曾经表示，离河书店之所以能在疫情最严重的时期扛过来，靠的就是顾客微信群里"认同荐书、坚持买书、不离不弃"的300多位会员。另一方面，"开启网上店铺、全面拥抱线上销售"也成为更多书店的选择。2020年2月，北京开卷联合京东、天猫推出"书业暖春计划"，为实体书店新开POP店铺、接入优质物流服务提供"快速通道"，数十家实体书店由此开启线上店铺。根据淘宝公布的数据，截至2020年2月底，有200家书店开通直播，众多书店纷纷开启"直播自救"，这其中既有新华书店也有民营书店。

对于因疫情临时触网的众多实体书店来说，这才是一个刚刚的开始。在此后疫情常态化的一年多时间里，关于开展线上业务要学习的内容还有太多。电商平台不断翻新，新的流量高地也正在形成：抖音、快手、小红书开启兴趣电商的新模式，"直播带货"成了2020年商业市场上最火的关键词。对于那些已经积累了丰富线上经验的书店来说，新的风口正在形成；而对于新触网的实体书店来说，线上业务的操作方式反而带来了新的困惑，其线上业务的后续开展还需要全面而系统化的设计与规划。

3. "关停"与"新开"，危机中孕育新的希望

与2017—2019年的一波新开书店热潮不同，2020年的实体书店扩张因为疫情发生的原因骤然减速。多家品牌连锁书店搁置了门店扩展计划，在危机之下重新审视门店

和区域布局，但是也有不少品牌逆势开店，甚至在疫情的推动下完成了一轮门店更替。

在一些书店关闭的同时，也有另一些书店陆续开张，以下是另一份不完整记录。3月，刺鱼书店在北京竞园艺术中心开业，定位生活方式、艺术设计、文学电影以及社会观察。4月18日，钟书阁老佛爷店入驻北京西单商圈开始试营业。4月18日，大隐书局·海派书房开业，聚焦海派文学、海派戏剧、海派音乐。5月30日，文轩BOOKS招商店开业，营业面积近万平方米，这也是疫情发生后开业的全国最大的实体书店。6月18日，经世书局在复旦大学校区内重新开业。6月19日，大夏书店·丽宝店正式开业，大夏书店是华东师范大学出版社成立的人文书店品牌，丽宝店是大夏书店推出的第一家品牌授权店。6月下旬到7月初，深圳友谊旗下覔书店品牌分别在龙华红山、龙华观澜、宝安福永连开三店。9月19日，钟书阁正式进驻都江堰，开出首家文旅主题店。10月1日，葫芦弟弟线下实体店升级版——厦门东百蔡塘广场店开业。10月18日，茑屋书店中国首店——杭州天目里正式对外开放。12月12日，大隐书局九棵树艺术书店正式开业。12月25日，朵云书院戏剧店启幕，这是一家定位服务全球各地戏剧和阅读爱好者的书店。12月24日，上海"上生·新所"茑屋书店正式开业。年内，连锁品牌西西弗也陆续在太原、沈阳、盐城等多个城市开出新店。

在校园书店方面，各地也有新举措。10月，北京外研书店开设了四季青分店，湖北经济学院倍阅·书香语林店及中南民族大学倍阅书店也正式营业。12月，人卫智慧校园书店在广西百色市右江民族医学院揭牌，这是人民卫生出版社建成的首家校园书店。

从以上的两份记录来看，在实体书店门店更迭方面，2020年相比于往年似乎也并没有大的不同。"关停"代表告别，"新开"孕育希望。只是在这一年，大家的思考和行动更加理性，创新尝试的步调并没有因为疫情影响而停滞。如果说，疫情加速行业变革和推进理性决策，那么2020年的这一轮店面转化，将对实体书店一直寻求的未来探索具有重要意义。

4. 行业扶持雪中送炭，帮助书店走过最难时刻

2020年上半年，全国实体经济受疫情影响损失惨重，各省（区、市）从房租、税收、信贷、稳岗等方面出台了多项应对疫情扶持中小企业发展的具体措施。图书出版发行行业主管部门也进一步加大了对实体书店的帮扶力度，会同各地市区级政府以免税、奖励获评"最美书店"的书店、购买服务等多种方式支持实体书店经营发展。

2月14日，上海市委宣传部发布《全力支持服务本市文化企业疫情防控平稳健康发展的若干政策措施》，共20条具体举措，其中包含针对出版企业采取五项帮扶措施、针对实体书店和印刷发行企业的四项帮扶措施。

2月19日，北京市文化改革和发展领导小组印发《关于应对新冠肺炎疫情影响促进文化企业健康发展的若干措施》。为切实解决实体书店面临的实际困难，北京市委宣传部2月26日就2020年北京市实体书店扶持工作发出通知，出台四个方面共16条措施，包括提前启动2020年实体书店扶持项目、从2月26日开始组织项目资金申报工作、加强实体书店房租成本补贴等，在获评企业做出承诺的前提下，财政部门对其预拨3月至6月的房租补贴。

3月，国家新闻出版署下发《关于支持出版物发行企业抓好疫情防控有序恢复经营的通知》，随后各地关于扶持实体书店的针对性政策纷纷出台，如北京市委宣传部下发《做好北京市实体书店扶持工作的紧急通知》，湖北省委宣传部下发《关于支持全省印刷发行企业抓好疫情防控有序恢复经营的通知》，青海省新闻出版局印发《关于支持印刷发行企业有序复工复产的通知》等，都对行业的重振起到积极助推作用。

除了市级政府，有的县区政府也开始采用真金白银的方式补贴书店，为困境中的实体书店雪中送炭。在北京，市级实体书店扶持资金达1亿元，区级财政也有配套投入：顺义区、通州区和海淀区分别拿出5 000万元、1 980万元、1 500万元用于实体书店资金扶持，其他各区也设立了数额不等的扶持资金。2020年北京市区两级对实体书店扶持资金达2.4亿元，资金规模超过"十三五"前四年的总和。

（三）传统电商业务稳定，直播带货开拓图书销售新通路

在2020年上半年，大型电商平台，尤其是具备自营物流优势的电商平台为读者购书服务以及图书销售的复苏起到了重大推动和保障作用。在实体书店加速触网的过程中，电商平台也起到了有力的帮扶作用。当然，这也使得大型电商在上半年的图书销售也实现了较大幅度的增长。根据京东和当当发布的"6·18"图书战报，在这个上半年的促销高峰，京东和当当的图书成交额均创新高。6月18日当日，京东童书和中小学教辅书成交额分别同比增长了43%和40%；当当在"6·18"大促开始的前10小时图书码洋同比增长65%，其中童书同比更是实现89%的增长。可见，大型电商平台对

购买力的聚集效应非常突出，在实体零售未能恢复的背景下，也聚集了相当多的购买刚需。在这期间，传统电商平台的整体销售能力相对稳定。

从全社会范围电商发展来看，2020年是直播提速的一年。微信、微博、小红书相继上线视频号，短视频平台成为用户高频使用的媒介入口，也逐渐成为线下商业迁移到线上的新载体。于是，出版机构布局线上营销，短视频也被作为重要选项。当然，对各家短视频平台来说，这也是面向实体经济拉新扩容的重要时机。因此，平台方也给出了相应的政策，如阿里巴巴宣布全国所有线下商家均可零门槛、免费入驻淘宝直播；京东发布了京东直播商家和机构"4+2"扶持政策。在2020年全行业自救求变的过程中，图书直播快速崛起。2月4日，钟书阁开始了第一场淘宝直播，昭示了一种新尝试的开始。3月9日，在单向街的牵头下，晓风书屋、先锋书店等多家书店联合开启了一场"保卫独立书店"直播售卖，各家独立书店推出"保卫书店"主题盲盒，5分钟之内销售就突破了5 000份。在电商领域加速迭代发展、兴趣电商崛起的过程中，图书出版业上下游机构深度参与。除了书店创始人直播自救，更多实体书店和网上书店也将其作为客流和销售的重要来源，同时，来自出版社的编辑、营销、发行，甚至社长、总编纷纷上阵，通过直播形式推销自家图书。2020年上半年，人民文学出版社完成直播活动80余场，包括名家讲座、社庆、图书带货等多个主题；2020年全年，接力出版社联合20多个平台直播近400场，共开播800个小时，实现现场销售两千万码洋。

在各大直播平台上，有的出版商已经开始尝试和薇娅等头部大咖合作，取得了惊人的效果。2020年5月，上少社《三毛流浪记》与薇娅直播的单次合作，销售突破76 000册。而在新的流量聚集地抖音平台上，相对专注的图书品类带货达人开始出现，王芳、刘媛媛、宋玉等达人代表已经成为图书领域的"薇娅"和"李佳琦"。在2021年3月的图书订货会期间，王芳一天带货800多万实洋，刘媛媛一天带货500多万实洋，换算成码洋，这已经相当于一家中型书店近一年的销售规模。新的销售通路成型，也在某种程度上改变着整个图书零售市场的分布格局。

同时，直播带货带来了新的状况。由于直播上架图书的售价普遍很低，出版单位还要支付给直播方的佣金费用，在销售放量的同时，出版社的直播销售业务需要不断核算收益和利润。随着直播模式的深入开展，出版单位更加精打细算——上线哪些商品？设定多高的折扣？出版单位力求让每一次直播有利可图，同时也希望对自身的畅销优势产品予以保护，于是，也有出版社开始尝试将线上直播带货作为出版社消化积压库存的途径选择。

（四）出版社营销快速升级，新的发售模式开始形成

从 2020 年上半年开始，线下营销节奏被疫情彻底打乱，出版机构的营销重心纷纷转移到线上。微信公号、读者微信群、电商 POP 店铺、短视频与电商直播，都成了新的图书销售主战场。在直播带货常态化的背后，出版社发行营销工作的职责和流程开始发生变化，由此带动内部组织结构和职能分工开始演化，而直接面向读者的 C 端运营重要性也骤然凸显出来。

1. 内容与营销深度融合，围绕营销的宣发团队丰富性提升

传统售书时代，图书营销的内涵是通过各种媒体和渠道向承销商和消费者传递图书功能和图书价值，从而增加客户，扩大消费群体。而在新的电商时代，宣发渠道和销售渠道深度融合，图书营销的必要性已经从"重点品营销"扩展到"全品营销"。

为了更全面地传递图书价值、宣传内容卖点，传统的营销人员已经不足以支持众多图书的线上宣发，内容编辑开始深入宣发一线。从内容介绍、价值定位到卖点提炼，甚至直接上线直播，编辑成为了营销工作的核心推动者之一。在部分出版单位 2020 年的招聘清单上，新媒体运营、视频编辑等新生岗位的需求开始出现，出版单位宣发工作的能力边界在扩展，团队丰富性也在提升。

2. 网店渠道类型分化，产品精细化运营需求提高

在以短视频平台为代表的兴趣电商兴起之后，图书线上销售主要平台逐渐形成自营电商、平台电商、兴趣电商等不同的类型和模式，加上以往的社群电商、拼购电商，线上渠道各家平台的差异性正在形成。比如天猫、京东用户规模大且来源广泛；小红书的用户中"女性占比超过 80%""30 岁以内占比近 70%"；抖音和快手大多针对三线城市及以下用户，且存在南北方差别；B 站用户"90 后"占比超过 85%，一线城市占比一半；而拼多多用户以家庭主妇、年轻人为主。

由于平台用户差异，各平台方适用的产品和运营策略也有不同，这就使得出版单

位在渠道选择的时候还需要分平台进行考虑和设计，具体考量因素既包括内容的平台用户契合度，也包括不同平台适用的价格和营销策略差异等。由此，反向推动出版单位在产品设计、定价策略、营销策略等方面更加精细化的操作。目前，针对不同平台的消费特点，出版社对于同一图书产品定制不同版本、分平台销售的做法也已经越来越多。比如2021年初中信出版社的畅销书《小狗钱钱》就针对抖音平台专门设计了不同于其他渠道的专有版本进行发售——通过叠加赠品提升产品价值和售价，以满足抖音"单件销售、单件包邮"的销售需要。

3. 品牌营销吸聚私域流量，出版社对C端运营的关注度开始提升

出版社的线上营销兼具图书销售和品牌营销双重价值，而自营网店以及直播带货所形成的C端读者资源积累则是线上营销的"意外之喜"。

在传统的图书发行模式下，出版单位与读者之间"相隔万里"；社交媒体兴起之后，通过微信、微博等传播手段，出版单位和读者之间的互动密切起来，但是距离真正识别读者和消费者仍有相当的差距。而在电商业务当中，出版单位通过线上营销和自主售书集聚的粉丝群、购书群以及购书者留下联系信息，为后续C端运营留出了巨大的想象空间。

在综合电商流量日益见顶的情况下，私域流量的重要性已被广泛认同。很多出版单位也已经意识到，当下的读者资源积累也将成为未来C端的重要基础，因此关于C端运营的探讨和尝试也在增加。

（五）疫情防控常态化，"云书展"成为年度关键词

2020年，国际书展业受到疫情冲击，台北国际书展、伦敦书展、博洛尼亚童书展、香港书展相继取消当年展会。12月美国书展主办方励德漫展公司宣布，继2020年因疫情取消线下展后，美国书展正式退出历史舞台。疫情催生了书展向线上的转型，而行业各界的线下面对面交流的需求在这一年全面陷入停滞。

在国内，浙江省馆藏图书展示会调整为线上采购的新模式；凤凰新华推出了2020春季凤凰新华馆藏图书订货会"云专场"。6月开始，国内各省书展书市陆续拉开帷幕，北京书市、江苏书展、上海书展、天府书展、上海国际童书展、深圳书展等陆续

启幕。主办方在做好线下书展主会场的同时，积极开拓线上展场新形式，通过图文、视频、3D、VR、全景等多重数字形式呈现展陈功能，同时大力增加线上活动、网络直播、线上交流等互动形式，全面推进线上线下融合办展会。

"人不在书在""足不出户办活动""云逛展"成为2020年书展关键词。

三、2020—2021影响和推动图书出版业发展的重要事件

（一）著作权法修订，为行业发展构建良好的秩序和环境

2020年4月26日，《中华人民共和国著作权法》修正案草案提请十三届全国人大常委会第十七次会议审议。11月11日，十三届全国人大常委会第二十三次会议表决通过了关于修改著作权法的决定，于2021年6月1日起施行。11月15日，国家版权局经广泛征求意见后下发《关于进一步做好著作权行政执法证据审查和认定工作的通知》。11月16日，最高人民法院印发《关于加强著作权和与著作权有关的权利保护的意见》。

著作权法是保障我国内容产业发展与维护版权市场秩序的基本法，于1990年正式颁布。本次新修改的著作权法，进一步明确了网络等新技术应用以及新的商业模式影响下的内容版权相关的法律规则。这为出版市场主体在网络发展和新技术环境下更好地运用法律武器加强版权保护，维护创作者的合法权益提供了更好的法治保障，更将为出版业创作创新提供了良好法治环境。

对于图书出版行业来说，要让好的作品得到尊重和保护，让创作者获得相应的酬劳并有信心再次投入创作，同时也激发从业人员的动力与活力，都离不开《著作权法》的保驾护航。

（二）主题出版、国家出版基金等各项出版工程和基金项目推动出版高质量发展

2020年是我国全面建成小康社会和"十三五"规划收官之年，2021年是中国共产党成立100周年。2020年2月，中宣部办公厅下发通知，明确2020年主题出版六方面

选题重点。围绕上述重要方向和出版项目，出版界精心筹备、认真策划，一大批出版物得以陆续出版并推出给读者，为重压之下的图书市场增添了亮色与活力。当前，主题出版日益成为我国出版领域的重要组成部分，出版界也切实感受到了主题出版对出版社品牌建设和市场培育的强大推动力。

4月3日，国家新闻出版署发布了关于申报经典中国国际出版工程和丝路书香工程2020年项目的通知。4月13日，国家新闻出版署印发通知，决定在前八届"优秀通俗理论读物推荐活动"的基础上实施"优秀通俗理论读物出版工程"。5月14日，国家新闻出版署发布了关于开展2020年"优秀现实题材文学出版工程"作品申报工作的通知。5月22日，2021年度国家出版基金开始申报。6月11日，全国古籍整理出版规划领导小组办公室公示了2020年度国家古籍整理出版专项经费拟资助的85个项目名单。

这些重点项目的陆续发布，为疫情影响下的出版单位指明了新的方向，也为出版工作的高质量发展奠定了基础、提振了信心。

（三）全民阅读工作受关注度再次提升

2020年5月22日李克强总理代表国务院在十三届全国人大三次会议上作《政府工作报告》，"全民阅读"第七次被写入其中。

10月，中宣部印发《关于促进全民阅读工作的意见》（以下简称《意见》），《意见》明确，到2025年，通过大力推动全民阅读工作，基本形成覆盖城乡的全民阅读推广服务体系。《意见》同时提出了全民阅读工作的重点任务，包括加大阅读内容引领、组织开展重点阅读活动、加强优质阅读内容供给、完善全民阅读基础设施和服务体系、积极推动青少年阅读和家庭亲子阅读、保障特殊群体基本阅读权益、提高数字化阅读质量和水平、组织引导社会各方力量共同参与和加强全民阅读宣传推广等——这为全民阅读促进工作的深入开展指明了方向。

业界普遍认为，站在新高度的"全民阅读"新谋划为新时代相关工作的开展与推进提供了新的动能，将更有助于推进全民阅读的均衡化发展和进一步深化和延伸。

（四）文化强国战略时间表确立，出版产业责任重大

2020年10月下旬，党的十九届五中全会审议通过了《中共中央关于制定国民经济

和社会发展第十四个五年规划和二〇三五年远景目标的建议》，提出"到 2035 年建成文化强国的战略目标"，并对如何实现这一战略目标做出新的谋划和部署。这也是十七届六中全会提出建设社会主义文化强国以来，首次明确提出建成文化强国的具体时间表。

出版产业是文化产业的重要组成部分，我国年出版物总量超过四十万种，毫无疑问已是出版大国。然而，从出版大国向出版强国的转变，还需要行业各方从发展方式、内容质量、服务能力、品牌竞争力等多个角度全面提升和构建。这将是一个长期的过程，必将涉及整个出版行业工作的方方面面。

（五）行业机构 IPO 再启，国有民营均有突破

2020 年初以来，出版发行企业通过资本市场融资的进程又有新突破。6 月，证监会官网公告黑龙江出版传媒股份有限公司（以下简称"黑龙江出版"）首发申请获通过。9 月，读客文化股份有限公司首发申请获创业板上市委员会通过。11 月，创业板上市委公告果麦文化传媒股份有限公司首发获通过。2021 年 2 月 4 日，浙江出版传媒股份有限公司 IPO 申请经证监会发审委审核通过。

截至 2020 年底，中国图书出版行业共有 23 家上市公司。与早期上市公司以省级出版集团为主不同，国内一批优秀的民营出版策划机构也已经开始获得了资本市场的认可，从天舟文化到新经典，再到当前的读客文化和果麦文化，民营出版策划公司的市场活力和发展潜力得到了资本方的关注和认可，而这些民营出版策划公司在获得了资本市场的加持以后，也将能够扩大资金实力用于更全面的基础建设。据上市申请信息披露，读客文化上市募资计划 2.5 亿元，用于版权库项目建设，其中包括文艺类、社科类和少儿类三大类版权库；果麦文化计划募集资金 3.5 亿元，也将全部用于版权库建设。

（六）纸价上涨，导致图书出版企业成本提升

据报道，2020 年 8 月起国内成品纸频频提价，直到 2021 年初主要包装用纸、文化纸成品价格不断上涨。数据显示，疫情之后，常规白卡纸的价格从 2020 年 6 月的 5 400

元/吨，持续涨至 2021 年 1 月的 7 700 元/吨，涨幅达 43%，也达到 2013 年以来的高点。在这一波涨价中，箱板纸、瓦楞纸、铜版纸、双胶纸等纸种的价格也有上涨，涨幅基本在 20% 上下。2021 年 1 月，前期涨幅相对温和的铜版纸、双胶纸强势补涨。随后，第一波行情的领涨品种白卡纸的价格再度起飞，2020—2021 岁末年初的涨幅更快更猛。

业内认为，此轮纸张价格暴涨，主要是因为原材料成本上升、造纸行业产能调整、纸厂限产控价、疫情之后的价格修复需求等市场因素，但也有供纸方获利需求强烈、抱团涨价的主观因素和现实表现。

纸价持续上涨，对出版企业来说面临的就是直接成本的上升。2020 年下半年以来，出版单位在印制方面的成本压力也在不断凸显。

四、2021 年及未来一段时间图书出版业发展展望

（一）地网规模差异进一步加大，"打通线上"成行业机构必然选择

疫情发生一年多以来，"实体书店恢复缓慢"与"线上直播销量爆发"形成了鲜明对比，两个渠道的年度码洋规模也从 2019 年的"三七开"进一步发展到 2020 年度"二八开"，即网店渠道的码洋规模已经达到整体图书零售码洋的 80%。推陈出新的线上流量平台、动辄数万册的直播带货，让出版单位进一步向线上渠道靠拢。回顾 2020 全年，日子相对好过的出版社大多是早早在网店渠道布局的那一批，尤其是已经深耕自营电商的出版社尝到了自主应对的甜头；而以往销售主要依赖地面店渠道的出版社全年经营压力则要大得多。对比之下，一些原本对"自营上线"还抱迟疑态度的出版单位，也重新坚定了信心，"两条腿走路""掌握私域流量"开始被纳入未来工作方向。

同时，对于实体店的经营者来说，通过线上工具扩展书店与读者的连接，形成线上信息推送和服务响应的通路，也开始成为书店工作的标配。当实体店也积累了为数众多的读者群，当读者也可以在各类视频和直播平台与书店经营者相见，那么实体书店与网上通路本身就已经实现了融合，只要阅读推荐服务和购买下单本身还是发生在

读者和书店之间，采取线上沟通的形式还是门店见面的形式将没有太大区别。

（二）疫情影响消退缓慢，实体店破圈模式有待进一步探索

进入 2021 年，疫情常态化对人们日常生活的影响已经逐渐减弱，各地商场、购物中心再现人头攒动的局面。但是实体书店的图书消费仍旧难见起色。开卷数据显示，第一季度实体店渠道图书零售同比上升 55.44%，但相较 2019 年同期仍然处于低位。

对于广大实体书店来说，无论是深耕店面还是"两栖"发展，地网折扣差的存在，使其图书零售业务没有优势。2020 年，曾有多家新华发行集团联合向上游发起呼吁，希望统一与网店的发货折扣，最终在面临上游"断供"的压力下也未能成行。近十年来，众多新老书店的创新尝试都是在探寻与图书相关的衍生领域——多元品类与业态组合、阅读推荐与阅读服务空间、大客户团供与馆配、深耕教育用户、企业书房与游学定制等，这些与图书关联但又不同于一般零售的业务模块正在逐渐成为支撑书店生存的重要收入和利润来源。经过这一年疫情的打击，应该说，实体书店的"破圈"压力增大了，但是对于破圈模式的探讨仍旧走在路上。

（三）电商渠道流量迁移，直播带货推动线上线下价格差异进一步扩大

图书电商的渠道分化源自互联网流量分布的变化，短视频平台聚集的大量流量通过兴趣电商的方式开始变现，图书电商也搭上了这一波流量上涨的快车。

但是，电商平台上的超低折扣战，也又一次在新兴"直播带货"中上演。网红头部主播索要的超低折扣一度达到"二八折"，这已然击破出版单位成本底线。如此之低的售价折扣，再去除坑位费、带货佣金以及"一件包邮"的运费，出版方绝不可能盈利。面对巨大消费流量的力量，出版者作为供应方无疑是弱势的，但是直播带货动辄"全网最低"的销售模式，给出版单位带来"爆款"销量惊喜的同时，也让读者的图书价格认知再次被击穿，很难说这是不是出版业在疫情危机下的"饮鸩止渴"？

（四）行业变化期，上层建设和长远目标将起重要引领作用

当下，图书出版业正处在一个快速变化的时代。互联网技术助推社会消费和信息

获取习惯的变化，全国范围内城镇化进程的加快深入影响着社会经济和全民消费能力的发展速度，而数字出版以及5G通讯技术的快速发展也为内容产品的创作和传播创造新的可能。图书出版作为一个历史悠久的行业，也处在自身发展迭代的关键期，无论是上游出版企业还是下游发行企业，都在新技术和社会经济的变化趋势中探寻新的业务可能。

2020年疫情的突然出现，一时间打乱了全行业的工作节奏，在最艰难的时刻，来自政府层面的扶持和规划协助上下游企业渡过难关。从更长期来看，《著作权法》修订、文化强国战略时间表确定、全民阅读规划方向的进一步明确，都为行业未来发展奠定了长远基调。我们相信，源自于行业主管机构的上层建设和长远目标规划一定会起到重要引领作用。

参考文献

[1] 北京开卷. 开卷发布2020图书市场数据：20年来首现5.08％负增长 [N]. 出版商务周报，2021-01-07.

[2] 陈香. 2020年中国出版十件大事 [N]. 中华读书报，2020-12-23.

[3] 出版人杂志. 2020书店死亡清单 [J]. 出版人，2020-06-09.

[4] 孙珺，吴波. 新型冠状病毒防护手册 免费阅读成为网红书籍 [N]. 广州日报，2020-02-03.

[5] 刘悠扬. 我是外卖小哥，你点的书到了！饿了么、美团外卖争相邀请书店入驻 [N]. 深圳商报，2020-03-30.

[6] 施晨露. 纸张价格连连飙升，印刷出版业怎么办？[N]. 上观新闻，2021-02-06.

[7] 杨伟. 北京开卷联合《出版人》杂志于2020年年底共同策划了"2020实体书店发展情况调研" [N]. 国际商报，2021-02-02.

（杨 伟 北京开卷信息技术有限公司副总经理）

2020—2021 中国期刊出版业发展报告

一、2020年期刊业发展基本情况

2020年是意义非凡的一年。这一年，脱贫攻坚彻底实现，小康社会全面建成，"十三五"规划胜利收官。这一年，也是充满挑战的一年。期刊出版业在突发疫情阴影的笼罩下，从期刊的审稿、编辑，再到出版发行和营销配送，这些传统的期刊出版流程则变成了一场"大考"。但是，我国期刊出版在这一年里虽历经风雨，却更显乘风破浪、坚毅前行之姿。期刊业在政策法规的支持下，持续迈向高质量发展，面对突如其来的新冠肺炎疫情，积极承担起研究和传播相关知识的责任，助力防疫抗疫、推动知识资源的开放和共享，走出去步伐坚定，融合出版向纵深发展。

（一）政策环境持续发力，助推期刊高质量发展

期刊的发展也离不开政策环境的加持，2020年政府在政策、法律等方面给予期刊高质量发展以大力支持，先后颁布了一系列政策法规，为期刊发展筑起"硬跑道"，促进了期刊业的高质量发展。

2020年6月，国家新闻出版署印发《报纸期刊质量管理规定》（以下简称《规定》）。《规定》对报刊质量提出明确要求，内容质量、编校质量、出版形式质量、印制质量四项，规定期刊编校差错率不超过万分之二、出版形式差错不超过五个、印制符合国家和行业现行标准及规定的为合格。侵权法定赔偿额上限，完善了作品的定义和类型等。质量是期刊出版工作的生命线，《规定》的出台，有利于健全报刊质量监管体系，提升报刊质检工作法制化、规范化水平，提高全行业责任意识和质量意识，推

动报刊业加快向高质量高水平发展阶段迈进。①

2020 年 11 月 11 日，中华人民共和国第十三届全国人民代表大会常务委员会第二十三次会议通过了《全国人民代表大会关于修改〈中华人民共和国著作权法〉的决定》，大幅度加强报刊质量管理，规范报刊出版秩序，促进报刊质量提升。著作权法第三次修订完成，出版业版权保护法网"织密"，彰显了国家主动、科学调整以适应技术创新和文化产业发展的需要，为出版业的良性、创新发展提供了有益指引和保护环境。

2020 年 9 月 26 日，中共中央办公厅、国务院办公厅印发了《关于加快推进媒体深度融合发展的意见》（以下简称《意见》），《意见》指出，要推动主力军全面挺进主战场，以互联网思维优化资源配置，把更多优质内容、先进技术、专业人才、项目资金向互联网主阵地汇集、向移动端倾斜，让分散在网下的力量尽快进军网上、深入网上，做大做强网络平台，占领新兴传播阵地。早在 2014 年，中央全面深化改革领导小组在第四次会议时就审议通过了《关于推动传统媒体和新兴媒体融合发展的指导意见》。在媒体融合发展成为国家战略六年后，《关于加快推进媒体深度融合发展的意见》的印发是对前者的升华和深化，"加快"和"深度"体现了媒体融合的紧迫性与方向性，意味着媒体融合将向纵深发展。

（二）期刊业因疫情受挫，逆势中积极助力抗疫

新冠肺炎疫情的突袭打乱了期刊正常出版的节奏，我国期刊业出版"线下"模式也被迫按下暂停键，民众出行受限等因素也影响了期刊业的发展。根据国家统计局的最新数据显示，2020 年度，我国期刊出版总印数 20 亿册，较 2019 年减少了 2 亿册，降幅高达约 9.1%，继 2017 年后期刊出版总印数下降首次突破 2 亿册。

表 1 期刊出版总量规模

年份	总印数（亿册）	较上一年变化（亿册）
2020	20	-2
2019	22	-0.92

---

① 袁舒婕. 健全质量监管体系 推进报刊业高质量发展——国家新闻出版署有关负责人就《报纸期刊质量管理规定》实施答记者问 [J]. 中国出版，2020（13）：12-13.

续表

年份	总印数（亿册）	较上一年变化（亿册）
2018	22.92	-1.98
2017	24.9	-2.1
2016	27	—

面对严峻考验，期刊业积极响应习近平总书记的号召，采取各种措施助力抗疫防疫。疫情初期，信息泛滥，谣言四起，民众难辨真伪，许多期刊以专业、客观的视角提供了大量翔实、有深度的报道，抚慰了社会情绪，彰显了期刊的社会责任。处于疫情中心的武汉期刊——《知音》，推出抗疫特刊并通过微信公众号传播疫情故事，知音动漫为一众明星联手演绎的公益抗疫歌曲《一直到黎明》绘制动漫MV版本；《社会学评论》在2020年第2期，组织了5位专家从抗疫的角度撰写专题文章，其中4位作者是身处武汉的教授，他们以亲身经历和理性思考，从社会治理、疫情防控、社区营造等方面，对湖北省尤其是武汉市抗击新冠肺炎疫情的行动进行跟踪观察和思考。①《三联生活周刊》除了及时选派记者赴武汉，还先后生产出《武汉现场》《武汉会战》《准备复工》三本疫情特刊，其微信公众号也对疫情进行着连续报道，为读者不遗余力地提供着一线信息。

各学术期刊也在第一时间投身其中，积极策划、征集疫情相关稿件，加快审稿流程，结合网络首发方式缩短出版时滞，并积极搭建学术交流平台、强化国际共享合作，争分夺秒地为公众提供更多信息、荟萃科学抗疫的中国智慧。从2020年1月31日开始，《中华医学杂志》《中华传染病杂志》等41种中华医学会主办的期刊陆续实现开放获取，搭建学术交流平台，产生了广泛的国际影响，提供了中国的抗疫经验。除传播相关研究成果外，医学期刊还利用自身的专业性和权威性，结合大众媒体的时效性，通过多种方式向公众剖析危机事件本质，快速高效地消除公众恐慌，如面对疫情中出现的全国各地疯抢"双黄连口服液"事件，《中国中药杂志》通过微信公众号的形式发布了中国工程院院士的评论，从医学角度分析了双黄连口服液能否抑制新冠肺炎病毒还有待证实，从专业角度满足了公众对于医学真相的需求。

---

① 付江. 重新发现读者——2020年中国社科市场期刊动态盘点 [J]. 科技与出版，2021（3）：78-85.

(三) 力促疫情防控，开放获取赢来新机遇

2020 年伊始，在全球抗击新冠肺炎疫情（COVID-19）的背景下，人类对信息数据资源的需求达到顶点，这也将数据资源开放获取模式推上了风口浪尖，学界认为开放研究和数据共享可以尽快找到疫情的防控之道。在这一背景下，期刊业各相关利益主体均采取积极行动，推动了我国期刊开放获取出版模式的发展。

疫情期间，很多出版商选择临时开放科研数据资源，帮助研究者们能够快速获取研究所需的资料。例如：在疫情暴发之际，中国知网为研究人员开放了 VPN 远程访问权限，研究人员可以通过机构登录对数据库资源进行远程访问。另外在疫情期间，国内出版商陆续免费开放关于新冠肺炎的最新研究成果，如知网开放的 COVID-19 专栏；中国医学科学院免费开通的 SinoMed，清华大学 ZHipu. AI 与 Digital 公司合作，建立 COVID-19 信息门户，解决数据发布时间紧的问题，确保中、英文信息都可以得到广泛传播，并使得相关出版物、数据集和临床试验顺利实现共享。① 中国科学院文献情报中心自主建立的开放资源集成服务平台 OAin ONE、开放获取论文一站式发现和投稿分析平台 GoOA、科技政策汇 GoPolicy，为抗击疫情的科研工作保驾护航；另外，搭建 COVID-19 动态检测平台，为科研人员提供最新研究参考。② 出版商对于科研资源不同程度的开放行为，在很短时间内为研究人员提供了资源支持。

疫情促使很多出版商开始主动接受开放获取出版转换协议，以此保证与新冠肺炎相关的研究成果能够快速、无障碍地得以发布。2020 年 5 月，中国科学院文献情报中心与英国牛津大学出版社签订了转换协议。根据协议内容，订阅费用转换为开放出版费用，作者开放获取论文将不再支付论文处理费用。③ 该协议的签署，对于我国开放获

---

① Digital Science. Digital Science partners with Beijing-based Zhipu. AI to conduct datachallenges [EB/OL]. [2020-08-23]. https://www.digital-science.com/press-releases/digital-sciencepartners-with-beijing-based-zhipu-ai-to-conduct-data-chal lenges/.

② 中国科学院文献情报中心. COVID-19 科研动态检测 [EB/OL]. [2020-08-23]. http://stm.las.ac.cn/STMonitor/qbwnew/openhome.htm? server Id = 172.

③ 中国科学院文献情报中心. 中国科学院文献情报中心与牛津大学出版社达成国内首个开放出版转换协议 [EB/OL]. [2020-05-22]. http://www.las.cas.cn/xwzx/zhxw/202005/t20200522_5584635.html.

取进展以及对抗疫情均具有里程碑意义。

作为抗击疫情的组织协调者，政府部门以行政手段推进我国疫情期间开放获取的进展。2020年2月，中国科技部下发通知要求提交COVID-19科技攻关成果与数据，供相关攻关团队等机构共享使用。[①] 中国科学院搭建了信息数据共享平台以支持防控疫情工作，资助机构也做出自身贡献，为开放获取提供支持。面对新冠肺炎疫情，中国国家自然科学基金委员会等资助机构协调资金，确保数据和研究成果快速共享，为抗疫提供科学依据。[②]

自2017年以来，从DOAJ、CSCD和CSCCI的收录情况来看，我国有73.2%的期刊实现了开放获取，我国整体学术环境向开放获取模式靠拢。据统计，2015—2019年间，我国开放获取OA论文数年均增长幅度为4.6%，虽然OA论文数目增长速率高于其他发达国家，但整体OA论文占比（29.9%）仍与发达国家有明显差距（如下表）。

表2 2015—2019年中国SCI收录论文数、OA论文数及其年增长率

出版年份	SCI论文总数	OA论文数	中国SCI论文数	中国OA论文数
2015	1 463 035	507 811	284 863	74 787
2016	1 518 663（3.8%）	568 662（12.0%）	313 273（10.0%）	91 451（22.3%）
2017	1 570 617（3.4%）	598 642（5.3%）	349 158（11.5%）	110 726（21.1%）
2018	1 647 574（4.8%）	632 671（5.7%）	400 808（14.8%）	127 524（15.2%）
2019	1 787 758（8.5%）	603 747（-4.6%）	482 789（20.5%）	147 138（15.4%）
年均增长率/%	5.1	4.6	14.2	18.5

注：检索时间为2020-02-28。

[①] 许洁，王子娴. 新冠肺炎疫情中的开放获取出版：现状与展望[J]. 中国科技期刊研究，2021，32（1）：14-22.

[②] 中国国家自然科学基金委员会. 中国国家自然科学基金委员会与英国国家科研与创新署关于呼吁和支持科学界携手应对新冠肺炎疫情的联合声明[EB/OL]. [2020-06-03]. http://www.nsfc.gov.cn/publish/portal0/tab434/info77549.htm.

表3 2015—2019年主要国家的SCI论文数及OA论文数

	年份	中国	美国	德国	英国	日本	法国	意大利	加拿大
SCI论文数及年增长率	2015	284 863	365 692	102 158	91 847	78 479	73 021	66 490	61 982
	2016	313 273 (10.0%)	377 815 (3.2%)	106 539 (4.3%)	97 009 (5.6%)	81 316 (3.6%)	76 237 (4.4%)	69 925 (5.2%)	64 565 (4.2%)
	2017	349 158 (11.5%)	386 953 (2.4%)	109 417 (2.7%)	100 751 (3.9%)	83.493 (2.7%)	77 126 (1.2%)	71 551 (2.3%)	66 909 (3.6%)
	2018	400 808 (14.8%)	395 734 (2.3%)	111 346 (1.8%)	104 623 (3.8%)	84 824 (1.6%)	77 122 (≈0%)	74 104 (3.6%)	69 921 (4.5%)
	2019	482 789 (20.5%)	410 155 (3.6%)	116 758 (4.9%)	109 930 (5.1%)	87 660 (3.3%)	79 041 (2.5)	79 319 (7.0%)	74 555 (6.6%)
年均增长率/%		14.2	2.9	3.4	4.6	2.8	2.0	4.5	4.7
OA论文数及占比	2015	74 787 (26.3%)	178 809 (48.9%)	39 597 (38.8%)	51 108 (55.6%)	29 851 (38.0%)	25 697 (35.2%)	23 071 (34.7%)	23 599 (38.1%)
	2016	91 451 (29.2%)	195 948 (51.9%)	45 026 (42.3%)	61 238 (63.1%)	33 583 (41.3%)	29 626 (38.9%)	26 674 (38.1%)	27 062 (41.9%)
	2017	110 726 (31.7%)	193 327 (50.0%)	47 023 (43.0%)	65 656 (65.2%)	34 605 (41.4%)	30 313 (39.3%)	28 109 (39.3%)	28 329 (42.3%)
	2018	127 524 (31.8%)	194 168 (49.1%)	49 091 (44.1%)	67 425 (64.4%)	35 806 (42.2%)	31 146 (40.4%)	30 115 (40.7%)	29 387 (42.0%)
	2019	147 138 (30.5%)	144 672 (35.3%)	48 522 (41.6%)	57 991 (52.8%)	33 342 (38.0%)	28 064 (35.5%)	30 554 (38.5%)	25 739 (34.5%)
OA平均占比/%		29.9	47.0	42.0	60.2	40.2	37.9	38.3	39.8

注：检索时间为2020-02-28。

新冠肺炎疫情使开放获取更进一步发展为全球性运动，极大促进了知识资源的共享与创新。对于我国开放获取出版模式的发展而言，首先，公众在这次防控疫情中意识到了开放获取出版模式的重要性，这使开放获取在我国的发展具备了更成熟的社会条件。其次，越来越多的出版商开始接受并尝试开放获取。由此可见，新冠肺炎疫情给我国开放获取发展模式带来了新机遇，应该在此基础上努力探索更加符合我国国情的开放获取出版道路。

（四）期刊走出去：从"借船出海"转向"造船出海"

近年来，我国期刊出版"走出去"开始从"借船出海"逐渐转向"造船出海"，出版机构不仅仅满足于与海外出版社建立合作进行期刊输出，具备雄厚资金的国内出版社开始收购符合自身全球化发展战略的海外出版社，积极构建海外学术出版平台。2019年11月，科学出版社全资收购了法国学术出版社 EDP Sciences，在我国出版"走出去"进程中具有里程碑式的意义。2019年1月，上海交通大学出版社与印度 SMP 出版社、NCBA 出版社等联合成立了"中国—南亚科技出版中心"，负责翻译最高水平和最新的中国科技成果。[①]

2019年，中国启动"中国科技期刊卓越行动计划"，在该计划实施后的第一个年度交出了一份亮眼的阶段性答卷：2020年 ESI 顶尖论文全球排名前100的机构中，有78家机构在我国领军期刊发文共计1 965篇，较2019年增长39%。同时，领军期刊头部效益开始显现：已有29种期刊学科排名进入国际前10%，12种进入前5%，8种进入学科前5。《国家科学评论》《光：科学与应用》等期刊影响因子排名全球前三；《细胞研究》影响因子首次超过20，进入全球百强。[②]

2020年，我国被 SCI 数据库新收录的期刊有8本，被收录期刊数量较往年虽有所下降，但在疫情影响下这样的成果已属不易。不难发现新被收录的期刊中多数为近几年创办的新刊，随着卓越行动计划中高起点新刊的陆续创办，未来中国科技期刊的国际化发展预计会持续向好。

表4　2020年 SCI 数据库新收录的中国大陆期刊

序	刊名	出版单位	出版周期	创办时间
1	Propulsion and Power Research	北京航空航天大学	季刊	2012
2	Opto-Electronic Advances	中国科学院光电技术研究所	月刊	2018

---

① 曹明香，项国雄．"十三五"以来我国出版业"走出去"现状与品牌优化策略［J］．出版广角，2021（1）：28-31．

② 尹莉华．中国科技期刊卓越行动计划交出亮眼"成绩单" | 一流科技期刊之路的进展［EB/OL］．https://www.cast.org.cn/art/2021/4/27/art_80_153927.html，2021-04-27．

续表

序	刊名	出版单位	出版周期	创办时间
3	Food Quality and Safety	浙江大学	季刊	2017
4	Electrochemical Energy Reviews	上海大学	季刊	2018
5	Energy&Environmental Materials	郑州大学	季刊	2018
6	Geo-spatial Information Science	武汉大学	季刊	1998
7	Underground Space	同济大学	季刊	2016
8	Journal of Ocean Engineering and Science	上海交通大学	季刊	2016

从我国学术期刊的国际影响力方面来看，据《中国学术期刊国际引证年报（2020）》统计显示，2019 年我国科技期刊和人文社科期刊的国际他引总被引频次分别约为 99.5 万次和 6.19 万次，科技期刊的国际他引总被引频次较上一年度增长了14.54%，人文社科期刊的国际他引总被引频次较上一年度增长了 1.6%。我国科技期刊国际他引总被引频次已经连续九年呈现增长态势，人文社科期刊近年来也呈现出波动上升的趋势，显示出我国在培育世界一流期刊、提升国际话语权方面有了显著的提升。

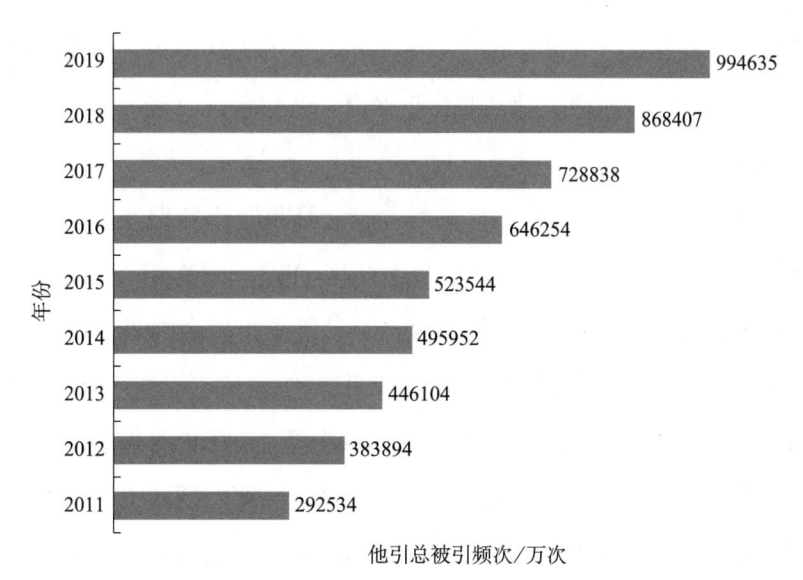

年份	他引总被引频次/万次
2019	994635
2018	868407
2017	728838
2016	646254
2015	523544
2014	495952
2013	446104
2012	383894
2011	292534

图 1 2011—2019 年我国科技期刊国际他引总被引频次

非学术性期刊也积极推进着期刊对外传播的进程，中国报道杂志社旗下的《中国报道》《中国东盟报道》推出了多期《i China》中文、英语、马来语、泰语等多语种的战"疫"电子周刊,在疫情期间塑造了中国的正面海外形象;外文期刊《人民中国》不仅着力做好对外内容的传播,还以举办国内外交流活动为切入点,反哺期刊的内容建设,提升期刊的对外传播效果。从最初举办的"笹川杯"中国青年感知日本征文大赛,到"熊猫杯"日本青年感知中国征文大赛,再到2020年承办"悟空杯"中日韩青少年漫画大赛,《人民中国》在展现中外文化魅力的同时,也注重促进国内外青少年的相互理解和友好交流。

(五)生产传播生态变革,融合出版向纵深推进

由于新冠肺炎疫情的影响,期刊界将大部分工作都转到了线上,如开展线上会议、网络审稿、稿件处理等。同时互联网的普及和使用规模以及大众阅读习惯也在这一时期发生了新的变化:据中国互联网络信息中心(CNNIC)于2021年2月3日发布的第47次《中国互联网络发展状况统计报告》显示:截至2020年12月,我国网民规模达9.89亿,互联网普及率达70.4%;手机网民规模达9.86亿,网民使用手机上网的比例达99.7%。网民的人均每周上网时长为26.2个小时。[①] 且2020年我国人均电子书阅读量为3.29本,较2019年有所提升。

在疫情影响、大众阅读习惯和媒介传播方式改变的大环境下,移动端已经成为了聚集受众、传播信息的主阵地。对于期刊业来说,纵深融合出版成为了期刊业不容回避的自我革命方式之一。

2020年2月,《读者》在其移动客户端"读者蜂巢"上免费开放杂志近3年的经典内容,将用户阅读的使用场景从线下向线上转移。8月,《读者》上线"读者+"微信小程序,从图文到音频、视频、直播甚至商城,以更加融合的表现形式吸引广大读者。[②]《中国科学院院刊》在渠道层面打造了由官方网站、微信公众平台、邮件推送以及学习强国、人民网等主流媒体和头条号、新浪微博等市场传媒相结合的三个传播圈层。在内容形态层面,《中国科学院院刊》为其2020年第四期的"冰冻圈科学与可持续发展"和第五期的"建设世界科技强国"录制系列有声文章;还与新华网联合发起

---

① 中国互联网络信息中心:《第47次中国互联网络发展状况统计报告》,中国网信网,http://www.cac.gov.cn/2021-02/03/c_1613923423079314.htm.

② 付江. 重新发现读者——2020年中国社科市场期刊动态盘点[J]. 科技与出版,2021(3):78-85.

了"荒漠化防治与绿色高质量发展——2020 年'世界防治荒漠化和干旱日'在中国"直播活动，利用音频、视频和直播等形态来深化自己的融合出版。

二、2020—2021 期刊业发展趋势

2020 年由于新冠肺炎疫情的影响，给各个行业都带来了巨大的冲击和挑战，在这个关键时期中国期刊业抓住机遇积极进行转型。回顾 2020 年期刊业发展趋势，我们发现期刊数字化转型已成为大势所趋，"期刊＋"模式实现跨界产业融合发展。展望 2021 年，将在"内容为王"的基础上推动我国期刊业实现数字化、集约化、品牌化、产业化发展，不断适应行业新业态，应对行业新挑战，推动期刊业健康持续发展。

（一）注重期刊内容质量，满足受众需求个性化

在我国期刊业进行数字化转型的过程中，不仅是在生产方式上的转型，更重要的是注重内容品质的提升，坚守内容为王、品质至上的理念，重视专业优质内容的输出，才是期刊业健康持续发展的关键。面对新媒体冲击，传统期刊业正积极探索转型道路，但有些期刊只是增加了传播渠道，并没有产出优质的内容。《读者》杂志社社长富康年认为："'内容为王'是媒体的必归之路。"

"内容为王"的核心逻辑意味着只有提供更优质的内容才能最终赢得读者，期刊业也不例外，所有的融合创新都应立足于"内容为王"的基础之上。在大数据时代，相较于传统纸质期刊，期刊的多媒体形式在呈现形式上更加丰富，运用视频、音频、动画等多种符号形式增加了读者阅读兴趣，使原本专业化的内容变得更加平民化，扩大了期刊的受众范围。如果融合创新呈现的只是内容的重复与叠加，没有优质内容做核心竞争力，就算有再多的渠道也很难在竞争日益激烈的期刊出版行业存活下去。所以期刊进行数字化转型时，不仅要求提升内容质量，更要增强期刊品牌化概念，努力提升自己的个性化和影响力。

现代社会是精准传播的社会。大数据推送、人工算法、智能终端的发展为期刊行

业的发展提供了新的可能，对实现其内容的精准传播产生重大影响，也为满足和实现受众需求创造条件。在数字时代，受众地位显著提升，重视用户的需求成为现今对每个传播媒介的重要要求，许多期刊社已经逐渐开始注重分析自己的用户，形成独特的用户画像，并针对用户的特殊需求推送专业性、精准性的内容。

精准推送要求期刊更加重视受众需求个性化。其中首先包括内容推送个性化，《家庭医学》作为以家庭防病治病、生活健康指导为宗旨的期刊，就具有清晰的自我定位。其次是期刊用户精准化，《vista看天下》作为一份中国综合性高端文摘读本，它所面临的用户主要是高消费人群，并且立足于为自己的读者提供真正有意义有价值的内容。[①] 最后是传播渠道个性化，主要表现在少儿科普期刊，即对少年儿童进行科普的期刊，其用户大多是少年儿童，所以期刊出版要考虑到少年儿童的理解能力，很显然，相比于静态的图文，少年儿童更容易接受动态的视频。于是在融媒体迅猛发展条件下，很多少儿科普期刊开始进行短视频传播，如《我们爱科学》《少年科学画报》《发现号》等。

（二）立足自身竞争优势，推动期刊业跨界融合

2020年传统媒体跨界融合发展已成为常态。期刊出版业抓住机遇，积极推进跨界融合发展。期刊跨界融合是基于"受众中心化"趋势决定的，也就是期刊作为公共产品理应为受众服务。就现代期刊业发展趋势来看，各类期刊形成自身的竞争优势，使其在转型中脱颖而出的关键就是期刊的跨界融合发展，也就是期刊要为其用户提供其所需的跨界服务，所以在现代期刊业转型中跨界融合仍是关键。

我国期刊业中各类期刊大多都是一个出版社只运营一个期刊，不利于期刊的集约化出版的同时，也很难增强期刊自身的品牌影响力。当前，期刊跨界融合发展已是大势所趋，期刊业有必要与其他行业进行跨界合作，让资金、资本、资源等在各个行业重新布局，优势互补，形成"期刊+"的新型跨界模式，才能进一步促进期刊业的集约化发展，推动其进一步可持续发展。

在期刊跨界融合发展过程中，"期刊+"模式也不断多元化，如"期刊+科普"

---

① 吴锋，宋帅华. 深耕与迭代：2019年中国期刊业的主要特征及最新态势 [J]. 编辑之友，2020 (2).

"期刊＋公益""期刊＋电商""期刊＋直播"等一系列期刊融合形式相继产生。其中"期刊＋公益""期刊＋科普"等形式成为助力期刊业转变社会功能，承担社会义务的重要推动力。在新冠肺炎疫情期间，医学期刊走在科普疫情的第一线，根据事态变化及受众需求不断策划新专题，增强了对疫情相关科普内容的呈现，为不同用户提供线上服务，不仅满足了不同用户的要求，还扩大了其在医学领域的影响力，是"期刊＋科普"的典型案例。

金属加工杂志社由于疫情影响，由"线下"办公迅速转向"线上"办公，并且利用该社"金粉讲堂"的品牌效应，开设各种抗疫公益直播系列课程和专题论坛，将公益直播与期刊出版相结合，使期刊逐渐从"学术化"转向"平民化"，取得了良好的传播效果，充分体现了"期刊＋直播"的跨界融合形式。① 同时，该社还积极策划疫情相关专题，邀请行业专家组成专业的直播团队开设公益直播课程，让受众因疫情在家隔离期间也可以接触到专业、前沿、系统的理论知识，体现了"直播＋公益"的跨界融合形式。

同样积极探索跨界融合道路的期刊还有很多，如《读者》率先启动了"读者公益活动"，携手读者一起做公益，其"《读者》光明行动"公益活动已经举办两周年，是"期刊＋公益"的典型案例。《国家地理》杂志承办了世界地球日公益路跑等活动，利用线下活动及明星效应为其增加影响力，树立自身品牌效应进而进行跨界经济活动。② 由此看来，"期刊＋活动"是实现期刊经济效益的重要途径，而期刊跨界融合也成为期刊业进一步发展中的崭新路径。

（三）推动数字化发展，积极向多媒体平台转型

新闻出版总署发布的《关于加快我国数字出版产业发展的若干意见》中提出，加快数字出版产业发展的总体目标，到2020年，传统出版单位基本完成数字化转型，其数字产品和服务的运营份额在总份额中占有明显优势。③ 我国期刊业也将推动数字化产业发展作为重要任务，积极加快数字化出版产业进程，从传统出版向数字出版转型。

---

① 蒋亚宝，栗延文，韩景春，等．面对重大突发公共卫生事件科技期刊如何履责担当——以金属加工杂志社新冠肺炎疫情报道为例［J］．编辑学报，2020，v.32（2）：25－28．
② 江冲．融媒体时代少儿期刊的跨界新探索［J］．出版广角，2019（19）：43－45．
③ 新闻出版总署．关于加快我国数字出版产业发展的若干意见［J］．中国出版，2010（21）．

在期刊数字化转型过程中，运用多媒体平台出版传播成为期刊数字化出版的重要渠道。为了能够更好地服务用户，增加期刊自身的用户黏性，许多期刊社开始使用更贴合现代用户需求及行为习惯的数字出版形式进行出版，积极创建期刊网站、利用微信公众号推送期刊电子刊和各种期刊信息、建立 QQ、微信等多种交流平台、充分利用微博、头条号等多媒体平台进行融合出版传播。运用多媒体平台打破传统期刊自身版面有限的制约，丰富知识的多种传播形式并进行内容形态的创新。如很多科技期刊利用多种平台发布视频、音频、图片等相关知识内容形态，有利于读者获得更多期刊内容的延伸，便于读者对内容深层次理解。

在多媒体融合转型过程中，期刊业利用微信公众号、视频号、头条号等平台打造自己的新媒体矩阵，抓住互联网传播速度快、流量大等特点提升期刊自身的传播力，吸引更多用户的关注，进一步扩大期刊的影响力。同时期刊业在各种新媒体平台建立自己的忠实用户群体，与用户建立密切联系，并利用转发、分享等机制使用户进行二次传播，进一步增强期刊的品牌影响力，在市场中提高期刊的品牌效应，从而实现期刊的经济效益。

在融媒体时代，全媒体平台生产出版形态已经形成。虽然全媒体平台转型促进了期刊业的进一步发展，但是也出现了很多亟待解决的问题。很多期刊的全媒体传播只是传播渠道的叠加，并没有传播内容的革新，也没有产生"1＋1＞2"的效果，期刊必须要根据每个平台的传播特征进行不同形式的内容推送，充分利用平台的各种功能，以达到推送效果最大化。

除此之外，多媒体平台传播中由于传播形式的不同，很容易产生内容抄袭，将文字转化为视频进行营利的现象比比皆是，内容版权问题依旧值得人们共同关注。多媒体融合改革不是期刊转型的唯一途径，使多媒体平台传播转换为全媒体平台传播，建立期刊自身的品牌，使期刊进行集约化生产，才能真正提高中国期刊的国际影响力，使中国期刊业良性发展。

（四）新媒体技术加持，形成行业新动能

突如其来的疫情大大促进了数字经济的发展，技术的不断进步使得新媒体持续为用户赋权，加之疫情的暴发使得数字阅读成为趋势，倒逼期刊业从传统纸媒出版转为

数字化出版。为应对疫情、加强时效性，大量医学期刊采取了线上定稿、双通道反馈、快速审稿等措施，对与新冠病毒相关的稿件专门开通绿色通道。采用数字出版部直接对接杂志社总编室的工作方式，经过终审后便通过邮件、微信等线上渠道迅速将稿件反馈给相应部门负责人，经过线上修改审查、数据加工后便经由系统预出版。如中华医学会杂志社在疫情期间，就基本做到了发稿后 12 小时内上线，最快的文章 1 小时内上线。① 通过数字出版，保证了期刊出版的时效性。

伴随着科技的进步，用户不再局限于对信息的简单获取，而是希望拥有人性化的服务。5G 技术使数据传输速率大大提升，使得期刊业由知识提供商迈向信息服务商，各类期刊的产品形态正在步步革新，为终端用户带来全新体验。行业领先的期刊产品已经开始探索利用 VR、AR 给用户带来身临其境的深阅读体验，例如一些用户可通过 VR 图书馆在线上体验"线下"沉浸阅读。传统期刊业也在利用 VR、AR 等新技术反哺纸媒。如在《朗读者》系列图书中，读者只需要免费下载相关 APP，再随意扫描书本中的图片，就能让静态的图片瞬间变为动态视频。② 新媒介技术在扩展了期刊产品样态的同时，还大大拓展了期刊业的空间发展维度，使得线上和线下交融互补。《环球人物》杂志社就成功利用 5G 直播技术开展了线下党员集中教育课——"人民学习"，"人民学习"直播课堂既充分保留了在教室中集中学习的高效率优势，又全面融合了广播电视节目制作、电影呈现、直播视频互动和"5G+4K"等多种技术的线下集成综合应用。各省和地方学校只需通过当地实体智慧教室和总部专业演播厅进行双向联通，便能轻松实现同步学习。③ 全国各地的党员干部只需要在当地的"人民学习"直播教室里就可拥有在现场的学习体验。

人工智能也在飞速发展，其作为新工业革命的先驱力量，正在渗入各个领域之中。对于出版传播领域，人工智能可运用于其各个环节之中。如运用于受众前馈，拓展选题来源：通过人工智能可将用户的各项阅读数据进行抓取，从而了解用户关心的热点议题，可大大扩展选题来源并准确吸引受众。运用于内容生产，提升内容质量：人工

---

① 沈锡宾，刘红霞，李鹏，赵巍，张文娜，赵亚楠，刘冰，魏均民. 突发重大公共事件下科技期刊数字出版平台的社会责任与使命担当 [J]. 科技与出版，2020 (4).
② 付江. 重新发现读者——2020 年中国社科市场期刊动态盘点 [J]. 科技与出版，2021 (3).
③ 付江. 重新发现读者——2020 年中国社科市场期刊动态盘点 [J]. 科技与出版，2021 (3).

智能的内容整合模式可以通过对海量内容的分析与筛选,从而提升期刊产品的质量。运用于期刊投放,满足个性化需求:通过算法技术,对不同用户进行智能推荐,形成个性化的定制阅读。比如《青年文摘》就利用人工智能的语义解析技术和云计算平台技术,开发出人工智能机器人"狮小青"。用户可通过关注"狮小青"微信公众号,就可与该学习型机器人一起读书、学习、问答、聊天,还可以玩猜美食以及成语接龙等游戏。寓教于乐,读者在和机器人玩游戏的同时还能拓展思维、丰富学识。该项目已入选国家新闻出版署数字出版精品遴选推荐计划,用科技力量为文化出版发展不断赋能。①

(五)进一步深化改革,加强集约化发展

为适应互联网时代的市场竞争,传统纸媒期刊需要实现数字化发展。但相较于国外期刊而言,我国大多数期刊面临着"小散弱"的现状,每个期刊单独建立专业期刊网站并不现实,而通过集中聚合各种资源、业务,向实现共享公约数、优化资源配置的目标转化,即集约化发展,② 则是一条可行的路径。期刊群通过集约化管理,可将各期刊零散的财务、编务等部门有机结合到一个平台统一运作,降低组织成本。同时对外推广步调一致,能够节约交易成本,也能打造品牌,扩大宣传效应,提升期刊的竞争力。

中华医学会杂志社是国内医学期刊集约化发展的典范,拥有数量最多学术研究水平最高的医学期刊群。该期刊群从部门分工、出版流程、复合出版、出版产业链及市场营销4个方面不断进行创新改革,并组建成立了中华医学期刊网。目前该网站收录的医学期刊共193种,论文共1 179 013篇。作为专业医学期刊网,该网站不仅可以给编辑提供采编、质控、结构化排版的综合服务,还可以为用户呈现多形态发布、富媒体出版的期刊产品。③ 中华医学会杂志社旗下的子期刊定位明确、覆盖广泛,分别实行差异化发展,并多次入选"中国科技期刊卓越行动计划"。其成功经验证明期刊集约化发展已成为下一个风口。

有科出版采用"企业+高校"联合办刊模式,与中国有色金属学会、中国有色金属工业协会、中南大学出版社等行业重点单位共同整合行业资源,将高校、学会、工

---

① 付江. 重新发现读者——2020年中国社科市场期刊动态盘点 [J]. 科技与出版, 2021 (3).
② 赵文义. 学术期刊数字出版集约化研究 [J]. 出版发行研究, 2014 (11).
③ 卢全. 中华医学会杂志社转企改制实践及思考 [J]. 编辑学报, 2020 (2).

业协会、科研机构、企业的优质期刊通通收入囊中。通过资源整合和集约化发展，构建出具有行业特色的期刊集群。此外，中国光学期刊群、中国航空期刊群、卓众出版期刊群等，均以品牌期刊为核心，科技力量为支撑，通过整合资源走专业化、集约化发展道路，逐步成长为推动中文期刊快速发展的重要出版基地。[①]

（六）转变期刊评价体系，促进中国学术期刊发展

近年来，唯 SCI 的期刊评价体系成为影响我国期刊发展的重要外部因素。对此科技部办公厅专门下发了《关于加强新型冠状病毒肺炎科技攻关项目管理有关事项的通知》，要求各相关单位把论文"写在祖国大地上"。

疫情暴发期间，国内期刊针对疫情开展选题策划和组稿来抢占优质稿源，从而减少科研成果的外流。例如，中华医学会杂志社发布《关于中华医学会系列杂志征集"新型冠状病毒肺炎"论文的通知》，号召系列杂志通过各种媒体广泛开展新冠肺炎专题论文征集活动。[②] 与疫情相关的论文专门开通"快速审稿"通道，并为作者免去一切稿件编辑处理费用。通过主动约稿的方式来提高优质稿件的比例和期刊的学术指标，进而提升期刊的吸引力，这种措施已经使得部分期刊取得了良好的效果。《分领域发布高质量科技期刊分级目录实施方案（试行）》的实施，促使高质量国内期刊与国外 SCI 期刊在评价体系中具有相同效用。"同行评议"的科研评价手段，也使论文质量的高低不再取决于是否发表在 SCI 上，而是由领域学科专家来评价其学术价值。相信在转变期刊评价体系后，我国学术期刊会取得更好的发展。

三、关于期刊出版业发展的建议

（一）借助高新技术，促进行业变革

大数据时代的到来，对期刊业提出了新的要求和挑战。尖端技术的发展、应用会

[①] 肖宏. 办好中文科技期刊，服务"十四五"发展新格局 [J]. 科技与出版，2021（1）.
[②] 卢全. 中华医学会杂志社转企改制实践及思考 [J]. 编辑学报，2020（2）.

引领期刊行业发展，大数据、人工智能等技术的快速发展使科技期刊的整个出版流程更加简捷、精准。各期刊通过语义分析、机器学习、智能搜索、数据挖掘及算法等技术，进行数据采集、分析和处理，实现论文内容的精准抓取、分类、推送和其他个性化服务。新技术平台为期刊的编辑、传播、获取、评价、交流等提供了良好的技术支持，5G技术可以在一定程度上改善期刊的困境，比如实时进行用户行为的分析，快速生成用户画像等；此外，大多数期刊的网络版都是对纸质版内容的照抄照搬，没有进行升级也成为一个严重的问题。在5G时代，可以利用技术传播快捷的优势进行全方位地传送立体、动态的信息。①

应该积极探索期刊业技术变革新模式，使其在高新技术加持下更加多样化，真正做到将高新技术创新与期刊自身价值、发展策略、品牌打造相结合，使期刊业能够迎来新的发展。所以不仅要关注国内外出现的各种有关期刊发展的新技术，还要目光长远，看清未来新技术的发展趋势，从理论、实践两方面把握未来期刊的发展趋势，不仅要学习先进技术以赶上国际标准，更要布局未来，实现弯道超车。

（二）面向市场办刊，重视用户体验

期刊作为文化产业中的一员，其办刊活动应立足市场、面向市场，即期刊需要在"策编发"及运营管理环节以市场需求为导向、以用户为中心，才能维持自身的良性发展。传统的期刊只是单纯地把自己封闭在"投稿—编辑—出版—发行"的闭路系统中运行，缺乏对用户的服务意识，而期刊的受众主体不仅包括读者还包括投稿者，这两个群体还会时常发生角色上的转换，所以期刊应从读者受众和投稿者受众两个方向出发提升用户体验。

从读者受众群的需求来看，其接触期刊的目的就是为了获知内容。期刊内容的丰富程度、获取的便捷程度、文章发布的时效性以及开放获取的程度都是读者关注的焦点。从投稿者受众群的需求来看，除了获取内容之外，还有着发表文章的需求，这一点在学术期刊中体现得尤为明显。所以对于投稿者受众群来说，期刊的投稿周期、出版效率等也是受到重要关切的方面。

---

① 陈晓云，李庆军. 高速通信背景下的学术期刊出版与发展［J］. 电子科技，2021，34（4）：83-86.

在内容方面，期刊应明确自己的办刊定位和受众定位，有针对性地进行内容的选题策划，坚持"内容为王"原则，对内容不断地修补。对于用户的个性化需求，依托5G、大数据、算法等技术为用户绘制画像，提供有针对性的服务，提升用户的黏性。

在反馈方面，期刊可以设置在线服务的专门的 QQ 或者微信服务号，及时回应用户疑惑，做出及时且快速的反应，并建立用户社群，维系和用户的关系。还可以将用户社群从线上到线下转移，比如由编辑部牵头组织在线沙龙或者讲座等。

在出版流程方面，复杂的传统出版流程在新冠肺炎疫情的影响下已弊端初显：出版时滞降低了信息的传递效率从而影响内容的时效性以及期刊传播力的有效性。数字化、智能化也为期刊的出版流程提供了新的机遇：网络首发、增强出版、新媒体社交平台出版、开放出版、预印本平台出版等出版方式成为可能。期刊应把握机遇，完成出版流程的革新，缩短出版时滞、提升出版效率、方便内容获取来满足受众的需求。

（三）注重学术期刊人才培养，服务广大科研人员

期刊人才是解决各种问题的最重要保障。应发挥其主动性，对期刊业人才给予相应的激励，让期刊业人才数量越来越多、质量越来越好，从而解决改革过程中的各种问题。政府在制定政策时，要深入一线和期刊从业人员深入交流，了解他们的迫切需求以及改革过程中所遇到的问题，切实解决好一线工作人员的问题，激发他们的工作热情，进一步推进深入改革。

期刊的发展离不开优质的内容，而优质的内容来源于优秀的作者，优秀作者的作品能发表出来，还需要优秀的编委。政策的激励有利于编辑队伍的发展，同样，广大科研工作者也需要政策的激励，他们是期刊业发展的基石，是最重要的源头。各方积极调动科研工作者的积极性，提出正确的评价导向，引导他们把论文"写在祖国大地上"，期刊就不愁没有优质作品，也就不愁期刊国际国内影响力，从而也不用担心在市场化改革中能否养活自己的问题。

所以在人才培养层面，期刊业应积极主动构建可持续发展的人才培养机制，引导各个部门相互配合，制定相关政策，切实解决困扰科研人员和期刊编辑人员的各类问题，为国家科学研究和期刊业的蓬勃发展作出实质贡献，才是迎合我国目前期刊出版行业发展趋势的正确做法。

（四）培养国际化视野，提升期刊对外传播能力

期刊承载着传播思想、传承文化、塑造形象等功能，期刊的对外传播是整体战略的重要组成部分，从现有的发展趋势来看，期刊出版的对外传播将是未来发展的重要方向。在我国整体科研、文化水平升高和相关政策不断支持的背景下，期刊出版的对外传播已经具备了基础条件。因此，期刊业应该借此机会完善自身，培养国际化视野，探寻高质量的对外传播发展的道路。

第一，在人才建设方面，要充分响应国家政策，利用与高水平出版社工作者的合作机会来培养具备国际化视野的办刊人才。如在中国科技期刊卓越行动计划中就有关于办刊人才的培训，组织中国高校科技期刊研究会与泰勒·弗朗西斯出版集团进行合作，就关于学术出版中的"新刊创建、道德伦理、开放获取"等问题邀请泰勒集团高管进行全方面的讲解。① 这种培训不仅有利于双方建立战略合作关系，也能让编辑更加了解海外出版市场。

第二，吸引国外优质稿源。作者的分布国家越广，在世界上能影响到的范围也越广，能吸引到的读者群体也越多，国际化的作者队伍对期刊的国际传播能力能产生很大助力。在期刊国际化的传播过程中，要强调周边传播，可以借助"一带一路"倡议，积极加强与周边国家的稿源合作，通过吸纳周边国家的优秀稿件来提升内容质量。②

第三，创办外文期刊以提升对外传播能力。若想在国际舞台上占有一席之地应积极拓展国际读者群，一份国际传播能力强的期刊必然要面向国际化的受众群体。国内期刊业可以根据自己的办刊定位和刊物内容有针对性地创办外文期刊，用外文讲好中国故事，为中外沟通架起桥梁。

（五）推进制度改革，保障期刊健康发展

期刊业体制改革是个矛盾交织叠加、错综复杂的大问题。不同类型期刊的社会效

---

① 刘敏，李旦．全球视域下中国学术出版"走出去"的创新与发展［J］．出版广角，2020（18）：13-15.
② 张伟伟，王磊，赵文义．"一带一路"倡议助力中国学术期刊国际传播［J］．科技与出版，2019（6）：18-22.

益和经济效益比例不同,不同领域、不同期刊国内国际影响力不同,受众面也不同。因此,期刊业体制改革需要具体问题具体分析,针对不同期刊采用不同的改革之策,不宜一刀切,各期刊也应在遵循社会主义制度的基础上,主动积极寻找适合自己期刊发展的改革路径。

在期刊业,编营分离的出版模式有利于转企改制,能在保证原有编辑部编辑权的前提下,以最快的发展速度和最小的阻力促进期刊集群化发展,提高期刊的集中度,从而逐步推进期刊体制改革的步伐。① 编营分离在一定程度上能兼顾期刊的社会效益和经济效益,是期刊集群化发展的基础和前提,其重要的意义还在于保障期刊不会因为经济利益而影响编辑的内容生产,内容生产的专业化有利于提高期刊经济收益,反过来激励从业者的工作激情,所以编营分离能使两者取得长足发展并相互促进。

在以往中国期刊业发展的大环境里,为了方便相关领域或是区域的人才交流,学术期刊大多依附于各个高校或者是各个科研院所,但是与此同时,也带来了一定的局限性,不利于学术期刊的高层次和多样化交流,更是限制了学术期刊的集约化发展。集约化管理运营的核心在于:全面整合系统资源,集中协调使用;增加局部资源密度,促成质量突破性提高;多部门、多用途共享以摊薄成本,达到效率与效益的双丰收;建立具有内部创新机制的组织结构,以利于竞争力的持久增长。② 在未来,只有进行集约化发展,我国期刊行业才能在新时代焕发活力,才能在残酷的国际市场中站稳脚跟,才能在各国学术霸权中争夺一席话语权。

(六)建立科学自主评价体系,把论文"写在祖国大地上"

一直以来,对 SCI 的"指标化"追求导致了我国学术期刊处于被动地位,难以留住优秀作者的文章。论文发表在国外刊物,版权就归国外刊物所有,中国学者要阅读文献,还要花巨资购买数据库或订阅刊物。粗略估计,全国 211 高校每年购买国外文献数据库的使用权花费大约十几亿元人民币,这笔费用仅仅是 1 年时间的使用权。③ 为

---

① 李航,张宏. 编营分离出版模式的评价与分析 [J]. 中国科技期刊研究,2016,27 (9):933-937.
② 潘旸,范洪涛,张佳佳,朱甦琪,郝秀原,刘冰,魏均民,姜永茂. 中华医学会杂志社集约化管理运营实践与思考 [J]. 编辑学报,2019,31 (6):642-646.
③ 刘彩娥. 把论文写在祖国大地上——国内科研论文外流现象分析 [J]. 北京工业大学学报(社会科学版),2018,18 (2):64-72.

改变学术评价中存在的弊端,近年来,政府提出了要破"五唯",也就是"唯论文,唯帽子,唯职称,唯学历,唯奖项",鼓励广大科研工作者将论文"写在祖国大地上"。

"破旧"容易"立新"难,如何建立一个科学、自主评价体系完善同行评议,成为了业内讨论的热点。笔者认为应建立起定性定量相结合的评议制度,一方面应回归学术权力,实行小同行匿名评审,避免整个过程的舞弊行为,保证公正客观,还应避免学者的科研成果评价与其个人利益的全方位挂钩,让学术界评价机制回归原点。另一方面也应保留学术成果有无项目资助、参考文献数量、被引次数等定量评价来辅助定性评价制度。还可以在此基础上推行分类评价、综合评价制度、代表作制度等多种评价方式对学术进行综合的测评。

政府和业界还应该致力于提高国内英文期刊的质量,并加大力度建设国内数据库,加大舆论引导,提高学者学术爱国情怀,鼓励学者将论文"写在祖国大地上",并打造出一批高质量学术期刊,积极吸引国外学者投稿,使期刊发展走在良性发展的道路上。

参考文献

[1] 付江. 重新发现读者——2020年中国社科市场期刊动态盘点 [J]. 科技与出版,2021(3):78-85.

[2] Digital Science. Digital Science partners with Beijing-based Zhipu. AI to conduct datachallenges [EB/OL]. [2020-08-23]. https://www.digital-science.com/press-releases/digital-sciencepartners-with-beijing-based-zhipu-ai-to-conduct-data-chal lenges/.

[3] 中国科学院文献情报中心. COVID-19科研动态检测 [EB/OL]. [2020-08-23]. http://stm.las.ac.cn/STMonitor/qbwnew/openhome.htm? server Id=172.

[4] 中国科学院文献情报中心. 中国科学院文献情报中心与牛津大学出版社达成国内首个开放出版转换协议 [EB/OL]. [2020-05-22]. http://www.las.cas.cn/xwzx/zhxw/202005/t20200522_5584635.html.

[5] 许洁,王子娴. 新冠肺炎疫情中的开放获取出版:现状与展望 [J]. 中国科技期刊研究,2021,32(1):14-22.

[6] 中国国家自然科学基金委员会. 中国国家自然科学基金委员会与英国国家科研与创新署关于呼吁和支持科学界携手应对新冠肺炎疫情的联合声明 [EB/OL].

[2020-06-03]. http://www.nsfc.gov.cn/publish/portal0/tab434/info77549.htm.

[7] 曹明香,项国雄."十三五"以来我国出版业"走出去"现状与品牌优化策略[J].出版广角,2021(1):28-31.

[8] 尹莉华.中国科技期刊卓越行动计划交出亮眼"成绩单"｜一流科技期刊之路的进展[EB/OL].https://www.cast.org.cn/art/2021/4/27/art_80_153927.html,2021-04-27.

[9] 中国互联网络信息中心:《第47次中国互联网络发展状况统计报告》,中国网信网,http://www.cac.gov.cn/2021-02/03/c_1613923423079314.htm.

[10][17][18][19] 付江.重新发现读者——2020年中国社科市场期刊动态盘点[J].科技与出版,2021(3).

[11] 袁舒婕.健全质量监管体系 推进报刊业高质量发展——国家新闻出版署有关负责人就《报纸期刊质量管理规定》实施答记者问[J].中国出版,2020(13):12-13.

[12] 吴锋,宋帅华.深耕与迭代:2019年中国期刊业的主要特征及最新态势[J].编辑之友,2020(2).

[13] 蒋亚宝,栗延文,韩景春,等.面对重大突发公共卫生事件科技期刊如何履责担当——以金属加工杂志社新冠肺炎疫情报道为例[J].编辑学报,2020,v.32(2):25-28.

[14] 江冲.融媒体时代少儿期刊的跨界新探索[J].出版广角,2019(19):43-45.

[15] 新闻出版总署.关于加快我国数字出版产业发展的若干意见[J].中国出版,2010(21).

[16] 沈锡宾,刘红霞,李鹏,赵巍,张文娜,赵亚楠,刘冰,魏均民.突发重大公共事件下科技期刊数字出版平台的社会责任与使命担当[J].科技与出版,2020(4).

[20] 赵文义.学术期刊数字出版集约化研究[J].出版发行研究,2014(11).

[21][23] 卢全.中华医学会杂志社转企改制实践及思考[J].编辑学报,2020(2).

[22] 肖宏.办好中文科技期刊,服务"十四五"发展新格局[J].科技与出版,

2021（1）.

［24］章华荣. 技术创新能否迎来期刊发展的春天——论新媒体时代下的期刊发展策略［J］. 九江学院学报（社会科学版），2016，35（4）：106－107.

［25］陈晓云，李庆军. 高速通信背景下的学术期刊出版与发展［J］. 电子科技，2021，34（4）：83－86.

［26］谭苗苗. 新型期刊编辑人才培养机制探索［J］. 科技传播，2020，12（10）：112－113.

［27］刘敏，李旦. 全球视域下中国学术出版"走出去"的创新与发展［J］. 出版广角，2020（18）：13－15.

［28］张伟伟，王磊，赵文义. "一带一路"倡议助力中国学术期刊国际传播［J］. 科技与出版，2019（6）：18－22.

［29］李航，张宏. 编营分离出版模式的评价与分析［J］. 中国科技期刊研究，2016，27（9）：933－937.

［30］潘旸，范洪涛，张佳佳，朱甦琪，郝秀原，刘冰，魏均民，姜永茂. 中华医学会杂志社集约化管理运营实践与思考［J］. 编辑学报，2019，31（6）：642－646.

［31］刘彩娥. 把论文写在祖国大地上——国内科研论文外流现象分析［J］. 北京工业大学学报（社会科学版），2018，18（2）：64－72.

（赵文义　长安大学图书馆馆长、长安大学人文学院教授）

2020—2021 中国报业发展报告[*]

从一些迹象上看，报业情况正在好转。

与地方广电台的情况相比，报业的情况显得稍微好一些；毕竟，报业的订阅费是一笔不小收入，在党报发行量稳步增长的背景下，一些党报集团的营收也呈稳步增长态势；而电视则没有收视费营收。这就导致在很多城市，报业的情况要比广电好得多，甚至一些地方的报业与广电整合遇到的最大难题就是报业"不想被广电拖累"。

前几年，当报业遭遇"断崖式下滑"的时候，广电人绝对没有想到没几年，厄运也同样落在广电头上。一切都那么具有戏剧性。微信公众号、今日头条冲击的是报业；抖音、快手抢的则是电视的饭碗。

对于媒体行业来说，感受媒介迭代阵痛的时间似乎是一定的，更早感受到冲击的报业，目前来看，也更早走出了转型的阵痛，已经探索出一些新路。

一、2020 年报业面临的窘境

报业沿袭多年的一些深层次的问题影响与制约了报业推进深度融合转型发展的进度与成效。

（一）营收情况无法匹配原有庞大架构

一家日报每天出四开 80 版的时候有 300 多人，如今每天只出四开 24 个版，却仍然

---

[*] 本文系国家社科基金课题项目"提高主流媒体新闻供给质量的扶持路径研究"（项目批准号 17BXW098）的阶段性研究成果。

有300多人。这是当前报业运营最大的普遍窘境。

2011年，报业广告经营收入达到了最高峰，达488亿元，2019年，报业广告经营收入为44亿元，2020年报业广告刊例花费收入下跌28.2%，为31.6亿元。① 2008年我国电视广告收入总额约为500亿元。② 2018年全国电视广告经营总收入为959亿元，此为顶峰，2019年约为840亿元。当前，媒体的数量、产业结构、机构布局、人员安排、子媒体子公司数量，甚至包括印刷厂房、机器、摄录设备、办公大楼等一系列固定资产、非固定资产等，都是按照媒体广告经营收入巅峰时刻规划的，其耗费的资源与财力都是与当时的收入状况相匹配的。

一旦媒体的收入状况出现诸如现今的这种大幅下滑，其匹配性就会出现问题。

2010年5月5日，原大庆日报报业集团和大庆电视台、大庆人民广播电台进行重组，成立大庆新闻传媒集团。大庆新闻传媒集团拥有职工3000人，旗下拥有"五报、两台、两网"，即《大庆日报》《大庆晚报》《百湖周刊》《家庭文摘报》《长寿养生报》和大庆电视台、大庆广播电台，大庆网、百湖网。2012年，大庆报业和广电曾经创造了三亿多元的广告收入，大庆电视台和大庆晚报的广告收入都分别超过了一亿元。总体广告经营3年增长一亿元。广告收入大幅增长的前景预期促使大庆新闻传媒集团在文化产业方面着力扩张，形成了以影视会展、地产旅游、出版印刷、创意制作、艺术培训、动漫制作、平面设计、发行物流、媒体购物、婚庆酒吧、金融服务、户外广告等为特色的多元产业格局。影视基地投拍3部电视剧、5部电影收获颇丰，百湖印务公司筹划上市。2014年前，集团经济年增长率20%以上。但最近几年广告收入大幅下滑，多元产业没有形成稳定收入，投资的影视基地和一个AAAA景区的投入大收益慢；新媒体也没有带来多少经营收入。在这种情况下，2019年4月12日，大庆日报社、大庆广播电视台从原来大庆新闻传媒集团中脱离，大庆日报社、大庆广播电视台、大庆新闻传媒集团三家单位互不隶属，各自独立运行。

媒体机构臃肿、冗员庞大，导致开支无法随营收情况减少，形成"吃饭运营"，消耗扶持媒体发展的资金与资源，"消肿减负"成为必须。当前一些主流媒体并没有完全

---

① 陈国权．寻找"非市场需求"——2019中国报业转型发展报告［J］．编辑之友，2020（2）：63-68．
② 郑维东．2019年中国电视产业发展报告［A］.//崔保国等．中国传媒产业发展报告［M］．北京：社会科学文献出版社，2020：61．

按照市场机制的要求来运行，还是沿袭机关事业单位的架构进行。按照英国行政学家帕金森提出的帕金森定律，无论实际工作数量是否增加，由于管理者都希望增加下属，不愿意增加竞争者，而机构中大家都在互相制造工作，因此，人员必增无疑，一个行政机关的人员每年总要增加56%。① 机构与人员只增不减成为常态。

当前报业的营收情况与架构不匹配，导致转型中的主要精力与成本耗费在机构与人员上，不利于推进报业深度融合转型发展。这是报业存在的当前最大问题。

（二）退出机制并没有建立

传统媒体的数量本应按照传统媒体市场竞争格局与竞争空间而确定，但如今新媒体竞争者的涌入而导致整个媒体市场空间的紧缩实际上并没有体现在传统媒体数量的减少上。

当前的媒体数量也依然停留在传统媒体市场空间最大时，并没有减少多少，呼吁多年的媒体退出机制并没有建立，媒体数量只增不减的情况依然存在。根据国家广播电视局公布的数据，截至2020年10月，地市级以上广播电视播出机构及频道频率名录、教育电视台及频道目录和县级广播电视播出机构名录，全国共包括408家地级以上广播电视台、36家教育电视台和2 106家县级广播电视台。根据2020年10月国家新闻出版署发布的《2019新闻出版产业分析报告》，2019年，全国共出版期刊10 171种，全国共出版报纸1 851种。

由于报刊刊号的审批制度，报刊业成为一个高准入门槛的产业，刊号成为稀缺资源，审批难度极大，这就制约了报刊退出机制的形成，主动退出的几率极小。另一方面，媒体的市场化程度相对较低，在一个没有充分竞争的产业中，市场自由配置资源的作用发挥十分有限，无论是主管部门还是行业主体，退出动力都不足。

根据国家新闻出版署每年的新闻出版产业分析报告，报纸种数最多的2002年，报纸种数为2 137种；截至目前，2019年报纸种数最少，为1 851种。17年，共减少了286种，为总数的13.38%。2003年由于对于报刊的专项治理整顿，注销了197种报纸。其他的16年，总共才注销了89种报纸（见图1）。

---

① 张思博，刘济生. 论改革开放30年来的机构精简 [J]. 淮阴师范学院学报，2009 (6)：719-723.

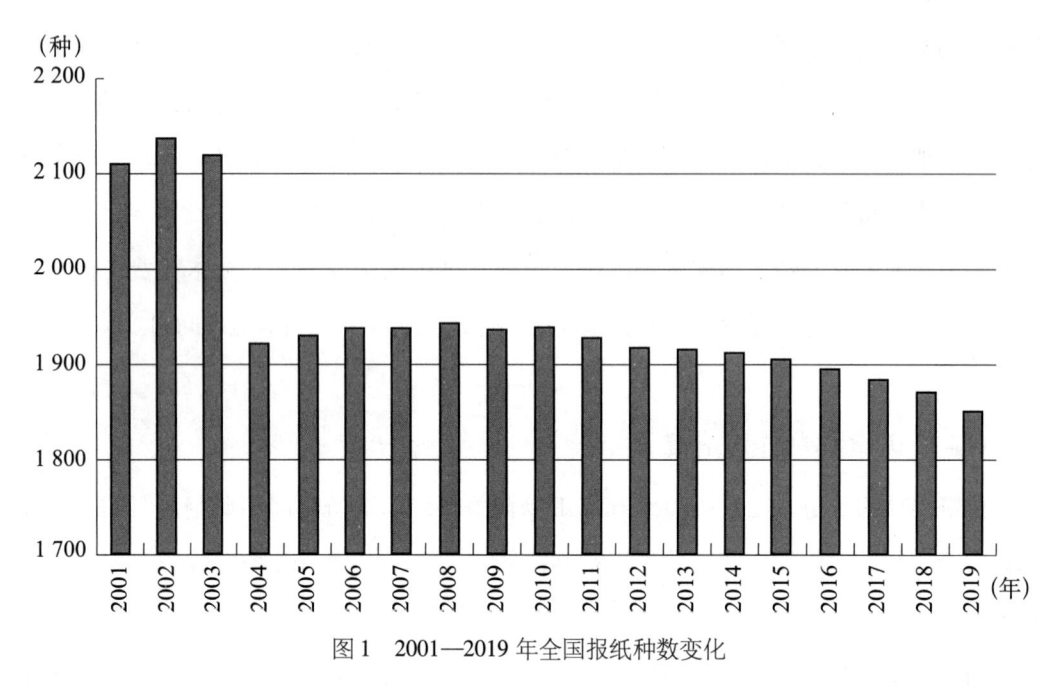

图 1 2001—2019 年全国报纸种数变化

数据来源：国家数据。

也就是说，报纸的退出机制基本上没有形成。直到 2012 年之后，报纸市场竞争变局，接受度下降，报纸自然淘汰，才逐年关停一些报纸，7 年共关停了 67 家。在搜索相关资料时发现，在 2011 年之后，就不再有文章研究报刊退出机制了。这从一个侧面反映出建立媒体退出机制的现实窘况。

现存媒体数量太多，没有完善的退出机制，媒体只生不死，小散滥现象较为严重，导致"少数媒体死不了，多数媒体活不好"。

天津海河传媒中心组建前，天津市级媒体就存在这样的问题，当时，天津有天津日报社、今晚报社、天津广播电视台、天津广电传媒集团、中国技术市场报社、天津报业印务中心 6 家媒体单位，总计有一万两千余名员工，共拥有子报子刊 16 家、广播电视频率频道 20 个、新闻网站 6 个、新闻客户端 8 个、手机报 2 份，"两微"自媒体账号 334 个。长期以来，各媒体资源分散、管理粗放、低水平重复、同质化竞争的问题十分严重。各类新媒体平台建设虽有一定成效，但影响力都比较有限。2014 年以来，在互联网的猛烈冲击下，几家主要新闻单位经营发展集体遭遇前所未有的"寒冬"，受众和收入双双持续"断崖式"下滑，各媒体广告收入年均降幅超过 30%，报纸 2017 年全部广告收入仅 9 000 多万元，不到鼎盛时期的 10%，特别是曾在全国晚报界享有盛誉的今晚报社因严重资不抵债、一度濒临破产。媒体从业人员净流失严重，流失累计达1 046人。天津主流媒体已经真正到了生死存亡的"最危险的时候"。①

（三）报纸阅读率仍持续下降

报纸阅读率持续下降是当前报业面临危机的根源。2020年，报纸媒体在城市居民中的日到达率仍然是下降趋势，2020年仅为18.6%，受众日均报纸媒体的接触时长为32分钟（见图2）。受众纸媒接触时长的低位徘徊直接影响了广告主对纸媒的投放兴趣和广告投放量。这是媒介迭代的使然，趋势暂时无法改变。

图2 2015—2020年报纸在城市居民总体中的日到达率及日均接触时长

数据来源：CTR媒介智讯。

二、2020年报业迎来新的发展机遇

（一）《关于加快推进媒体深度融合发展的意见》

对于报业发展而言，2020年影响最大、最深远的文件是9月中央办公厅、国务院办公厅印发的《关于加快推进媒体深度融合发展的意见》，《意见》从重要意义、目标任务、工作原则三个方面明确了媒体深度融合发展的总体要求，要求坚持正确方向，坚持一体发展，坚持移动优先，坚持科学布局，坚持改革创新，推动传统媒体和新兴媒体在体制机制、政策措施、流程管理、人才技术等方面加快融合步伐，尽快建成一

---

① 本刊记者.媒体深度融合打造传媒旗舰——访天津海河传媒中心党委书记、总裁王奕[J].中国记者，2019（4）：54-59.

批具有强大影响力和竞争力的新型主流媒体，逐步构建网上网下一体、内宣外宣联动的主流舆论格局，建立以内容建设为根本、先进技术为支撑、创新管理为保障的全媒体传播体系。

其对群众路线、技术引领、市场机制、运营模式、发展布局、人才机构、资金保障、政策支持等关系到媒体深度融合发展一系列问题进行了立意高远、详尽细致的规划；其中关键环节就是要推动主力军全面挺进主战场，以互联网思维优化资源配置，把更多优质内容、先进技术、专业人才、项目资金向互联网主阵地汇集、向移动端倾斜，让分散在网下的力量尽快进军网上、深入网上，做大做强网络平台，占领新兴传播阵地。

《意见》还有几个关键词是：市场机制、竞争意识、运营模式、造血机能，这是2014年8·18讲话以来，中央有关媒体融合的顶层设计思路中首次对其进行阐述。很长一段时间以来，推进媒体融合过程中，新媒体缺少盈利模式，已成为各媒体推进媒体深度融合发展的一大障碍。无法实现自身造血机能，报业所运行的新媒体成了"烧钱的新媒体"，导致一些媒体推进媒体融合积极性不够，缺乏经济支持的新媒体也不能够持续稳定发展。

《意见》专门强调"要发挥市场机制作用，增强主流媒体的市场竞争意识和能力，探索建立'新闻+政务服务商务'的运营模式，创新媒体投融资政策，增强自我造血机能。"这是建立在过去六年媒体融合发展的大量生动实践的经验总结，具有重要的指导意义和价值，也是报业推进媒体深度融合，发挥市场机制，形成造血机能的机遇所在。

（二）扶持主流媒体

1. 对主流媒体的扶持力度逐年加大

国家财政支出主要支出项目中，文化体育与传媒支出呈现逐年增长趋势。从国家统计局统计口径来看，从2002年开始，一般财政预算支出中开始有"文化广播事业费"，而对于主流媒体的财政支出应列属"文体广播事业费"，从2007年开始，此项支出改为"文化体育与传媒支出"，文化体育与传媒支出反映政府在文化、文物、体育、广播电视、新闻出版等方面的支出；2019 年改为"文化旅游体育与传媒支出"。

从数据可以看出，除了 2010 年、2016 年两年文化体育与传媒支出中的中央支出部分有小幅下降之外，财政支出中文化体育与传媒支出一直在稳步增长。但最近几年，增长幅度趋缓。

表 1　财政文化体育与传媒支出及增幅（2002—2019 年）

（单位：亿元）

年度	总支出	增幅（%）	中央支出	增幅（%）	地方支出	增幅（%）
2002	429.21		48.98		380.23	
2003	489.33	14.01	54.68	11.64	434.65	14.31
2004	587.14	19.99	66.29	21.23	520.85	19.83
2005	703.40	19.80	72.53	9.41	630.87	21.12
2006	841.98	19.70	83.72	15.43	758.26	20.19
2007	898.64	6.73	127.21	51.95	771.43	1.74
2008	1 095.74	21.93	140.61	10.53	955.13	23.81
2009	1 393.07	27.14	154.75	10.06	1 238.32	29.65
2010	1 542.70	10.74	150.13	-2.99	1 392.57	12.46
2011	1 893.36	22.73	188.72	25.70	1 704.64	22.41
2012	2 268.35	19.81	193.56	2.56	2 074.79	21.71
2013	2 544.39	12.17	204.45	5.63	2 339.94	12.78
2014	2 691.48	5.78	223.00	9.07	2 468.48	5.49
2015	3 076.64	14.31	271.99	21.97	2 804.65	13.62
2016	3 163.08	2.81	247.95	-8.84	2 915.13	3.94
2017	3 391.93	7.24	270.92	9.26	3 121.01	7.06
2018	3 537.86	4.30	281.13	3.77	3 256.73	4.35
2019	4 086.31	15.50	308.84	9.86	3 777.47	15.99

以上是宏观数据，从各个媒体的情况来看，总体上，由于近几年主流媒体广告营收的逐年下滑，对于主流媒体的扶持力度也在逐年加大。从北京广播电视台的决算表中，我们能够非常明确地看到这样一种此消彼长的变化。财政拨款的数额从 2015 年的 99 098.09 万元，增加到 2019 年的 194 076.88 万元，增长了一倍多；财政拨款占总收

入的份额,从2015年的19.76%到2019年增加为39.18%,增长了一倍。与此同时,事业收入主要就是广告经营收入,却从2015年的347 531.09万元减少到2019年的276 603.12万元,所占百分比也从2015年的69.31%减少到2019年的55.83%。如果加上补助收入,北京广播电视台从财政所获得的资金已占到其总收入的近一半了。

收入预算中的其他资金,也主要为广告经营收入预算,呈逐年递减趋势。北京广播电视台收入预算表所体现出来的趋势是:财政拨款逐年增加也无法弥补广告经营收入大幅下滑所带来的总收入的下降,"其他资金"仍然占据总收入一半以上的份额。

表2 北京广播电视台收入预算(2015—2021年)

(单位:万元)

年份	财政拨款	占比%	其他资金	占比%	总收入
2015	87 147.66	14.36	411 438.28	67.80	606 833.16
2016	110 080.94	18.26	392 751.4	65.17	602 688.40
2017	133 424.68	24.85	357 559.42	66.59	536 953.44
2018	167 578.99	28.32	375 554.62	63.47	591 703.64
2019	166 898.99	32.21	307 315.11	59.30	518 215.34
2020	158 000	34.77	259 537.52	57.12	454 359.57
2021	157 791.41	41.37	223 631.67	58.53	381 423.08

表3 北京广播电视台决算收入情况(2015—2019年)

(单位:万元)

年份	财政拨款		补助收入		事业收入		总收入
	数额	占总收入比例%	数额	占比%	数额	占比%	
2015	99 098.09	19.76	18 553.24	3.7	347 531.09	69.31	603 925.77
2016	152 879.48	33.05	30 725.81	6.64	264 939.55	57.28	521 745.22
2017	178 770.79	31.78	18 193.72	3.23	355 457.52	63.19	617 076.31
2018	204 779.49	40.18	16 286.12	3.2	278 204.19	54.59	509 668.69
2019	194 076.88	39.18	14 427.67	2.91	276 603.12	55.83	495 401.54

2. 省级媒体营收多元化,各种扶持手段较多

与其他层级媒体相比,省级媒体收入来源较为多元。参与调查的11家省级媒体中，收入来源都在四种以上，新华报业传媒集团拥有问卷表格中列举的 8 项所有收入来源，还在其他项目中填报了"投资收益"，其增长最快的收入来源也是投资收益。新华报业传媒集团 2019 年的经营收入比 2018 年增长 20%，经营利润比 2018 年增长 90%。

省级媒体的收入来源已不完全来自于新闻主业，更多的是来自多元产业。河南日报报业集团的非报营收早在 2015 年就远远超过了报纸营收，2019 年已达七成以上；浙江日报报业集团的非报产业在总营收中的占比高达 80%，成都传媒集团的产业包括文化地产、会展、策划、旅游、网游、教育等，多元产业收入超过总收入的一半以上。还有南京日报报业集团、杭州日报报业集团、长沙晚报报业集团等，都已不是纯粹的"报"业，其主营收入都来自于非媒产业。北京日报报业集团、湖北日报传媒集团、大众报业集团、重庆日报报业集团等报业集团的最大收入来源是产业收入。

大部分省级媒体在单位性质上都属于自收自支事业单位和国有企业两种，参与问卷调查的 11 家省级媒体集团中有 6 家属于自收自支事业单位，有 3 家属于自收自支事业单位和国有企业两种性质兼有，只有宁夏日报报业集团、内蒙古日报报业集团、贵州日报报刊社属于全额拨款事业单位。

非全额拨款事业单位的固定额度财政拨款相对较少，但由于其省级党媒的特性与独特地位，在项目拨款、报刊订阅、购买服务、税收减免、产业资源等方面则可以获得相当多的扶持。

参与问卷调查的 6 家省级党刊集团，全额拨款事业单位、差额拨款事业单位、自收自支事业单位各有两家，5 家完全没有广告收入，只有财政拨款或报刊订阅收入，其中有 5 家党刊集团的最大收入来源是报刊订阅收入。有 3 家党刊集团增长最快的收入来源是报刊订阅收入，有 2 家党刊集团增长最快的收入来源是财政补贴。实际上，报刊大都是公费订阅，这也属于对媒体扶持的一种方式。根据对全国党刊社的调研，绝大部分党刊社的收入来源于财政扶持。

3. 部分地市报经营恶化，财政补贴成主要收入来源

近年来，媒体广告经营举步维艰，下滑明显；报纸发行收入基本稳定，略有提高，但有限网络没有掌握在广播电视台手中，广播电视台无收视费用收入；各媒体的新媒体经营收入投入大，收入小；多元化和其他收入受经济影响较大，风险增加，收入增

长不明显。中国地市报研究会有 318 家会员单位，在 2019 年 2 月进行了一次"全国地市报社基本情况摸底调查"，共收回 71 份有效调查问卷。总的说来，地市媒体经营情况极不乐观，共有 40 家媒体填报了利润数据，其中有 18 家媒体的经营状况为亏损；东北地区的地市媒体情况更为糟糕，参与调查的 7 家东北地区媒体都呈亏损状况。40 家媒体中只有 22 家媒体的经营状况为盈利。

为保证媒体的运营与发展，各级政府对于媒体的扶持力度正在逐步增强。较多的媒体负责人在调研中均提及当前政府对于媒体的扶持力度较大，"钱不是问题，关键还是我们怎么用。"调查问卷中，共有 51 家媒体填报了财政补贴与总收入的具体情况。横向对比，根据 2018 年总收入与财政补贴的比率，实行"收支两条线"，媒体所有支出由财政负担的媒体有 3 家；财政补贴数额超过总收入的 50% 以上的媒体有 11 家；财政补贴数额占总收入的 20%—50% 的媒体有 17 家；财政补贴数额低于总收入的 20% 的媒体有 20 家（见图 3）。

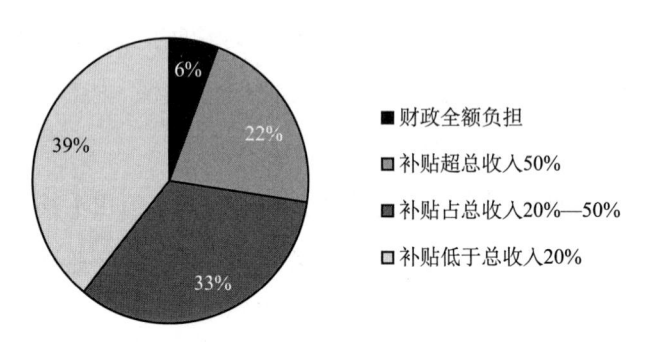

图 3　参与调查的 51 家媒体财政补贴与总收入的比率情况

在参与调查的媒体中填报了每年财政补贴具体数额的 51 家媒体中，纵向对比，财政补贴保持增长趋势的有 31 家；有 9 家媒体所获得的财政补贴保持稳定，呈下降趋势的只有 12 家。

各级政府对于边疆少数民族地区媒体的扶持力度相对更大，财政补贴数额超过总收入 50% 以上的有 14 家报社。

4. 县级融媒体中心所获得的扶持力度最大

2018 年 8 月 21 日召开的全国宣传思想工作会议上，习近平总书记提出"要扎实抓好县级融媒体中心建设，更好引导群众、服务群众"。两年多来，各级党委政府对于县级融媒体中心建设高度重视，一方面给予县级融媒体中心机制改革上的空间，在人员薪酬、职称评定、晋升空间、事业单位改革等方面给予政策支持；另一方面则是为县级融媒体中心提供各种建设与发展资源，包括办公场所、财政补贴、数据支持、政务服务资源的接入等。总体上看，县级融媒体中心所获得的扶持力度和比重是所有媒体中最高的。

进行统计的117家媒体中，最大经济收入来源是财政拨款的媒体占28家。占23.93%。相对于省级媒体、地市级媒体而言，县级融媒体中心的最大收入来源是财政拨款的比率明显较大。参与统计的12家县级融媒体中心中，有6家的最大收入来源是财政拨款，占一半；另有一家县级融媒体中心的最大收入来源是政府购买服务，实际上也是另一种形式的财政拨款。

5. 常态性财政拨款将减少，而政策支持路径将更多元

2020年9月，中共中央办公厅、国务院办公厅印发了《关于加快推进媒体深度融合发展的意见》（以下简称《意见》），《意见》提出：要充分发挥财政资金引导带动作用，通过现有资金渠道支持媒体深度融合发展，提高资金使用效率。更强调的是"增强自我造血机能"。强调的是通过现有资金渠道，也就是说，对主流媒体的常态性财政拨款增长空间有限。

对主流媒体财政拨款的压缩与当前国家财政形势密切相关。2020年的政府工作报告提出，"各级政府必须真正过紧日子""要大力提质增效，各项支出务必精打细算，一定要把每一笔钱都用在刀刃上、紧要处，一定要让市场主体和人民群众有真真切切的感受"。减税降费、脱贫攻坚、民生就业、疫情防控等无不对当前的财政收支造成压力。2020年全国新增减税降费累计达2.5万亿元。① 2021年继续实施和出台的税费优惠政策，持续优化推动政策红利直达市场主体。经济增长的放缓，减税降费的实施必将对财政支出造成较大冲击。我国当前财政政策中的"调结构"中的重要举措就是"压一般、保重点"，在中央财政非急需非刚性支出压减50%以上的同时，脱贫攻坚、义务教育、基本养老、城乡低保等方面重点支出将只增不减。在国家总体财政收支背景下，显然，对于主流媒体的直接财政拨款难免捉襟见肘，减少也在情理之中。

---

① 李思默. 2020年我国新增减税降费超2.5万亿元中央广播电视总台中国之声《新闻和报纸摘要》[EB/OL]. 2021-01-09. http://china.cnr.cn/news/20210109/t20210109_525386781.shtml.

在常态化的财政拨款资金减少的同时,国家对于文化产业相关的扶持项目经费、媒体融合专项资金、税收减免政策等实际上减少有限。而借助于中央《意见》等文件的贯彻落实,在政策支持上加大了力度,比如《意见》提出加强政策支持,就包括网络传播秩序、思想文化公共资源、视听资质牌照、新闻作品版权等方面,包括电子政务、智慧城市等领域信息化项目建设等。政策支持方式与支持路径将更加多元。

三、报业的转型探索

(一) 智库化转型

报业智库需要有足够的专业能力与资源整合能力,也必须根植于报社在当地足够的影响力。目前,报业已经建成了大量的智库。宁波日报报业集团的江夏智库、长江日报报业集团的长江智库、四川日报报业集团的封面智库、沈阳日报报业集团的盛京汇智库、南方日报传媒集团的南方传媒智库矩阵、羊城晚报报业集团的传媒智库、新京报智慧城市研究院、佛山传媒智库、邯郸日报社智库、苏州日报社智库等。

媒体智库与一般智库的区别或者优势在于:媒体智库不仅具有智库内容的生产能力以及与之相匹配的优质内容的生产流程与机制,还拥有智库内容的大范围、高频率传播能力。

当前媒体智库存在的主要问题是:具有足够传播能力,但生产优质智库报告的生产流程与机制还远未成熟,并进而缺乏优质智库报告的生产能力。这种生产缺陷所导致的后果是媒体智库对于所谓"关系营销"的依赖不仅没有减弱,反倒一定程度上在不断加强。追求智库这种市场化产品的非市场化运作,依靠媒体原有资源吃老本、拉关系,实现智库产品生产的拉单与最终变现。

目前,媒体智库需要突破的方向最主要就是智库产品生产人员的专业能力的提升,以及与提升专业能力相匹配的智库产品生产模式、流程,以及智库产品绩效考核机制的建立。

（二）网红化转型

"网红记者工作室"正是响应全媒体人才培养号召而形成的转型之策。一方面传统主流媒体借助"网红"项目和新型创收模式促使媒体人学习适应新媒体思维、自主提升新媒体内容生产能力。另一方面，以传统主流媒体人为基点，盘活媒体内部运营机制，试图改善传统媒体内容策划、产出质量和工作效率。以项目制作为媒体融合的试点，试图以点带面，在新闻生产流程、绩效考核、成绩分配等系列方面推动整个媒体的融合进程。

目前国内传统主流媒体打造名记者、名编辑、名评论员、名主持人的转型模式主要有两种：主持人模式和团队模式。主持人模式主要通过打造具有鲜明个人风格的主持人品牌来建立与公众的联系，而团队模式则主要借助打造具有影响力、号召力的代表性作品和内容来形成独立品牌。

主持人模式比较常见的转型主体是广播电视主持人和出镜记者。主持人作为品牌标识，其能力才华、外貌气质、经历故事、价值判断是影响内容传播力的重要因素。比如中央广播电视总台记者王冰冰，其与原来中央电视台记者专业、高端又有些距离感的长相和富有感染力的笑容，很快获得大量流量。网上走红后，王冰冰的"网红"之力也大大提高了传播内容的影响力和关注度，她参与主持的"青年大学习"网上主题团课和《"职"为你来》秋招公益直播在年轻观众中广受欢迎，其个人账号在B站入驻当天粉丝数就达到了282万。

团队模式的主要传播形式则更为多样，具有代表性的优质内容专栏、互动视频、创意海报、系列纪录片都能够帮助形成具有辨识度的传播品牌。以新华社记者编辑组建的融媒工作室为例，由新华社张扬工作室推出了讲述航天员真实生活的视频《奔向星辰大海》，新华社国内部几位编辑组建的"星空工作室"，专门向读者介绍流星雨、日食等"来自星空的新闻"。2020年2月新华社推出的RPG创意互动视频《"鬼先生"和最后的女猎人》。取材于新华社两篇优秀扶贫新闻报道，视频将扶贫路上遇到的种种困难和选择设置成关卡，借助角色扮演让观看者身临其境地参与到脱贫攻坚的活动当中，将脱贫故事讲好讲活，实现了宏大主题下严肃内容的新呈现。该视频在新华网首页、新华社客户端、新华社微信公众号、B站等平台累计访问量高达1.13亿，收获较多点赞。①

网红化转型的关键是机制,天津海河传媒中心的项目制有较为成熟的遴选、退出机制,每年都在不断的增加或者减少。南方日报传媒集团的"南方名记者培育工程"的特点就是"严遴选、强退出"。2016年至2020年,五批次共120多人次名记者,没有一个处级以上干部,每次遴选,都要经过公开演讲、严格评审、现场投票等环节,最后确定南方名记者培育对象。遴选不设年龄、资历、职称等门槛,不搞论资排辈,不搞平衡照顾,不拘一格降人才,集团在职采编人员都可申报。"难"体现在"一年一评,重新洗牌"。南方名记者培育工程目前累计登记南方名记者培育对象120多人次,其中除了少部分人培育成熟、顺利出站,还有不少人因为没有达标而"被退出"。可以说,每一批都有新人加入,同时也有"老人"退出。正因为"严进严出",每一次遴选都能吸引集团大部分采编人员关注和报名,为集团发展选拔出优秀的全媒体人才。

(三) 政务化转型

一些报业集团的主营业务收入中,政务方面的收入占70%以上。无论是政务广告、专刊专版、媒体智库,还是政务新媒体托管、记者站工作室、新闻宣传购买服务,目前这些媒体营收的主要增量中,都属于报业政务化转型的方向与方式。

1. 政务新媒体托管

一些媒体设立了专门的微政务部门(或新媒体部门),承接了来自政府相关单位的部分新媒体宣发业务,包括平台的搭建、运营、维护乃至涨粉等。《焦作日报》开展"新闻+"服务,不仅在报纸上做专刊,而且依托新媒体,发展"新媒体专刊"(托管合作单位微信公众号),开展"专刊+两微一端"全方位、立体化服务,托管20多个移动政务平台微信公众号,收入不菲。

深圳在政务新媒体建设运用方面走在全国前列,目前,深圳《晶报》参与运营服务的政务新媒体已达108家。《晶报》的政务号运营数位居全国第一,成为政务新媒体

---

① 新华社"拍案","法治+融媒"传播效果"惊奇" | 融媒故事 [EB/OL]. https://baijiahao.baidu.com/s?id=1702078537320148743&wfr=spider&for=pc.

运营龙头品牌。合作一般以年为单位，服务费用在 10 万元到 50 万元之间，高一点的还会包括 H5 产品制作和活动策划等。一年能有 2 000 万元左右的收益。成本方面，主要是人工成本，目前，《晶报》负责政务新媒体建设的人员二十人左右。萧山日报社的微信代运营业务经营连年递增，2017 年近 100 万元，2018 年为 131 万元，2019 年为 149 万元。福州日报社的微信代运营业务一年收入约 485 万元。马鞍山日报社运营"马鞍山发布"官方微博，2017—2019 年共获得市委宣传部运维费 100 万元，马鞍山市纪委"诗城青莲"代维费每年 14 万元，马鞍山市委组织部"小马先锋"代维费每年 15 万元；马鞍山文明办、生态环境局双微代维费每年各 15 万元。

当前，报业托管政务新媒体的最大问题是性价比，实际上，由于商业新媒体公司的运营模式，其运营成本较低，托管政务新媒体的费用也较低，一般一年在五万左右；而对于报业而言，如果要派出一个员工托管一家委办局的新媒体，成本必须在 15 万元以上，这样，降低了报业托管政务新媒体的市场竞争力。

2. 新闻宣传服务购买

根据 2013 年国务院公布的《关于政府向社会力量购买服务的指导意见》，政府购买宣传服务也是购买服务的重要组成部分。除了专刊的形象宣传、沟通服务形式，政府通过公共资源服务平台采取单一来源采购方式购买党报的服务还可包括：制作新闻产品、策划活动、提供媒体技术支持等。授之以鱼不如授之以渔，通过新闻宣传购买服务，主流媒体获得经济收入，要比直接获得财政补贴更有可持续发展性。

《焦作日报》是个典型案例，目前每年办有专刊 80 个，覆盖了当地几乎所有的政府部门、群工妇团组织。通过专刊专版，焦作日报社 2017—2019 年购买服务收入共计 1 000 万元。萧山日报社的购买服务收入 2017—2019 年分别为：2 158 万元、2 530 万元、2 670 万元。同属县市报的《永康日报》每年的政务类资讯收入也都在 1 500 万元以上。南通报业传媒集团通过拓展经营活动渠道，由所属区（县）宣传部门、部委办局通过政府购买服务方式合作办专版（刊），以及合作开展社区活动服务等方式，三年总计收入约 1 亿元。双鸭山日报社专刊专版收入连年递增，2017 年专版专刊 86.7 万元，2018 年专版专刊 79.3 万元，2019 年专版专刊 108.3 万元。浙江瑞安日报目前代运营了瑞安市范围内近八个政务自媒体，几乎涵盖了所有的部门及街镇。

一些部委办局拥有委托报社办专刊专版的现实需求。主要是算经济账，部委办局自己出版内刊,一般每个月出二到四期,就需要采编人员三四名,仅人员工资,按照每人 15 万计算,一年就要支出 60 万元,再加上印刷、发行、办公经费等,一年至少都需要 100 万元。但由媒体来办专刊,专刊就成为报纸的版面,部委办局一方面节省了费用,另一方面传播覆盖面也大大提升。

在这样的宣传服务需求下,据测算,来自各级部委办局投放的形象广告、专刊专版的营收占党报总广告营收的 50% 以上,有很多党报甚至占到 70% 以上。① 接受调研的 117 家媒体中,共有 15 家媒体近三年收入增长最快的业务是政府购买服务。占 12.8%。说明政府购买服务已成媒体的新的经济增长点。

当然,更多的是媒体为部委办局提供了切切实实的服务而获得的收入。绍兴市新闻传媒中心每年举办各种会展活动,2018 年政府购买会展服务 1 388 万元,2019 年政府购买会展服务 8 363 万元,2020 年已近一亿元。会展收入目前已经成为绍兴市新闻传媒中心的增长最快的收入来源。

3. 记者站、工作室

各委办局、企事业单位对于新闻宣传有一些个性化的需求。而这些需求,那些互联网平台并不能够完全满足,这实际上也是互联网平台企业为区域媒体所留下的市场空间。为满足这些需求,新型记者站与工作室机制应需而生。

沈阳日报社建立了全媒体工作室模式,发挥旗下各种媒介形态的全媒体矩阵的联动传播优势,全媒体工作室入驻委办局或企事业单位,从原来只提供文图宣传功能升级为舆情智库、新媒体矩阵运营、杂志运营、网站运营、策划活动、视频拍摄、直播、文艺作品创作等全方位的新闻宣传服务。截至 2020 年 9 月,沈阳日报社已在沈阳市的沈河区、浑南区、和平区、沈北新区、纪委监委、文旅局、总工会、城管综合行政执法局等 32 个区县市、委办局联合成立了全媒体工作室。通过全媒体工作室来达成政府购买服务项目,少则数十万、多则千余万。② 不仅如此,甚至在运营全媒体工作室的过程中,还可将全媒体工作室升级,沈阳日报社还与沈抚新区合资成立了传媒公司,进行完全的市场化运行。

---

① 陈国权. 2018 中国报业发展报告 [J]. 编辑之友, 2019 (2): 46-53.
② 程谟刚, 常玲. 融媒机制体制改革新阶段的沈阳日报社路径探索 [J]. 中国记者, 2021 (1).

一些县级融媒体中心在购买服务触角的下沉方面做了大量工作，值得借鉴。比如北京朝阳区融媒体中心，在所在的朝阳区 54 个乡镇街道成立了融媒体中心的分中心，负责新闻宣传、活动策划、信息上报等功能，以此与各个委办局街道乡镇建立非常密切的联系与购买服务合作。北京市房山区融媒体中心在 2019 年积极推进记者站建设，目前已建设有 43 家。记者站由融媒体中心选派业务骨干与所在委办局、街乡工作人员共同组成，融媒体中心负责宣传工作的业务指导与服务，记者站所在单位负责宣传工作的协调与联络。记者站宣传工作由双方一同策划、一同拍摄制作，节目在融媒体中心各传播渠道进行对外宣传。[1]

（陈国权　《中国记者》杂志社值班主编）

---

[1] 陈国权. 县级融媒体中心两周年观察——来自北京的报告［J］. 中国记者，2020（10）：58-62.

2020—2021 中国数字出版业发展报告

一、2020 年数字出版业发展的基本状况

2020 年以来,数字出版产业发展取得新的进展。数字出版意识形态阵地作用日益凸显,数字出版持续快速发展,新闻出版业转型升级、融合发展持续深化,创新能力进一步加强,5G 和人工智能等新技术发展推动产业不断创新升级。

(一)意识形态新阵地作用日益凸显

2020 年以来,文化建设在全局工作中被提升到更加重要的位置。2020 年 9 月,习近平总书记在教育文化卫生体育领域专家座谈会上强调,统筹推进"五位一体"总体布局、协调推进"四个全面"战略布局,文化是重要内容;推动高质量发展,文化是重要支点;满足人民日益增长的美好生活需要,文化是重要因素;战胜前进道路上各种风险挑战,文化是重要力量源泉。这一重要论述把文化建设的重要性提至新高度,也赋予了文化事业产业更加重要的使命与责任。

近一年来,从中央和国家的相关决策部署和主管部门的政策举措来看,意识形态阵地建设特别是网络意识形态新阵地建设日益得到重视。数字出版作为重要的新兴文化业态,意识形态新阵地作用日益凸显。在中宣部组织实施的"2020 数字出版精品遴选推荐计划"中,主题出版作为重点类别之一,《习近平新时代中国特色社会主义思想学习纲要》等 46 个项目入选,这些项目聚焦重大主题,彰显出版社会价值,《习近平用典》系列融媒体出版物、"方舱之声——抗'疫'立体数字出版平台""为了共同的健康——疫情防控全媒体传播项目""讲好中国故事"献礼系列数字阅读专区项目等,在弘扬主流价值、传播先进文化方面表现突出,充分展现了数字出版在服务大局、服

务群众中的新作为、新气象，显示出数字出版企业以精品奉献人民的文化自觉不断强化，同时也体现了价值导向和内容质量已成为数字出版发展的重中之重。不仅如此，在抗击新冠肺炎疫情中，数字出版业彰显了强烈的社会责任与担当，自觉肩负起出版抗疫的"急行军"和"冲锋队"，不仅为疫情期间人民群众精神文化需求提供基本保障，也在营造凝心聚力、积极向上的舆论氛围方面发挥了积极作用，推出了一大批内容丰富、形态多样的数字内容资源和线上阅读活动，一批数字阅读平台围绕疫情防控、生命健康、心理健康、公共卫生、生命安全等主题，推出相关电子图书，多家大众数字阅读平台向大众提供传统文化典籍、经典文学著作、优秀网络文学作品。如阅文集团在旗下QQ阅读、起点读书、红袖读书等多个阅读平台设立"免费阅读，共克时艰"专区，充分发挥了以网络文学为核心的新兴文化形态，在重大危机面前发挥了强信心、暖人心、聚民心的作用，价值引领作用日益凸显。

（二）数字内容消费需求持续旺盛

2020年以来，互联网和移动互联网持续快速发展，互联网普及率进一步提升。据中国互联网络信息中心（CNNIC）发布的第47次《中国互联网络发展状况统计报告》显示，2020年12月，我国网民规模达9.89亿，互联网普及率超过70%，达到70.4%，较2020年3月提升5.9个百分点。我国手机网民规模达9.86亿，占整体网民的99.7%。[①] 2020年以来，各类互联网应用市场发展迅速，移动化、社交化、可视化趋势进一步明显。

2020年新冠肺炎疫情带来数字消费需求的释放，远程办公、远程学习、云端休闲娱乐等成为人们工作、学习、生活的常态，数字消费理念更加深入人心，新需求进一步推动产业数字化和数字产业化进程。数字文化消费需求大幅提升，数字文化消费市场得到极大培育。截至2020年12月，网络音乐用户规模达6.58亿，较2020年3月增长2311万；网络视频（含短视频）用户规模达9.27亿，较2020年3月增长7633万；在线教育用户规模达3.42亿，占整体网民的34.6%，虽然随着大中小学基本恢复了正

---

① 数据来源：CNNIC发布第47次中国互联网络发展状况统计报告［EB/OL］. http://www.cac.gov.cn/gzzt/zttzl/zt/cnic/A0920010802index_1.htm.

常的教学秩序,在线教育有所回落,但较疫情之前仍然增长了 1.09 亿。网络直播和网络视频发展成为互联网内容产业的热点领域。截至 2020 年 12 月,我国网络视频用户规模达 9.27 亿,占整体网民的 93.7%。短视频用户规模为 8.73 亿,占整体网民的 88.3%。此外,受疫情影响,线下供应链受阻,网络直播成为"线上引流+实体消费"的营销新模式,直播电商成为人们购物消费的重要渠道,2020 年 66.2% 的直播电商用户购买过直播商品。

根据中国新闻出版研究院《第十八次全国国民阅读调查报告》数据显示,2020 年中国成年国民包括书报刊和数字出版物在内的各种媒介的综合阅读率为 81.3%,相较 2019 年提升了 0.2 个百分点。其中,数字化阅读方式(网络在线阅读、手机阅读、电子阅读器阅读、Pad 阅读等)的接触率为 79.4%,较 2019 年的 76.3% 上升了 0.1 个百分点。2020 年,人均手机接触进一步增长,成人手机接触率达到 76.7%,较上年上升 0.6 个百分点,我国成年人人均每天手机接触时长达到 100.75 分钟,较上一年增加 0.34 分钟。从数字阅读人群来看,18—49 周岁中青年人群仍然是数字阅读的主要群体,占比超过四分之三,达到 76.8%,其中,18—29 周岁人群占比最高,达到 31%,值得一提的是数字阅读也在 50 周岁及以上的中老年群体中快速普及,占比达到 23.2%,较 2019 年的 20.4% 增长了 2.8 个百分点。

2020 年,我国国民的听书习惯进一步养成,有 31.6% 的成年国民形成了听书习惯,较上一年提高了 1.3% 个百分点,有 6.7% 的国民会将听书作为阅读方式的优先选择。① 另据有声平台喜马拉雅公布数据显示,2020 年我国有声阅读持续快速发展。2020 年 1 月至 3 月,喜马拉雅有声阅读人数较去年同期增长 63%,总收听时长增长 100%。喜马拉雅"123 狂欢节"影响力再创新高,内容消费总额突破 10.8 亿元。② "耳朵经济"渐成规模。

(三)出版业融合发展持续加快创新步伐

2020 年以来,我国出版业转型升级、融合发展持续深入,特别是新冠肺炎疫情在

---

① 第十八次全国国民阅读调查报告权威发布_ 媒体_ 澎湃新闻- The Paper [EB/OL]. https://www.thepaper.cn/newsDetail_ forward_ 12369739.
② 喜马拉雅 2020 年终成绩单:在线新经济崛起,"听"改变用户生活方式 [EB/OL]. https://baijiahao.baidu.com/s? id=1688333057352499017&wfr=spider&for=pc.

某种程度上，让出版业深刻意识到数字化升级的重要性和必要性，倒逼出版单位加快转型融合进程，取得了积极效果，在融合发展的深度和广度上实现了新的突破。大型出版集团在理念、技术、模式、机制等全面创新，提升加强差异化、特色化、智能化知识服务水平。如中信出版集团联合《出版人》杂志以开放理念，利用大数据、人工智能等技术搭建"共享出版平台"，开放中信出版品牌、版权和营销等优势资源，为创作者和出版人提供服务，具有核心角色、交易流程、规则标准等基础功能，并建立了数据反馈机制，为生产、运营、选题和产品策划提供数据参考依据。目前该平台已与 11 家机构和策划人签订了合作协议，签约选题 32 个，出版新书 15 种，涉及法律、少儿、社科、文艺等领域，并完成了 6 个领域 30 门出版培训课程体系建设。① 此外，中信出版集团还与新浪网建立了战略合作关系，双方围绕知识 IP、课程开发、直播电商、平台代销等方面展开合作，已取得了阶段性成效，实现了较好的乘数效益。② 广西出版集团以音视频类知识服务为主要着力点，加强产品形态和运营模式创新力度，已推出近 60 种知识服务产品，并搭建了"书天堂"融合出版平台，围绕图书资源进行立体化开发，涵盖音频、视频影像、网页、思维导图、知识点等数字资源和知识服务产品，满足不同用户、不同场景的知识获取需求。③ 此外，报刊与新兴媒体的融合程度也更加深入。如广东时代传媒集团依托《时代周报》《新周刊》《花城》等优质内容资源，聚焦财经、生活等细分市场，联合旗下新周刊、新周猫、有间大学等新媒体，重点打造"时代数据"和"时代商学院"项目，创新内容呈现和传播模式，通过图文、数据、条漫、视频、文创等多元方式，打造自主原创内容传播阵地，逐步完善以"时代财经" APP 为龙头的新媒体矩阵。④

2020 年以来，基于大数据的 O2O 出版模式逐渐成熟。出版单位数据归集能力增强，打通自建网站、第三方平台、APP、实体书店等渠道数据，出版单位基于全渠道的用户数据洞察，对出版业的选题策划、产品设计、版权运营、品牌营销提供决策支持，

---

① 中信出版集团股份有限公司 2020 年度报告［EB/OL］. http：//quotes. money. 163. com/f10/ggmx_ 300788_ 6969398. html.
② 新浪网与中信出版集团跨界联手 布局知识 IP 开发［EB/OL］. https：//baijiahao. baidu. com/s? id = 1677244602662692247&wfr = spider&for = pc.
③ 广西师大社集团全方位多维度推动高质量发展［EB/OL］. http：//www. gxbgsx. com/news/show - 31635. html.
④ 打造一流传媒企业 时代传媒集团揭牌成立［EB/OL］. https：//www. sohu. com/a/435516143_ 120181749l.

实现供需两端更加精准的匹配。

（四）网络文学加速主流化、精品化进程

2020 年以来，网络文学保持良好发展态势，截至 2020 年 12 月，我国已有超过 4.67 亿网络文学读者。过去一年来，网络文学作品质量显著提升，主流化、精品化态势进一步凸显。在主管部门有力引导和读者阅读需求双重影响下，现实题材创作热度持续，在网络文学作品中占比进一步提升，主题类型更加丰富，一大批作品书写时代变革和社会生活，描绘党的百年奋斗历程，展现脱贫攻坚、创新创业、生活百态和人情冷暖，受到读者欢迎。特别是 2020 年初新冠肺炎疫情暴发，得到网络文学全行业的极大关切，抗疫医疗题材成为网络文学创作热点。多家平台抗击疫情开展主题征文活动，涌现出一大批医疗题材和体现抗疫精神的网络文学作品，2021 年 2 月，中国作协启动了"同舟共济，战'疫'有我"征文活动，得到全国网络文学平台和创作者的积极响应，共征集 1.4 万余部作品。阅文集团旗下起点中文网举办"我们的力量"主题征文大赛，超过 1 万名作家参与其中，在作品中倾力抒写一线医务工作者在抗击新冠肺炎疫情时不畏艰难、舍生忘死的医者仁心，反映出网络文学对社会现实的关照及对主流价值的呼应。[①] 2020 年，主管部门通过多种举措，进一步加强对网络文学的引导与管理，推动网络文学的高质量发展。6 月，国家新闻出版署出台《关于进一步加强网络文学出版管理的通知》，进一步强化网络文学平台的主体责任，履行内容把关职责，不断优化结构、提高质量，传播内容导向正确、格调健康向上，坚持社会效益为先，避免唯点击率的逐利倾向，引导精品创作、生产、传播、阅读的网络文学发展良性环境。同月，国家新闻出版署启动"优秀现实题材和历史题材网络文学出版工程"作品评选，鼓励网络文学以现实题材和历史题材创作为主题，更好地传承中华文脉，承担时代责任，讲好中国故事，书写伟大时代，打造更多立得住、留得下、传得开的精品力作。

尤其值得一提的是，网络文学全行业的精品化意识进一步增强。2020 年，在中国

---

① 2020 中国网络文学蓝皮书 [EB/OL]. http：//www.chinawriter.com.cn/n1/2021/0602/c404023-32119854. html.

作家协会的牵头组织下，136 位知名网络作家发出《提升网络文学创作质量倡议书》，倡导全国全体网络作家坚持正确创作导向，自觉抵制低俗、庸俗、媚俗，杜绝抄袭跟风，倡议发出，引起热烈的社会反响。

（五）数字教育产品体系进一步健全

2020 年，新冠肺炎疫情让线上教学成为常态，数字教育市场得以极大培育。据艾瑞咨询统计，2020 年第一季度数字教育市场规模达到 680.6 亿，同比增速 6.8%。据 CNNIC 数据显示，截至 2020 年 12 月，我国在线教育用户规模达到 2.15 亿，占网民整体的 34.6%。受疫情影响，教育部提出"停课不停教、停课不停学"号召，数字教育发挥了重要助力作用。各大在线教育平台面向学生推出各类免费直播课程。K12 教育、高等教育、职业教育等不同领域都取得了显著增长。其中，疫情高发期间，K12 在线教育中平均每个活跃用户使用 APP 的时长最高值达到 243.3 分钟（4 小时）；行业渗透率及月活在 2020 年 2 月达到一年的峰值，分别为 39.0% 和 3.4 亿。目前，K12 数字教育已形成了多元化的产品体系，贯穿课前、课中、课后、课外等学习场景，满足学习、测试、辅导、作业、测评等多样化需求。即便是随着疫情得到逐步控制，复学复课之后用户对在线直播课的需求有所减退，致使在线教育增势有所回落，但较疫情前仍有明显增长。前期的免费开放资源为数字教育平台积累了大量用户，平台也借此契机，探索新业务和新模式，为用户提供多元化的数字教育产品，提高市场竞争力，也加速了数字教育市场的优胜劣汰，市场集中度进一步提升，马太效应日益凸显。2020 年以来，面向 K12 和学前启蒙教育的素质教育成为数字教育的新兴领域，作业帮等 K12 平台纷纷布局，"80 后""90 后"为代表的新生代家长对子女的素质培养日益重视，素质教育市场日益细分。除了音乐和美术等主流课程外，"少儿编程""数理思维"等成为众多平台的热门课程。

2020 年，疫情影响下，就业压力剧增，职业教育逐渐成为刚性需求。国家高度重视职业教育，并支持职业教育线上化，为在线职业教育带来发展机遇。同时，新职场人对知识产品的付费意愿和职业技能提升需求日益增长，职业教育正逐渐成为数字教育的重要赛道，包括 IT 应用、财会、教师等职业技能培训和职业资格考试、语言学习、公务员考试等市场日益细分。据艾媒数据显示，2020 年在线执业资格考试培训市场规模达132.5亿元。① 2020年,头部平台加大对在线职业教育的布局,如腾讯课堂于2020年对职业教育进行了战略转型,从在线职业教育平台转为综合性终身教育平台,启动"聚智计划",联合政府、行业组织、院校及培训机构、就业等产业链上下游,构建数字化终身在线教育生态圈。② 腾讯课堂在2020年"双十一"单日成交额较上年同期增长200%,高峰时期约180万人于平台内挑选购课。

在疫情影响下,2020年教育出版转型融合得以提速,传统出版单位加快数字教育出版产品和模式创新。如2020年6月,人教数字公司发布"人教智慧教学平台2.0",该平台面向中小学师生、教研员和教学管理者,以人教版数字教材为核心,提供教学资源、学科工具、教学应用等数字内容资源及服务,满足课前、课中、课后等多种教学场景应用。③ 广东省出版集团重点打造"粤教翔云数字教材应用平台",包括粤版、岭南版、北师大版数字教材,为广东省义务教育阶段超过1 300万师生提供全学段、全学科、多版本共223册国家课程数字教材内容及服务,2020年该平台用户接近1 200万人。④ 人民卫生出版社面向医学教育领域,人卫社重点打造中国首套国家医学数字教材、全球首个医学教育慕课平台和人卫开放大学在线教育平台。一方面开发人卫融合教材,在2020年疫情期间,实现纸电同步,数字版优先发布、纸质版精准推送、国内外同步传播,为"停课不停学"提供了重要助力。另一方面,面向医学考试领域,继2018年上线临床医学题库,相继建成药学题库、护理学题库、中医药学题库、口腔医学题库以及住院医师规范化培训题库等医学题库,并在2020年陆续上线,⑤ 搭建的人卫医学考试辅导平台,累计用户已达650余万人。

2020年以来,以人工智能为代表的数字技术与教育出版融合进一步深入,突出表现在数字教辅领域。技术一方面改变着数字教育出版内容资源的呈现方式和服务

---

① 职业教育行业数据分析:2020年在线执业资格考试培训市场规模达132.5亿元[EB/OL]. https://www.iimedia.cn/c1061/79023.html.

② 腾讯课堂打通职业教育与就业"断层",定位行业"立交桥"[EB/OL]. https://www.chinaz.com/2020/1124/1210545.shtml.

③ 广西出版传媒集团在人教数字出版业务工作会议上获"明日之星奖"[EB/OL]. https://www.sohu.com/a/402209380_100016145.

④ 不忘初心,砥砺前行——记粤教翔云数字教材 应用平台表彰座谈会[EB/OL]. http://www.digigd.com/news.php?id=12d64b1e9014d2bc82abd670e5607dcb.

⑤ 中国医学教育题库:高质量服务院校医学教育[EB/OL]. https://www.epuber.com/2021/02/04/7233/.

模式，另一方面也催生和承载了多元化教学资源的教学辅助硬件的多元发展。如面向学前领域的故事机、早教机、陪伴机器人、阅读机器人和 K12 领域作业辅导机器人等。

二、数字出版业的发展趋势

2020 年以来，在习近平新时代中国特色社会主义思想的指引下，数字出版产业向高质量发展持续迈进，整体呈现出健康发展的良好局面。2020 年初暴发的新冠肺炎疫情影响延续至今，改变了各个领域的生产方式、服务方式，乃至商业发展轨迹。对出版业而言，疫情加深了全行业对数字化转型与融合发展的认识、理解和重视，出版产业数字化和数字出版产业化进程进一步加快。2021 年是"十四五"规划的起步之年，在新的发展阶段和新的发展环境下，数字出版也呈现发展的新趋势。数字内容生产加速迈向精品化、精细化、精准化，供给方式日益多元，生产方式乃至底层商业逻辑的改变，推动数字内容生态链条重塑，数字内容格局面临深刻变革。在 5G、云计算、大数据、人工智能、物联网等技术的赋能下，游戏、教育、阅读等领域加快向云端模式发展，直播和短视频等视频化内容无论在内容供给还是品牌建设方面都将发挥更大作用，成为全媒体内容生态的重要组成部分；数字内容不同领域加速融合，催生新的消费场景和新的市场需求，数字内容生态不断在打破和重塑中得到提升。具体有以下一些特点。

（一）数字内容供给方式将更加多元

随着产业环境的不断优化与国民消费升级，粗放式发展已经越来越不能满足产业发展和新时代人民群众对美好生活的新期待，对数字内容供给提出了更高要求。在疫情影响下，远程办公、云上会议、远程上课等成为人们工作、生活、学习的常态，大众的文化娱乐需求从线上线下相结合，转向线上集中释放，也由此倒逼出版业在生产方式、服务模式、运营机制等出版全流程进行变革，加快构建以数据和智能技术赋能的内容供给链条,通过海量数据的获取和分析,出版业能够获得更多有价值的资源和信息,应用于内容生产。随着5G、云服务、大数据、人工智能、物联网的应用推进,即时连接、实时服务、人机交互逐渐成为数字内容供给方式的标配,智慧化出版特征逐步突显。突出表现在出版流程的数据化、自动化、智能化,生产分发的协同化、分众化、精准化,服务个性化、场景化。以数字阅读为例,人与平台之间将实现更加深度的理解和交互。人工智能将深入阅读内容策划、创作、分发传播、市场分析、营销推广等各个环节,万物互联时代正在加速到来,任何可以连接网络的终端载体,都可以成为承载信息、获取内容、进行阅读的载体,并且彼此联通,基于不同场景需求实现自由切换和精准匹配。同时,数字内容生产者、传播者及消费者之间将建立更加实时、深入的连接,通过高效率、高质量的配置和供需两端的精准匹配,将推进数字内容高质量的供给,构建健康可持续的产业生态环境。

(二) 数字内容生态正在重塑

新冠肺炎疫情对各个领域带来的影响不是短期的变化,而是长期的变局,宏观环境和市场需求的不确定因素增加。随着疫情防控步入常态化,人们的数字内容需求更加多元,将催生新业态、新形态、新模式、新渠道和新场景,在不同领域加速融合过程中,也将涌现出新的消费市场,从而产生新的竞争赛道。同时,数字内容的各个领域的底层发展逻辑、市场格局都正在发生悄然变化,实现了数字内容产业链条的延伸和产业生态的重塑,数字内容的传播半径持续扩大,逐渐突破原有的受众群体和场景的局限。同时,随着5G大规模商用提速,数字内容产业技术应用范式、商业模式、大众消费方式将发生转变,头部数字内容企业将依托平台优势和强大的运营体系,聚焦新需求、新市场,寻找新的商业机会,拓展业务布局,把变量转化为增量,健全内容服务体系,进而形成新的竞争优势,成为数字内容企业未来发展的重要着力点,整个数字内容产业以及各个细分领域的行业格局都将面临新一轮洗牌。

(三) 视听内容在数字内容供给中的占比将进一步提升

近年来,网络视听内容正在通过多媒体元素糅合新技术与新手段,吸引用户注意力，抢占受众时间。如在阅读领域，有声阅读势头正猛，除了将文字作品进行直接的有声化，也衍生出广播剧、有声课程等多元形态，有声作品也不再仅仅是文字作品的附庸，正在作为 IP 源头，创造更大的版权价值。近年来，短视频领域保持强劲发展势头，据《2021 中国网络视听发展研究报告》显示，2020 年全国新增的 4 915 万网民中，有 25.2%的新增网民是因为网络视听类应用而接触互联网。① 目前，视听化内容发展已经进入沉淀期，短视频平台从追求用户规模转向增强用户黏性，更加注重增加优质内容供给。此外，中长视频也将在满足人们内容获取需求方面，与短视频互为补充，成为视频领域的新赛道，创造新的内容价值。同时，音频、短视频、中长视频等视听化与图文等文本内容之间有了更加深度的匹配，运用虚拟/增强现实、3D 等技术，带给用户层次更加丰富立体的视觉感官体验，让阅读从"悦读"到"悦听"，再到"悦视"，大大提升数字内容服务的感染力和交互感。视听内容也将作为重要元素，与出版业融合日益加深，在教育、少儿、科普、大众阅读等领域得到更加广泛的运用，并将催生出更加多元丰富的传播形态、交流语境和文化场景。

（四）数字营销将构建出版品牌建设新生态

在疫情影响下，线下出版供给和销售渠道受阻，倒逼出版业进行营销体系升级，出版社纷纷借助电商平台、短视频平台、微信服务号等，扩展新媒体营销渠道，寻找新的发展出路，试水短视频营销和直播电商，取得初步成效。随着疫情逐步得到控制，线下销售渠道恢复，视频营销和直播电商已成为出版单位重要的品牌建设手段，并形成了更加专业的运营机制和运营体系，在此过程中出版单位将在营销流程、营销模式、营销人才、市场需求洞察等方面实现升级。多家出版单位根据不同的业务板块，组建专业专职的视频营销团队，设立工作室和直播室。人民文学出版社发行部较早调整了线上线下销售人员的结构，细化了线上人员的分工，同时针对每一个电商渠道细化了运营及供应链的分工；形成以自营旗舰店为核心，自营、分销、直播、有赞、抖音、拼多多等矩阵式销售平台②。新媒体营销渠道不仅让出版单位与读者之间有了更加直接

---

① 《2021 中国网络视听发展研究报告》正式发布［EB/OL］. https：//news. znds. com/article/54323. html.
② 2021 出版社预判：营销发行调整更趋精细化终端化［EB/OL］. https：//www. sohu. com/a/452461173_99924332.

的互动，数字营销带动销售、建立口碑、拓展市场，更重要的是建立了更加紧密的连接关系，可以更加直观地把握读者需求，借助大数据、人工智能技术，基于用户行为数据，实现更加精准的策划、生产、制作、分发、营销，在新媒体营销渠道初步实现用户数据规模化积累，聚焦细分市场，找准受众，拓展私域流量，构建全域营销体系，进行精准化、差异化营销，将成为出版业提升市场运营能力的重点方向。线上营销渠道不再是出版单位线下营销渠道的补充，已经成为营销的重点，线上线下、公域私域融为一体的出版营销生态体系逐步构建。

（五）区块链将助力数字版权保护和价值提升

数字版权作为区块链技术最重要的落地场景之一，正在作为主管部门、大型出版单位和数字内容企业、科研机构、高等院校的重要课题加速推进。区块链具有不可篡改的特性，可以用于网络文学、网络游戏、图片等数字作品确权、追溯、监测、侵权取证、交易等，借助区块链分布式存储系统，在数字版权资产管理过程中提供存在性证明，所有数据可逆向追溯，确保作品在创作、生产、分发、交易结算、版权开发等每一个环节的安全性和可靠性。区块链可赋予每个数字作品一份独一无二的数字身份证明，将作品的关键信息记录并存储在区块上，通过区块链标识、智能合约、通证技术等保证确保数据对象的唯一性、真实性和完整性。借助区块链分布式思维在数字版权资产管理的过程中进行数字版权资产存在性证明，所有数据可逆向追溯，所有环节可确认、可取证，大大提升数字版权的确权、维权效率，降低维权成本。目前，服务于智慧法院建设，利用区块链进行版权取证的法律效力已得到知识产权法院、互联网法院等司法机构的认可，各地纷纷搭建知识产权保护区块链平台，可实现案件智能分析、数据智能比对、在线出证等。随着区块链在数字版权领域的加快落地，将建立数字版权诚信体系，数字版权共治、共享、共建的数字版权生态正在逐步构建，将推动数字版权实现更高效率、更高质量、更高效益的健康可持续性发展，从而发挥更大的产业价值。

三、关于数字出版业发展的思考和建议

2021年是"十四五"开局之年,伴随着文化建设在全局工作中的地位进一步提升,国家数字化战略新部署深入推进,数字出版在迎来新的发展机遇的同时,也面临着新的考验与要求。新冠肺炎疫情让出版业对自身转型融合进行了全面的审视,也认识到存在的问题与短板。为实现"十四五"时期数字出版高质量发展,需要在以下几个方面着力。

(一)明确发展定位,做好顶层设计

"十四五"期间,数字出版在出版业发展中具有更加重要的位置,在出版业高质量发展中将发挥更加重要的作用。疫情让出版业认识到转型融合的重要性和紧迫性,未来要把数字出版上升到事关企业发展的全局战略层面,立足于国家"十四五"规划,围绕党和国家对文化产业的总体规划布局,充分总结"十三五"的经验,系统梳理存在的特点优势和瓶颈短板,特别是着眼于疫情防控常态化和5G时代下的用户需求变化,明确发展定位和方向路径。特别是要强化战略性思维,围绕产业数字化和数字产业化,加强全局性、系统性谋划,做好顶层设计,在组织架构、出版流程、资源配置、技术应用、业务布局、商业模式、制度建设等方面进行优化再造,健全满足高质量发展的要求,健全把社会效益放在首位,社会效益和经济效益有机统一的体制机制。出版业在制定战略部署和目标时,要服从服务于国家大局,与党中央对宣传思想精神保持高度一致,在生产创作上坚持正确出版导向,突出价值引领,既强调效率效益也强调规范安全,以优质内容资源为核心,以业务布局和品牌建设为主要着力点,以流程再造、技术创新、渠道拓展为关键手段,以人才建设和机制创新为基础保障,不断增强数字出版高质量发展的内生动力和创新活力。

(二)加强精品供给,强化价值引领

国家新闻出版署自2019年起,组织实施"数字出版精品遴选推荐计划",每年按

照主题出版、大众出版、专业出版、教育出版、少儿出版等类别，在数字出版领域分类遴选出一批具有示范推广价值的数字出版精品项目。在评选原则中突出强调要把内容质量和社会效益放在首位，做到讲格调、讲责任、弘扬主旋律、传播正能量。国家新闻出版署还分别通过组织实施"全国有声读物精品出版工程""优秀现实题材和历史题材网络文学出版工程"和"优秀网络文学作品推荐"等举措，引导有声读物和网络文学高质量发展。立足于文化强国和出版强国建设，数字出版要始终把精品内容建设放在首要位置，以此为核心优势，借助新技术、新媒介、新渠道、新手段，提高创新力，增强竞争力。一方面，按照主管部门要求，做好精品出版工程项目，充分发挥数字出版在价值引领方面的积极作用；另一方面，在网络文学、游戏、动漫、有声读物、数字教育、图片等领域，健全数字内容审核标准体系和数字内容价值评估标准体系建设，壮大内容审核团队，强化意识形态把关和内容质量把关。要在主管部门组织指导下，联合传统出版单位、新兴出版企业、院校、研究机构等，共同健全完善数字内容质量审核机制，从而全面提升行业治理能力，提高数字出版优质供给水平。

（三）深化转型融合，创新多元发展

今后一段时期，数字出版业应抓紧国家文化大数据体系建设的战略机遇，提高资源整合水平，加快新型基础设施建设。加强对前沿技术的研究投入力度和创新应用水平，提高对新技术手段、新媒体、新渠道、新需求的把控力，推进技术与出版流程的有机结合、深度耦合，充分发挥科技创新驱动作用，运用大数据、人工智能、虚拟/增强现实、区块链、物联网等技术，加强出版产品和服务、市场需求、消费场景的深度适配，强化数据在出版要素中的突出作用，以数据赋能出版全产业链条协同转型。同时，以出版业科技与标准重点实验室建设和示范基地建设为抓手，健全出版科技创新支撑体系，提升出版科技创新水平和成果转化能力。在政府部门指导下，出版单位、互联网企业、技术企业、高校、科研机构聚焦行业关键技术进行课题攻关，健全政产学研一体化出版科技创新机制，提升出版科技创新水平和成果转化能力。

（四）强化IP运营机制，构建版权良性生态

近年来，随着IP运营思维在出版业日渐深化，围绕同一版权资源进行多元开发，

成为出版业融合发展的重要抓手,取得了初步成效。目前,传统出版单位以有声阅读为主要着力点,逐步参与网络文学、游戏、动漫、影视等文化IP链条。目前,出版单位主要采取与数字内容平台、网络作家合作等方式,购买网络文学版权,参与网络文学IP运营。或与音频平台合作,开发知识音频产品。出版单位应充分发挥自身资源和品牌优势,运用融合发展思维,从选题策划这一源头环节,对版权项目进行整体设计,进行版权运用,最大限度地创造IP价值,使之成为下一阶段融合发展的重要突破口。进一步提高版权开发的深度和广度,强化多维度的产品线建设和品牌建设,最大限度地挖掘内容价值、版权价值和品牌价值。相较于传统出版单位,经过多年积累,数字内容企业在IP运营方面已经形成了较为成熟的IP运营体系,在网络文学、游戏、动漫、有声、影视、教育、文化衍生品等领域形成了数字内容IP生态链条。而相较于数字内容企业,传统出版单位在版权资源获取渠道更加权威,并有一套较为严谨的质量审核体系,与主管部门和业界权威专家的联系较为紧密,且知识资源更成体系。传统出版单位和数字内容企业要发挥各自优势,联合主管部门、高校和科研机构,围绕网络文学、动漫、游戏、数字教育、知识服务、图片、短视频等领域,进行数字版权价值评估标准体系研究,促进文化的创新性开发和创造性发展,构建我国数字版权良性生态,持续壮大我国数字版权产业。

(五)提高"走出去"水平,扩大国际传播力

近年来,数字出版已经成为文化走出去的重要生力军,特别是网络文学、网络游戏等在内的新型出版企业,在提升中华优秀传播力、影响力,增强中国文化软实力、坚定文化自信、增进文化互鉴等方面发挥日益重要的作用。国家"十四五"规划纲要中提出,积极发展对外文化贸易,开拓海外文化市场,鼓励优秀传统文化产品和影视剧、游戏等数字文化产品"走出去"。2021年5月31日,中共中央政治局就加强我国国际传播能力建设进行第三十次集体学习,习近平总书记主持学习时强调,讲好中国故事,传播好中国声音,展示真实、立体、全面的中国,是加强我国国际传播能力建设的重要任务,对数字出版"走出去"提出了更高要求。出版业要认识到加强和改进国际传播工作的重要性和必要性,借助数字出版形态多元、传播广泛等优势,发挥文化"走出去"先锋队作用,着眼于构建对外话语体系,建设人类命运共同体,重点加

强以下几个方面工作。一是加强"走出去"内容建设，面向重点区域，做好市场研究，在内容策划、产品设计、输出模式、营销方式等方面进行统筹谋划，注重中国故事和中国声音的世界性、差异化、分众化表达，增强"走出去"实效；二是拓展"走出去"渠道，加强"走出去"专业团队建设，深化与海外出版机构、行业组织、相关部门的沟通合作，提升"走出去"专业化水平；三是拓展"走出去"的层次维度，鼓励同一内容以电子书、数据库、音频、视频形式对外呈现，同一版权以网络文学、动漫、游戏、影视、综艺、电竞赛事等多元方式途径的海外版权输出。

（毛文思　中国新闻出版研究院）

2020—2021 中国印刷业发展报告

2020 年是"十三五"规划的收官之年,突如其来的新冠肺炎疫情给国民经济和各行各业带来了巨大的影响和冲击。受疫情持续蔓延影响,全球生产、贸易体系受到重创,国际商务、文化、体育交流活动大量减少,西方主要经济体陷入深度衰退。

在党中央的坚强领导下,我国统筹推进疫情防控与社会经济发展,疫情防控工作取得重大战略成果,在全球主要经济体中唯一实现经济正增长,脱贫攻坚战取得全面胜利,决胜全面建成小康社会取得决定性成就。据统计,2020 年我国实现国内生产总值 101.60 万亿元,同比增长 2.3%。

受疫情影响,我国印刷业在 2020 年上半年尤其是第一季度受到较大冲击。随着疫情防控形势的好转,复工复产进程的加快和社会经济活动的恢复,印刷市场逐步企稳复苏,企业经营状况持续改善,部分龙头骨干企业全年经营业绩超过 2019 年同期水平。但从整体上看,印刷和记录媒介复制业(简称"印刷业")规模以上企业的营收和利润总额,仍承压下滑。

同时,疫情的持续蔓延,打乱了原本平稳运行的产业链和供应链,加之全球主要经济体均实行较为宽松的财政和货币政策,导致主要原材料和大宗商品价格出现大幅波动。受纸浆价格上涨以及其他复杂因素影响,以纸张为代表的印刷原材料价格在 2020 年出现不同程度的上涨,再次加大了印刷企业发展的压力。

一、疫情下印刷业面临的影响和冲击

"十三五"时期是我国印刷业转型升级的关键期。受国民经济换挡减速,由高速发展阶段转向高质量发展阶段影响,我国印刷总产值的同比增速由 2011 年前的超过

10%，逐步降至 2016 年——"十三五"开局之年的 2.65%。

2017 年和 2018 年，印刷总产值的同比增速触底后反弹，分别达到 4.44%、5.43%。2019 年，受中美贸易摩擦等多种因素的影响，印刷总产值同比增速降至 2.40%，为近 10 余年来的最低点，这表明印刷业面临的转型升级的压力仍有增无减。

2020 年，新冠肺炎疫情突然暴发，进一步增加了印刷业平稳发展的难度。从整体上看，疫情对印刷业的影响和冲击主要体现在以下四个方面。

（一）行业整体承压，规模以上企业营收、利润双双负增长

2020 年初，新冠肺炎疫情暴发后，出于疫情防控的需要，春节假期延长，全国范围内实行严格的人员流动和交通管控，加上各地对企业节后开工给出了明确的条件和要求，相当一部分印刷企业都未能在春节假期后正常复工复产，有的企业直到 3 月初才开始正常接单生产。

延期复工给印刷企业正常的生产经营计划带来较大冲击，导致大量既有订单无法按时交付，企业货款回收难度加大。与此同时，由于大量下游行业同样面临复工复产较晚的问题，新增订单量复苏缓慢，这些都对印刷企业的营收造成了直接冲击。

在营收受创减少的同时，印刷企业的员工工资、厂房房租、设备折旧、疫情防控物资采购等刚性成本费用仍需正常支付或增加，这不可避免地会降低企业的利润，影响企业的盈利能力。

据国家统计局统计，2020 年 1—2 月，全国规模以上工业企业实现营收 11.62 万亿元，同比减少 17.7%；利润总额 4 107.0 亿元，同比减少 38.3%。同期，印刷业规模以上企业共实现营收 631.6 亿元，同比减少 29.1%；利润总额 16.5 亿元，同比减少 60.2%。印刷业规模以上企业营收、利润总额表现均落后于规模以上工业企业的整体水平，且利润总额的跌幅明显高于营收跌幅。这从一个侧面表明，印刷企业在疫情初期面临更大的经营压力。

2020 年全年，全国规模以上工业企业实现营收 106.14 万亿元，同比增长 0.8%；利润总额 6.45 万亿元，同比增长 4.1%，顺利走出疫情初期市场大幅震荡的影响，实现业绩逆转。印刷业规模以上企业的经营状况也有所好转，但全年营收、利润总额增速未能转负为正，仍表现为下滑。其中，营收同比减少 5.2%，为 6 472.3 亿元；利润

总额同比减少5.7%，为416.2亿元。

（二）行业企业走势分化，商业印刷、数字印刷受创更深

疫情初期，各行各业的发展状态主要受复工复产时间早晚的影响，多数企业都面临着不同程度的经营压力。随着疫情防控和复工复产的推进，各行各业由于产品、服务和产业特性的不同，发展状况出现分化。有的行业持续低迷，有的行业较快复苏，还有的行业在疫情下实现了超常规发展。

印刷业是较为典型的加工服务型行业，广泛服务于国民经济的各个行业和领域。疫情之下，由于服务的下游行业和市场不同，印刷企业的发展状态也出现了一定分化。

从整体上看，包装印刷主要服务于食品、药品、烟酒、化妆品、消费电子、家用电器等消费产品，在疫情下受到的冲击相对较小。尤其是从事食品、药品等刚需产品或疫情防控产品包装生产的企业，甚至还有一定的增长。

书报刊等出版物受新兴媒体叠加疫情冲击，市场总量呈现下滑态势，进而影响了出版物印刷企业的发展。据专业市场监测机构北京开卷信息技术有限公司统计，2020年我国图书零售市场码洋规模为970.8亿元，同比下降5.08%，为2001年以来首次出现下滑。另据中国报业协会印刷工作委员会统计，2020年全国报纸印刷量为600亿对开张，同比减少12.92%。

相对而言，商业印刷、数字印刷在疫情下受到的冲击最大。这是由于商业印刷、数字印刷的产品主要服务于商业交流和宣传活动，与展览会议、旅游餐饮、大型活动等行业紧密相关。而在疫情之下，这些行业受到的冲击最大，大量展览会议、大型活动延期或取消，旅游餐饮陷入停滞、半停滞状态，市场对名片、单页、宣传画册、会议资料、菜谱、手提袋等商业印刷品的需求因此出现明显下滑。从虎彩印艺、天意有福等典型企业的营收数据看，2020年商业印刷市场下滑的幅度超过20%。

（三）原材料价格波动加大，印刷企业成本压力上升

疫情的暴发和蔓延对主要原材料和大宗商品价格带来了加大影响。疫情暴发初期，受全国各地人员进出和交通运输管控影响，很多地区的印刷企业都面临着原材料采购

困难的问题，这导致以纸张为代表的原材料价格一度出现大幅上涨。

进入三四月份，随着企业复工复产的推进和交通运输秩序的恢复，原材料运输、采购难的问题得到缓解，但由于市场需求低迷，印刷企业订单量不足，纸张价格开始大幅下挫，到 5 月最低谷时，白卡纸、铜版纸、双胶纸等主流纸种的吨价一度跌至四五千元，部分造纸企业出现成本、售价倒挂，面临巨大的经营压力。

自 6 月开始，随着印刷业的回暖和市场需求的恢复，纸张价格进入上涨周期。其中，白卡纸作为领涨品种，涨势最为迅猛，由 2020 年 6 月的约 5 300 元/吨到 2021 年初的约 7 500 元/吨，涨幅超过 40%。作为主流文化用纸，铜版纸、双胶纸涨势相对较低，也有不同幅度的增长。

这一轮纸价涨势一直延续到 2021 年三四月份，由于后期涨势过快、过猛，白卡纸吨价一度史无前例地突破 1 万元，铜版纸、双胶纸吨价也一度达到 8 500 元左右，给印刷企业带来巨大的成本压力。因此，纸价问题一度在印刷及出版行业引发强烈关注，并被全国政协委员以提案的形式带到全国两会，呼吁有关部门出手调控。

这一轮纸价上涨有着复杂的原因，既受到疫情之下各国财政货币政策宽松，通胀预期高涨，纸浆价格上涨等因素的影响，也与纸张市场集中度提高，造纸企业争夺市场定价权有关。比如，在 2020 年完成对博汇纸业的收购后，金光集团在国内白卡纸市场的占有率超过 50%，再加上晨鸣纸业、万国太阳，三大造纸巨头的市场占有率合计达到 90% 左右，这成为白卡纸价格持续大幅上涨，涨幅远超其他纸种的重要原因。

纸张价格在短期内的过快上涨，给印刷企业带来巨大的成本压力，导致很多印刷企业出现"增产不增收"的现象。

（四）疫情推动人们生活和工作方式发生重大转变，将对印刷业的长期发展产生潜移默化的影响

疫情之下，出于保持社交距离、防止疫情扩散的需要，人们的生活和工作方式发生了巨大转变。

疫情期间，由于外出不便，越来越多的人开始转向线上购物，这在带动快递纸箱等印刷品需求增长的同时，也推动了企业营销推广渠道由线下向线上的转移，减少了

对名片、宣传单页、画册等商业印刷品的需求。据国家统计局统计，2020年我国社会消费品零售总额为39.20万亿元，同比下降3.9%，但网上零售额达到11.76万亿元，同比增长10.9%。

疫情还推动了在线办公、视频会议、网络直播工具的普及和应用。疫情初期，大量人员长期居家办公，人们越来越习惯使用微信、钉钉、腾讯会议等互联网办公软件进行工作交流、商务对接。这种新型的办公和商务交流方式，将对办公、会议类印刷品的长期需求产生一定影响。

与此同时，为了减少直接接触，旅游景区、交通运输、金融机构、餐饮酒店、医疗服务等行业加快推进"无纸化"进程，加速推行在线预约、电子票证、手机点餐等新型产品和服务形式，这又对门票、车船票、金融票据、菜谱、病历本等印刷品的需求带来冲击。这些印刷品看似市场零散、需求不大，但每一类产品都与很多印刷企业的生计有关。

在部分印刷品受疫情带来的线上化、无纸化趋势加速影响，需求面临阶段性或趋势性下滑的同时，也有一部分印刷品受益于线上化的趋势出现较大增长。这其中，最具代表性的是为在线教育配套的教辅材料。

2020年，受疫情影响，线下教育培训陷入停滞，大量教育培训机构转到线上，在线教育行业呈现爆发式增长，从而带动对教辅材料的大量需求。很多服务于在线教育行业的印刷企业，在近一年多时间得到快速发展，主要原因就在这里。

疫情之下，人们生活、工作和学习方式的改变不仅会影响印刷企业的短期需求，还会对印刷业的长期发展产生潜移默化的影响。

二、印刷业迎难而上取得的成绩

2020年，疫情给印刷业带来的困难与压力是前所未有的。面对不期而至的"黑天鹅"，广大印刷企业坚定信心，直面挑战，在做好疫情防控的同时，积极推动复工复产，努力降本增效，确保资金不断流，防止出现重大经营风险，绝大多数都经受住了考验，有惊无险地度过了近一二十年以来全行业最艰难的一年。

与此同时，部分印刷企业还在力所能及范围内积极参与疫情防控工作，利用疫情之下国家出台的各种扶持政策继续推进技术改造和设备更新，挖掘疫情防控用品包装等增量需求，实现了经营业绩的逆势增长，全行业发展仍然呈现出众多亮点。

（一）印刷企业主动承担社会责任，积极参与疫情防控

2020年1月，新冠肺炎疫情暴发后，各行各业都积极投身到疫情防控工作中。印刷业虽然在疫情之下受到较大冲击，但广大行业企业仍主动承担社会责任，积极为疫情防控工作贡献力量。主要体现在以下三个方面。

一是积极复工复产，确保疫情相关宣传品、口罩及其他疫情防控产品包装的正常生产与及时供应。以盛通股份、河南新华印刷集团、安徽新华印刷股份有限公司、广东新华印刷有限公司、山东鲁信天一印务有限公司、山东润声印务有限公司等为代表的众多印刷企业，在2月初接到疫情防控相关印刷品的生产任务后，克服人员不足、疫情防控压力等诸多困难，紧急开工、加班加点，确保了相关产品的按时交付。

二是积极为疫情防控工作捐款捐物。裕同科技携手子公司武汉艾特纸塑包装有限公司向武汉市有关方面捐款300万元用于抗击疫情；东风股份通过汕头市慈善总会向汕头市两家新型冠状病毒肺炎定点救治医院各捐赠现金100万元，并向湖北省抗疫一线捐赠各类物资价值超过600万元；内蒙古爱信达教育印务有限责任公司免费为广大市民印刷了7万份疫情防控宣传海报；山东世纪开元电商集团积极筹措价值23万元的一次性水杯150万只支援武汉抗疫；中华商务联合印刷（广东）印刷有限公司免费印制25万册《冠状病毒感染肺炎防护读本》和50万份宣传单在香港免费发放……这样的例子不胜枚举，充分体现了印刷行业的责任和担当。

三是确保党报党刊和其他重要出版物的按时印刷交付。湖北楚天传媒印务有限责任公司地处武汉，承担着《湖北日报》《光明日报》《参考消息》《环球时报》等重要报刊的印刷任务。武汉疫情暴发后，楚天印务克服封城后公共交通停运，员工返岗困难等诸多挑战，确保了各类报刊的正常印刷发行。湖南天闻新华印务有限公司在疫情期间将有限的产能，主要用于保障《求是》《中国纪检监察》《潇湘晨报》等重点产品的生产，较好完成了生产任务。此外，江苏凤凰新华印务有限公司、新疆新华印刷厂、山西人民印刷有限公司等众多企业，在疫情期间保障重要党报党刊、中小学教科书的

正常生产上也付出了巨大的努力。

（二）部分企业主动转型疫情防控产品生产，实现社会效益、经济效益双丰收

疫情暴发初期，口罩、防护服等疫情防控物资供应严重不足，部分行业企业主动转型口罩、防护服生产，既满足了社会急需，又弥补了印刷主业下滑带来的经营缺口，实现了社会效益和经济效益双丰收。

印刷业上市公司长荣股份利用自身在机械制造方面的技术优势，迅速开发出口罩机产品，面向市场进行销售，并专门成立了天津长荣健康科技有限公司，从事口罩等医疗用品的生产，取得了良好的社会反响。

江西杰锋印刷包装有限公司在纸包装主业明显下滑的情况下，利用自身在无纺布生产方面的技术积累，上马口罩生产线，顺利打通口罩产业链，克服了疫情对企业带来的巨大挑战。

天津市安德诺德印刷股份有限公司在疫情暴发初期，耗资360万元，将两台印刷机改装成日产量6万只的一次性民用口罩生产机，顺利进入口罩生产领域，为助力疫情防控作出了贡献。

美迪科（上海）包装材料有限公司原本主要从事医疗包装材料的印刷生产，疫情暴发后，他们克服各种困难，对车间和生产线进行技术改造，火速上马医用防护服生产线，成为上海地区为数不多的医用防护服生产企业。

此外，还有不少印刷企业在疫情期间转产口罩等疫情防控产品。对多数企业而言，疫情防控产品只是一种应急性需求，相当一部分企业在疫情逐步缓解，社会需求得到较好满足后，开始退出相关产品的生产，继续专注于印刷主业。不过，也有少数企业将相关产品作为印刷之外的又一主业，进行长期培养和布局，推动了企业产品和业务的多元化。

（三）高速喷墨印刷加速普及，推动行业技术变革

由于疫情带来的经营压力，2020年印刷企业的投资意愿和投资能力受到一定影响。

据统计，2020年我国印刷设备进口额为18.82亿美元，同比下降10.1%。其中，胶印机进口额为6.14亿美元，同比下降17.3%；数字印刷机进口额为2.14亿美元，同比下降28.7%。

在印刷企业整体投资意愿下滑的情况下，自2019年开始发力的高速喷墨印刷表现良好，呈现出一枝独秀的走势，成为2020年印刷领域最大的亮点之一。据统计，2020年我国高速喷墨印刷设备的新增装机量达到298台，同比增长178.50%，继续呈现井喷态势。

高速喷墨印刷设备装机量在疫情之下的逆势增长，主要得益于其相对于碳粉式数字印刷机和小胶印机在黑白印刷领域显著的成本和效率优势。作为一种替代性技术，高速喷墨印刷的成本优势在疫情之下愈发凸显，加之疫情期间在线教育爆发式发展带来的教辅材料印刷需求，都推动了高速喷墨印刷设备装机量的继续增长。

与此同时，为在做好疫情防控的同时促进社会经济发展，国家和各级地方政府出台了各种减税降费、社保减免及其他支持企业渡过疫情难关的政策措施，有的地方政府还对企业进行设备引进和技术改造给予大力度的财政补贴，补贴比例高的可以达到设备投资额的三成左右，这也促进了印刷企业对高速喷墨印刷及其他生产设备的投资。

值得注意的是，在黑白高速喷墨印刷设备装机量快速增长的同时，彩色高速喷墨印刷市场也呈现出积极向上的发展态势。一方面，国内企业不断加大彩色高速喷墨印刷设备的研发力度，有的产品已经推向市场销售；另一方面，国外彩色高速喷墨印刷品牌开始加大对中国市场的开发力度，并不断有设备销售安装。

随着黑白高速喷墨印刷逐步走向普及和彩色高速喷墨印刷的应用，印刷行业的技术格局有可能迎来一轮深度变革。

（四）行业发展前低后高，平稳走出疫情带来的市场震荡

从整体上看，受疫情影响，印刷业在2020年虽然承受了较大压力，但从全年来看行业发展呈现前低后高的向好态势，到年底虽然未能实现营收、利润同比增速转正，但基本上缓解了疫情早期市场震荡带来的大幅下滑的压力。

从各个月份来看，印刷业规模以上企业在1—2月面临的形势最为严峻，营收下降29.10%；3月，随着复工复产的推进，形势快速好转，降幅收窄至10.04%；到了4

月，营收增速更是转负为正，达到 10.09%。

五六月份，随着前期积压订单逐步完成生产交付，营收增速有所下滑，但仍保持了同比正增长，增幅分别为 0.59%、0.38%；七八月份，印刷业规模以上企业面临的压力又有所加大，营收连续两个月同比下滑，降幅分别为 7.12%、5.94%。但随后两个月的同比大幅上涨，让营收向好的走势得以延续。

从全年来看，印刷业规模以上企业营收同比减少 5.2%，实际上好于此前行业的普遍预期。

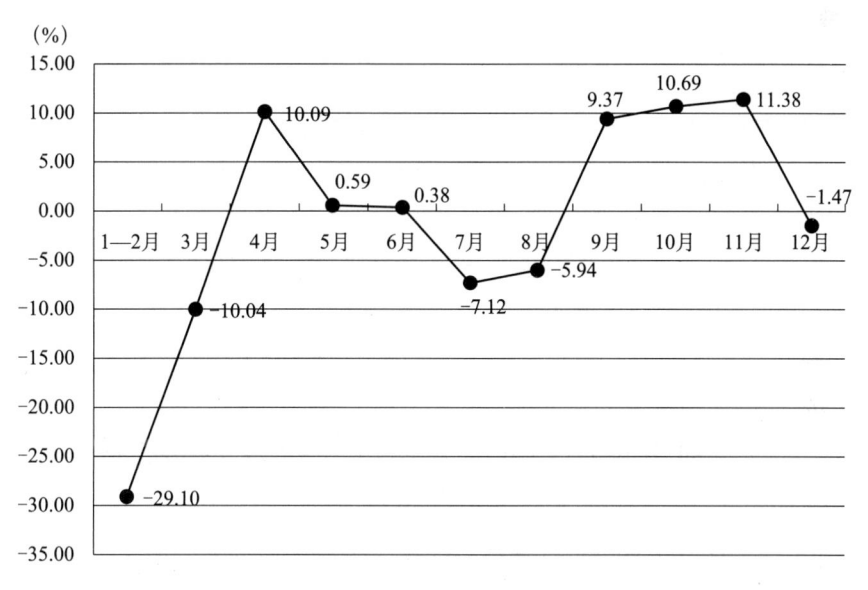

图 1 2020 年各月份印刷业规模以上企业营收同比增长情况

印刷业规模以上企业利润总额的月度走势与营收类似。在疫情暴发之初的 1—2 月，同比大跌超过六成。在大范围复工复产后，3 月同比降幅降至 13.55%，4 月则出现同比 22.76% 的大幅增长。

5 月，随着营收增速的放缓，利润总额增速也下降至 3.57%；6—8 月，又连续出现 3 个月的负增长，8 月的同比降幅达到 11.57%。不过，与营收类似，随后 3 个月的连续正增长，使印刷业规模以上企业的利润总额确立了全年向好的走势。

从全年来看，印刷业规模以上企业的利润总额同比减少 5.7%，比 1—2 月超过六成的降幅显著好转。

2020 年，印刷业逐步走出疫情的冲击，整体向好态势明显，为 2021 年行业企稳回升奠定了较好的基础。

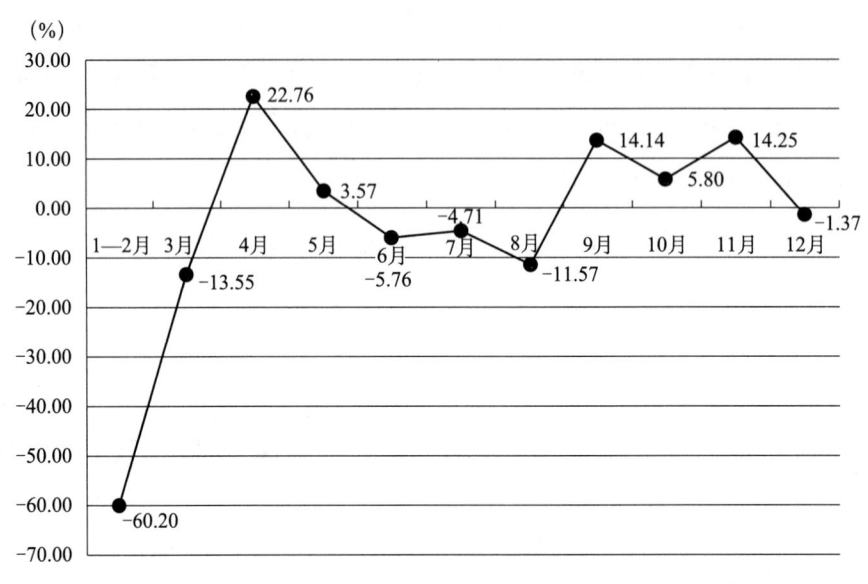

图2 2020年各月份印刷业规模以上企业利润总额同比增长情况

三、对推动印刷业实现平稳持续发展的建议

2020年,对印刷业来说是十分特殊的一年。突然暴发的新冠肺炎疫情,不仅给印刷业和众多行业的短期业绩带来了巨大冲击,而且对印刷业的长远发展产生了潜移默化的影响。

对改革开放以来习惯了市场高速增长的印刷企业而言,新冠肺炎疫情打断了行业连续多年的向上态势,使很多企业首次面临行业整体萎缩,提前经历存量市场状态下的激烈竞争。同时,新冠肺炎疫情的暴发看上去只是一个意外,它却提醒印刷企业,在企业经营中,各种意料之外的风险随时都有可能发生。企业要想实现稳定可持续发展,必须做好必备的风险预案。

(一)强化印刷企业的风险意识,提升风险防控能力

新冠肺炎疫情暴发初期,全国大部分印刷企业复工复产时间推迟,湖北武汉等多

地印刷企业的复工复产时间更是推迟了两三个月之久。

在停工停产期间，多数印刷企业货款回收基本停滞，但员工工资、厂房房租等刚性成本仍需正常支出。这对部分现金流紧绷的企业是一个巨大的考验。如果不是国家出台金融贷款、减税降费、社保减免等各种政策支持，有些企业恐怕将面临现金流断裂的巨大风险。

因此，本次疫情实际上给广大印刷企业提出了警示，即使在企业顺风顺水发展期，也应该提高必备的风险意识，必须时刻保持现金流的相对充裕。众多印刷企业在总结疫情对企业发展思路的影响时，也提到了增强风险意识，增加现金储备，确保能够应对不可预知风险的重要性。

（二）增量市场中同样要有存量思维，印刷企业对规模扩张速度要有合理预期

近年来，随着整个国民经济进入到中低速、高质量发展阶段，我国印刷业的发展速度也有所放缓，越来越多的印刷企业开始感受到比以往更为激烈的竞争压力。但从整体上看，我国印刷总产值仍有所增长，印刷市场尚未全面进入存量竞争阶段。

2020年，新冠肺炎疫情带来的冲击，促使众多印刷细分市场出现规模缩水，印刷企业不得不提前面对存量市场的残酷竞争。目前看来，这只是疫情引发的短期现象，但它对长期以来习惯了快速发展和扩张的印刷企业来说，却像是一个"急刹车"，促使企业反思既有发展模式的可持续性。

从整体上看，我国印刷业目前虽然仍处于扩张期，但部分细分市场已经呈现出存量竞争的特点。对印刷企业来说，在行业的减速调整期，要更理性地确定发展目标，合理把控规模扩张的速度，以确保企业的发展更具可持续性。

（三）合理规划，推动产业链企业聚集发展

从本次疫情来看，很多企业在复工复产初期之所以难以实现正常生产，有一个重要原因是，原有的产业链、供应链体系被打乱，外地的原辅材料受交通管控影响进不来。

相对而言，那些本地产业链完整，能够就近采购纸张、油墨、版材及其他原辅材料的印刷企业，在复工复产初期受到的影响普遍不是很大。有的受益于阶段性产能供给不足，还实现了较好的营收和利润增长。

因此，从长远来看，应该鼓励印刷企业和纸张、油墨、版材及其他原辅材料企业适度聚集发展。在印刷企业相对集中的地区，合理规划仓储物流设施，确保各种印刷原辅材料的及时足量供应。同时，印刷企业也要改变采购理念，保证主要原辅材料具有一定的合理库存。

（四）继续加大政策扶持力度，帮助印刷企业平稳渡过疫情的考验

当前，新冠肺炎疫情尚未结束，部分国家新增确诊病例数仍居于高位，国内疫情在局部地区仍有反复，印刷业发展还面临一定的不确定性，部分印刷企业处境还十分艰难。

面对当前复杂经济和行业发展局面，建议有关政府部门继续贯彻落实中央"六稳六保"政策，加大对印刷企业金融贷款、减税降费政策的支持力度，拓宽印刷企业融资渠道，降低印刷企业运营成本，对印刷企业的技术改造和设备引进给予财政补贴、贷款贴息等政策支持。尤其是对印刷企业进行绿色化、数字化、智能化转型升级，应出台专项扶持和鼓励措施，帮助印刷企业平稳渡过疫情的考验，在后疫情时代努力实现更高质量的可持续发展。

（刘成芳　中国新闻出版研究院印刷研究所副研究员；
刘积英　《中国印刷》杂志社有限公司社长）

2020—2021 中国出版物发行业发展报告

2020 年是"十三五"收官之年,也是"十四五"开局之年。年初突发的新冠肺炎疫情,给出版物发行业整体经营带来了巨大冲击,也让从 2019 年下半年开始陆续趋向回暖的实体书店零售增长势头戛然而止。原本期待借助政策扶持、转型升级、技术进步、实体市场回暖等利好大展拳脚的实体书店,遭遇到新世纪以来最严重的一次经营危机。

在疫情初发阶段的暂停营业期,出版物发行业面对疫情,一边紧抓疫情防控和安全生产,一边积极履职"停工不停服务",千方百计确保春季教材发行"课前到书,人手一册"政治任务的完成,稳住主营业务基本盘;同时加强网上发行与线上营销,全力减少停业损失。后疫情时代,出版物发行业坚持疫情防控不松懈,全力保障复工复产,加速促进线上线下融合,通过强化店内店外销售、网上发行,举办云上书展、云上馆配等措施,对冲疫情下的实体销售下滑;通过转型升级、渠道整合、技术革新、多元拓展等寻找实体书店融合发展新路径。经过各方共同努力,当前,出版物发行业整体发展平稳、转型升级成效渐显,销售环比出现增长,取得了疫情防控和整体经营的初步胜利。

在疫情防控常态化下,出版物发行业正全力探索新的发展路径和前进方向,以应对因疫情倒逼加速到来的发行市场的新挑战、新局面,迎接出版物发行的新时代、新征程。

一、2020 年出版物发行业的基本情况

疫情防控和创新经营是 2020 年出版物发行业的主旋律、主基调。受疫情影响,出版物发行业一方面要强化疫情防控和安全生产,确保各项业务安全、有序、顺利开展;

另一方面要持续调整经营，通过技术革新、经营创新、营销更新以应对疫情带来的新挑战。在面临消费习惯线上转移、实体店人流客流减少、销售渠道日渐多元的压力下，出版物发行业正通过一系列行之有效的措施，在主管部门的引导支持下，实现了平稳发展，凸显了行业发展的韧劲。

（一）突发疫情严重冲击出版物发行业零售市场

从2020年1月23日浙江省新华书店集团有限公司率先决定全省门市暂停营业，到江苏新华、湖北新华、安徽新华相继响应，再到全国各省市新华书店全面暂停营业，长达月余的闭店歇业让实体书店的新年、开学季两大销售旺季成了泡影，造成了巨大的销售损失。

据融合国家出版发行信息公共服务平台的CNONIX应用示范单位销售数据和商报·奥示"中国出版业市场监测系统"线下ERP数据、线上监测数据的"商报·奥示数据"显示，实体书店零售市场在2020年第一季度同比下滑34.53%，全年同比下滑13.29%。出版物发行业零售市场在2020年因疫情遭受了巨大损失，让"十三五"前4年的实体书店转型升级成果大打折扣。

（二）实体书店加速推进转型升级与融合发展

面对疫情防控常态化下的新局面、新情况、新要求，出版物发行业一方面通过店外销售、直播带货、网上发行、多业态整合等举措，精细化运营促进企业复工复产；另一方面按照既定路线有步骤、有针对性地对业务进行优化调整，加快转型升级、技术革新和线上线下融合发展。

1. 加速推进实体书店转型升级

一是持续推进传统大卖场向新型阅读文化服务场所和一站式购物文化体验中心转型。《2019年度全国出版物发行业发展报告》显示，截至2018年底，全国共有5 000平方米以上大书城134个、万平方米以上书城34个，其中主要以新华系传统大卖场为主。2019年12月31日，超过1.5万平方米的新一代"美学书城"深圳书城龙华城开业；2020年5月30日，近万平方米的文轩BOOKS招商店开业，致力于打造综合性阅读文化服务场所；甘肃西北书城、广州购书中心、深圳书城中心城等大卖场重装升级均在 2020 年内完成。各地实体书店尤其是新华书店在持续推进大书城转型升级道路中，正在针对大书城的功能迭代、技术更新、业态融合，不断迈上高质量发展的新台阶。

二是强化异业合作，稳定推进中小门店建设和全面升级。各地实体书店近年来持续加快社区、校园、商圈、乡镇农村等区域的中小门店、特色网点建设与店面的全面升级改造步伐。2020 年下半年，代表着儿童书店建设新方向的文轩亲子书店（仁和新城店）开业，受到各方广泛赞誉；北京发行集团在 2020 年首次入驻大学校园和部队大院，建设了全新模式书店；湖北新华 2020 年新建各类实体书店 30 余家，2020 年第 4 季度"倍阅"品牌高校校园书店数店连开，创新建设高校校园书店新模式；河北新华 2020 年加快"啡页书咖""新华·品阅生活"子品牌网点建设，完成河北省内 7 个城市的布局；宁波新华 2020 年新开了一批商务条件较好的门店，并对现有门店精确分析、研判，提升门店运营效率。同时，以西西弗、方所、言几又、钟书阁为代表的民营书店在 2020 年也迎来了较快较好发展，再加上诸如武汉地产商打造时见鹿书店等一批在全国各地次第绽放的新型民营书店，不仅成为网红打卡地，也成为推进全民阅读的重要力量。

2. 强化店外销售和团购业务，提升多元经营整体效率

一是深耕店外图书销售和团购业务。以《习近平谈治国理政》（第三卷）等为代表的政治读物发行是 2020 年出版物发行的重点与亮点，通过店外销售、团购、馆配等形式实现了较好销售，一定程度上弥补了店内销售下滑的损失。各地实体书店如深圳书城通过多种方式加大联系挖掘团购客户，通过统筹进货、配送，优先满足机关、部队、学校、社区以及企事业单位的团体征订需求，进一步培养、维护稳定的优质客户群体。

二是加快多元业态融合，挖掘新的商机。安徽新华运用 EPCO 模式建设运营蒙城县图书馆探索公共文化服务融合发展路径，2020 年中标省内外 63 个智慧教育建设运营项目；江苏新华持续完善阳光采购平台功能，通过融合匹配线上优质产品供应链与线下优势门店资源，加快全省多元产业互联平台构建；新华文轩教育服务板块面向大教育市场突围，拓展研学实践、教师培训等新型业务；江西新华以新华银洲保险经纪公司

为产业平台,深入实施"新华+金融"战略,实施相关业务的持续发展;山东新华2020年成立山东新华文化创意有限公司,负责多元产品、教装产品、文创产品和研学衍生品的研发推广,建立多元项目库,加快教育装备、研学旅行、教育培训等项目的推进力度;湖南新华2020年在文化产品、研学实践等多元业务板块继续保持拱卫主业的良好发展态势,"一手好字""翰墨飘香"等重点产品营销取得较大突破,在研学实践业务上加强品牌建设、课程体系建设和研学资源整合;内蒙古新华持续拓展教育装备市场、开拓研学旅行业务、强化教育配套服务保障、开发文化旅游项目等……这些加速多元业态整合、融合的一系列有效举措,有力保障了出版物发行业的复工复产和实体书店的健康发展。

(三) 实体书店深度"触网",全方位发力线上销售

读者在疫情期间形成的不可逆的"屏"阅读和在线购物习惯,加上门店人流、客流和销售额在后疫情时代的下滑,使得实体书店不得不加大"触网"的力度与深度。实体书店近年来强化线下体验结合线上网络化运营的线上线下融合发展进程,因疫情倒逼全面提速,也进一步促进了实体书店线上线下深度融合和体验消费的互动转化,加快实现了实体书店主营业务渠道多元化和经营立体化。

1. 社群营销、直播带货等成行业营销标配

疫情初期,各大小书店经营者充分发挥主观能动性,以电话订购、微信群营销、在线推荐等举措全力推进网销,确保做到快递不停、服务不停。针对区域读者的社群营销是大部分实体书店弥补暂停营业期间销售损失的主要措施。以湖北新华为例,截至2020年3月初,湖北新华通过微信、微信群、朋友圈、QQ群、抖音等平台进行宣传、推广,线下门店建群100余个,覆盖超过8万人,千人群多达16个;开通微信公众号的门店有35家,在抖音平台入驻的门店有8家,90%以上门店都建立了书友会。

2020年的线上直播因疫情影响实现了迅猛发展,直播带货成为未来风口,也倒逼实体书店进行直播营销的尝试。新华文轩、江苏新华、浙江新华、安徽新华、湖北新华、深圳新华、山东新华、沈阳玖伍文化城等新华书店的员工从柜台走到镜头前,主播之路就此开启。随着众多年轻员工的加入,书店直播成效趋好,初步形成了一批具

有地方特色的新华书店直播品牌和网红主播，成为实体书店线上线下融合发展的重要助力。

2. 全面建设、升级线上平台，实体书店网上发行提速

受疫情影响，新华文轩（文轩网）、湖北新华（九丘网）、河南新华（云书网）、重庆新华（阅淘网）、河北新华（"新华优选"平台）、湖南新华（阅达书城）等已建立起自营线上发行平台的新华书店，通过自营平台加大了线上销售的力度；江苏新华、浙江新华、皖新传媒等利用第三方平台发力网销的企业，加强了线上平台集团或旗下门店各平台旗舰店的运营。2020年，凤凰新华搭建了"凤凰新华网"、浙江新华上线了"浙里有书"网上购书平台、山西新华开发了"新华e书城""新华e阅读"平台、宁夏新华推出了"新华德胜仓"微信小程序、广西新华加快了线上发行的布局等，均取得了不错的成效。以线下体验经营为主的民营书店，也在2020年加大了网上发行建设的投入及运营力度，方所、西西弗、言几又等民营书店线上发行均取得了可喜的成绩。

（四）云上书展、云上馆配创新公共文化服务模式

作为我国图书发行的主阵地和主渠道，新华书店始终将社会效益放在首位，面对疫情全力以赴确保各项公共文化服务工作的开展，其中创新性推出的云上馆配、云上书展等"云上之约"，开启了实体书店推进公共文化服务的全新模式，让读者足不出户尽享阅读之美。

1. "云馆配"实现平台化运营，数字化赋能行业云上升级

2020年4月10日，江苏凤凰新华书店集团主办的2020春季凤凰新华馆藏图书订货会首次采用"云专场"形式呈现，依托大数据赋能实现了图书采配的在线增值服务。同期，浙江新华将春季浙江省馆藏图书展示会调整为线上采购的新模式，依托技术优势及专业馆配服务，打造专业化、场景化、互动化的馆配图书选采"云馆配"图书展示会，搭建社、店、馆之间信息与资源交互平台。到2020年10月12日浙江省秋季"云馆配"图书展示会时，该平台已支持一键可查国内40余万种新书和近万种即将出版的新书信息，平台开放首日，3小时订单码洋突破1 000万。广东新华、山东新华、

新华文轩等发行集团也采用了"云上+"模式助力馆配会升级,其中广东新华2020春季馆配会首次采取线上办展,秋季馆配会首次以线上线下结合的方式进行。武汉三新、人天书店等民营馆配商,通过"云馆配"也确保了疫情期间的销售稳定。

2."云书展"延展传播,创新公共文化服务推进全民阅读

作为全民阅读推广重要组成部分的各地书展、读书月、阅读月等活动,在2020年保障疫情防控安全的前提下,采取了诸如不设主展馆,将新华书店、图书馆作为展销展示场所,配合线上平台全网销售等创新举措。如湖北新华承办的2020年第四届荆楚书香节,采取了"一主多副"形式,在武汉设立湖北省外文书店主会场,在湖北省各大中心书城、社区门店、大中小学等设立分会场,湖北省新华书店与线上商城同频共振,实现线上线下同价。新华文轩承办的2020年第二届天府书展将四川省200余家实体书店和200余家公共图书馆为线上展场,开展图书展示展销和阅读活动;线上开设"天府书展·云世界",以"文轩九月"网上阅读服务平台为主体,利用电商平台、出版社、网店和四川省外实体书店多渠道办展。河北省第8届惠民阅读周暨2020惠民书市、第10届河北省图书交易博览会云上办展,以融媒联动、掌上参展、线上交易、云端互动等特色,推动书香社会建设。2020年举办的江苏书展、浙江书展、黄山书会等,虽设立了集中的主展场,但江苏凤凰新华书店集团、宁波新华书店集团和安徽新华发行集团都在确保线下主会场防疫安全的同时,注重做好线上平台的展销展示工作,如浙江书展推出网络直播、云逛书展、云游出版社、云馆配等一大批形态多样、受众广泛的线上服务,打响了"云书展"新品牌。

二、出版物发行业发展趋势

2020年,在政府、行业、企业、全体出版物发行人的共同努力下,出版物发行业在困难中取得了较好的成绩,行业整体趋势向好,转型升级成效显著,线上线下融合加速,公共服务专业精细,经营理念、模式、方式全面革新,对新技术应用能力的持续加强等成绩,既是出版物发行业因疫情倒逼而不得不为之的创新举措,也通过2020年的持续实践探索,逐渐成为行业未来发展的大势所趋。

（一）转型升级持续推进，线上线下融合发展加速

2020年，实体书店持续创新发展理念，加快以"图书""门店"为核心向以"读者"为核心转变，打造综合性文化空间。创新消费体验，加快实现以图书销售场所向智慧书店、文化体验中心、知识服务平台转变；创新发展模式，实现多元化跨界融合发展，以经营"图书"向经营"空间"转变，围绕传统业务提升转型，加快新业态培育、产能结构与业务模式升级。出版物发行业融合发展进一步提速，实体书店全面加速网上发行和直播带货，发行网络全渠道化初具规模。

（二）服务意识与时俱进，公共文化服务创新提质

2020年，出版物发行业聚焦产业链上下游，创新产品和服务模式，行业整体服务水平持续提升。门店员工主动服务意识、服务行为逐步专业、规范，店外销售主动性、积极性、创造性有效提升，线上平台运营、直播带货、社群营销服务能力大有改观。出版物发行业持续创新公共文化服务建设运营模式，通过线上线下整合运营、云书展、云馆配等创新举措，提升大型品牌文化活动品质，在推进全民阅读的同时，不断增强人民群众的文化获得感、幸福感。

（三）销售渠道日益多元，线上发行成新的经济增长点

2020年线上发行全面推进，直播带货、社群营销全面普及，实体书店线上线下融合发展之路加速，线上线下一体化的销售渠道多元格局和立体化运营体系逐步形成。实体书店线上发行已成线下销售的有效补充，发展成为如今线上线下并重、齐头并进发展，到最终将成为未来出版物发行业的着力点和新的经济增长点。

（四）实体书店智慧化升级，技术应用助推高质量发展

实体书店运用人工智能、人脸识别、大数据等新技术手段，对传统的门店网点、教育服务、供应链、运营管理等进行全面的智慧化升级。不断对线下门店进行全面的数字化重构，打造智慧书城"新零售"服务体验；不断培育基于大数据、云计算、物

联网、人工智能等新技术的新型文化业态，成为门店多元运营新亮点；不断通过直播、社群、新媒体营销等新营销手段，加快实现由传统营销向数字化营销转型；持续推进互联网教育平台建设，努力实现由传统教材教辅发行商向以教育服务为核心的数字化平台的转型。技术在出版物发行业的应用越来越广阔，发挥的作用越来越明显，正成为引领推动行业高质量发展的最重要助推力。

三、出版物发行业存在的难点问题

出版物发行业作为传统文化产业，存在整体规模偏小、产业结构单一、经营模式粗放、发展质量不高、经营效益较低的问题，转型中的结构性、布局性、体制性矛盾依然存在，经营中科技创新能力差、互联网化水平低下、有效优势供给弱，使得历经多年转型升级的出版物发行业依然存在着整体竞争力不强的局面，在疫情与阅读、购买习惯改变的多种冲击之下，依然存在一系列亟须解决的难点问题。

（一）疫情引发一系列不良连锁反应，实体书店发展面临巨大的经营压力

因疫情影响，实体书店面临的危机在2020年集中爆发：一是疫情造成实体书店人流、客流和销售额的持续下滑；二是图书电商、自媒体的线上低折促销严重冲击实体零售市场；三是疫情给消费者带来了不可逆的屏阅读与线上购物习惯，读者阅读更多趋"屏"，购书走向线上；四是出版社的自办发行在2020年出现"井喷式"发展，出版上游对实体渠道的关注度下降。再加上图书定价因纸价上涨、人工成本高等原因持续走高，因疫情影响部分居民可支配收入下降等一系列涉及出版行业上下游全产业链环节的不利因素，给传统实体书店带来了巨大的经营压力，但同时也在重塑着出版物发行业的经营模式、营销方式和产业链分工。

（二）新媒体时代流量为王，线上渠道低折低价销售影响行业可持续发展

疫情之下暂停营业、居家办公等新情况的出现，促进了线上发行的飞速发展，线

上发行、直播带货成为主流，出版物发行业进入了全面线上发行的新媒体时代。随着各大平台商、大V获得了流量的绝对性掌控权，出版物发行业产业链上下游在线上发行的话语权逐步丧失，一方面线上渠道的低折低价销售成为最普遍、最常见的营销方式，出版社产品利润越来越薄，线下发行渠道销售越来越少，严重影响出版业的整体利润和健康发展；另一方面出版上下游希望通过自建线上发行、直播带货等方式积极应对，但面临前期高投入低产出的投入产出比，以及后期运营效率的不确定性，让出版物发行业的线上渠道建设始终处于不愠不火的状态，难以成为线下销售的有效补充。出版社线上发行薄利或微利，发行企业线上难赚钱，线下销售持续下滑的发展态势，不利于行业的可持续发展。

（三）门店转型升级与融合发展不尽如人意，店外销售难以实现长期精准营销

"十三五"期间，实体书店的转型升级虽取得了一定成效，但疫情带来的新变化、新问题，让转型升级的成效大打折扣，随着人流、客流的持续下滑，实体书店作为文化地标对读者尤其是年轻读者的吸引力正在下降，店内销售持续下滑。如何增强图书主业的吸引力，如何提升门店多元经营的运营力，如何发挥线上线下融合发展的整合力是实体书店迫切需要解决的难题。

2020年是主题出版的大年，以主题图书为主要销售对象的店外销售，加上各地实体书店普遍发力的馆配业务，成为2020年实体书店销售的经济增长点和亮点。主题图书之外，哪些图书值得店外推销或团购推荐？如何充分利用店外销售挖掘企事业客户？如何结合新技术打造有助于店外销售提升的营销模式？如何更为精准地聚焦受众群体，建立具有长期价值的私域流量？这些都是实体书店需要解决的难题。

（四）行业现代化管理水平较弱，互联网营销能力较差，人才匮乏短板明显

随着出版物发行业转型升级与融合发展的不断深入、商业模式的持续创新，实体书店的传统经营模式、管理方式、营销方法已不适应行业发展的需要，成为企业高质量发展的重要掣肘。究其根源，是目前出版物发行业新型人才匮乏，短板明显，如何培养或引入一批懂文化、懂市场、懂技术、善经营、善管理的综合型人才，是各实体

书店普遍关注也是较难解决的问题。

四、推动出版物发行业高质量发展的建议

出版物发行业的发展受到市场、人才、技术、政策等各方面因素的制约，目前面临着巨大的困难，但行业发展的外部环境持续趋好，内生动力持续释放，发行与科技加速融合等呈现良好的发展势头。除主管部门要加强顶层设计，加大政策扶持与落地力度，规范线上线下市场秩序、保护行业生态，鼓励行业加强技术应用、技术创新与转型升级外，作为市场主体的各级出版物发行企业要增强责任意识、创新意识和危机意识，要通过信息技术对全产业链、全业务流程进行数字化升级改造，要提升服务能力、运营能力与营销能力，要加强智慧书城、线上发行和多业态整合，与时俱进建立适应社会发展、满足读者需求的新型发行体系，保障出版物发行业的健康、有序、高质量发展。

（一）增强服务能力：进一步增强服务创新尤其是实体书店在全民阅读推广、公共文化服务中的功能作用

1. 全面提升门店服务水平

看得见的现场体验与感受到的精细服务是实体书店在互联网时代有别于网上书店发行的最大优势，也是实体书店的核心竞争力。实体书店要充分意识到门店服务这一"软件"的重要性，要利用自身的网点、会员、资源等方面的优势，持续提升服务意识与服务能力，更好地服务到店读者。

2. 创新公共文化服务模式

实体书店要对接国家文化发展战略，优化文化产业发展环境，要充分发挥实体书店的公共文化服务功能和文化领航作用，一方面持续组织、参与各地举办的读书月、读者节、书市等全民阅读活动，组织各类线下文化活动；另一方面持续创新活动组织方式，利用新技术开展诸如云馆配、云市场、云直播等新型传播模式与方式，突破文

化活动的时空限制，更加合理地配置城乡公共文化服务资源，为读者提供更多阅读综合解决方案，更好地服务公共文化服务建设。部分书店人曾建议把实体书店发展指标纳入国家、省份和城市的各类文明创建活动中去；在中宣部制定的各类文明创建活动中，将实体书店作为重要的文化考核指标，以起到加强网点阵地建设的作用。如能如此，将对实体书店发展带来巨大的利好。因此，建议把实体书店发展指标纳入国家、省份和城市的各类文明创建活动中去；在中宣部制定的各类文明创建活动中，将实体书店作为重要的文化考核指标，进一步提升实体书店在文化引领中的作用。

（二）强化运营能力：进一步加快出版物发行业渠道多元化与经营立体化，重构企业运营逻辑与商业模式

1. 规范企业治理架构与管控体系

出版物发行业要立足深化改革发展的要求，持续推动制度创新，规范治理结构，健全与现代企业制度相适应的管理体制和运行机制。持续优化部门设置、强化部门职能、提升运营能力、完善绩效管理等方面的相关配套制度的建设与调整；围绕产业布局和业务模式，打造战略清晰、组织科学、权责明确、协同有力、资源配置高效的现代企业管控体系；推动组织结构扁平化、网络化，精简管理链条、推进精细化管理；创新门店经营手段，推动向线上线下结合转型；推进市场化运营机制与管理，实现传统产业与新兴产业的资源、市场、技术共享，提升企业内部发展动力。

2. 完善书店运营管理与经营创新

实体书店经过多轮升级改造后，门店硬件建设已取得了长足进步，但门店经营理念仍相对落后，难以满足新时代的新零售、新消费市场需求，难以应对激烈的市场竞争与读者多元、个性的阅读需要，转型后的多业态复合格局对门店运营提出了更高要求。实体书店要应用"互联网平台思维"和"互联网＋"技术，深入实践"书店＋""＋书店""线上线下融合""多渠道拓展""多业态运营""多品牌共进"等转型发展理念，对产品、用户、渠道、内容、服务、营销等重新定位，推动实体书店向品牌管理、全媒体运营、多业态融合、新媒体营销的智慧运营新模式转变，要由传统的销售图书为主向经营读者转变，向兼容互联网基因的平台化企业转型，全面提升市场竞

3. 全面提升人才队伍质量与素质

人才是新时代出版物发行业高质量发展的最大短板。要始终坚持人才是第一资源的发展理念，建立起科学合理选拔人、多渠道培养人、多层次激励人的市场化选人用人导向，全面增强员工的综合素质。加快对现代管理、新媒体营销和多元经营等方面人才的引进与培养力度，推动专业人才职业化发展，探索建立职业经理人制度；建立效率优先、科学合理丰富的市场化分配机制与激励机制，健全完善绩效管理，激发人才创新创造活力。

（三）提高整合能力：进一步加强实体渠道网点建设和门店转型升级，加速线上发行和线上线下融合发展

1. 加快网点建设布局

要根据区域经营实际和行业发展，将大型文化综合体项目、区域中心门店、校园书店、社区书店、商圈书店、特色书店等新型网点和乡镇农村网点建设统筹规划，建设具备先进经营理念、经营水平以及影响力，大中小书店并存，城乡全覆盖的布局合理发行网络；通过自主开发书店新品牌，推出具有新时代特点的、区别于传统图书卖场的新型书店；推动数字化、智能化、融合化发展，进一步发展无人值守书店与智能书店，为读者提供全方位、立体化、高效便捷服务，进一步完善连锁经营体系。

2. 转型升级持续延展

出版物发行业要将传统产业的智能升级作为新时代实体书店的转型升级方向，以智慧书城项目、智慧教育服务体系、智慧供应链一体化为抓手，以线上线下整合运营、多元业态深度融合为发展方向，以统筹管理与自主经营相结合，建立"新零售"全新运营模式与营销方法，整合各项资源、强化功能设置、优化卖场服务、加快业态创新、提升教育服务、深度拓展"文化+""+文化"，进一步发挥门店连接产业前后端、打通上下游的重要作用，建立起吸引消费者的核心特质，增强实体书店的市场竞争力。

3. 稳步推进线上发行

实体书店线上发行建设的不足和能力短板，在此次疫情中暴露无疑，不少书店相

继尝试了网上销售、直播带货等举措，效果不尽如人意。要充分发挥实体书店线下门店、消费群体、会员资源等方面的优势，强化网络销售平台建设与合作，利用互联网思维提升线上发行能力，加强线上开拓力度，加快实现主营业务渠道多元化。

4. 加速线上线下融合

深入推进线上线下各项资源整合，发挥卖场、渠道和物流网络的优势，相互借力实现优质资源的深度拓展；采取网络发行、社群营销、会员活动、定制服务等方式，促进线上线下体验消费互动转化，推动经营立体化；创新业务运营机制，积极探索新媒体营销模式，持续提升门店营销服务水平，适应市场发展。

（四）提升营销能力：进一步加大实体书店团购馆配、店外销售的力度，加速传统营销向数字化营销转型

1. 加快推进团购、馆配和店外销售建设

作为实体书店近年来新的、有效的经济增长点和利润来源，团购、馆配与店外销售业务也是实体书店重点培育的新动能。为持续推进相关业务的健康、可持续发展，要加强团队建设，进行专业化运营；要建立灵活的管理机制与有效的激励机制，充分发挥员工的能动性；要进一步强化资源整合，充分发挥实体书店的会员与资源优势；要将业务拓展与区域公共文化服务有效结合，确保实现双效合一。

2. "书店+技术"增强数字化营销能力

大数据时代，宣传推广和图书销售正在深度融合，营销的模式、方法正在被重新定义。实体书店要变革传统的营销方式，要持续强化书店+科技的融合力度，持续加强信息技术对传统业务的支撑，通过流程优化、平台再造、技术升级和小程序开发应用等，通过直播带货、社群营销、线上销售等营销方法，实现各种文化资源有效整合和服务增值，在 PC 端、手机移动端构建的能够快速满足客户需求，高效完成增长目标的营销模式，进一步加快行业由传统营销向数字化营销转型。

（倪　成　中国出版传媒商报）

第三编
专题报告

2020 年出版上市公司发展报告

2020 年，在新冠肺炎疫情蔓延的背景下，出版上市公司营业收入总额同比上年小幅下滑，归属于上市公司股东的净利润总额较上年小幅上涨。出版上市公司在疫情下主动承担社会责任，彰显了责任和担当。面对全球疫情，出版上市公司通过出版"走出去"传播中国声音，助力全球抗疫。出版上市公司积极开展疫情下的生产经营活动，力求"抗疫和经营两手抓"，在困境中求发展。疫情如同一次大考，部分出版上市公司抓住发展机遇，业绩逆势上涨；部分出版上市公司业绩饱受影响，反映其发展中亟待解决的问题。本文基于 22 家出版上市公司 2020 年度报告进行分析。

一、2020 年出版上市公司发展情况

2020 年，沪深两市无新增出版上市公司。纳入本报告统计范围的 22 家出版上市公司分别是（排名不分前后）：长江传媒、新华传媒、出版传媒、时代出版、中文传媒、中文在线、凤凰传媒、中南传媒、皖新传媒、中原传媒、天舟文化、城市传媒、读者传媒、新华文轩、南方传媒、中国科传、新经典、中国出版、掌阅科技、世纪天鸿、山东出版、中信出版。因为阅文集团为港股上市的出版企业，业绩统计标准有所不同，所以未纳入本报告统计范畴。2020 年，22 家出版上市公司实现营业总收入 1 127.36 亿元，较 2019 年下跌 1.98%；实现归属于上市公司股东净利润总额 122.01 亿元，同比增长 1.20%；资产总额为 2 123.17 亿元，较 2019 年增长 5.69%。

（一）营业收入总体下跌，净利润两极分化

2020 年，22 家出版上市公司营业收入总额达 1 127.36 亿元，同比上年下跌 1.98%。

营业收入超百亿元的公司与上年保持一致,分别是凤凰传媒、中南传媒、中文传媒,其中凤凰传媒已连续三年营业收入位居第一。

表1 2020年出版上市公司营业收入情况

(单位:万元)

证券代码	公司简称	2020年	2019年	同比上年增长率
601928.SH	凤凰传媒	1 213 488.63	1 258 544.36	-3.58%
601098.SH	中南传媒	1 047 300.88	1 026 085.89	2.07%
600373.SH	中文传媒	1 033 954.50	1 125 818.01	-8.16%
601019.SH	山东出版	974 954.57	976 696.10	-0.18%
000719.SZ	中原传媒	959 032.26	950 399.11	0.91%
601811.SH	新华文轩	900 805.66	884 245.77	1.87%
601801.SH	皖新传媒	885 088.66	883 268.37	0.21%
601900.SH	南方传媒	689 689.84	652 531.85	5.69%
600757.SH	长江传媒	667 505.42	767 230.09	-13.00%
600551.SH	时代出版	645 175.23	649 111.59	-0.61%
601949.SH	中国出版	595 881.43	639 668.68	-6.85%
601999.SH	出版传媒	254 194.85	271 063.95	-6.22%
601858.SH	中国科传	252 393.56	250 810.17	0.63%
600229.SH	城市传媒	215 540.01	231 449.36	-6.87%
603533.SH	掌阅科技	206 065.88	188 234.70	9.47%
300788.SZ	中信出版	189 175.61	188 846.24	0.17%
600825.SH	新华传媒	129 284.02	134 663.37	-3.99%
603999.SH	读者传媒	108 382.32	97 186.32	11.52%
300364.SZ	中文在线	97 590.13	70 537.70	38.35%
603096.SH	新经典	87 593.03	92 532.46	-5.34%
300148.SZ	天舟文化	84 768.06	123 971.43	-31.62%
300654.SZ	世纪天鸿	35 717.76	38 571.03	-7.40%
合计		11 273 582.29	11 501 466.56	-1.98%

22家出版上市公司中,有10家公司的营业收入同比上年实现增长。营业收入涨幅最大的是中文在线,同比增长38.35%。在经历了2019年营业收入的大幅下滑后,中文在线进一步聚焦数字出版业务,不断深耕数字阅读业务,抓住疫情期间数字产业发

展机遇,并围绕主业不断探索开拓新的业务形态,营业收入实现回升。

营业收入同比上年跌幅最大的是天舟文化,下降31.62%,这主要与其疫情期间图书出版发行和移动网络游戏业务的营业收入下滑有关。营业收入同比上年跌幅较大的还有长江传媒,下滑13.00%,主要是由于长江传媒对其业务结构进行了调整,主动压缩高风险、低毛利的物资贸易业务规模,物资贸易业务收入同比下降18.02%,此外,其一般图书业务收入同比下降34.74%。

22家出版上市公司实现归属于上市公司股东净利润(以下简称"净利润")总额122.01亿元,同比增长1.20%。2019年经历了净利润总额上涨23.11%以后,2020年净利润总额上涨回归平稳,与上年基本持平。22家出版上市公司中,16家公司实现净利润增长,6家公司净利润下滑,净利润涨幅和降幅两极分化明显。

表2 2020年出版上市公司净利润情况

(单位:万元)

证券代码	公司简称	2020年	2019年	同比上年增长率
600373.SH	中文传媒	180 560.83	172 548.04	4.64%
601928.SH	凤凰传媒	159 550.42	134 361.82	18.75%
601098.SH	中南传媒	143 699.16	127 569.36	12.64%
601019.SH	山东出版	140 159.82	154 407.91	-9.23%
601811.SH	新华文轩	126 277.85	113 904.76	10.86%
000719.SZ	中原传媒	92 772.90	83 198.57	11.51%
600757.SH	长江传媒	81 651.26	78 189.81	4.43%
601900.SH	南方传媒	76 043.76	73 310.46	3.73%
601949.SH	中国出版	74 096.88	70 331.25	5.35%
601801.SH	皖新传媒	61 374.59	55 702.74	10.18%
601858.SH	中国科传	46 528.96	46 509.83	0.04%
300788.SZ	中信出版	28 208.93	25 126.12	12.27%
600551.SH	时代出版	26 849.68	23 294.17	15.26%
603533.SH	掌阅科技	26 415.26	16 100.39	64.07%
600229.SH	城市传媒	24 446.30	37 453.88	-34.73%
603096.SH	新经典	21 968.93	24 028.06	-8.57%
601999.SH	出版传媒	15 271.27	14 828.67	2.98%

续表

证券代码	公司简称	2020 年	2019 年	同比上年增长率
603999.SH	读者传媒	7 443.52	6 464.92	15.14%
300364.SZ	中文在线	4 892.31	60 329.06	108.11%
300654.SZ	世纪天鸿	3 326.86	3 361.03	-1.02%
600825.SH	新华传媒	-29 136.32	2 057.71	-1 515.96%
300148.SZ	天舟文化	-92 347.83	3 127.77	-3 052.52%
	合计	1 220 055.34	1 205 548.20	1.20%

中文在线在经历了 2018 年和 2019 年连续两年利润亏损后，2020 年归属于上市公司股东的净利润为 4 892.31 万元，同比增长 108.11%，是 2020 年净利润涨幅最大的上市公司。但中文在线归属于上市公司股东的净利润扣除非经常性损益后为 -4 640.74 万元，虽同比上涨 92.81%，但仍为亏损，其最近一年审计报告显示其持续经营能力仍存在不确定性。

净利润出现亏损和大幅下滑的有两家公司，分别是天舟文化和新华传媒。其中，天舟文化的净利润跌幅最大，同比上年下降 3 052.52%，净利润亏损 9.23 亿元。这一是游戏业务发展不畅所致，二是由于天舟文化对并购游爱网络产生的商誉计提减值准备 7.66 亿元，这对其业绩产生了重大影响。新华传媒净利润亏损 2.91 亿元，同比上年下降 1 515.96%。一方面，受疫情影响，新华传媒的音像制品、文教用品、报刊及广告收入都出现大幅下滑；另一方面，由于解放日报社和新闻报社不再与新华传媒子公司中润解放续签报纸广告总代理协议，新华传媒进行了计提商誉减值准备，并计入其 2020 年度损益，使其 2020 年归属于母公司的净利润减少 2.62 亿元。

（二）总资产总体上涨，政府补贴与上年持平

22 家出版上市公司 2020 年总资产为 2 123.17 亿元，较 2019 年增长 5.69%。总资产超过 200 亿元的有 3 家企业，分别是凤凰传媒（256.50 亿元）、中文传媒（243.70 亿元）、中南传媒（231.42 亿元）。总资产同比上年增幅最大的是掌阅科技，增长率为 19.50%，这主要是由于其他流动资产、其他权益工具投资等增加所致（见表 3）。

表3　2020年出版上市公司总资产情况

(单位：万元)

证券代码	公司简称	2020年	2019年	同比上年增长率
601928.SH	凤凰传媒	2 564 994.51	2 382 202.08	7.67%
600373.SH	中文传媒	2 437 035.10	2 281 433.66	6.82%
601098.SH	中南传媒	2 314 191.56	2 180 585.86	6.13%
601019.SH	山东出版	1 762 198.00	1 614 693.02	9.14%
601811.SH	新华文轩	1 696 883.60	1 532 450.35	10.73%
601801.SH	皖新传媒	1 467 701.22	1 407 527.32	4.28%
601949.SH	中国出版	1 377 827.46	1 325 094.70	3.98%
000719.SZ	中原传媒	1 364 989.52	1 259 740.90	8.35%
601900.SH	南方传媒	1 145 599.35	1 074 517.54	6.62%
600757.SH	长江传媒	1 094 509.23	1 082 229.52	1.13%
600551.SH	时代出版	703 875.99	689 380.34	2.10%
601858.SH	中国科传	603 215.73	561 493.65	7.43%
600229.SH	城市传媒	421 727.76	407 439.73	3.51%
601999.SH	出版传媒	383 952.35	368 805.17	4.11%
600825.SH	新华传媒	369 930.25	397 826.69	-7.01%
300788.SZ	中信出版	302 187.92	270 234.64	11.82%
300148.SZ	天舟文化	283 092.29	395 226.74	-28.37%
603533.SH	掌阅科技	228 439.63	191 165.68	19.50%
603096.SH	新经典	223 563.91	209 395.32	6.77%
603999.SH	读者传媒	213 716.40	205 363.76	4.07%
300364.SZ	中文在线	198 008.91	180 258.38	9.85%
300654.SZ	世纪天鸿	74 094.52	71 922.51	3.02%
合计		21 231 735.22	20 088 987.54	5.69%

总资产出现负增长的仅有两家公司，分别是天舟文化和新华传媒。其中，总资产同比上年降幅最大的是天舟文化，降低28.37%，其中长期股权投资较2020年初下降70.19%，这主要与其计提长期股权投资减值及四九游减资有关；商誉较年初下降50.01%，主要是其对并购游爱网络、人民今典形成的商誉计提减值所致。

2020年，22家出版上市公司计入当期损益的政府补助（但与公司正常经营业务密切相关,符合国家政策规定、按照一定标准定额或定量持续享受的政府补助除外,以下简称"政府补助")总额为10.18亿元,与上年基本持平,同比增长1.38%。获得政府补助最多的是凤凰传媒,达1.52亿元,其次是中国出版,达1.42亿元。凤凰传媒和中国出版是仅有的两家获得政府补助超过1亿元的出版上市公司(见表4)。

表4 2020年出版上市公司计入当期损益的政府补助情况

(单位:万元)

证券代码	公司简称	2020年	2019年	同比上年增长率
601928.SH	凤凰传媒	15 158.24	10 741.91	41.11%
601949.SH	中国出版	14 176.81	15 058.11	-5.85%
601098.SH	中南传媒	9 821.59	7 234.22	35.77%
601900.SH	南方传媒	8 531.74	9 798.15	-12.92%
601019.SH	山东出版	7 047.80	9 397.94	-25.01%
600373.SH	中文传媒	6 985.05	6 260.13	11.58%
601801.SH	皖新传媒	5 515.98	3 123.84	76.58%
601999.SH	出版传媒	5 037.88	8 240.01	-38.86%
600551.SH	时代出版	4 398.64	3 806.15	15.57%
600757.SH	长江传媒	4 374.10	6 174.67	-29.16%
000719.SZ	中原传媒	4 300.71	5 298.14	-18.83%
603096.SH	新经典	3 621.97	3 663.35	-1.13%
600229.SH	城市传媒	2 939.70	1 068.35	175.16%
601811.SH	新华文轩	2 719.34	2 583.42	5.26%
300788.SZ	中信出版	1 504.29	1 106.64	35.93%
600825.SH	新华传媒	1 483.35	118.28	1 154.12%
603999.SH	读者传媒	1 461.22	1 465.59	-0.30%
603533.SH	掌阅科技	994.11	671.03	48.15%
300148.SZ	天舟文化	677.55	734.18	-7.71%
300364.SZ	中文在线	503.95	1 387.43	-63.68%
601858.SH	中国科传	378.94	2 319.81	-83.67%
300654.SZ	世纪天鸿	169.13	168.29	0.50%
合计		101 802.10	100 419.67	1.38%

在 22 家出版上市公司中，有 11 家企业 2020 年获得政府补助低于 2019 年，11 家出版上市公司获得的政府补助较 2019 年上涨。其中，新华传媒的涨幅最大，上涨 1 154.12%，这主要是其获得的财政补贴上涨和新增 1 270.99 万元的社保减免所致。此外，获得政府补助涨幅较大的还有城市传媒，同比增长 175.16%，这主要是由于其获得了文化创意产业扶持资金 1 000 万元。虽然部分出版上市公司获得的政府补助有所波动，但从整体来看，政府重视出版产业的发展，对出版产业的扶持力度稳步提升。

（三）传统业务多数下滑，主营业务稳中下行

2020 年受新冠肺炎疫情、经济下行等不利因素影响，绝大部分出版上市公司主营业务中的传统业务营业收入同比上年出现不同程度的下滑，传统业务的毛利率大部分趋于平稳或不同程度下滑。

传统业务营业收入最高的，仍然是凤凰传媒的发行业务，达 91.16 亿元。传统业务营业收入涨幅最大的是新经典的海外业务，营业收入同比上年增长 35.83%，主要源于新经典收购海外公司后业务规模的增加。传统业务营业收入跌幅最大的是中文传媒的物资贸易，同比上年下降 34.83%，这主要是由于中文传媒为管控经营风险，进一步压缩物资贸易规模。

在主营业务收入增长方面，22 家出版上市公司中有 12 家主营业务收入出现下滑，其中主营业务收入较上年下滑幅度最大的是天舟文化，较上年下滑 31.27%，减少 3.83 亿元，天舟文化主营业务中的图书出版发行和移动网络游戏业务的营业收入都出现了大幅下滑。主营业务收入较上年增长幅度最大的是中文在线，较 2019 年增长 38.42%，增加 2.70 亿元，其文化业务和教育业务的营业收入均实现大幅增长。

在主营业务收入占比方面，22 家出版上市公司中，只有 2 家主营业务收入占总营收比例低于 95%，分别是新华传媒（89.46%）和读者传媒（57.37%）。掌阅科技的主营业务占总营收的比例高达 100%。

主营业务毛利率排在前 3 名的分别是中文在线、新经典、掌阅科技。中文在线以 62.75% 的毛利率位居榜首，同时其毛利率增幅也是最大的，同比增加 18.62%。中文在线已形成了数字阅读、知识产权保护、版权衍生为主体的业务体系，其主营业务中的文化业务和教育业务的毛利率均在 60% 以上。

新经典主营业务的毛利率也较高,达48.02%,其主营业务中,国内一般图书发行业务毛利率为47.06%,海外业务毛利率56.78%,数字图书业务毛利率62.85%,这些主营业务的毛利率在行业中均处于较高水平。

排名第三的掌阅科技是以数字阅读平台服务和版权产品业务为主营业务的公司,其主营业务的毛利率为45.94%。主营业务中数字阅读平台业务毛利率为41.79%、版权产品毛利率为56.99%、其他业务毛利率高达83.68%。掌阅科技的其他业务主要指其延伸布局的短视频创作平台和教育板块。近年来,掌阅科技在各短视频平台的内容矩阵发展迅速,同时在教育板块持续培育阅读相关的K12教育及精选阅读的业务,这些其他业务的毛利率和营业收入均实现较快增长。

(四)国企业绩趋于平稳,民营业绩两极分化

22家出版上市企业中,有17家国有企业,5家民营企业(分别是新经典、掌阅科技、世纪天鸿、天舟文化、中文在线)。2020年这5家民营企业的营业收入、净利润、总资产、政府补助排名相对靠后。从营业收入、净利润、总资产、政府补助的增长率来看,民营企业的表现两极分化明显,部分公司表现出色,部分公司表现不佳。

17家国有出版上市公司2020年营业总收入为1 076.18亿元,同比上年下滑2.05%;净利润为125.58亿元,同比上年上涨3.00%;总资产2 022.45亿元,同比上年增长6.22%;政府补助为9.58亿元,同比上年增加2.17%。由此可见,2020年国有出版上市公司除营业收入出现下滑外,净利润、总资产、政府补助均保持着稳步上涨。

5家民营企业2020年营业收入为51.17亿元,同比下滑0.41%;净利润为-3.57亿元,同比减少2.20亿元;总资产100.72亿元,同比下滑3.89%;政府补助为0.60亿元,同比下滑9.93%。5家民营企业的营业收入和总资产连续两年出现下滑,净利润与上年一样,仍处于亏损的状态。民营企业中,天舟文化的营业收入、净利润、总资产和政府补助都出现明显的下滑。其中,营业收入下滑31.62%,净利润大幅下滑3 052.52%,亏损9.23亿元,总资产缩减28.37%,天舟文化的业绩大幅拉低了整体民营企业的业绩。

但民营企业中,也有表现出色的公司。掌阅科技的营业收入、净利润、总资产和政府补助都出现明显的上涨,其中,营业收入同比上涨9.47%,净利润上涨64.07%,

总资产增长19.50%，政府补助增加48.15%。此外，在2019年业绩表现不佳的中文在线，在2020年业绩出现回升，其营业收入、净利润、总资产都实现了增长。

（五）多数公司数字出版占比不大，部分数字出版业务波动较大

主营业务中，数字出版业务营业收入排名前3的分别是掌阅科技（20.38亿元）、中文传媒（17.55亿元）、皖新传媒（12.90亿元）。

从数字出版业务营收占总营收的比例来看，占比在98%以上的有中文在线和掌阅科技两家公司，占比较大的还有天舟文化（48.13%）、中文传媒（16.97%）、皖新传媒（14.57%），其余的出版上市公司主营业务中数字出版业务在总营收的占比都低于10%。由此可见，数字出版业务仍未成为大多数出版上市公司的主要营收来源。

从数字出版业务收入的增长率来看，除世纪天鸿的技术服务收入为新增业务（增长100%）外，营业收入增幅较大的数字出版业务有掌阅科技的版权产品（增长92.66%）和读者传媒的电子产品（增长85.70%）。掌阅科技2020年继续强化其版权内容的优势，通过多平台分发和IP衍生价值拓展，其海量的内容能够触达更多互联网用户，以实现版权的多维增值，版权产品业务收入达5.04亿元，同比增长92.66%。读者传媒的电子产品销售稳步提升，电子产品的销售量比上年增加232.03%，使其电子产品营业收入同比增长85.70%。

营业收入降幅较大的数字出版业务有掌阅科技的硬件产品（同比下降97.40%）和世纪天鸿的软件收入（同比下降91.69%）。从毛利率来看，有两项数字出版业务的毛利率为负值，即处于亏损的状态，分别是世纪天鸿的技术服务收入（-12.84%）和掌阅科技的硬件产品（-11.91%）。世纪天鸿的技术服务为2020年新增业务，尚处于起步阶段，前期投入成本较高，因而尚未盈利。掌阅科技的硬件产品业务主要是指电子书阅读器硬件产品的研发及销售，该业务营业收入大幅度减少和出现负毛利率主要是其上年度处置该项业务，本年度无大额业务发生所致。

（六）推动出版"走出去"，积极传播中国声音

在新冠肺炎疫情全球蔓延的背景下，出版上市公司仍积极推动出版"走出去"，并

取得良好成效。面对海外疫情的不断升级，出版上市公司将众多抗疫出版物翻译成多国语言，将版权输出国外，助力全球抗疫。南方传媒将11本抗疫图书输出多个语种，实现版权签约49个，向世界分享中国抗疫经验。城市传媒将《新型冠状病毒感染防护读本》翻译为韩语、日语，并通过外办向日韩读者公益发行，同时还组织波斯语、阿拉伯语版本的翻译输出，协助"一带一路"沿线国家的群众抗击新冠肺炎疫情。中原传媒将《中国医疗废物应急管理与处置指南》以英语、法语等8个语种15个版本出版发行，并经联合国环境规划署巴塞尔公约组织推荐，免费向其全球缔约成员分享中国的抗疫方案，彰显了文化企业的责任担当。

此外，出版上市公司还有效地把"一带一路"建设和"走出去"工作融合起来，传播中国声音，讲好中国故事，弘扬中华优秀文化，提升国际传播力和影响力。山东出版通过图书版权贸易、文化活动交流、项目共商共建等方式推动出版"走出去"，打造"'一带一路'图书版权贸易洽谈会""尼山书屋"等"走出去"平台，积极输出版权178种。中信出版面向海外输出图书版权421种，覆盖20余个国家和地区，其中包含6个"一带一路"沿线国家。南方传媒2020年输出图书版权283种，创历史新高，其中70%输出到"一带一路"沿线国家。

（七）积极履行社会责任，投身社会公益事业

面对2020年突如其来的新冠肺炎疫情，出版上市公司展现了文化企业的责任担当。一方面，出版上市公司积极贯彻落实国家有关抗击新冠肺炎疫情的决策部署，做好疫情防控工作；另一方面，出版上市公司积极开展疫情下的生产经营活动，力求"抗疫经营两手抓"。各出版上市公司第一时间推出了大量与抗击新冠肺炎疫情相关的出版物，并免费向社会公众开放电子版，发挥了知识抗疫的积极作用；同时免费开放数字阅读资源，满足广大人民群众在特殊时期的精神文化生活需求。为配合教育部"停课不停学、停课不停教"的工作要求，出版上市公司克服疫情封锁、物流不畅、防疫物资紧缺等困难，顺利完成"课前到书"任务，同时向师生免费提供线上教学资源和阅读资源，确保疫情防控期间教学工作的顺利开展。凤凰传媒的学科网从2020年1月下旬开始向全国中小学校免费赠送1 200万套资源、900万套试题和远程教学服务；山东出版向全国免费开放"智汇东方资源库"资源平台、"智汇东方网校"直播平台，

仅2020年3月就累计免费直播开课1.2万节，全国合计服务师生30余万人次。

2020年是脱贫攻坚战的收官之年，出版上市公司继续落实精准扶贫工作，通过文化扶贫、产业扶贫、旅游扶贫、教育扶贫、科技扶贫等多种方式，助力打赢脱贫攻坚战。围绕脱贫攻坚这一主题，出版上市公司推出了一大批记录脱贫攻坚战全貌、总结脱贫攻坚经验的主题出版物，形成了良好的社会反响。新华文轩围绕脱贫攻坚战策划出版了《古路之路》《幸福歌声传四方》等20余种重点图书，时代出版推出了《大别山上》《繁花似锦》等重点主题出版物。

出版上市公司积极响应国家推动全民阅读、建设书香社会的号召，举办丰富多彩的全民阅读活动，推进实体书店和农家书屋建设。受疫情影响，2020年的全民阅读活动创新采用线上线下融合方式举行，通过"云书展"方式扩大活动的影响范围。新华文轩举办了"2020天府书展"，线上线下展示展销精品图书共计90余万种，线上线下读者参与者共计3 452万人次。新华传媒2020年完成100家城市书房建设，通过整合新华书店、新闻晨报和链家三大品牌，实现优势互补、利益共享，是"书店+社区"模式的有益尝试。读者传媒积极参与建设脱贫攻坚文化帮扶项目——读者乡村文化驿站、读者书房、"学习强国"学习课堂，共建"读者·新语文/读者校园版阅读写作教育基地"。

二、2020年出版上市公司发展亮点

（一）疫情之下业绩逆势上涨

受到新冠肺炎疫情的影响，不少出版上市公司的营业收入和净利润都出现了增速放缓或不同程度下滑的情况，但仍有部分公司的业绩逆势上涨，如掌阅科技、读者传媒、南方传媒等。

掌阅科技2020年实现营业收入20.61亿元，同比增长9.47%，实现归属于母公司股东的净利润2.64亿元，同比增长64.07%。新冠肺炎疫情防控期间，免费阅读的大力推广引发用户阅读习惯的改变，并带动下沉用户市场的快速拓展，给数字阅读带来

新的发展机遇。专注于数字阅读的掌阅科技持续强化版权内容的优势，积极拓展分发渠道，向第三方互联网平台、影视公司、游戏公司输出版权内容，并基于付费和免费相结合的商业变现模式，实现数字阅读平台增值业务的较快增长。

读者传媒2020年实现营业收入同比增长11.52%，归属于母公司股东的净利润同比增长15.14%。为有效应对新冠肺炎疫情影响，读者传媒加大线上业务宣传推广力度，数字阅读和电商业务实现了较快增长。在教材教辅方面，读者传媒通过改善印装工艺来提价，使教材教辅营业收入及毛利率都有所增长。在图书业务方面，读者传媒通过改善选题结构，图书的重印率和单品种印数明显提升，同时还通过清理库龄较长的积压存货实现存货跌价准备的转销，从而使得图书业务营业收入及毛利润均有增长。

（二）线上营销打开新局面

突发的疫情对实体书店的经营造成较大的不利影响，出版上市公司旗下的出版单位纷纷发力线上业务，通过构建图文、视频号、直播、MCN的立体营销矩阵，借助线上商城、社群营销、直播带货等方式打开营销新局面，不仅克服疫情对线下图书零售带来的不利影响，而且实现了线上零售的新突破。

皖新传媒通过拓展"阅+"智慧新零售体系，不断扩大线上用户群体，构建以线上商城、社群电商、直播电商为主的线上销售网络，形成电商渠道网络和实体门店拓展互为支撑的文化服务新零售体系。线上社群电商销售额超千万元，全年开展系统化、常态化文化直播活动1 581场，2020年度电商实现销售码洋3.92亿元，同比增长383.59%。

中国出版为克服疫情影响，加大力度推动营销发行集约化、线上营销常态化。在"4·23"世界读书日，其与各子公司策划近百场线上阅读推广活动，图书线上销售码洋同比增长20.8%，带动整体销售规模同比增长8.3%。同时，中国出版积极拓展自营渠道，线上自营销售码洋首次破亿元，同比增长47.2%。

（三）部分海外业务发展势头良好

虽然受疫情影响，出版"走出去"工作面临国际展会延期或取消、版贸活动停滞、海外出版机构需求改变等不利形势，但出版上市公司在海外业务方面仍取得不错的成绩，部分公司的海外业务发展势头良好。

新经典海外业务2020年实现收入4 743.38万元，较上年增长35.83%。通过积极推进国际化出版平台的建设，新经典先后投资多家海外优质出版社，组建国际化的编辑策划团队，并通过"联合选题会"推动联合策划、联合开发机制，依托中文、英文两大图书市场的消费潜力，在全球发掘具有潜力的作家和作品。2020年5月，新经典还推出了文学品牌"群星"（Astra House），致力发现世界各国的优秀虚构文学、非虚构文学及诗歌作品。

中文在线海外公司2020年实现营业收入5.03亿元，同比增长60.31%，海外业务发展势头良好。中文在线依托丰富的国内资源储备和较强的海外资源开发能力，聚焦新阅读的需求变化，打造了新型的互动式阅读平台Chapters，业务连续两年高速增长。

中文传媒构建与欧美、韩等国家和地区的版权贸易平台，旗下中国和平出版社与新西兰优诺雅出版集团互设编辑室。其子公司智明星通业务遍布全球60余个国家和地区，90%的收入来自海外，通过成熟的海外发行渠道，深度挖掘精品游戏价值。

（四）以资本运作优化资产结构

随着出版行业竞争日益激烈，行业优质资源的稀缺性、重要性愈加凸显，围绕行业优质资源的争夺日渐加剧，出版上市公司对优质资源的并购、投资等越来越频繁。出版上市公司围绕主业，加大资本运作力度，积极寻求对外合作与投资机会，扩大业务半径，寻求新的增长点，资本运作对公司发展和利润水平的贡献率持续提升。时代出版先后参股懒人听书（有声阅读）、京东数科（图书网络营销）、浙江出版、宝葫芦（纸质资料信息化）等企业，以延伸出版产业链，优化资产结构，反哺主业发展。皖新传媒2020年投资约1.5亿元入股内蒙古新华发行集团，持股占比7%，成为第二大股东。双方围绕文化消费、教育服务、现代物流等领域展开深度合作，共同推进新业态探索及数字化转型。皖新传媒还出资1亿元参与设立旷泛人工智能产业投资基金，该基金将以人工智能技术为切入点，对中国具有独特技术、制造工艺、应用场景优势的公司进行投资。

除对外投资外，部分出版上市公司还及时清理未达预期、扭转无望的投资项目，以优化资产结构。为避免扩大损失，天舟文化停止运营并注销了中南天舟和天舟心理，退出了对永载文化的控股权,降低了初见科技和四九游的持股比例。前两年受游戏政策的影响,中文在线子公司晨之科的游戏业务经营情况持续恶化,中文在线的业绩连续受到重创,2020年中文在线已将晨之科100%的股权出售。

三、2020年出版上市公司发展存在的问题

(一)疫情之下经营不善,公司业绩饱受影响

新冠肺炎疫情使出版行业环境发生巨大变化,考验着出版上市公司的经营能力。部分出版上市公司能够灵活调整经营策略,经营业绩逆势上涨,化危为机;但也有部分出版上市公司在疫情期间因为经营不善,业绩遭受重创。天舟文化2020年度业绩大幅下滑,营业收入同比下降31.62%,实现归属于上市公司股东的净利润亏损9.23亿元,同比下降3 052.52%。疫情期间,天舟文化新游戏业务的研发、推广不利,产品上线时间推迟,部分老游戏收入较上年同期出现不同幅度下降,导致其并购的游爱网络业绩未达预期,对并购游爱网络产生的商誉计提减值准备7.66亿元。

疫情如同放大镜,对出版上市公司过往经营中的不足进行了放大,问题业务在疫情之下业绩加速下滑,倒逼出版上市公司主动变革。新华传媒子公司上海中润解放传媒有限公司过往以单一平面广告投放运营的模式已不适应当下媒体环境的需求,新华传媒2020年报刊及广告收入同比下降34.33%,其中,解放日报广告代理收入下降约1 800万元,新闻晨报广告代理收入下降约1 200万元。并且,新闻报社、解放日报社决定不再与中润解放续签报纸广告总代理协议,对新华传媒业绩造成不利影响,新华传媒2020年归属于母公司的净利润亏损2.91亿元,同比下降1 515.96%。

(二)数字阅读发展迅速,但面临"内忧外患"

近年来,数字阅读发展迅速,新冠肺炎疫情防控期间免费数字阅读的大力推广,重塑了读者的阅读和消费习惯,也给数字阅读的发展带来新的机遇,出版上市公司纷纷加速在数字阅读的布局。但从目前来看,部分出版上市公司的数字阅读业务存在版

权资源不足、商业模式不成熟、运营经验不足等问题，数字阅读业务盈利能力较弱。同时，随着大型互联网公司持续加码数字阅读行业，出版上市公司的数字阅读业务面临日趋激烈的市场竞争。再加上版权采集价格的上涨和盗版侵权行为的泛滥，数字阅读业务的经营业绩受到不利影响，部分出版上市公司的数字阅读板块出现亏损。掌阅科技参股的得间科技主要业务为数字阅读，其注册资本为6 863万元，继2019年净利润亏损4 035.64万元之后，2020年净利润又亏损4 399.08万元。

（三）纷纷布局数字教育，但效益不尽如人意

近年来，互联网信息技术的不断进步，推动着数字教育的持续发展。出版上市公司为抓住数字教育发展机遇，加快出版产业融合转型升级，纷纷在数字教育领域布局。2020年疫情期间的"停课不停学，停课不停教"，使数字教育的需求激增，对各大数字教育平台而言是一次大考。部分数字教育平台面对激增的用户出现了瘫痪现象，暴露了其在技术水平方面的短板。在学校线下教学恢复正常后，部分数字教育平台疫情期间激增的用户量又大幅回落，没能留住新增的用户，折射了服务水平和运营能力的不足。同时，部分出版上市公司在发展数字教育业务时没能充分利用原有的资源优势，导致数字教育与主业关联度不大，协同效应尚未显现。加上体制机制、人才、管理等诸多方面的因素，导致部分出版上市公司数字教育板块效益转化不尽如人意，甚至出现亏损。

中南传媒旗下专注于数字教育的子公司天闻数媒科技（北京）有限公司，注册资本3.2亿元，继2019年净利润亏损5 450.53万元以后，2020年其净利润亏损3 598.73万元。世纪天鸿子公司山东鸿翼教育科技有限公司继2019年净利润亏损91.70万元后，2020年又亏损89.76万元。

四、对出版上市公司发展的建议

（一）适时调整经营策略，降低疫情不利影响

当前，全球进入"后疫情时代"，国际经济贸易、社会文化和科技发展迎来巨大变

革，这给出版上市公司经营管理带来一系列风险挑战和不确定性。出版上市公司应稳中求进，适时调整经营策略，提高抵御风险能力和可持续发展能力。一方面，出版上市公司要充分发挥自身优势，挺拔主业，稳定基本盘；另一方面，出版上市公司要对疫情期间暴露出问题的板块和项目及时整改，对亏损企业进行治理，清理企业内部"出血点"，从而实现降本增效的目的。

疫情重塑了出版发行业态，按下了出版融合转型发展的加速键。出版上市公司应增强危机意识、寻机意识和创新意识，应对后疫情时代的产业变革新格局。出版上市公司应加快融合转型步伐，强化线上营销能力，加快调整业务模式，增强市场把控能力和全渠道变现能力，以降低疫情持续给出版发行业造成的不利影响。

近期纸张、油墨等印制原材料价格波动较大，这将对以传统出版为主业的出版上市公司造成不利影响。原材料价格的上涨，将增加图书出版产品的生产成本，影响公司图书出版产品的毛利率，削弱公司的盈利能力。为降低原材料价格波动带来的不利影响，出版上市公司应通过纸张集中采购提高议价能力，同时加强对原材料市场的趋势性研究，努力与原材料提供方建立长期友好合作关系，签订长期采购合约，减小价格大幅波动对公司经营的影响。

（二）提升内容质量和运营水平，抓住数字阅读新机遇

疫情给数字阅读带来新的发展机遇，但出版上市公司发展数字阅读业务也面临诸多困难和挑战，应多措并举应对。首先，强化内容建设。优质内容是数字阅读平台的核心竞争力。面对不断上涨的版权采集价格，出版上市公司应明确自身专业定位，提升内容策划与 IP 开发能力，形成自主生产和开发内容资源的竞争力。同时，出版上市公司需积极采购外部优质内容版权，通过聚集大量优质数字内容资源形成竞争优势。其次，提升运营水平。出版上市公司应加快数字阅读平台建设，提升用户运营能力，满足不同垂直细分领域用户的不同阅读需求，提供更贴合用户需求的产品和服务，提高数字阅读平台的商业化价值。

此外，出版上市公司还要积极应对外部挑战。对于数字阅读版权侵犯问题，出版上市公司可通过设置专门岗位负责版权事务，积极维权；跟踪调查市场上的盗版情况，积极参与和配合有关部门打击盗版活动；进一步研发版权保护的技术手段。近年来，

国家对互联网数字阅读行业的监管政策在不断调整完善之中，出版上市公司在发展数字阅读业务时，应密切关注政策动向，根据监管体制和政策要求及时调整，以减小政策变动给经营带来的不利影响。

（三）提升数字教育服务水平，加速数字教育效益转化

对于疫情期间暴露出的平台运行问题，出版上市公司应加大技术研发力度和资金投入，提升平台运行的稳定性和流畅度，不断优化用户的使用体验。同时，加快大数据、云计算、人工智能等新兴技术在数字教育中的应用，提升数字教育的智能化服务水平。出版上市公司应通过自主生产和与教研院、学校等外部单位合作生产的方式，构建数字教育资源矩阵，为教师、学生、家长提供多元的数字教育产品和服务；进一步提升数字教育平台的运营水平，创新商业模式和营销模式，提高数字教育服务和产品的变现能力，加速数字教育效益转化。

出版上市公司还要充分发挥数字教育与传统业务的协同效应。以出版上市公司在教育板块原有的资源优势，作为发展数字教育业务的内容支撑，以数字教育业务拓展和延伸传统教育出版服务体系的广度和深度，使新旧教育业务之间产生协同效应，降低发展数字教育业务的风险，带动传统教育出版的发展，并形成完善的教育产业链。

（程　丽　桂林理工大学公共管理与传媒学院；
周蔚华　中国人民大学新闻与社会发展研究中心、中国人民大学新闻学院）

2020—2021 全民阅读发展报告

2020年10月,中共中央宣传部印发《关于促进全民阅读工作的意见》(以下简称《意见》),明确要求,到2025年,通过大力推动全民阅读工作,基本形成覆盖城乡的全民阅读推广服务体系。2021年,《中华人民共和国国民经济和社会发展第十四个五年规划和2035年远景目标纲要》(以下简称《规划》)发布,明确要求"深入推进全民阅读,建设'书香中国'"。这两个文件既是对已走过十五年的我国全民阅读事业的阶段性总结与肯定,也是对全民阅读在国家和民族发展中所起作用提出了新的要求,使之成为下一个十五年国家发展的纲领性名词之一。2021年是国家"十四五"规划的开局之年,本文将对第十八次全国国民阅读调查的总体情况进行概述,在此基础上,重点从全民阅读的三种基础支撑力量——政策、行业与研究——以探讨影响2020—2021年我国全民阅读生态体系发展方向的重要事件或现象。

一、第十八次全国国民阅读调查情况总结

(一)数字化阅读助力综合阅读率持续稳步提升,中老年群体在数字化阅读人群中的占比增高

"综合阅读率"指过去一年阅读过图书、报纸、期刊或接触过数字阅读方式的成年国民占全体成年国民的比例,综合阅读率反映了一个国家/地区总体阅读人口的比例。第十八次全国国民阅读调查数据显示,2020年我国成年国民包括纸质书报刊和数字出版物在内的各种媒介的综合阅读率为81.3%,较2019年的81.1%提升了0.2个百分点,呈持续稳定增长态势(见图1)。

图1 各媒介阅读率

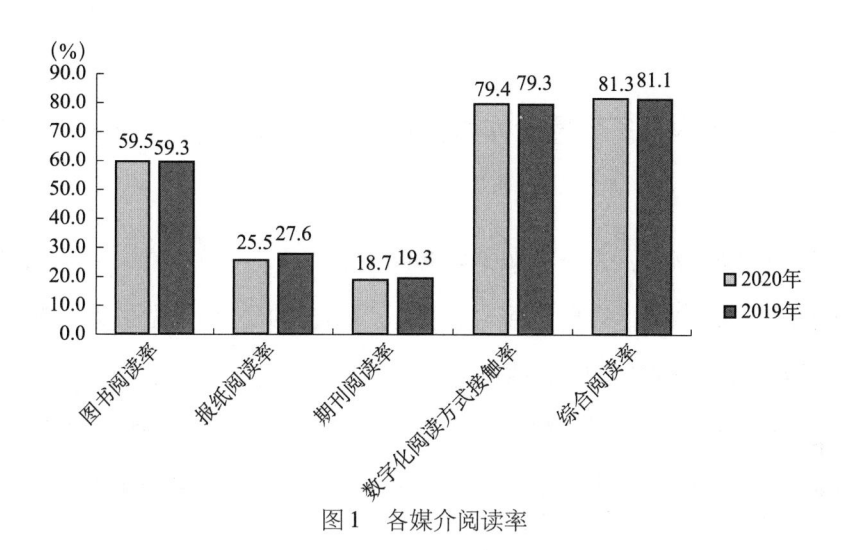

如图1所示,虽然成年国民的纸质报纸和期刊阅读率较上年有所下降,但图书阅读率和数字化阅读方式接触率呈上升态势。尤其近年来,以移动手机为主要方式的数字阅读迅速发展,已经成为越来越多成年国民阅读的重要载体。快速增长的数字化阅读人口,对稳定增长的成年国民综合阅读率功不可没。在接触过数字化阅读方式的群体中,中老年群体所占比例较上年有所提升。与上年相比,2020年接触过数字化阅读方式的成年国民中,18—49周岁的中青年群体依然是主力群体,与此同时,越来越多的50周岁及以上的中老年群体加入到数字化阅读大军之中。具体来看,在成年数字化阅读方式接触者中,18—29周岁人群、30—39周岁人群和40—49周岁人群的占比均较上年有不同程度下降,50周岁及以上人群的占比为23.2%,较2019年的20.4%增长了2.8个百分点。具体如图2所示。

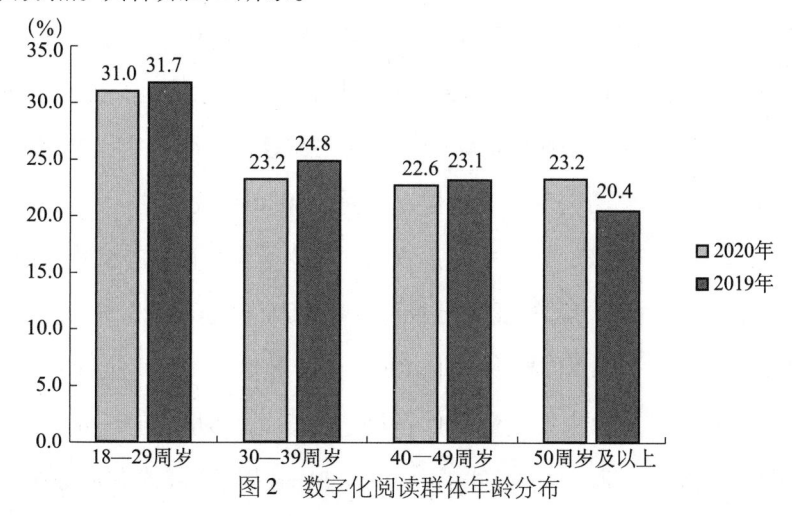

图2 数字化阅读群体年龄分布

（二）未成年人数字化阅读方式接触率接近成年人，但低于纸质图书阅读率

在数字化阅读浪潮的冲击下，越来越多的未成年人适应了数字阅读方式，该群体的数字化阅读方式接触率之高已接近成年国民。调查数据显示（见图3），2020年，我国0—17周岁未成年人包括网络在线阅读、手机阅读、电子阅读器阅读、Pad（平板电脑）阅读等数字化阅读方式的接触率为72.3%，较成年国民的79.4%低7.1个百分点。也就是说，在我国未成年人群体中，有七成以上的人进行过数字化阅读。

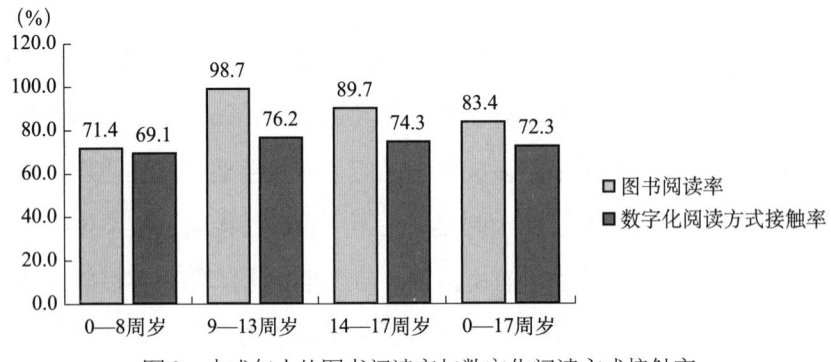

图3 未成年人的图书阅读率与数字化阅读方式接触率

从不同年龄段未成年人的阅读情况来看，9—13周岁少年儿童的数字化阅读方式接触率，高于0—8周岁儿童和14—17周岁群体。调查数据显示，2020年我国9—13周岁少年儿童数字化阅读方式（网络在线阅读、手机阅读、电子阅读器阅读、Pad阅读等）接触率为76.2%，分别高于14—17周岁青少年的74.3%和0—8周岁儿童的69.1%。

虽然未成年人的数字化阅读方式接触率与成年国民较为接近，但阅读纸质图书依然是我国未成年人的首选，未成年群体的纸质图书阅读率高于数字化阅读方式接触率，且远高于成年国民的图书阅读率。调查数据显示，2020年我国0—17周岁未成年群体的纸质图书阅读率为83.4%，较0—17周岁未成年人数字化阅读方式接触率（72.3%）高11.1个百分点，较成年国民的纸质图书阅读率（59.5%）高23.9个百分点。

从调查数据来看，9—13周岁少年儿童的阅读状况整体高于其他两个年龄群体。从客观条件来看，9—13周岁少年儿童群体正处于阅读饥渴期，与0—8周岁群体相比，已具备基本阅读技能，同时课外阅读时间上也较14—17周岁群体更为充裕。

无论是纸质图书阅读,还是数字化阅读,都是促进未成年人养成阅读习惯的有效途径。在未成年人阅读习惯养成的关键时期,学校和家长应在其阅读习惯养成的过程中积极引导,帮助未成年人在数字阅读的浪潮下提升个人数字阅读素养、养成正确的数字阅读策略,同时保持良好的纸质阅读习惯,根据阅读材料的种类、阅读需求和阅读场景,选择合理的阅读方式。

(三) 纸质阅读依然受到多数成年居民的喜爱,阅读时长稳步增长

飞速发展的数字化阅读推动了更多成年国民投入到阅读行为之中,满足了不同生活方式中个体的多元化阅读需求。那么,成年国民最喜爱的阅读方式是纸质阅读,还是已然"让位"于数字化阅读方式呢?

对我国成年国民青睐的阅读形式的研究发现,2020年,我国成年国民倾向的阅读方式呈现多元化发展的趋势,倾向传统纸质阅读的居民占比最多,有43.4%的成年国民更倾向于"拿一本纸质图书阅读",较2019年的36.7%上升了6.7个百分点;与此同时,居民倾向于手机阅读的比例有所下降,2020年有33.4%的成年国民倾向于"在手机上阅读",较2019年的43.5%下降了10.1个百分点,倾向于"在电子阅读器上阅读""网络在线阅读""听书"等数字化阅读方式的比例均低于10%。

对2011—2020年的数据研究发现,"拿一本纸质图书阅读"在2011年是绝大部分成年国民倾向的阅读方式,在数字化阅读经过多年的蓬勃发展之后,2018年倾向于"在手机上阅读"的成年国民比例达40.2%,首次超过倾向于"拿一本纸质图书阅读"的比例。到2020年,青睐"拿一本纸质图书阅读"的成年国民比例超过倾向于"在手机上阅读"10.0个百分点(见图4)。

虽然在2020年有79.4%的成年国民通过网络在线阅读、手机阅读等方式进行过数字化阅读行为,但让其在包括纸质阅读在内的诸多阅读方式中选取一种最喜欢的阅读方式时,成年国民选择"拿一本纸质图书阅读"的比例高于"在手机上阅读""网络在线阅读""在电子阅读器上阅读"等多种数字化阅读方式。对于引发变化的原因,需要研究者进一步开展实证研究,探讨对纸质阅读的"回归"是暂时性的,比如与新冠肺炎疫情所导致的人们生活行为的改变有关,还是长期性的,比如有可能是因为人们对于数字化阅读所带来的兴趣和热情开始回落所致。

	2011年	2012年	2013年	2014年	2015年	2016年	2017年	2018年	2019年	2020年
拿一本纸质图书阅读	75.3%	74.4%	66.0%	57.2%	57.5%	51.6%	45.1%	38.4%	36.7%	43.4%
在手机上阅读	9.4%	9.0%	15.6%	23.5%	27.0%	33.8%	35.1%	40.2%	43.5%	33.4%

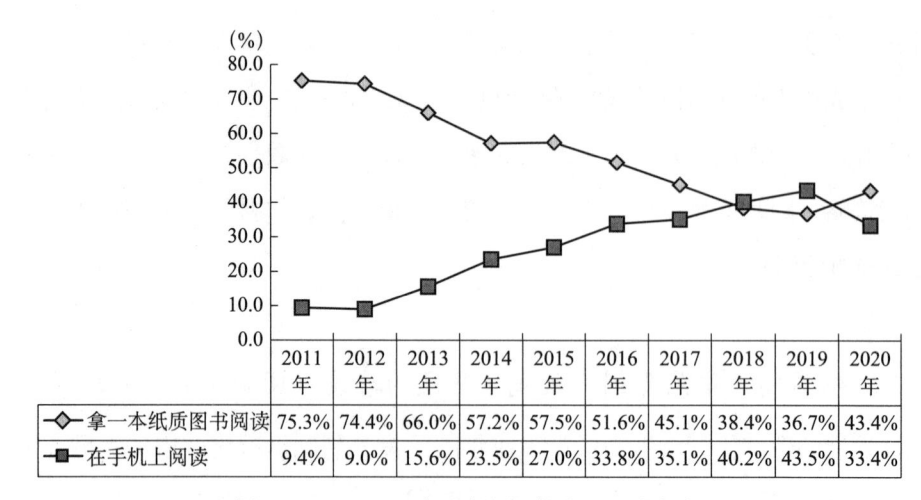

图4　2011—2020年成年国民倾向的阅读方式

从我国成年国民的实际阅读行为来看，成年国民用于纸质图书的阅读时长呈稳定增长态势。调查数据显示，虽然2020年我国成年国民人均每天手机接触时间最长，近一个半小时（100.75分钟），但人均每天用于阅读纸质图书的时长超过20分钟（20.04分钟），较2011年的14.85分钟增加了5.19分钟（见图5）。

图5　2011—2020年成年国民纸质图书阅读时长

（四）公共阅读服务水平稳步提升，全民阅读品牌活动蓬勃发展

各级公共图书馆、社区阅览室/社区书屋/城市书房和农家书屋/益民书屋是保障我国城乡居民在居住地平等享受阅读权益的基层公共阅读服务设施。总体来看，城镇各

类基层公共阅读服务设施的覆盖率较高,居民的使用度与满意度良好。与此同时,农村居民对公共阅读服务设施的需求度较城镇居民更高。

1. 我国城镇居民对公共阅读服务设施的使用满意度均较高

作为"十四五"时期公共文化服务的重要发展目标之一,公共阅读服务设施的布局、服务的质量需由公共阅读服务设施的使用者——居民来评价反馈。调查数据显示,我国城镇公共阅读服务设施的覆盖度较高,有超过半数的城镇居民表示在自己居住地附近有公共阅读服务设施。2020年我国城镇成年居民对居住的街道附近有公共图书馆、社区阅览室/社区书屋/城市书房、报刊栏等至少一种公共阅读服务设施的知晓率为51.1%。其中,对公共图书馆的知晓率为29.9%;对报刊栏的知晓率为27.4%;对社区阅览室/社区书屋/城市书房的知晓率为24.8%(见图6)。

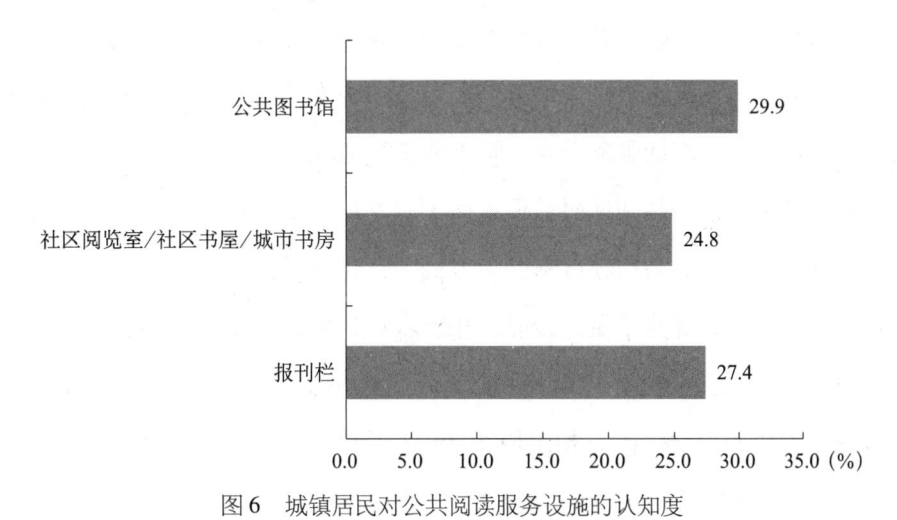

图6 城镇居民对公共阅读服务设施的认知度

在使用过以上公共阅读服务设施的城镇成年居民中,公共图书馆的使用满意度最高,为76.7%;社区阅览室/社区书屋/城市书房的使用满意度为70.0%;报刊栏的使用满意度为62.0%。

2. 农村居民对身边公共阅读服务设施的需求度更高

我国城镇居民在居住地可享受到的公共阅读服务明显优于农村居民。一方面,城镇公共阅读服务设施的种类较农村更为丰富,城镇居民在居住地附近可享受到各级公共图书馆、社区阅览室/社区书屋/城市书房、报刊栏等至少三种公共阅读服务设施的服务,在设施的数量与种类丰富程度上占据压倒性优势,而农家书屋则是农村地区仅

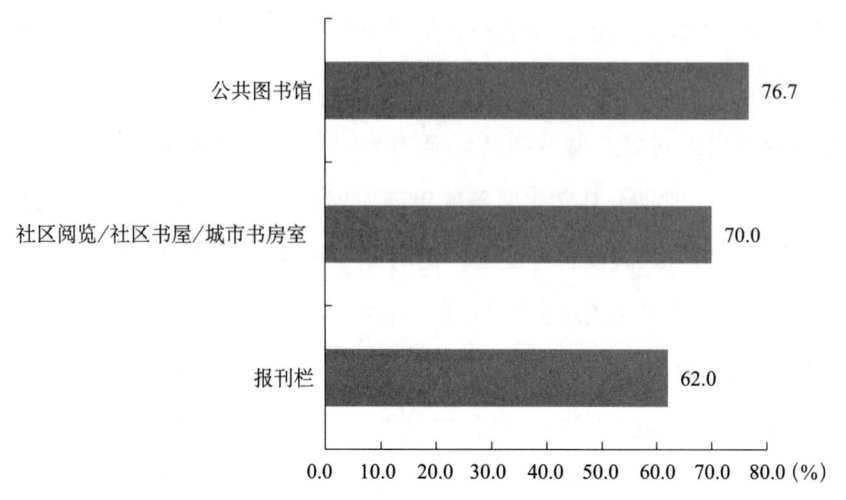

图7 城镇居民对公共阅读服务设施的满意度

- 公共图书馆：76.7
- 社区阅览/社区书屋/城市书房室：70.0
- 报刊栏：62.0

有的唯一一种覆盖率较高的公共阅读服务设施。从调查数据来看，在问及成年居民身边的文化设施有哪些不足之处时，2020年，有23.6%的农村成年居民认为，最大的不足之处是身边没有公共阅读服务设施，而选择该项的城镇居民比例为11.6%。

城乡居民认为身边公共阅读服务设施的不足之处主要集中在设施提供的阅读资料种类、服务质量、管理效果和分布密度等方面。具体来看，当问及城镇居民认为身边的公共阅读服务设施有哪些不足之处时，相比农村居民，更多的城镇居民选择"信息更新不及时""开放时间太短""环境不理想"的比例更高。当问及农村居民认为身边的文化设施有哪些不足之处时，相比城镇居民，更多的农村居民选择"书报刊太少""路途太远""管理混乱"等因素（见图8）。

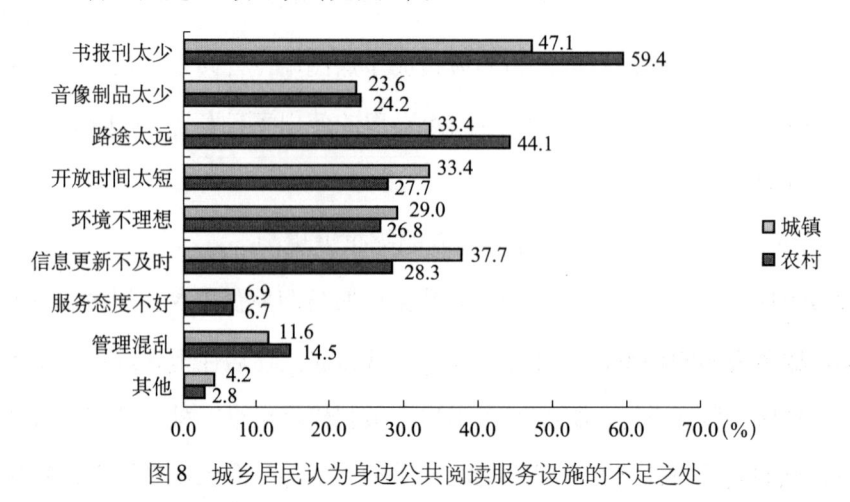

图8 城乡居民认为身边公共阅读服务设施的不足之处

项目	城镇	农村
书报刊太少	47.1	59.4
音像制品太少	23.6	24.2
路途太远	33.4	44.1
开放时间太短	33.4	27.7
环境不理想	29.0	26.8
信息更新不及时	37.7	28.3
服务态度不好	6.9	6.7
管理混乱	11.5	14.5
其他	4.2	2.8

建议在今后的全民阅读工作中，将强化基层公共阅读服务设施的服务功能作为工作重点，除丰富基层公共阅读服务设施中图书等阅读资料的种类和数量之外，还要配合居民的休闲阅读时段，延长开放时间或实施错峰开放策略，美化阅读环境，为居民提供更为灵活、便捷的信息服务。

3. 全民阅读品牌活动满足人民群众对阅读活动的高诉求

我国成年国民对身边阅读活动的诉求较高，2020年，有79.1%的成年国民认为当地有关部门应当举办读书活动或读书节。为满足居民对阅读活动的高诉求，各地全民阅读主管部门推出了精彩纷呈的全民阅读品牌活动。总体来看，我国成年国民对全民阅读品牌活动的知晓率、参与度和满意度均较高。

2020年，我国成年国民对全民阅读品牌活动的知晓率超过七成（72.7%），参与度超过六成（65.2%）。其中，成年国民对"机关企业/校园读书活动"的知晓率和参与度均最高；对"本地读书会"的知晓率和参与度位居其次；"本地城市读书节"和"书展书市"的知晓率和参与度紧随其后；"城市大讲堂"的居民知晓率和参与度略低于前几项。具体如表1所示。

表1 成年国民对全民阅读品牌活动的知晓率与参与度

	知晓率	参与度
本地城市读书节	26.0%	21.4%
城市大讲堂	22.1%	18.7%
书展书市	25.9%	21.4%
机关企业/校园读书活动	28.4%	25.1%
本地读书会	26.7%	23.7%
其他	1.1%	1.8%

对参与过的阅读活动满意度的考察发现，参与过全民阅读品牌活动的成年国民中，七成以上（71.0%）的人对其参加过的阅读活动表示满意（"非常满意"或"比较满意"），两成左右（22.3%）的人对参加过的阅读活动表示一般，仅有4.5%的人对参加过的阅读活动表示不满意（"非常不满意"或"比较不满意"）。

（五）成年居民对公共阅读服务的需求层次进一步提升，希望政府部门在公共阅读空间建设等方面重点改进

1. 成年居民最希望获得的公共阅读服务为"在社区建设免费的图书室"

2020年，虽然全国范围内的公共阅读服务设施建设方面取得了不小的成就，但从居民需求的角度来看，除了家门口的公共阅读服务设施外，成年居民希望居住地所在的社区/村镇能提供更多优质的阅读服务。

从成年居民希望居住地社区/村镇提供的公共阅读服务的类型来看：第一，居民最希望能获得的服务为"在社区建设免费的图书室"，有50.9%的居民选择该项；第二，居民对"提供免费借书、送书上门服务"的需求较高，有46.9%的居民选择该项；第三，居民对阅读活动的需求度较高，分别有43.4%和41.7%的居民希望能获得"组织社区主题性读书活动，如亲子阅读活动/老年读书活动/职业人群读书活动"和"组织开展社区朗诵会、阅读表演联欢会等大众阅读节活动"类服务；第四，除对阅读活动有较强需求外，相当一部分成年居民对于阅读指导、阅读培训等服务的诉求度更高，有37.0%的人选择"开展阅读知识与阅读方法培训"类服务；第五，居民对身边公共阅读设施的密度和服务品质提出了更高的要求，有35.6%的人选择"开展社区流动售书车/大篷车服务"，还有34.5%的人认为应"大幅优化提升社区图书室，提高服务水平"（见图9）。

服务类型	比例（%）
在社区建设免费的图书室	50.9
提供免费借书、送书上门服务	46.9
组织社区主题性读书活动，如亲子阅读活动/老年读书活动/职业人群读书活动	43.4
组织开展社区朗诵会、阅读表演联欢会等大众阅读节活动	41.7
开展阅读知识与阅读方法培训	37.0
开展社区流动售书车/大篷车服务	35.6
大幅优化提升社区图书室，提高服务水平	34.5
其他	1.4

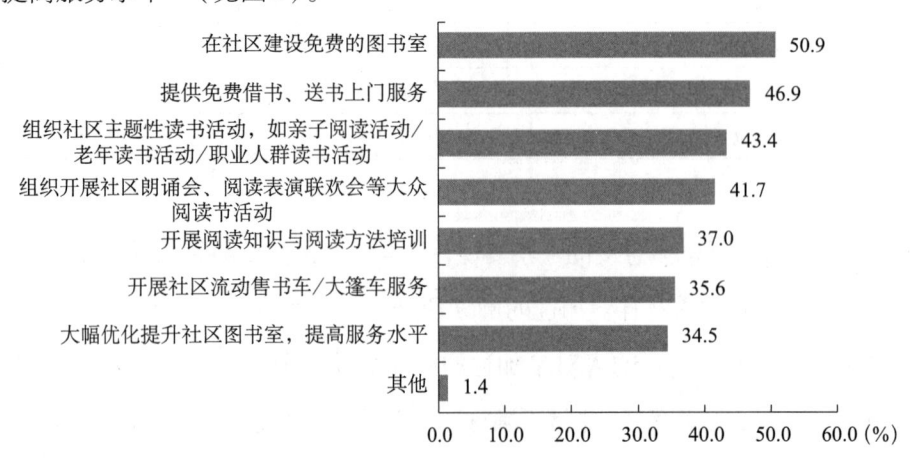

图9 成年国民希望所在社区/村镇提供的公共阅读服务类型

由此可见,居民对基层公共阅读服务设施的要求不再停留在"有设施"的层面,他们需要更好的阅读服务、丰富的阅读资料、多彩的阅读活动来满足其日益增长的精神需求。

2. 成年居民希望政府部门多建公共阅读空间,宣传正确阅读理念

各级党委政府作为全民阅读工作的主导部门,在阅读资源配置、阅读设施建设和阅读活动开展方面起着举足轻重的作用,居民对公共阅读设施的使用多不多,对公共阅读服务的满意度高不高等,是衡量全民阅读工作成效的准则。我们从居民诉求的角度出发,分析出我国成年居民认为各级党委政府开展阅读工作应该重点改进的几个方面。

我国成年居民认为当前各级党委政府开展阅读工作,第一,应该重点改进的方面是公共阅读空间建设,有60.8%的人选择"建设更多公共阅读空间,让大家更方便享受阅读服务";第二,阅读理念的塑造和阅读氛围的营造对促进居民的阅读行为起重要作用,有57.5%的人认为当前各级党委政府开展阅读工作首先应该"大力宣传阅读的重要性,营造良好阅读氛围";第三,阅读资源也是在居民中开展全民阅读不可或缺的重要方面,有56.3%的人选择"提供更多免费阅读图书";第四,成年居民对儿童阅读的重视程度较高,许多家长重视对孩子阅读习惯的培养,而全民阅读工作的重点也应放在未成年群体中,因此,有48.9%的居民认为要进一步改进全民阅读工作,就应该"免费赠送儿童启蒙阅读图书,培养儿童阅读习惯";第五,从距离因素来看,公共阅读服务设施可覆盖的群体有限,不少居民受到距离的限制而无法享受到公共阅读服务设施的便利,因此,增加居民居住范围内的阅读空间的密度,建设实体书店、特色书店作为公共阅读服务设施的有力补充,为居民提供更为便利的阅读空间与阅读资源是当前开展全民阅读工作应重点改进的方面之一,有37.7%的居民选择"扶持建设更多实体书店,家里离书店太远"。此外,除针对普通居民群体开展阅读活动外,还应加强对特殊群体的关注,满足不同群体的阅读需求,有36.1%的居民认为,应该"针对特定人群开展有针对性的读书活动,如亲子阅读活动/老年读书活动"(见图10)。

```
建设更多公共阅读空间,让大家更方便享     60.8
        受阅读服务
大力宣传阅读的重要性,营造良好阅读氛围  57.5
         提供更多免费阅读图书              56.3
免费赠送儿童启蒙阅读图书,培养儿童阅读习惯 48.9
    扶持建设更多实体书店,家里离书店太远    37.7
针对特定人群开展有针对性读书活动,如       36.1
       亲子阅读活动/老年读书活动
                            其他  0.6
                0.0  10.0  20.0  30.0  40.0  50.0  60.0  70.0 (%)
```

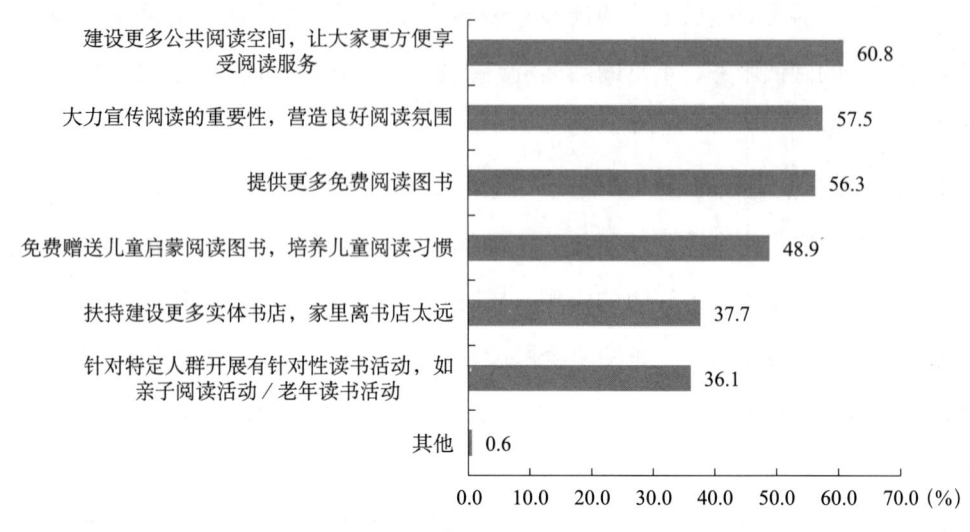

图 10　成年国民认为各级党委政府开展全民阅读工作应当重点改进的方面

二、全民阅读政策的推进

从 2006 年中宣部等多部门共同倡导全民阅读,到不同规模、内容和形式的全民阅读活动、设施、项目、服务所共同建构起的今天的"书香中国",各种人力、物力、财力、智力共同哺育起中国特色的全民阅读生态体系样貌。该体系能否健康蓬勃发展,首先需要有稳定、精准、不断完善的政策保障措施引领。

2020 年 10 月,中央宣传部印发《关于促进全民阅读工作的意见》。该文件可视为对我国全民阅读政策进展与工作经验的一次全面总结,对全民阅读的目的、价值、内涵、覆盖范围、重点工作等进行了明确界定,并对未来工作提出要求与展望,要求到 2025 年,"基本形成覆盖城乡的全民阅读推广服务体系,全民阅读理念更加深入人心,活动更加丰富多样,氛围更加浓厚,成效更加凸显,优质阅读内容供给能力显著增强,基础设施建设更加完善,工作体制机制更加健全,法治化建设取得重要进展,国民综合阅读率显著提升"[①]。

---

① 新华社.中宣部印发《关于促进全民阅读工作的意见》深入推进全民阅读 [N/OL].中国政府网:http://www.gov.cn/xinwen/2020-10/22/content_5553414.htm.

2021年3月，全国两会政府工作报告提出："推进城乡公共文化体系一体建设，创新实施文化惠民工程，倡导全民阅读"，这也是"全民阅读"连续第八次被写入政府工作报告。

同月，中宣部办公厅印发《关于做好2021年全民阅读工作的通知》，这是自2019年党和国家机构改革后首个由中宣部下发的全民阅读工作的通知。该通知部署了围绕庆祝建党100周年做好主题阅读工作等2021年全民阅读的重点工作，并对出版内容供给、基层阅读资源配置、倡导家庭阅读和亲子阅读，保障重点群体阅读需求、推进品牌阅读活动、推动全民阅读工作与新媒体技术紧密结合等进行了部署。

同在3月份，《中华人民共和国国民经济和社会发展第十四个五年规划和2035年远景目标纲要》单行本出版，在"第三十五章　提升公共文化服务水平"的"第二节　完善公共文化服务体系"，提出"深入推进全民阅读，建设'书香中国'"。这是"全民阅读"第二次写入我国国民经济和社会发展五年规划（注：2016年《中华人民共和国国民经济和社会发展第十三个五年规划纲要》首次在五年规划中提出"推动全民阅读"），"书香中国"首次写入我国五年规划。

以上文件对全民阅读的规定与阐释，引发了社会各界的热议，尤其激发了全民阅读相关领域工作者们的信心和热情，如何实现党和国家对于全民阅读的目标和要求，将是未来政策发展重点推进的方向。

我国全民阅读的政策法规体系建设仍然处于快速发展的阶段。2020年11月25日，《宁夏回族自治区全民阅读促进条例》由宁夏回族自治区第十二届人民代表大会常务委员会第二十三次会议通过，自2021年1月1日起施行。2021年5月28日，《山西省全民阅读促进条例》由山西省第十三届人民代表大会常务委员会第二十七次会议通过，并于2021年7月1日起施行。截至2021年8月，我国已有11省（自治区）5市（江苏、湖北、辽宁、四川、黑龙江、吉林、广东、河南、贵州、宁夏、山西等11省区，深圳、石家庄、宁波、烟台和常州等5市）颁布并实施全民阅读地方性法规。温州市则于2021年1月11日发布了《温州市全民阅读促进条例（草案）》（征求意见稿）公开征求意见的公告。

法规制度相对先进的区域，往往拥有全民阅读知名活动品牌，全民阅读影响力也更大。法规政策的地域不均衡性，将进一步拉大各地全民阅读发展的差距，这是"十四五"期间需要重点解决的问题,需要关注的还包括如何制定、宣传和落实法规。同时,是否开门立法和制定政策,是否能发挥专家参与的积极性,是否能广泛调研并听取群众意见,在很大程度上决定着地方政策法规的适用性,也需要在立法中加以关注。此外,已经立法的地区也启动了执法调研工作,希望立法者和研究者们更多关注该领域的反馈,以促进全民阅读法规体系的发展进步。

三、全民阅读行业的发展

2020—2021年的全民阅读行业,在疫情的阴影中仍然呈现出蓬勃发展的态势,专业化进展呈现新方向,并出现了更为多元的数字化阅读方式。

2021年,在庆祝中国共产党成立100周年活动安排中,提出"在全体党员中开展党史学习教育""创作推出一批文艺作品和出版物"和"开展群众性主题宣传教育活动"等要求,为全民阅读注入强大动力的主题活动,习近平《论中国共产党历史》《毛泽东、邓小平、江泽民、胡锦涛关于中国共产党历史论述摘编》《习近平新时代中国特色社会主义思想学习问答》《中国共产党简史》等党中央推荐的党史学习书目,在全国党员干部和各界群众中掀起了研读热潮,各地公共图书馆、社区图书室、农家书屋、实体书店等成为党史著作、红色经典读书讨论的阵地,为2021年全民阅读工作赋予了鲜明的时代特色。

新冠肺炎疫情干扰了社会运转的正常秩序,却也前所未有地凸显出阅读对于人类生存的重要意义。疫情之下,我们为什么读书,读什么书,怎样读书,成为舆论场域中的重要话题。在方舱医院病床上读书的武汉大学博士的照片传遍世界,成为"阅读是一座随身携带的避难所"(毛姆)的最好诠释。各类"抗疫"书单应运而生,从回顾人类历史上重大瘟疫、疾病的经典著作,到医学科普、保健类图书,到对生态、社会反思类的图书,以及以精美图片和文字为防疫居家中的读者开启心灵事业的人文旅游类、地理类图书,2020年以来的书目推荐呈现出抗击疫情的鲜明色彩。

2020年6月,东莞图书馆的一则读者留言被各大媒体纷纷转载,该读者是在东莞务工多年的一位54岁的"湖北农民工",他工作的鞋厂因疫情停工,无奈返乡前,到东莞图书馆退还借书卡:"我来东莞十七年,其中来图书馆看书有十二年,书能明理,对人百益无一害的唯书也……想起这些年的生活,最好的地方就是图书馆了……"① 这则辛酸但后续让人暖心的新闻,折射出全民阅读事业所呈现出的公益性、普惠性特征,公共阅读设施给所有公民提供了平等的服务,同时也始终对重点群体给与满足其特殊阅读需要的关照。老年人群体一直是全民阅读促进工作的重点群体,疫情期间社交活动大幅减少,不少老年人面临着孤独和封闭的境遇,长期致力老年人阅读推广的公益组织银龄书院,积极探索老年人线上阅读方式,在 2020 年疫情期间共举办了 160 多场线上阅读推广活动,帮助耄耋之年的老人通过网络、利用手机进行阅读,参加阅读活动,感受人与人之间的温暖,从心理需求、书目选择、阅读推广技能、活动组织等多方面推进了老年人阅读推广的专业化进展。

疫情在一定程度上加速了阅读推广的跨媒介化发展。2020 年 11 月,哔哩哔哩(以下简称 B 站)在中国国家图书馆举行了"'新媒体纪录片的文化价值和创新表达'学术研讨会——从《但是还有书籍》谈起",②《但是还有书籍》是 2019 年底 B 站与北京小河文化传媒有限公司联合出品的 5 集纪录片,豆瓣评分高达 9.1 分,截至 2021 年 8 月,在 B 站播放量已达 1 268.5 万次。2020 年 7 月,抖音、今日头条首次发布读书类内容播放量,截至当年 6 月,抖音上读书内容累计播放量为 2 657 亿次,今日头条上读书类内容累计阅读量为 6 138 亿次。③ 2021 年 8 月,抖音联合中国少年儿童新闻出版总社、少年儿童出版社、咿啦看书、Scholastic 学乐出版集团等绘本内容方,共同发起"环游绘本城"夏日绘本阅读活动,让青少年可以在抖音线上看绘本、听绘本故事。④ 这些新媒体平台以各种节目、活动加入到阅读推广,是"朗读者""一本好书"等读书类综艺节目热播的继续延伸,是疫情期间短视频等媒介产品爆发式增长而带来的新媒体平台寻求优质内容的尝试,也是全民阅读理念传播普及的必然结果。B 站"读书 UP 主"、阅读类自媒体、抖音读书带货直播等展示了新媒体在阅读推广方面的惊人能

---

① 东莞图书馆的农民工留言为何能感动千万人?[EB/OL]. https://www.sohu.com/a/404221203_99944060.
② 中国青年报社.《但是还有书籍》:一部 B 站观众用弹幕注释每本书的纪录片 [EB/OL]. https://baijiahao.baidu.com/s?id=1683705606662575983&wfr=spider&for=pc.
③ 抖音、今日头条首份读书数据出炉 [EB/OL]. http://www.xinhuanet.com/tech/2020-07/13/c_1126230688.htm.
④ 精选百本青少年优质绘本抖音联合 10 家 IP 方发起阅读活动 [EB/OL]. https://www.takefoto.cn/viewnews-2556644.html.

量，数字化媒体从与纸质阅读争夺时间，开始共同开启了融媒体推广优质阅读内容的新模式。新媒体平台在推广阅读信息、激发阅读兴趣方面显示了巨大影响力，而在提高阅读能力、培养阅读习惯、塑造阅读行为、提升国民阅读素养方面，新媒体所扮演的角色仍然有待继续观察和研究。

以线下活动、纸质图书推广为主的传统全民阅读活动，尤其是大型性品牌阅读活动，2020年以来呈现出稳步发展的态势。在疫情较为平稳的时期，第30届全国书博会、深圳读书月、书香上海、北京阅读季等大型全民阅读活动继续为读者带来文化盛宴。2021年世界读书日期间，由中国新闻出版传媒集团与浙江瀚叶股份有限公司共同发起成立的全民阅读与融媒体智库发布了《2020年度"书香中国"全民阅读品牌传播影响力大数据研究报告》，该报告主要是通过分析2020年以来媒体报道数据，对我国31个省（区、市）和10个较早开展全民阅读活动的城市的综合传播力进行分析，研制出传播力榜单、影响力榜单和美誉度榜单。榜单显示，书香上海、书香中国·北京阅读季在三个榜单中始终稳居第一位和第二位，深圳读书月、书香岭南、书香江苏等地方全民阅读品牌均位列前茅。这项研究，从信息大数据的角度展现了我国全民阅读活动的舆论影响力。

四、全民阅读研究的趋势

经过十五年来的积累，越来越多的研究者取径阅读学、出版学、图书馆学、传播学、教育学、脑科学、心理学、语言学等多学科理论与方法，以国民阅读调查、阅读指标、阅读政策法规、儿童阅读、数字化阅读等研究议题为重心，逐渐建构起以促进国民阅读为目的的全民阅读研究框架，该框架体现了研究者们共同的学术兴趣和学术关怀，体现了政府和业界的显著影响，对我国全民阅读实践工作发挥了积极的指导作用，但也仍然处于动态演进和不断提高的过程中。到2021年，我们可以看到，全民阅读研究框架主要涵盖了以下方面的内容。

（一）分众阅读研究

不同的社会环境、生活方式和价值观念塑造着不同群体的共同阅读文化；阅读又是非常个性化的行为,群体阅读文化常常会掩盖个体阅读行为的差异性,全民阅读则要求把握共性同时了解个体需求,才能实现国民阅读整体能力的提高。目前,学界对儿童、大学生、老年人、农村居民、少数民族居民、流动人口等不同群体的阅读行为进行了大量研究,但"间接性"研究较多,也就是说依托文献资料、问卷调查等中介手段的研究比较多,对一定规模人群和较大数量样本的分析比较多,因其相对容易开展。而需要长期现场观察、走近对象以及参与式的研究相对少,对社区、村庄、学校、家庭乃至个体的微观案例长期性研究更是不足,这需要社会学、人类学、民族学等领域研究力量的加入。

(二) 阅读书目研究

书目推荐是仁者见仁智者见智的事情,但对于阅读新手来说,具有含金量的书目推荐对提升其阅读能力、养成阅读习惯具有重要意义。政治主题、市场表现、专家认可、读者现实需要、媒体热点往往成为推荐书单的标签,但和读者的真正需求、阅读兴趣之间无法对接的情况也经常性地存在,不少知名书单也引发了是否科学、适宜的争论。学界尤其要研究那些与大规模、群体性读书活动相关的书目,要将书目的生产与阅读效果联系起来研究,如党员干部书目、中小学生课外书目、阅读商业机构通过客户端或读书会向全国大范围推广的书目等。

(三) 推广效果研究

政府的支持和社会的需求赋予全民阅读生态体系强大的吸引力,人才、资本、创意聚集而来。仅就阅读设施而言,新型阅读空间大量涌现,自动借书机、朗读亭、公共电子阅读屏等新技术设施层出不穷。这些阅读设施与阅读效果之间的关系,不能仅以技术是否先进、操作是否便捷、内容是否丰富等来衡量,技术性或艺术性都不能取代阅读的逻辑,否则要么会造成财政的浪费,要么会造成企业的损失,并且还会有损全民阅读事业的声誉。

(四) 阅读史研究

阅读是中华民族的悠久传统,全民阅读则是现代社会的产物,我们必须能够判断传统与现代之间的连续与断裂，了解我国阅读文化的内在结构，汲取古代和异域阅读文化的优点，汰除不利于全民阅读的缺点，这就需要推进阅读史研究。2020年以来，中国共产党阅读史、红色阅读史成为阅读史研究领域中的成果迭出的主题，区域阅读史，中外阅读比较史、交流史，某种或某类读物的阅读史、重要人物或布衣百姓的阅读史、阅读技术史、阅读载体史、图像阅读史、阅读与政治、经济、文化方面的关系历史等多领域阅读史也都在开拓之中。

五、推进"十四五"全民阅读生态体系的良性发展

从"十四五"总体发展趋势看，人民教育、生活水平的提高，媒介技术、文化产业的发展，国家文化软实力创新的需要，都会促使全民阅读实践场域的持续扩大，更多人力和资源将被吸引其中。这就更需要政策、学术和行业三者之间深层次的协同共融，尤其要在重点难点工作中建立畅通的信息沟通与合作机制，从而提高推广实践的效率和效果，才能确保全民阅读生态体系在迅速扩张的态势中真正具备吸纳能力和创新活力。总体看来，以下几个领域是目前最需要三方建设枢纽机制、合力推进的重点，也是"十四五"时期全民阅读生态体系的强基工程所在。

（一）加强阅读推广案例研究

有效提高国民阅读素养是全民阅读工作的明确目的，因此，全民阅读工作必然需要实用有效的阅读推广方法、技能和手段。对全民阅读实践场中成功和失败案例的分析、报道、研究，有助于进一步界定阅读推广技术的适用范围。

（二）推动农村阅读成为全民阅读的生长点

农村阅读生态与都市阅读生态具有结构性的差别，在过去的十五年中，阅读公共设施等硬件有了显著提升，但如何配套以有效服务是"十四五"期间需要重点解决的难题。如何将阅读推广作为贫困地区具有政治、经济、文化、人口、生态等多重意义

"文明生长点"的载体，构建社会化智力资源帮扶机制，① 是真正实现全民阅读的城乡联动，打破物质与认知所造成的区域隔阂的重要途径。

(三) 提升国民阅读兴趣走向和提高国民阅读素养

全民阅读不仅要激发广大人民群众的阅读兴趣，还要加工出与其相匹配的高品质阅读推广服务，就必然需要该行业具备知识技术密集性、高进入壁垒性等特征②，这也是"十四五"期间全民阅读行业的发展方向。学界相对应地需要为如何提升阅读服务质量贡献智慧，要从阅读活动、项目的监测评价方面防止公共资源的浪费，推动阅读推广相关行业标准、规范的制定，提高阅读推广人培训的知识含量。

(四) 阅读推广人力资本研究——加速阅读推广专业化

阅读推广专业化是全民阅读生态体系的内驱力和凝聚力，全民阅读的各种力量都必须具有这种追求专业化的清晰意识。相较于前期的政策文件，《意见》和《规划》都对阅读推广提出了更为明确的高品质要求，阅读推广行业需要向知识密集型行业转变，这就需要从政策上引领和保障高层次人力资本在数量和质量上与全民阅读事业的品质和目标相匹配。

(张文彦　青岛大学文学与新闻传播学院；

田　菲　中国新闻出版研究院)

---

① 林淼, 苏竣, 张雅娴, 陈玲. 技术链、产业链和技术创新链：理论分析与政策含义 [J]. 科学学研究, 2001 (4): 28-31+36.

② 刘志彪. 现代服务业发展与供给侧结构改革 [J]. 南京社会科学, 2016 (5): 10-15+21.

2020 年 VR/AR 出版情况分析

VR 技术的出现改变了人们信息获取方式，为出版行业融合发展提供了难得的发展机遇。2020 年全球新冠肺炎疫情暴发，极大激发了包括虚拟现实产业在内的非接触式经济发展，VR 技术由以资本为主导进入到以应用为主导的发展阶段。后疫情时代，随着出版内容和 VR 技术的相互渗透，人们生活和阅读方式将更为多元。

一、"出版 + VR/AR" 发展概述

（一）VR/AR/MR 的定义

VR、AR 和 MR 统称虚拟现实，VR 技术是 Virtual Reality（虚拟现实）即通过计算机模拟人类视觉、听觉和触觉，从而建造虚拟场景；AR 技术是 Augmented Reality（增强现实）强调现场感，所展现的内容与现场息息相关；MR 技术是 Mixed Reality（混合现实）将真实场景和虚拟场景自然融合，并进行实时交互。三者都必须借助终端，才能给用户提供沉浸的虚拟世界，目前已广泛应用于出版行业。

（二）智能变革推动产业发展

当前，新一轮科技革命和产业变革加快，虚拟现实技术和互联网、大数据、人工智能、5G 等数字技术深度融合，对新时代社会和经济的发展产生了深刻而广泛影响。继 "5G 云 + VR 产业" 元年过后，虚拟现实产业与非接触式经济在数字化、智能化方面实现融合，以应用服务、终端器件、网络平台和内容生产为重点领域的产业迎来了新的机遇。谷歌、微软、脸书、华为、小米等龙头企业相继发布新品，OPPO、创维、

联想、惠普等企业跨界入局虚拟现实终端产业，分别推出 AR 眼镜、VR 一体机、VR 头显。具体到出版传媒产业来说，虚拟现实技术的发展为出版和文化传播提供了新的动力，VR 新闻报道、VR 文化体验和 VR 教学培训等应用在内容制作及展现形式方面较以往更加丰富，沉浸感与个性化特质日益凸显。

随着我国逐步成为全球虚拟现实产业创新创业最活跃、市场接受度最高、发展潜力最大的地区之一，其技术发展呈现出研发制造体系基本形成、用户体验大幅改善、应用资源不断丰富、融合创新步伐加快等特点。从工业和信息化部、江西省人民政府联合主办的"2020 世界 VR 产业大会"来看，我国虚拟现实产业已实现从研发、内容设计为主向硬件生产制造延伸，逐步形成产业闭环。据大会期间官方发布的数据显示，围绕虚拟现实相关产业大会共签约项目 78 个，签约总金额 661.9 亿元，涵盖 VR 产业链内容、研发、设计、制造、应用等各个环节。与此同时，江西以举办世界 VR 产业大会为契机，正在成为世界了解中国 VR 产业的重要窗口和全球 VR 资源的聚合平台。

随着 5G 商用加速，虚拟现实与实体经济也将在更广范围、更深程度、更高水平上实现融合，加快数字化、网络化、智能化升级。

（三）政策助力虚拟现实产业

蓬勃发展的 VR 产业离不开政策红利的支持，自 2016 年虚拟现实技术被列入"十三五"信息化规划、"互联网＋"等多项国家政策文件以来，工信部、国家发改委、科技部、教育部等部委相继出台指导政策支持 VR/AR 技术发展。作为战略性新兴产业，国家高度重视虚拟现实技术发展，积极规划和重点布局，在"十四五"规划纲要中将虚拟现实技术列为数字经济重点产业。

新形势下，虚拟现实技术应用已经成为我国的重点发展方向之一。2020 年 2 月，工业和信息化部办公厅印发《关于运用新一代信息技术支撑服务疫情防控和复工复产工作的通知》，部署运用新一代信息技术支撑服务疫情防控工作，推动制造企业与信息技术企业合作，深化工业互联网、工业软件（工业 APP）、人工智能、增强现实/虚拟现实等新技术应用，推广协同研发、无人生产、远程运营、在线服务等新模式新业态，加快恢复制造业产能。2020 年 4 月，商务部、工业和信息化部等 8 部门发布《关于进一步做好供应链创新与应用试点工作的通知》，要求试点企业加快物联网、大数据、边缘计算、区块链、5G、人工智能、增强现实/虚拟现实等新兴技术在供应链领域的集成应用。2020年8月，吉林省教育厅等十四部门印发《吉林省职业院校全面开展职业培训促进就业创业行动计划实施方案》，要求引导和鼓励校企共同研究制定培训方案、培训标准、课程标准等，开发微课、慕课、VR（虚拟现实技术）等数字化培训资源。2020年8月，常州市政府办公室印发《常州市促进文化和旅游消费行动方案》，发展基于虚拟现实、增强现实、混合现实、5G等技术的新一代沉浸式体验型文旅消费内容。2020年8月，重庆市人民政府办公厅印发《重庆市智慧医疗工作方案（2020—2022年）》，依托5G网络，推动虚拟现实及增强现实技术在手术模拟、医疗教学、远程医疗等场景试点应用，为提高培训水平和制订治疗方案等提供参考。2020年12月，广州市教育局、广州市公安局等印发《关于全面加强广州市学校实验室安全管理的指导意见》，加强实验安全教育。鼓励学校采用网络学习、网络考试、知识竞赛、虚拟现实体验等多种方式进行师生的实验安全教育。2020年12月，青岛市文化和旅游局印发落实《关于切实解决老年人运用智能技术困难的实施方案》的通知，致力推动解决文化和旅游领域老年人运用智能技术困难问题，保障老年人基本文化权益。指导文化场馆和旅游景区探索通过5G、超高清、虚拟现实、增强现实等技术，帮助老年人便捷享受在线游览和观看演出、展览等智能化服务。

（四）人才培养强化产业支撑

VR技术作为科技进步的重要力量，得到了国家部门、社会媒体乃至各行各业的持续关注。据《数字娱乐产业蓝皮书：中国虚拟现实产业发展报告（2020）》研究数据显示，2020年我国虚拟现实产业规模约40.9亿美元，较2019年增长65.9%，占全球总额的38.3%，总体规模依然处于全球领先位置。推动人才建设、内容创新、平台管理、渠道经营等融合发展，正成为我国虚拟现实产业发展的战略任务。基于此，我国教育部先后在《普通高等学校高等职业教育（专科）专业目录》《普通高等学校本科专业目录（2020年版）》中增设"虚拟现实技术"专业，将"虚拟现实、增强现实技术相关专业理论知识、三维模型、动画设计和制作能力"等纳入工科主要内容。在《关于公布2020年度普通高等学校本科专业备案和审批结果的通知》（教高函〔2021〕1号）中新增北京航空航天大学、河北工程技术学院、山西传媒学院、大连东软信息学院、哈尔滨信息工程学院、华东交通大学、江西财经大学等 10 家虚拟现实技术本科专业高校，要求加强对新设专业的建设和管理，不断提高人才培养质量。

在构建以国内大循环为主体、国内国际双循环相互促进的新发展格局下，虚拟现实人才建设将成为未来软硬件不断进步，产业不断壮大的有力支撑。

二、"出版+VR/AR"多样态应用

国内部分出版企业依托丰富的内容基础，将选题计划结合新技术向个性化、定制化的融出版开放型产品转变，与前几年相比 VR/AR 出版内容覆盖面更加宽范，可挖掘的点也更加明确。

（一）VR/AR 新闻

VR 技术的出现与不断发展，为讯息传递提供了新的可能与选择，尤其是在媒介大融合的背景之下，信息接收渠道及读者阅读习惯都发生着改变。在应用方面，随着 5G 商用进程加快，"VR+新闻"借助网络的高速率突破时空维度，有效弥补了纸质报道中的平面化、单一视角，进一步强化了人们的新闻体验感和参与感。2020 年初新冠肺炎疫情在武汉暴发，央视网利用 VR 技术全力开展疫情防控报道，先后推出《"中医国家队"江夏方舱医院硬核上线》《建雷神山医院看中国速度》《有一种胜利叫"关门大吉"》《我不停武汉行！记江城外卖小哥的一天》《逆旅凯旋"桂"人归》《这个春天，在荆楚大地播种希望》等 20 余篇 VR 全景新闻。以雷神山医院和火神山医院的建设报道为例，在医院搭建之初央视网的记者与编辑就迅速制订报道方案并协调无人机进行航拍，利用 VR 全景将现场信息的直接输入使受众对与病毒赛跑的"中国速度"有了更直观的感受。截至 2020 年 7 月，VR"疫"线系列报道累计播放量 1 200 万次，收到了良好的传播效果与社会反响，身临其境成为此次抗疫 VR 报道的最大亮点。与此同时，虚拟现实技术还出现在科技发展、两会、国庆阅兵、抗灾抢险等重大主题类新闻报道之中。由于不再受新闻拍摄角度、景别、时长等限制，VR 报道以丰富的视听体验

拉近了人们的距离，使受众在高度视觉化的三维空间中感受新闻事件，切换叙述者身份并寻找最理想的阅读视角。在央视网《全景看祖国壮丽70年》《"天舟一号"发射任务VR全景直播》报道中，受众可以通过抬头、转身等行为自由调整眼前的镜头画面，来感受火箭发射的震撼瞬间。通过视点转换场景替代文字，VR技术为信息传播孕育了诸多发展动能。2020年央视网推出VR漫游博物馆产品《那些交大西迁"之最"背后的故事》，报道通过对西迁博物馆展品故事的挖掘，在大主题下寻找小切口，将打字机、烫发卷等具有时代气息的老物件和老照片融入VR新闻场景中，并通过后期制作运用大量CG动画还原历史场景细节，回溯了交大西迁的背景和历程。又如，在2020年南方抗洪VR报道中，央视团队再次利用VR技术动态展现了战士们乘风破浪鏖战抗洪一线的英姿，体现了人民子弟兵不畏艰险的战斗精神。在VR/AR技术与时政新闻的结合方面，新华社、人民日报、财经传媒、中央电视台等老牌媒体充分把握科学技术为新闻传播带来的新机遇，在探索中践行责任与使命，以VR/AR专题报道形式真实呈现两会相关热点。

VR新闻作为一种崭新的又饱含承继性的媒体形态，正用多维度、沉浸式以及非线性叙事新模式走入大众视野，但仍需内容、平台、技术多方携手共进，最终实现产业发展与社会价值的双向互通。

（二）VR/AR图书

传统出版与数字出版在互补共存中已形成有效的融合发展方式，多样化应用在改变我们阅读习惯的同时拓宽了出版路径。根据BigData-Research数据研究机构发布的《2020年中国数字阅读市场研究报告》显示，"2019年中国数字阅读行业市场规模达292.8亿元，2020年受疫情影响，居家在线阅读需求增加"。VR/AR童书、VR/AR教育图书和VR/AR专业图书等成为国内各大出版集团、出版社拓展数字阅读升级新方向之一。

1. VR/AR童书

虚拟现实技术的出现使阅读变得更为生动有趣，形象立体的画面很好地解决了少儿读者对文字内容较难理解以及注意力难以长期保持的问题，基于此，诸多童书作者、出版商和新媒体技术人看到了新的机会。继《大开眼界，恐龙世界大冒险》《艾布克 AR 科学馆》《海底世界 AR 互动》等科普类图书后，2020 年 8 月，安徽少年儿童出版社与英国 Inception 公司就杨红樱《熊猫日记》启蒙图画书系列 AR 绘本达成协议并在全球范围内推广，目前该系列第一本《我是中国大熊猫》已制作完成。此次出版的成功实践再次证明了内容开发才是关键。立体化图像的信息传递让孩子想象力延展，AR/VR 技术与少儿绘本的有效互补，成为新时代融合出版的重要标志。

2. VR/AR 教育类图书

疫情期间，在"停课不停学"的号召中，各出版机构加快调整产品研发方向和营销模式，不少拥有互联网思维、技术和商业模式的企业也加大力度进入教育类图书出版行业，由 VR/AR 儿童启蒙读物扩大到中小学教育、高等教育、职业教育与人文社科等类型的出版物。例如，2020 年 1 月，梦想人科技与湖南教育出版社共同推出基于湘教版的 AR（增强现实）国家课程标准地理教材，就高中地理必修一、必修二两门课程进行了 65 个定制 AR 教学资源，将虚拟现实技术融入传统教材。北斗 AR 地球仪因方便手机软件链接，内容涵盖国家地理、著名建筑、天文气象、远古时代恐龙以及 30 多个国家代表性动物分布区域、8 大行星运转轨迹等知识，2020 年在薇娅直播间火爆售卖。

此外，随着我国教育信息化持续加快，人们对 AR/VR 教育出版物的重视程度不断提升，国内部分出版单位和技术公司就出版物三维模型素材展开了深度合作。例如吉林音像出版社已拥有以 3DSMAX 高级别建模技术完成的质感、着色模型近两万个，包括机械、恐龙、太空、人体、战车五个系列，建立了太空环境、星系星云、航天飞机、自然环境等配套的全景式 3D 模型资源包，实现了无限排列组合的出版理念。我国教育出版市场在教育本身更迭中呈现出巨大的发展潜力，2020 年底华为云与梦想人携手将云计算和云渲染技术引入 VR/AR 教育类图书，提供与其内容相匹配的音频、视频、三维模型、全景、图片、超链接等数字资源素材，助力 VR/AR 教育类图书可持续的商业生态建设。

3. VR/AR 专业类图书

虚拟现实技术在行业的深入运用，给诸如医学、建筑、电子、机械、石油化工多专业图书出版社带来了新的机遇。VR/AR 类应用及配套图书受到了专业领域新入职人员的喜爱。他们可以通过内容、软件、硬件等多种形式来体验逼真的专业环境，完成100%的精度组装以及在灾情情况下的逃生练习。此外，像《VR虚拟现实与AR增强现实的技术原理与商业应用》《VR全景拍摄一本通》《VR/AR与MR项目开发实战》《基于VR/AR的智能制造技术》《DK什么是VR》《虚拟现实开发实战：创作引人入胜的VR体验》等专业制作类图书也相应推出并形成热销。

（三）AR/VR文化传播

知识经济的兴起，使阅读需求在方向、形式、主体上发生一系列变化，跨界成为新风口。目前，AR/VR技术与书店、图书馆、红色教育基地、党建书屋等场地结合，将选择信息的主动权交给受众，逐步向空间运营迈进。

1. VR云书店

长期以来，我国图书等文化类产品主要集中在实体空间和网络平台，形成了固定的经营模式，但随着书店转型深入，沉浸式、数字化阅读场景优势逐步凸显。一方面，VR云书店使阅读变得更加有趣，读者在VR云端实景漫游不再受位置限制，可以随时随地与自己的专属导购沟通，一键购书。另一方面，云上VR书店还支持3D动画、视频音频、环绕图文等多种富媒体形式，从根本上解决了传统书店售书模式单一的问题，极大丰富了读者对数字阅读内容的视听享受，以及对抽象概念和模糊场景的具象理解。从信息传播的角度看，数字场景型书店使信息资源外延加速，富媒体全场景沉浸体验让纸书从平面变得立体。2020年咪咕中信书店依托中国移动云VR技术，推出的云上VR书店，突破了实体书店的物理空间限制，360°实景还原线下场景，诠释了云端阅读的新模式。2020年6月，言几又VR云书店正式上线，在云店，读者不仅可以购买所有图书和文创产品，还能第一时间获得最新鲜、最多元的生活灵感。同时，言几又VR云书店采用线上线下相结合模式，为读者提供了同城限时达、商家配送、到店自提配送服务，给读者带来了更自在的阅读购买方式。可以预见，作为国家大力推动的新文化消费产业之一，"VR+出版"将在5G提速之下迎来更多新机遇，为全民阅读的高效深入推进注入强大动力。

2. VR党建

在党史学习教育中践行初心使命，是推进中华民族伟大复兴历史伟业的必然要求。

在建党一百周年之际，部分出版单位尝试将党建与科技融合，通过 VR 技术和智能终端设备来回顾党的百年历程。VR 党建以沉浸式、互动性的体验学习，打破了传统教育的时空限制，真实地再现了硝烟弥漫的革命场景，成为党建教育的新模式。在具体实施过程中，权威性强、内容丰富、具备实时更新能力和专业背书的机构相对更受青睐。例如，红色地标公司重点研发的《中国共产党领导力 VR》项目，搭载中央党校胡月星教授研究的中国共产党领导力成果，对"四梁八柱"内容体系、党建重要历史事件和重大成就进行可视化场景设计，获得社会广泛肯定，成为"学习强国"平台、中央电视台国防军事频道报道的经典案例之一。2020 年 7 月，深圳市虚拟现实产业联合会党支部与中共哈尔滨工业大学（深圳）机关第四党支部联合组织 VR 党建活动，采用"VR + 党建"的形式，以沉浸式、互动性的体验学习，使党员立体化感受历史，了解党的发展历程。2020 年 9 月，光明日报推出"智慧党建共建远教中心"，并出品"重走长征路之《我的长征》"互动游戏，以红军爬雪山、过草地两个故事为场景原型，运用 VR 手段再现长征路上的地理环境、自然风貌，以及红军奋勇斗争的场面。同月，陕西"互联网 + 革命文物"教育平台、陕西科技出版社、延安新华书店联合建设的全省首个"5G + VR"红色文化体验馆正式对外开放体验。

丰富的 VR 党建体验，不仅对党的重大历史事件提供了可视化内容，还对传播创新理论教育起到积极的推动作用，成为出版企业做好党建工作的有益尝试。

3. VR 游戏

2020 年，在行业巨头的引领之下 VR 游戏市场迎来较大的改观。其中，由 Valve 公司推出的 VR 游戏《半条命：Alyx》，因制作精良收获众多游戏爱好者的追捧，有效填补了 VR 精品内容不足的漏洞。根据全球游戏销量统计网站 VGchartz 的数据显示，2020 年 4 月在游戏发售 1 个月后，Alyx 的销量便已达 68 万套。作为现象级 VR 游戏，Alyx 在爆红的同时也为玩家和相关企业带来了新的希望。相比较而言，国内虽然拥有 14 亿庞大用户基数，但 VR 游戏平台的内容数量、更新周期相较国外 Steam 等主流平台还有一定差距。从长期来看，随着华为、腾讯、网易、小米等企业在研发领域加大投入，以及 5G、云计算、人工智能技术陆续得以应用，未来国内 VR 游戏产业链将更加丰富。

与此同时，通过技术革新赋能产业升级，VR 电竞游戏迸发出前所未有的活力。北京、上海、杭州、西安、成都、重庆、广州等多个城市争相打造"电竞之都"。风口之下，电竞特色小镇、电竞产业园区、电竞馆不断涌现，VR 电竞成为了扩大当地游戏消费"新动能"。2020 年 5 月，玖的电竞发布全国 VR 电竞城市争霸赛，赛点覆盖北京、上海、深圳、长沙、武汉、南昌、沈阳、海口、合肥等城市，共计超 60 支专业 VR 电竞队伍参与。2020 年 10 月，世界 VR 产业大会 VR 电竞大赛在南昌绿地国际博览中心举行，上百名参赛选手将通过《未来战场》《OhShape》两大 VR 竞赛项目，赢取 10 万元赛事总奖金。

VR 技术正不断地改变着大众的生活方式，未来受众不仅可以在游戏世界"行走"，还可以和游戏世界角色进行互动，内容生态的持续构建将成为调动整个产业稳步发展的重要因素。

三、"VR/AR + 出版融合"发展过程中存在的问题

基于虚拟现实技术特有的沉浸感、交互性和构想性等独特体验，VR 技术与出版融合创新取得了一定成绩，但依然存在着诸多问题。

（一）内容交互尚需优化

相对硬件领域发展，VR/AR 内容缺乏越显突出，优质出版内容迫切需要找到适合的场景去发挥自己独有的价值。自 2016 年以来，虚拟现实出版虽然取得了一定的成绩，但既能展现一定 VR 独特叙事内容又能得到大众认可的出版物仍为少数。整体来看，VR/AR 出版内容仍以游戏为主，纸质出版物在交互方面还不能满足读者高品质消费升级需求和行业客户大规模应用需求。仅以新技术为体验从而增加销量的尝试不再可取，出版企业只有把 VR/AR 内容的逻辑关系组织好，才能有效捕捉立体空间中的细微信息使交互体验更加流畅。

（二）标准体系尚未完善

VR/AR 技术应用的多元性使出版形态日趋复杂，2020 年国家新闻出版署发布了新

闻出版业第一批行业标准立项计划,"出版物 VR 技术应用要求"成为标准立项之一。目前,虚拟现实技术在出版物生产、制作、监管等方面缺乏统一规范,数据格式众多,硬件、系统、内容之间兼容性较差,产业链上下游联系不紧密。虽然有部分相关企业自主制定 VR 技术标准,但其应用标准尚未完善。后续,出版行业 VR 标准的制定,将进一步推动关键技术研发,增强 VR/AR 出版产品的市场竞争力。

(三)缺乏技术应用创新

VR/AR 图书作为一种新的出版形态,以其互动性和沉浸性体验给读者带来了前所未有的阅读感受,但在分镜头呈现和立体图形塑造方面还略显单薄。大多数出版企业表示,VR/AR 图书提高了孩子们的阅读兴趣,受到家长们的欢迎,市场反应良好。部分出版社则认为 VR/AR 图书受选题同质化严重、内容制作成本高、技术复杂性等原因影响,未能达到市场预期。基于此,推动出版企业在内容、终端和技术应用方面的创新成为影响品牌价值和增加用户黏度的重要标准。技术创新在出版物应用方面的可能性和合理性,成为出版人在融合发展中面临的机遇和挑战。

(四)专业化编辑供给不足

出版企业的成功离不开强有力的人才支持,目前,由于虚拟现实技术本身的复杂特性,传统出版编辑人员在内容策划、数据分析和创意能力方面还不能将新技术和出版完全融合,尚未参与到 VR/AR 场景、音效、配乐、互动等制作过程中。部分出版单位由于资金限制无法给高质量、专业的 VR 人才提供丰厚的回报,当前诸多 VR 编辑都是在企业出版融合发展背景转型而来的。而 VR 出版物内容与硬件的适配需较长的研发周期,不可能一蹴而就。因此,行业技术间的差异性,成为专业化编辑供给缺乏的重要因素。

四、VR/AR 技术在出版领域的发展趋势

以 5G 为支撑的大连接,加速了出版业数字化转型进程,为 VR/AR 技术在出版传

媒领域长远发展创造有利条件。相应的，多元化产业链也将给出版企业带来更大的挑战，我们在探讨未来"VR+出版"的可能性时，应尽早做好战略准备。

（一）优质内容推动出版产业发展

2020年虚拟现实终端市场迅速扩大，出版类应用发展持续深入，以优质内容寻找出版产业发展方向，成为"VR+出版"从应用创新向可持续发展推进的新阶段。一方面，传统阅读建立在文字基础上，要想表现出情绪、环境、时空和故事情节需要大量的铺垫，而VR/AR出版物利用自身的沉浸感能迅速直观地展现阅读魅力。广泛吸纳、优化、融合优质内容，对重点VR题材加大投资力量进一步实现差异化出版，成为推动我国出版产业发展的路径之一。另一方面，优质的VR内容必须要围绕受众的兴趣点展开，用讲故事的叙事逻辑替代复制场景。全球VR市场越来越多成功案例推出，为出版人提供了好的内容借鉴，未来，不论是自主创新还是与IP、文化和游戏展开多元合作，优质的VR内容更容易引起受众的喜爱。

国内市场方面，北京、上海、青岛相继建立了内容基地，阿里、腾讯、华为、中国移动等企业利用自身优势逐步向虚拟现实领域渗透，进一步加大构建内容生态的投入力度，建立良性内容生态体系。国际市场方面，为快速建立VR内容生态，苹果、微软、Oculus和HTC等大型企业相继推出支持方案。苹果围绕其App Store进行内容生态布局，微软则通过其商店覆盖手机、PC、主机和MR等多个平台，Oculus针对其VR硬件推出了Oculus Store，并成立自己的内容开发团队进行优质内容开发，HTC Viveport以百万奖金面向全球开发者征集高品质移动VR内容。

（二）5G云拓展VR/AR场景阅读

关键技术、产业生态与应用落地的融合创新，为阅读提供了以内容需求为基础场景适配。在实践融合中部分出版企业通过线上线下结合的方式，引导读者体验VR/AR阅读，使获取知识变得更加有趣。与此同时，得益于5G云和虚拟现实技术，读者将通过VR全景漫游、3D模型展示、4K/8K视音频播放、热点内容交互等功能开启信息可视化的阅读。中国移动、中国电信、中国联通三大运营商先后布局云VR，将内容和技术优势互补打造业界优质的 VR 内容平台。作为 5G 时代重要的应用方向，VR 书店购物、VR 图书馆借阅、VR 党建活动体验、VR 安全知识科普、VR 智慧书房等应用生态逐渐显现。

（三）职业培训将成为 VR/AR 技术投入重点

VR/AR 技术作为教育的突破口，重新定义了学习空间。2020 年 12 月，发改委、教育部等 16 部门发布《关于推动公共实训基地共建共享的指导意见》，要求丰富公共实训基地的培训内容和培训方式。优先在各级公共实训基地举办省级、市级和县级的职业技能大赛。鼓励在公共实训基地开展新产业、新技术、新业态培训，推动虚拟现实（VR）、增强现实（AR）、人工智能（AI）和电子商务的应用。建立虚拟现实产业全球创新合作的机制，打造人才体系建设成为了行业发展的重要部分。一方面，以 VA/AR 技术为代表的创新型科普教育进一步融入教学场景，可视化、形象化的教学方式为孩子们创造了生动有趣的多维度课堂，带来了沉浸式体验。另一方面，以虚拟现实应用技术专业为代表的新型技能人才缺口巨大，搭建结构化职业能力培养体系，开启 3.0 职业教育教学模式，成为新形势下人才培养的新方向。

综上，随着 5G 网络、人工智能技术的发展以及无线可穿戴设备的出现，虚拟现实技术作为新基建战略中的重要一环，正携手出版行业打造多种应用模式，为出版业数字化经济转型添砖加瓦。相应的，作为人们精神财富的重要源泉，出版企业还需不断把优质内容和新技术结合推出品质与销量双赢的精品出版物。

（邓　杨　中国新闻出版研究院）

2020—2021 民营书业研究报告

民营书业是我国出版业市场化、产业化的重要推手，也是行业上下游各个环节活力的重要来源。近年来，随着一批民营书业企业的壮大成熟，民营书业愈发成为产业的重要力量。2020 年，新冠肺炎疫情突然袭来，各行各业都受到巨大影响，出版业也毫不例外。在这一年中，民营书业经历了困难、消沉到复苏的历程，随着出版业运行秩序的逐渐恢复，民营书业也利用这场疫情主动迎接变革，对内容、渠道乃至组织架构、运行逻辑进行调整并取得了积极效果。

一、民营书业的发展现状

（一）民营书业总体规模不断扩大

据国家新闻出版署发布的《2019 年全国新闻出版业基本情况》显示，2019 年，新闻出版行业共有企业法人单位 139 580 家，其中国有全资企业 13 080 家，占比 9.4%，民营企业 120 164 家，占比 86.1%。无论是营业收入还是利润总额，民营企业的总体占比均在不断扩大。

在出版物发行企业中，民营企业在营业收入、资产、利润和纳税中所占比重持续提高。数据表明，截至 2019 年在出版物发行企业中，民营企业营业收入占行业收入的 73.5%，同比增长 1.2%；国有全资企业占 23.2%，同比下降 1%；民营企业资产总额占行业资产总额的 68.4%，同比增长 3%，国有全资企业占比 28.8%，相较上年减少 2.9%；民营企业利润总额占行业利润总额 67.2%，同比增长 2.2%，国有全资企业占比 29.8%，同比减少 2.1%；民营企业纳税总额占行业纳税总额的 74.2%，同比下降 0.4%，国有全资企业纳税占比 20.5%，同比增长 0.3%。[①]

---

① 国家新闻出版署.2019 年新闻出版产业分析报告（摘要版）[R]. 中国新闻出版政务，2020 - 11 - 03.

（二）民营书业迎来融资热、上市潮

2020年，证监会和深交所相继发布了创业板改革并试点注册制的一系列制度文件，共计8项主要业务规则及18项配套细则、指引和通知，根据证监会与深交所文件，创业板主要服务成长型创新创业企业，支持传统产业与新技术、新产业、新业态、新模式深度融合。

在这一制度改革窗口推动下，以读客文化、果麦文化为代表的头部民营图书公司迎来上市契机。2020年，读客文化、果麦文化、荣信教育等纷纷递交招股书，其中读客文化于2021年7月19日在深交所挂牌上市、果麦文化于2021年7月21日拿到注册批文、荣信教育申请IPO并获创业板上市委员会通过。2021年7月2日，磨铁文化递交招股书，果麦文化、读客文化、荣信教育、磨铁文化相继抓住制度的窗口期谋求上市，书业也再一次迎来上市潮。其中荣信教育被出版行业所熟知的主要身份是少儿图书品牌"乐乐趣"的母公司，此番成功过会也意味着沪深两市即将迎来第一个以童书为主业的公司。除此之外，北京思维造物信息科技股份有限公司也于2020年提交招股书，这家公司是"得到"APP、"罗辑思维"微信公众号的母公司。此次递交招股书意味着这家知识服务的头部玩家选择借创业板注册制的东风在A股市场开启资本化道路。

在民营书业上市潮的带动下，民营书业相关的投融资热度也进一步提升。2020年开年，"作家富豪榜"品牌母公司大星（上海）文化传媒有限公司宣布完成千万级新一轮融资。本轮融资由杉明晨投资领投，个人投资者参与跟投。截至此次融资，大星文化总融资金额已超过5 000万元。8月，北京新浪阅读信息技术有限公司完成4 000万天使轮融资，由华府智慧等投资，翔御资本担任独家财务顾问。新浪阅读是一个互联网出版平台，项目最初依托于"新浪读书"展开，从2019年开始独立出来开展出版业务，当年营收在千万级。11月，重庆民营策划企业重庆五洲世纪文化传媒有限公司同五家战略投资机构合作签约仪式举行，首期获得融资超亿元，此次融资也是该企业冲击上市的重要一环。

（三）民营网络文学企业成重要投资标的

网络文学相关的投融资动作则主要与互联网巨头的资源整合、布局投资为驱动。

数字阅读作为一种内容形态，是泛娱乐产业的 IP 源头，具有广阔的衍生价值；而作为一种商品形态，数字阅读则承载着可观的用户量。互联网平台与数字阅读内容方各取所需，在 2020 年进行了大量的投资并购行为。2020 年，阅文与腾讯音乐达成战略合作，共同开拓长音频领域有声作品市场；中文在线与咪咕文化签订战略合作协议，共同打造数字媒体生态产业。同时，字节跳动也加速在网文行业布局，在投资掌阅科技后与腾讯系阅文集团并驾齐驱，目前形成了腾讯系、字节系两大阵营。2019 年至 2020 年，字节跳动相继投资了 6 家网文公司，且投资持股比例都不低于 10%，包括吾里文化、秀闻科技、鼎甜文化、塔读文学、九库文学、掌阅科技等运营多年的网文公司。字节跳动在对外投资的同时也加强了自由布局的建设，将今日头条小说频道升级为番茄小说，上线番茄小说 APP，在字节系流量与广告变现系统、智能算法的加持下，番茄小说吸引了大量的用户与作者，在短短的一年时间内迅速成长为免费阅读市场第一。

由此可见，民营网络文学企业已经成为互联网巨头兵家必争之地，而民营网络文学企业也正在通过资本合作，逐步完善自身 IP 全产业链的布局能力。

（四）中小民营书业发展备受疫情冲击

2020 年新冠肺炎疫情给图书市场带来了巨大的冲击，出版产业链上下游都受到了很大影响，在国内疫情最严重的时期，对出版业提供重要支撑的印刷和物流等基本处于停滞或半停滞状态，很多民营图书公司自身的运营也受到不小的影响。2020 年 5 月，中南传媒产业研究院联合中国出版协会民营工委共同发起了"新冠肺炎疫情对中小规模图书公司的影响和复产复工情况调查"，对中小型民营图书公司的复工状态进行了一次摸底，调查显示 20% 中小型图书公司在 2020 年上半年一本书未出，超过 80% 的公司反馈公司的发行、物流业务受到了影响，而销售的不畅甚至停摆也间接导致了 62% 的中小型图书公司遭遇了现金流困难。随着国内疫情逐渐得到有效控制，社会各行业开始全面复产复工，出版行业也慢慢恢复元气。调查显示，68.97% 的受访公司已经实现了全员到岗，基本恢复到了正常办公状态。①

至 2020 年末，《出版人》杂志与中国出版协会民营工委联合再次发起民营图书公

---

① 黄璜. 账期拉长，现金吃紧——中小型图书公司复产复工情况调查 [J]. 出版人，2020 (6)：22-25.

司生存状况调查。从调查结果来看，民营图书公司在 2020 年生存艰难。从生产端显示，有 46.53% 的图书公司 2020 年度策划品种数在 30 种以内；而销售端面临的压力也是民营图书公司的经营业绩下滑，有将近 20% 的民营图书公司 2020 年的整体业绩相较 2019 年"大幅下降"。

尽管外围大环境不好，仍有 21.78% 的受调查图书公司在 2020 年"业绩大幅度增长"。从图书品类来看，"业绩大幅度增长"的公司教辅占据主流，其中北京曲一线营业收入增长 5%，利润增长 1%，而陕西万唯教育传媒有限公司 2020 年营收同比增长 22.11%，利润同比增长 7.86%①。

在民营图书发行企业方面，2020 年算得上是一个洗牌之年。通过 2020 年末《出版人》杂志与北京开卷信息技术有限公司共同发起的 2020 年实体书店发行情况调研结果显示，参与调查的 326 家书店中有 65.34% 的营业额相较 2019 年有所下降，且连锁书店总部营业额下降的比重达 80%。与线下业务的颓势相比，实体书店的线上业务在 2020 年整体呈现出增长的势头，在日趋多元化的线上平台中，微信公众号/微店超过了天猫、京东、当当等平台，成为了大部分实体书店的选择②。

（五）社会效益成民营书企关注重点

早在 2018 年习近平总书记在民营企业座谈会上充分肯定了民营经济的地位和作用，民营经济具有"五六七八九"的特征，即民营经济贡献了 50% 以上的税收，60% 以上的国内生产总值，70% 以上的技术创新成果，80% 以上的城镇劳动就业，90% 以上的企业数量。在图书出版发行领域，这样的总结对民营书业同样适用。除经济作用外，民营书业可以再加上一句话，它也是社会主义先进文化的重要生产者和传播者。

近年来，民营书企越来越重视社会效益，服务大局的意识不断提升。根据中国光华科技基金会统计，2020 年广州开心教育科技股份有限公司、北京天域北斗文化集团科技有限公司等民营书业积极参与公益活动，向"光华公益书海工程"捐赠近 3 000 万码洋图书。

除此之外，在抗击新冠肺炎疫情的战役当中，民营书业也投入其中，通过捐赠善

---

① 黄璜. 近半数公司业绩下滑但对 2021 年抱以乐观——民营图书公司生存状况调查 [J]. 出版人, 2021 (1): 40-43.

② 小刺. 我们是否仍能仰望繁星？——2020 年实体书店生存情况调查 [J]. 出版人, 2021 (1): 44-48.

款、购买防护物资、捐赠图书等方式支援一线医护人员以及志愿者，彰显了民营书业的家国情怀和社会责任。如曲一线定向支持湖北武汉黄冈、仙桃、利川、襄阳、宜昌等急需医疗物资和帮助的医院，支援一线志愿者购买防护物资；新经典2020年向中国光华科技基金会、中国发展研究基金会、北京青草地慈善基金会捐赠图书合计71.43万册，合计码洋3 072.06万元；荣信教育则是在疫情期间紧急调拨一批童书捐赠给中共西安市委宣传部，用以慰问疫区仍在接受隔离的小朋友。河北领先文化针对性地策划疫情防控相关出版物，并组织多场抗疫捐赠。类似的民营书业公司积极承担社会责任的案例不胜枚举，他们用各种方式在扶贫攻坚和抗击疫情等方面作出了卓越的贡献。

同时，为了积极响应国家关于"停课不停学"的号召，不少民营教辅公司依托自身的内容优势，第一时间推出了免费的学习资源、在线课程、备课平台等教育数字化服务，以满足师生的在线教育资源需求。如春雨集团为全国各地中小学生提供疫情期间在线服务，紧急制作电子样书两千余本，通过线上推送、免费下载打印的方式，提前送达数百万居家的孩子手中。大众图书和网络文学方面的民营书企，则在疫情当中开放了知识付费、网络文学、数字音乐、数字阅读、有声读物等免费优质内容资源供给，为全国人民群众免费提供抗击疫情时期高品质精神食粮。

企业基层党建也逐渐成为民营书业企业的标配。在调查中，超过50%的民营书业企业表示已经或正在企业内部筹建党支部、开展党员活动，开展多种形式党建活动，其中就包括了世纪天鸿教育科技股份有限公司、果麦文化传媒股份有限公司、江苏春雨教育集团有限公司等头部民营书业企业。在民营书业推进基层党建的过程中，也涌现出了一批优秀的党支部，如南京大众书网图书文化有限公司于2019年9月进入南京市互联网企业重点党建阵地首批建设名单。河北领先文化传播有限公司支部委员会被中共石家庄个体私营企业委员会授予"先进党支部"。

二、民营书业的发展趋势

（一）政策监管引导民营书业走向规范

2020年，出版业相关的政策的出台和更新，也让民营策划与发行企业成为受益者。

财政部税务总局发布图书税收优惠政策延续。公告显示，自 2021 年 1 月 1 日起至 2023 年 12 月 31 日，免征所有图书批发、零售环节增值税。图书税收优惠政策自 2013 年实行以来，极大地促进了民营书业的繁荣和发展，如今延续税收优惠政策，无疑能够提振业界信心，推动民营书业进一步发展。民营书业也表达了希望这一政策长期延续的期望。

除此之外，相关部委出台的政策、管理办法也起到了指导民营书业企业业务发展、推动企业运营规范的作用。

2020 年 4 月，教育部基础教育课程教材发展中心组织研制并发布了《教育部基础教育课程教材发展中心中小学生阅读指导目录（2020 年版）》（以下简称《指导目录》）。《指导目录》分为小学、初中、高中三个学段，推荐图书共 300 种。《指导目录》一经推出，不少民营策划公司便组织力量开发相关品种，同时也有效为实体书店、馆配企业提供了选品指导。

同样来自于教育部的管理办法，2021 年制定印发的《中小学生课外读物进校园管理办法》清晰地规定了中小学校课外读物推荐工作须遵守国家相关法律法规要求，坚持方向性、全面性、适宜性、多样性、适度性等原则。要求进校园课外读物符合主题鲜明、内容积极、可读性强、启智增慧的基本标准。与之相似的还有国家卫生健康委员会发布的《儿童青少年学习用品近视防控卫生要求》，该文件为强制性国家标准，标准的全部技术内容为强制性，对教科书、教辅材料、考试试卷、学龄前儿童学习读物等产品的字体字号、用纸材料、印制等方面提出了清晰的要求，一定程度上指导了民营书业企业的产品研发。

除此之外，部分政策则与市场监管密切相关。如 2020 年 7 月，教育部教材局发布"关于从未以'教育部推荐''新课标指定'等名义出版、推荐图书的声明"，在声明中表示类似名义是传递有关图书是教育部推荐的虚假信息，严重误导学生和家长，请各地、学校及相关人员提高警惕，谨防上当。声明发布以后，不少民营书业机构第一时间通知渠道和地方经销商进行相关书目的下架和整改。不过，这一声明的余震也在延续，四川华夏万卷文化传媒股份有限公司的上市遇挫与这一声明不无关系，正如创业板上市委员会所关注的，其违规使用"教育部推荐"的名义，涉嫌违反了《广告法》《反不正当竞争法》在内的相关法律法规，如 2015 年修订并实施的《广告法》第九条就明确规定，广告不得"使用或者变相使用国家机关、国家机关工作人员的名义或者形象"。同样，2021年初，针对教育培训行业加强监管的政策落地也会对民营教辅企业产生影响。在教育领域，培训和教辅都是学生使用较多的一种助学产品，国家对教育领域的监管趋严，一方面可能会对民营教辅图书公司提出更高的合规性要求。另一方面在一定程度上有可能会加大学生对教辅产品的使用。

在网络文学监管方面，2020年6月18日，国家新闻出版署发布《关于进一步加强网络文学出版管理的通知》，通知要求规范网络文学行业秩序，加强网络文学出版管理，引导网络文学出版单位始终坚持正确出版导向，坚持把社会效益放在首位，坚持高质量发展，努力以精品奉献人民，推动网络文学繁荣健康发展。可以发现，在政策层面，对于网络文学内容的监管强化以规范行业健康有序发展。

（二）销售和营销进一步向线上迁移，探索私域渠道的打造

自2016年图书电商销售码洋首次超过线下实体书店后，一直保持高速增长。2020年初受新冠肺炎疫情影响，物流一度暂停，电商发货受阻，导致2020年线上电商渠道和前几年相比增速有所放缓，同比增长7.27%，码洋规模为767.2亿元。受到疫情"宅经济"的催化，线上社交平台抖音、快手等实现了从"积蓄流量"到"转化流量"的蜕变。无论是销售还是营销，都在全面的向线上迁移，直播带货也一跃成为主流销售方式，随之涌现了一批图书带货主播，如王芳、樊登、刘媛媛、王小骞、张丹丹等。各大主播因其不同的个人经历、兴趣爱好、受众特点等在图书领域各有侧重，其中王芳、王小骞、张丹丹等"大V"所直播的图书主要集中在少儿领域；刘媛媛的直播以励志、经管、心理类图书为主，樊登则基于其丰富的讲书经历，更擅长历史、文学、家教类图书。

除了知名主播的图书带货，大量的民营书企也建设了自己的抖音、快手账号，如磨铁图书、果麦文化、万唯教育等，通过运营社交平台，定期更新短视频、定期直播，增加了粉丝黏性，从而促进了销售转化。同时培养了出版机构的专职主播，旨在打造主播个人影响力，放大社交媒体人与人之间互相信任从而跟随购买的特点。

民营书业策划公司将阅读推广活动与新的营销方式相结合，童书类、社科文艺类图书将阅读推广公益活动和新书发布、粉丝分享会、线上读书会相结合，例如北京洋

洋兔，新书上市后在各大平台 QQ 群、微信群等社群分享以及抖音、快手、小红书等自媒体平台和大 V 博主直播合作开展阅读推广活动，举行"读书会""分享会"等。在活动过程中与读者进行面对面的交谈，倾听读者真实的阅读感受和反馈。

在微信平台，民营书企自建的微信公众号以及微店仍然有一定的影响力，是其重要的"私域流量"。民营书企能借此得到更多、更长期的品牌及图书曝光，潜移默化影响其在读者心目中的地位，最终将影响对应在线上甚至线下的销量表现。

表 1　2020 年民营书业机构微信公号影响力 TOP10

排名	公众号	所属图书公司
1	书单来了	读客文化股份有限公司
2	看理想	北京看理想文化传媒有限公司
3	影单来了	读客文化股份有限公司
4	易中天	果麦文化传媒股份有限公司
5	飞乐鸟	成都飞乐鸟教育咨询有限公司
6	万唯中考	陕西万唯教育图书有限公司
7	理想国 imaginist	北京理想国时代文化有限责任公司
8	新经典	新经典文化股份有限公司
9	卖书狂魔熊猫君	读客文化股份有限公司
10	星火英语四六级	山东星火国际传媒集团有限公司

（三）教育信息化成民营教辅企业热点

近几年，很多专业出版机构、教育出版机构和民营书业已经逐步摸索出一条数字出版、服务教育的网络化发展之路，尝试"互联网+内容""互联网+渠道"的多种形态，为用户提供知识服务解决方案。在 2020 年，教育出版在在线教育的大框架下有了更为多元化的长足发展。其中较为突出的便是打造新形态的一体化教辅材料。新形态一体化教材是以纸质教材为核心，以互联网为载体，以信息技术为手段，将数字资源与纸质教材充分融合，并通过多种终端形式应用的新型教材产品。[①]

而在民营书业，做新形态一体化教辅材料也有过更多的尝试与应用。比如曲一线、万向思维等公司，都曾专门制作习题讲解微课和在线习题资源，通过将二维码编辑在

---

① 龚渝婷．在线教育视域下的教育出版多元化发展 [J]．出版广角，2020 (11)．

书中，作为纸质教辅图书的引申内容资源，对纸书服务进行升级。进入 2021 年，也有民营书业公司正在尝试与教学测评机构深度合作，整套测试题可以通过现代技术直接生成测评报告，并进行针对性学情分析与内容推送，减轻教师教学负担，提高精准教研和教学的水平。

主业运营方向、优势区域不同也决定了拓展在线教育领域的定位不同。民营书业通过对在线教育市场进行细分，既可以发挥民营书业的主业优势，也可以将在线教育的成果与经验反哺传统出版。

比如世纪天鸿、金太阳等书业公司的在线教育，通过将纸质教辅材料的练习内容通过高速扫描仪录入系统，形成个性化测试分析结果，并产生错题本，继而供学生进行个性化学习；金太阳旗下的在线教育公司拥有强大的校园渠道能力，因此具备巨大的低成本获客优势，形成"教辅资料＋在线教育"的综合服务能力；万唯中考的在线教育业务也于 2021 年正式开展起来，利用企业原有内容优势和渠道优势，深耕中考领域，做本地化网校；全品以期内容资源为依托，建立强大的线上资源库，在 To B 的领域颇有建树。

在以往的教育信息化建设中，重视硬件设备采购、轻视平台内容服务，导致参与其中的大多是硬件设备、教育管理信息化公司，即使是出版社和民营书业，作为最大的教育内容提供商，也因为数字内容采购不多而总体参与度不大。但这次疫情期间的网络教学，凸显出对各种网络教学平台、各类内容资源的需求，为相应的内容出版机构和民营书业的进入提供了发展的契机。

疫情期间暴露出出版行业和民营书业的问题，是未来改进的方向。疫情期间，大量出版社和民营书业因没有长期建设运营的数字化平台，只能临时在官网发布电子课本等资源，服务不到位，难以产生用户积累价值。与互联网公司相比，出版业普遍技术力量比较薄弱，缺乏成熟平台与持续运营能力。因此，微视频、补充性电子化学习资料成为疫情之后许多民营书业公司首先着手建设的内容，并在运营方面投入更多的人力物力以求改进。

（四）馆配开启数字化转型

馆配也是民营书业的业务重点，人天、三新等民营馆配商经过近 20 年的发展，也成为了产业链上下游的重要连接点。在新冠肺炎疫情的催化下,摆在馆配行业面前的数字化转型命题,已不再是一道"需不需要做"的选择题,而是一道"要怎么全力以赴"的生存题。目前来看,国有馆配商和民营馆配商主要通过实施"线上云采购"等模式,开展了馆配行业线下活动转型的探索与实践;进一步加大数字资源业务,如:电子书、教育体系辅助平台等。利用"互联网+"等新经济技术,实现差异化备货,提供更多客户赋能,维老拓新,构建"数字化服务平台",推动并夯实数字资源业务链的发展。正如湖北三新文化传媒有限公司在调研中表示,公司正实施数字化转型,培育新业态、新模式,进一步加强创新;北京人天书店有限公司在 2020 年也开辟"线上展会+线下论坛"的形式,创新图采会办会形式。重视将抖音、直播等新兴传播方式与业务销售结合起来,实现了产品和传播形式的年轻化。

三、民营书业的发展亮点

(一) 网文免费、付费两大模式融合发展

2019 年以来付费阅读受到免费模式的冲击,用户规模持续下降,免费阅读规模则持续上升。在流量加持下,2020 年番茄小说仅一年便跃居免费阅读的龙头位置。免费阅读对传统付费模式产生了一定冲击,但更多是一种差异化竞争,两种模式用户重合度低。免费阅读主要针对轻度、付费意愿较低用户,在内容供给方面,免费阅读作品类型化、套路化更强。付费阅读针对的则是付费意愿较高的一线、二线城市年轻人,在作品内容上呈现出类型丰富、原创性强、文学性与故事性兼具的特点。付费阅读与免费阅读具备互补作用,付费阅读为免费阅读提供源源不断的优质内容情节,免费阅读带来增量用户,培养用户的阅读习惯,逐步进行付费转化。

目前,免费、付费两大模式呈现融合发展的态势。根据付费比例的不同,移动阅读 APP 主要形成四类混合收费模式。一是全部作品免费阅读:收入主要来自广告,代表性 APP 包括飞读小说、番茄小说、米读小说、七猫免费小说。二是部分作品免费阅读:收入主要来自阅读付费和会员费,代表性 APP 包括追书神器、微信读书。三是

VIP会员免费阅读部分作品；收入主要来自阅读付费和会员费，代表性APP包括爱奇艺阅读、书旗小说、百度阅读、掌阅、QQ阅读、起点小说。四是全部作品付费阅读、仅少量限免，收入主要来自阅读付费和会员费，代表性APP为多看阅读。

（二）产业孵化平台价值凸显

随着民营书业发展的逐渐成熟，平台经济的作用和行业生态的价值也凸显了出来，以世纪天鸿为代表的民营龙头，或扮演起行业"爱彼迎""小米"的角色，充当行业基础设施和"内容中盘"。据了解，世纪天鸿以全资子公司山东鸿翼教育科技有限公司为运营主体的新业务孵化平台进展顺利。为实现创业孵化平台的集聚发展，搭建"开放、共享"的出版融合发展生态圈和独立的创业空间，孵化平台新购置了办公场地，以自主经营方式拓展平台空间并储备资源，实现创业孵化平台长期有序发展。同时，孵化平台组织了若干次路演活动，数十个项目参与路演，并成功落实了现代纸书、字帖专项等项目的落地，使创业孵化平台入孵企业总数达到18家。与之类似，春雨集团、曲一线等头部民营书业企业均有设立产业园区或者有相应的开发计划。除此之外，与当地政府共同投资开发园区、与高校设立人才培养基地等方式也是民营书业推进孵化平台的方式。

在民营书业之外，由业外企业与各地政府共同开发的产业园区也成为行业孵化平台的重要一极。如山东大安发展集团有限公司在泰安开发的新闻出版小镇，是集编辑、纸张、出版、印刷、发行、仓储、物流等于一体的出版行业全链条性园区，也是目前全国唯一的以新闻出版为业态小镇项目。根据公开的信息报道，小镇申报过程中北京市出台的非首都功能疏解政策中新闻出版行业赫然在列，一大批国字号的出版集团与民营企业迫切转场。新闻出版小镇也抓住了这一契机，吸引了数十家出版产业链相关企业入驻发展，打造了一个立足全省辐射全国的新闻出版产业集群。

（三）多种方式探索人才问题

当下困扰民营书业多年的人才问题仍旧没有得到解决，由于种种原因，多年来出版业人才往往向互联网、金融等方向流动，对民营书业的发展带来一定的人才缺乏困扰。如今，随着民营书业的发展，如何解决人才问题成为当务之急。目前来看，行业中也涌现了一系列不同的解决方式。如山东文友书店有限公司与高校合作，建立阅读推广人才培养基地；读客文化有限公司通过上市 IPO 进一步深化"合伙人制度"，吸纳外部人才，优化团队结构；世纪天鸿则表示将在"十四五"规划期间加强人力资源建设，成立人才学院。大力度培养和储备集团业务发展所需要的人才。同时建立科学、规范、系统的人力资源培养体系。这些也代表了民营策划与发行企业解决人才问题不同的方式，随着各类措施在行业的落地与推广，人才问题也能得到相应的解决。

四、推进民营书业发展的对策建议

（一）进一步释放民营书业的发展动能

目前，民营书业已经成为中国出版业重要的力量，未来如何在既充分考虑文化企业、出版企业的特殊性的基础上，又能从政策和管理上进一步松绑，加强对民营书业的政策引导和价值引领，在监管上减少行政力量和政策变化对于民营书企日常经营活动的干预，成为一项备受行业关注的课题。我们相信，在未来 2035 年"文化强国"的建设过程中，培育、扶持一批有活力、守规矩、有担当的民营书业企业，释放民营书业推进市场发展的动能，定会是未来出版业发展的题中应有之义。

在政策之外，从技术面来看，无论是 5G 时代的到来还是人工智能的火热，对于出版业中"出版＋科技"类型公司都是一大利好。未来，引导民营书业企业加大科技创新投入，从企业自主研发，外部技术加持以及以资本为手段的并购重组，都会成为引领民营书企完成技术迭代的重要抓手。

（二）引导民营书业走高质量发展道路

2020 年，新冠肺炎疫情带来的各种不确定性，也让民营书业意识到了增强抗风险能力的重要性。如何加强成本控制、保障现金流安全，都成为民营书业能否在中长期保持健康发展基本要求。因此，追求高质量发展，避免盲目追求短期业绩、追求眼前利益，探索更加稳健的发展路径，也愈发成为民营书企需要长期坚持的发展逻辑。在这一层面上，行业协会应当充分发挥引导功能，通过组织交流活动、考察学习等方式，让民营书业企业能够充分交流学习，并且能够有积极进取学习的路径。

（三）引导民营书业重视知识产权保护

近几年，习近平总书记多次强调"必须从国家战略高度和进入新发展阶段要求出发，全面加强知识产权保护工作"，对知识产权保护提出了新时代的新要求。在此背景下，出版行业主管部门应当出台相应政策，鼓励引导民营书业企业注重知识产权研发投入，推动知识产权在文化产业的快速发展，从而促进版权内容生产与文化产业的良性发展。不仅如此，一些平台零售企业仍存在低价销售、盗版横行等不正当竞争情况，打乱图书市场，也是影响民营书业高质量发展的重要因素，建议主管部门出台政策，规范市场运行，推进知识产权保护。行业层面，民营书业企业也应当积极与主管部门，建立良好的信息通道，为维护企业权益建立基础。

（四）逐步建立完善的现代公司制度和法人治理结构

随着民营书业规模的不断发展壮大和市场管理体制的不断完善，传统的民营书业管理体制和管理方式越来越不能适应市场经济发展的客观要求。目前行业中，除了几家头部企业出于上市 IPO 的需求，逐步建立并完善了现代企业制度和法人治理结构，其他很多民营书企普遍还采取作坊式、家族式、粗放式的管理模式，与真正科学、高效的管理相去甚远。随着产业的不断发展和成熟，建立完善的法人治理结构，有助于提升企业的盈利能力、运营效率和成长能力，通过科学合理的股东治理、董事会治理、经理层治理和监事会治理，弥补民营书企在管理制度和管理知识上的欠缺，提升企业在未来的竞争力。

（中国出版协会民营工作委员会）

2020—2021 出版物市场治理情况

2020年,全国"扫黄打非"部门持续深化出版物市场治理,紧紧抓住人民群众反映强烈的涉黄涉非突出问题,聚焦互联网主战场,以"新风"集中行动为抓手,以完善"扫黄打非"治理体系为支撑,集中力量迅速清查了一批涉黄涉非信息及出版物,有力打击了非法出版传播活动,有力净化了网上网下文化环境。全国共收缴各类非法出版物1 700万件,处置淫秽色情等网络有害信息1 200余万条,查办"扫黄打非"案件1.1万起。

一、2020年出版物市场治理成效

(一)深入开展"净网2020"专项行动,网络治理效能得到新提升

1. 专项整治网络直播

直播违规"打赏"严重冲击主流价值观,一度成为行业突出问题,社会反映强烈。对此,全国"扫黄打非"办与国家网信办共同牵头,联合六部门深入开展网络直播行业专项整治和规范管理行动。最高人民法院深入研究网络直播打赏的法律性质,发布指导意见,对限制民事行为能力人参与网络直播平台打赏的处置方式加以明确。监管部门关停"皇冠直播"等严重违规直播应用程序349款,处置一批利用色情低俗直播内容诱导打赏的案例,对"六间房""虎牙""快手"等多个存在低俗直播内容的知名直播平台作出行政处罚。公安机关对多起网络直播案件实现全链条打击,打掉一批地下"黄播"平台。浙江破获"后宫"直播平台组织淫秽表演案,抓获犯罪嫌疑人30人,涉案金额3亿多元;山东破获"蜜桃直播"组织淫秽表演案,抓获境内外涉案人

员 34 名，涉案金额 1 亿多元。

2. 专项整治网络低俗和软色情

一手强化监管，督促互联网企业主动履行内容管理的主体责任。依法查处一批网络平台，对优酷、爱奇艺、微博、全民 K 歌、哔哩哔哩等网站传播低俗信息行为作出行政处罚，约谈有关运营企业。注销传播 PUA 等不良信息的"恋爱学院"网站，责令百度、抖音等平台清查涉 PUA 不良信息内容。及时清理整顿视频网站网课映前广告、低俗广告弹窗中的少儿不宜内容。一手高举高打，深挖彻查，侦破一批传播淫秽物品牟利典型案件，严惩违法犯罪分子。多地针对利用微信、抖音、微博等平台引流推广，售卖传播淫秽物品，以及开办工作室制作淫秽视频等不法行为，梳理一批重点案件线索，深挖犯罪利益链条，破获大案要案。比如，浙江兰溪"麻克文学"微信公众号传播淫秽物品牟利案，抓获网站负责人员、技术维护人员、推广代理人员等犯罪嫌疑人 15 名，犯罪嫌疑人开设淫秽小说网站并通过微信公众号进行引流，非法获利达 1 000 余万元；安徽滁州"6·07"利用网络传播淫秽物品案，犯罪嫌疑人通过抖音、微信等平台散布低俗信息推广微信号和黄色网站，利用微信兜售淫秽视频或吸引用户进入黄色网站付费观看淫秽视频，案件查获涉案淫秽视频 2.5 万部，涉案金额 2 000 余万元。

3. 快速处置网上热点事件

对网上借色情炒作的恶劣行径，"扫黄打非"部门保持"零容忍"，坚决打击。迅速组织查处"国内版 N 号房网站""滴滴司机直播性侵女乘客""五一宜家门""优衣库不雅视频女主角复出""文山男主播直播诱奸初一女生"等多起网上突发事件，第一时间响应，深挖线索，严查案件，通过坚决打击形成震慑。比如，所谓"国内版 N 号房网站"事件，涉案网站传播方式、组织架构与韩国"N 号房"存在明显差异，属于日常打击的一般性境外淫秽色情网站，重庆公安机关根据线索成功侦破"爱萝莉吧"网站传播淫秽物品牟利案，逮捕 2 人，查获涉未成年人淫秽视频 160 余部；查处 JM（蒋某某）制作贩卖《战争即和平》《帝国社会》等淫秽色情、血腥暴力漫画事件，对蒋某某等人刑事立案打击，获得广大网友一致好评。

（二）深入开展"护苗2020"专项行动，青少年保护迈出新步伐

1. 聚焦重点领域

各地各部门聚焦群众关注度高、反映问题多的网络直播、短视频、社交平台、网络游戏、网络文学和漫画等领域，开展专项整治，加强规范管理，进一步净化未成年人上网环境。最高人民检察院指导北京市检察机关开展互联网平台违法涉毒品音视频领域未成年人公益诉讼检察专项监督活动，督促各互联网平台清理涉毒品有害信息近2 000条。公安部指导各地公安机关坚决侦办涉侵害未成年人权益的案件，查处了多起网上传播涉未成年人色情信息牟利案。国家市场监督管理总局针对视频网站和APP网课映前广告中的少儿不宜内容，予以清理整顿。疫情防控期间，全国"扫黄打非"办公室部署各地"扫黄打非"部门护航各地中小学在线教学活动，重点整治学习教育类网站和应用程序。在中小学有序复学后，各地组织开展中小学校园周边文化环境和涉未成年人非法网络有害网络应用程序专项检查，持续净化网上网下文化环境。

2. 查办重点案件

以打开路，坚决查办涉未成年人的"黄""非"案件。典型案件，如四川广安"4·24"传播淫秽物品案，犯罪嫌疑人组织多名未成年人在"口袋娱乐""G友"等手机直播软件上进行淫秽色情表演，拍摄制作图片、视频，后上传300余张未成年人裸露照片、38部未成年人淫秽视频至多个微信、QQ群和"与你"聊天软件，供群成员下载观看，淫秽图片、视频总量达15GB，群成员涉及上千人。山东滨州"4·20"非法销售侵权盗版少儿出版物案，查获《海底小纵队探险记》《小猪佩奇第二辑》等侵权盗版少儿图书180余万册，涉案码洋3 100多万元，涉及国内19家出版社。贵州毕节"4·17"贺某某销售非法教辅图书案，查获一家正规书店大量销售发行非法中小学教辅类图书，在该书店仓库内查封疑似非法出版物14余万册。

3. 强化正面宣传

将"护苗"作为"扫黄打非"进基层的重点任务进行部署、推进。推动网络直播和短视频平台上线"青少年模式"。指导一批以青少年用户为主的互联网企业参与"护苗"宣传，发挥各自优势开设专题、制作宣传片。各地深入开展"护苗·绿书签行动"

等宣传活动，创新活动形式、载体和内容，紧密结合全民阅读、知识产权保护、法治宣讲、爱国主义教育以及文化惠民、公益帮扶等主题，大力引导青少年绿色阅读、文明上网、健康成长。比如，北京邀请东直门中学德育副校长李洪晶、西城区奋斗小学校长刘昕、律师佟丽华、演员吴京、"凯叔讲故事"创始人王凯、北京电视台主持人聂一菁出任北京"护苗"行动爱心大使，倡议社会各界参与"护苗"，凝聚"护苗"合力。

（三）深入开展"秋风2020"专项行动，新闻出版传播秩序得到新改善

1. 查处自媒体以舆论监督为名从事敲诈勒索等非法活动

比如，江苏查办常州张某某等假冒记者敲诈勒索案，张某某、王某等人以南京紫悦云文化传媒有限公司为依托，开设"人民日报市场报中国零距离""中华时报社""中国党风廉政网"等3个假网站搜集负面舆情，假冒新闻记者从事敲诈勒索活动，先后作案40余起，涉案金额数十万元，张某某、王某等16人被判处有期徒刑。河北查办邯郸李某某等假冒记者敲诈勒索案，李某某伪造新闻记者证，伙同陈某某等以舆论监督为幌子，利用"燕赵焦点""邯郸校园通""河北太行网"等自媒体平台从事敲诈勒索活动，李某某、陈某某均被判处有期徒刑。

2. 专项整治假冒网络学术期刊诈骗行为

北京、天津、湖北等地查办多起案件，比如，北京查办董某某假冒学术期刊诈骗案，董某某等人冒充《广告大观》《现代营销》《科学导报》《写真地理》《荆楚学术》等杂志社编辑，在网上发布代发论文广告，以每篇论文180元至400元不等的价格收费，涉案金额400余万元。天津查办侯某某假冒学术期刊诈骗案，侯某某通过网络发布"代发论文"等虚假信息，以在相关学术期刊发表论文为由，先后骗取多名被害人钱款达13万余元，侯某某被判处有期徒刑。

3. 严厉打击侵权盗版行为

打击涉党和国家领导人系列著作、十九大辅导读本等重大题材、畅销书、教材教辅等图书、电子书及影视、音乐作品等侵权盗版活动。查处培训机构非法出版、盗版教材教辅行为，持续规范整治电子商务平台发行出版物活动。加大印刷、复制、仓储

等环节执法力度，打击利用网络平台以提供打字复印服务名义从事非法有害出版传播活动。各地查办陕西西安"8·23"销售盗版出版物案等一批典型案件，起到明显震慑效果。

二、2020年出版物市场治理典型案例

（一）全国"扫黄打非"办公室发布的2020年全国"扫黄打非"十大案件

1. 广东肇庆"5·04"利用网络直播组织淫秽表演案

2020年初，肇庆市公安机关在查办一宗涉未成年人淫秽表演案的基础上，成立工作专班，深入侦办"口袋娱乐"直播平台案。2020年6月，在公安部及省公安厅的指挥下，肇庆市公安局组织警力300多人次进行集中收网。截至2020年12月，先后在全国15个省市抓获犯罪嫌疑人112名，刑事拘留112人，逮捕81人，解救未成年人36名，冻结和扣押资金1 200万余元。案件在进一步侦办中。

2. 陕西咸阳"3·26"利用网络直播传播淫秽物品牟利案

2020年3月，咸阳市礼泉县公安局根据群众举报，对一款淫秽色情直播APP立案侦查。经查，"星空直播"及关联的"小金鱼"直播平台有大量男主播进行淫秽表演，高峰期同时在线主播200余人，每个直播间在线人数多则几千少则几百。两款APP注册主播4 170人，其中113名为18岁以下未成年人；注册会员达12.4万余人，涉案金额约4 000万余元。公安机关共抓获犯罪嫌疑人93名，主要犯罪嫌疑人蒋某某、尤某某等14人已移送起诉，案件在进一步侦办中。

3. 河南郑州假冒"滴滴司机"传播淫秽物品牟利案

2020年6月11日，根据舆情反映和相关举报，郑州市公安局迅速组织对网传"滴滴司机性侵直播"事件核查。经查，犯罪嫌疑人车某涛、邰某琦二人系夫妻关系。6月10日凌晨，二人以牟利为目的，在自家车内，通过车某涛手机上的某非法直播APP，以网约车司机迷奸女乘客为噱头，公开进行淫秽色情表演，吸引他人观看打赏。专案组奋战20小时，在许昌抓获两名犯罪嫌疑人。

4. 江苏盐城"极度文学"利用微信传播淫秽物品牟利案

根据群众举报，盐城警方破获该起案件。经查，犯罪嫌疑人胡某搭建淫秽小说网站，利用高额提成吸引代理商为其推广，代理商通过流量商，流量商委托广告公司应用引流裂变技术，短时间内将广告链接"裂变式"传播到大量微信群。这些链接以耸人听闻的假新闻标题吸引人点击，利用引流技术"劫持"网民手机"返回键"，当点击"返回"时，页面只会"刷新"跳转至该网站。2020年5月和12月，盐城警方组织警力在15个省市开展两次集中抓捕，共抓获犯罪嫌疑人31名，打掉推广公司团伙8个，查明涉案金额近4 000万余元。案件在进一步侦办中。

5. 北京"5·20"利用视频网站传播涉幼淫秽物品案

2020年5月，北京市公安局成立专案组，对6个涉嫌传播儿童色情淫秽视频牟利的网站开展侦查工作。经查，相关网站均含有大量涉及儿童的淫秽色情视频和图片。网站经营者为逃避监管和打击，将网站服务器架设在境外，通过第四方支付平台收取会员费、广告费等方式非法牟利。2020年6月，专案组在多地统一收网，一举抓获网站及支付平台的实际经营人员等犯罪嫌疑人8名，打掉该系列淫秽网站。后又抓获1名支付平台涉案人员。8名犯罪嫌疑人已被批准逮捕，1人取保候审，案件在进一步侦办中。

6. 浙江杭州淘宝网店非法销售英文电子期刊案

2020年6月，根据浙江省"扫黄打非"办公室转办线索，杭州市公安机关对某淘宝网店非法销售传播英文电子期刊情况开展侦查。2020年7月和9月，犯罪嫌疑人周某某和黄某某分别被抓获归案。经查，周某某自2018年9月以来开设淘宝网店，交易5 900余次非法销售传播英文电子期刊107类1.7万余期，涉案金额18.9万余元；黄某某自2015年以来，通过淘宝网店、微信公众号、百度网盘共享等方式，交易1.8万余次非法销售传播英文电子期刊118类1.2万余期，涉案金额22万余元。案件已移送检察机关审查起诉。

7. 辽宁大连任某某等制作传播非法出版物案

2020年3月，大连市公安局通过扩线深挖，发现一个由本省多地人员组成的地下团伙，隐藏在城乡接合部，长期制作、传播有害信息。经查，该团伙组织网罗人员，筹集资金购买大功率外放收音机，改装后专门用于播放有害信息，并大量制作非法出版物进行传播散发。专案组共抓获团伙成员 55 人，打掉非法制作窝点 23 处，收缴改装收音机 6 000 余台，私制书籍、小册子等非法出版物 20 余万份，查明涉案资金 160 万余元。案件已移送检察机关审查起诉。

8. 山东滨州"4·20"侵犯著作权案

2020 年 4 月，根据群众举报，滨州市无棣县"扫黄打非"办公室组织力量对本地 7 个库房进行执法检查，查获大量涉嫌侵权盗版少儿读物，初步统计有《海底小纵队探险记》等涉案少儿图书 180 万余册，码洋 3 100 万余元，涉及国内 19 家出版社 41 种图书。案件由无棣县公安局刑事立案侦办。2020 年 7 月以来，公安机关先后抓获 5 名犯罪嫌疑人，主要犯罪嫌疑人之一贾某某投案自首。案件已移送检察机关审查起诉。

9. 安徽安庆"3·04"网络水军删帖牟利案

根据上级交办线索，安庆市公安局经过缜密侦查，成功破获案件，抓获有偿删帖"中介"及专门发布负面帖文的黑网站"站长"28 人，取缔非法网站 122 个，处置负面帖文 20 万余篇。经查，2018 年以来，贵州赵某、河南庞某平两个团伙自建大量"黑网站"，批量转发负面帖文，恶意攻击、诽谤党政机关、企业和个人，以不给钱不删帖为要挟实施敲诈勒索；合肥郝某珍团伙以删帖"中介"身份，与敲诈团伙勾连，在受害人联系后，唆使"黑网站"继续发帖，牟取更大利益；陕西杨某博团伙以有偿删帖方式，接受他人删帖委托，涉案金额近 300 万元。14 名主犯因涉嫌敲诈勒索、非法经营等罪名，一审被判处六年六个月至十一个月的有期徒刑。2020 年 9 月，该案二审维持原判。

10. 山西朔州"5·16"纪某团伙假记者敲诈勒索案

2020 年 10 月，朔州市中级人民法院审结案件，纪某犯敲诈勒索罪，被判处有期徒刑十一年六个月，并处罚金 4 万元；刘某盼、郭某、李某昌犯敲诈勒索罪，被判处有期徒刑四年六个月至一年六个月，并处罚金 2 万元至 5 000 元不等。经查，2012 年 10 月，纪某注册上海某文化传播有限公司后，陆续在主要商业网站平台注册"时代纪实全媒体中心"自媒体账号发布文章。2013 年至 2018 年期间，先后伙同刘某盼、郭某、李某昌等人，以非法占有为目的，假冒新闻工作者身份，以网络曝光、向政府职能部门举报方式相威胁，在山西、河北、内蒙古等多地作案 8 起，涉案金额 74.5 万元。

（二）国家版权局、全国"扫黄打非"办公室联合发布的2020年度全国打击侵权盗版十大案件

1. 北京"10·24"侵犯网络文学著作权案

2018年9月，根据相关线索，北京市公安机关对该案进行调查。经查，自2018年开始，覃某某等人运营鼎阅集团，未经著作权人许可，在其运营的"鸿雁传书""TXT全本免费小说"等10余个APP平台上向用户提供侵权网络文学作品5 072部，并通过广告、付费阅读等方式牟利。2020年12月，北京市海淀区人民法院以侵犯著作权罪，判处北京鼎阅文学信息技术有限公司罚金150万元，判处覃某某等4人有期徒刑三年，罚金80至20万元不等，判处其他8人有期徒刑并处罚金。

2. 上海李某某等制售盗版玩具案

2018年10月，上海市公安部门网络巡查发现网店销售涉嫌侵权盗版玩具线索。经查，2015年至2019年4月，李某某等人未经著作权人许可，拆分乐高玩具后通过电脑建模、复制图纸、委托他人开制模具等方式，对乐高玩具进行复刻，并冠以"乐拼"品牌通过线上线下销售，涉及47个系列663款产品，涉案金额3亿余元。2020年9月，上海市第三中级人民法院以侵犯著作权罪判决李某某有期徒刑六年，并处罚金9 000万元；判决其余8人有期徒刑四年六个月至三年不等，并处罚金。2020年12月，上海市高级人民法院裁定驳回上诉，维持原判。

3. 江苏扬州"2·15"侵犯影视作品著作权案

2019年2月，根据公安部、国家版权局、国家电影局部署，江苏省扬州市公安局会同版权部门对该案进行调查。经查，马某予等二人盗录传播包括《流浪地球》《飞驰人生》等春节档院线电影在内的413部电影，违法所得分别为404.4万余元、55.6万元；文某杰盗录传播电影124部，违法所得103.5万余元；鲁某销售盗版电影，违法所得536万余元。2020年9月，扬州市中级人民法院以侵犯著作权罪判处马某予有期徒刑六年，并处罚金550万元；判处马某松有期徒刑四年，并处罚金60万元；判处文某杰有期徒刑四年，并处罚金120万元；判处鲁某有期徒刑五年，并处罚金550万元；追缴违法所得。仪征市人民法院以侵犯著作权罪对参与侵权传播的24名下线及代理作出

判决。

4. 江苏淮安"2·22"销售侵权盗版图书案

2019年2月,根据权利人投诉线索,江苏淮安市文化市场综合执法支队、公安部门对该案进行调查。经查,2017年至2019年,王某未经著作权人许可,购进用于销售的侵权盗版图书68种930 475册,其中委托李某某印刷侵权盗版图书59种929 314册,运至其租赁的北京仓库和淮安仓库储存,后通过网络对外销售,涉案图书码洋9 000余万元。2020年11月,江苏省淮安市中级人民法院以侵犯著作权罪判处两被告单位罚金各50万元;判处王某有期徒刑四年,并处罚金300万元;判处李某某有期徒刑三年六个月,并处罚金260万元;判处其他被告人有期徒刑缓刑并处罚金。

5. 江西南昌"0791DJ音乐网"侵犯音乐作品著作权案

2018年12月,根据相关线索,江西省南昌市文化执法部门会同公安机关对该案进行调查。经查,龚某某经营"0791DJ音乐网",未经著作权人许可,在互联网上下载大量音乐作品,提供在线收听及下载服务,点击数1881万余次。2020年11月,江西省南昌市青山湖区人民法院以侵犯著作权罪判处龚某某有期徒刑三年,并处罚金6万元。

6. 山东济宁"5·21"侵犯著作权案

2019年5月,根据权利人培生公司投诉线索,山东省济宁市文化旅游综合执法支队联合济宁市、市中区两级公安机关对该案进行查办。经查,济宁爱贝国际少儿英语培训机构负责人郑某未经著作权人许可,委托济宁双星制版印务有限公司刘某印刷《爱贝国际少儿英语》等侵权盗版制品72 012册,并通过网络销售盗版制品64 824册,非法经营额403万余元。2020年12月,山东省济宁市嘉祥县人民法院以侵犯著作权罪判处郑某有期徒刑四年,并处罚金100万元;判处济宁双星制版印务有限公司罚金人民币20万元;判处刘某有期徒刑缓刑并处罚金20万元,追缴违法所得10万元。

7. 贵州汪某等制作出售假冒他人署名美术作品案

按照公安部统筹指挥侦办制贩假冒字画系列案的部署,北京、上海、天津、广州、南京、成都等地打掉了制贩假字画犯罪团伙9个,扣押假冒名家字画3 000余幅、假冒名家印章500余枚,查扣涉案资产1亿余元。其中,查明汪某等人将大量假冒李可染、李苦禅、吴作人、齐白石、黄胄、启功等名家署名的书法美术作品，送各拍卖行拍卖或直接贩卖，涉案金额 3 000 余万元。2020 年 9 月，贵州省遵义市中级人民法院以侵犯著作权罪分别判处汪某等十人有期徒刑六年至一年零六个月不等，并处罚金 2 691 万元至 18 万元不等。汪某等人不服一审判决向贵州省高级人民法院提出上诉，2020 年 12 月，贵州省高级人民法院作出终审判决，改判汪某有期徒刑五年，并处罚金人民币 1 350 万元。

8. 湖北 91 资源系列网站侵犯著作权案

2018 年 9 月，根据国家版权局移转线索，湖北省黄冈市浠水县版权行政执法部门会同公安机关对该案进行调查。经查，李某某等人未经著作权人许可，从互联网上采集大量侵权影视作品，通过运营资源网站进行广泛传播，并通过广告非法获利。浠水警方侦破涉嫌侵权影视网站 500 余个。2020 年 11 月，浠水县人民法院以侵犯著作权罪，判处李某某有期徒刑四年，罚金 45 万元；判处其他 15 人有期徒刑并处罚金。

9. 福建制售侵权盗版幼儿教辅系列案

2018 年 4 月以来，根据权利人投诉线索，福建省版权局先后组织宁德、南平、莆田、三明、泉州等地版权行政执法部门对盗版幼儿教辅系列案进行查办，共立案查处 6 起案件。2019 年 1 月，三明市版权执法部门会同公安部门抓获涉案人员 5 人，现场查缴盗版幼儿教辅 8 万余套，总码洋 277.9 万元。经查，该团伙非法印制、销售盗版幼儿教辅 13.8 万套，非法获利 100 余万元。2020 年 3 月，三明市中级人民法院以侵犯著作权罪判处庄某等 5 人有期徒刑五年至有期徒刑缓刑不等，共处罚金 168 万元，追缴违法所得 125 万余元。2020 年 8 月，泉州市版权局发现该系列盗版教辅再次在市场出现，查获胡某某销售该盗版幼儿教辅非法经营额 32 243.35 元，违法所得 5 794.75 元。2020 年 11 月，泉州市版权局依法对胡某某作出罚款 17.12 万元的行政处罚。截至 2020 年底，该系列案共刑事判决 3 起、行政处罚 3 起，先后判处 7 人有期徒刑五年至有期徒刑缓刑不等，累计罚没、追缴金额 320.18 余万元。

10. 上海犀光网络科技有限公司侵犯摄影作品著作权案

2020 年 7 月，根据投诉线索，上海市文化和旅游局执法总队对该案进行调查。经查，2019 年 12 月至 2020 年 2 月，上海犀光网络科技有限公司未经著作权人许可，通过其经营的网站向公众传播中超足球比赛摄影作品 257 张。2020 年 12 月，上海市文化和旅游局执法总队对该公司作出罚款 15 万元的行政处罚。

三、2020 年出版物市场治理特点

（一）紧紧围绕工作大局，有力掌握工作主动权

面对突如其来的新冠肺炎疫情，"扫黄打非"战线迅速行动、勇于担当，全面加强网络监测、线索排查、案事件查办，坚决打击涉疫非法出版传播活动。在重要时间节点前后加强市场检查和网络巡查，组织对北京等 8 个重点省市开展"扫黄打非"专项行动开展情况进行督导检查，通报整改了一批问题。

（二）紧紧围绕统筹协调，着力完善工作格局

健全"扫黄打非"机制制度，完善"扫黄打非"治理体系。印发有关规定，明确各有关方面"扫黄打非"工作责任及应问责的 8 种情形。制定《出版物鉴定管理办法》，规范审读鉴定工作。推进联防协作机制建设，强化区域协作。

（三）紧紧围绕网络主战场，着力提高治理能力

针对疫情防控期间出版物销售及中小学生教育基本转到线上进行，全国"扫黄打非"办公室及时调整工作方向，突出问题导向，进一步强化网络监管，营造清朗网络空间。不断完善网上"扫黄打非"机制，专题部署网络直播整治工作、涉未成年人网络安全保护等，强化网络治理合力。对互联网企业加强督促指导，压实企业主体责任。

（四）紧紧围绕以"打"开路，着力加强案件查办

坚持将查办案件作为"扫黄打非"工作重要抓手，组织指导各地查办了一批大案要案。进一步改进举报受理工作，从举报线索中梳理形成多起案件。针对网络案件线索发现难、落地难等问题，进一步强化互联网思维，运用人工智能技术提高发现能力，运用大数据技术提高分析能力，不断提升案件查办水平。

（五）紧紧围绕结合融入，着力推动进基层向纵深发展

联合有关部门印发《关于进一步推动基层"扫黄打非"工作与相关平台有效结合融入的意见》，加强"扫黄打非"工作与基层综治、新时代文明实践中心等的结合融入。组织开展第四批全国"扫黄打非"进基层示范点创建工作，发挥先进示范引领作用。

（六）紧紧围绕创新发展，着力提升宣传声势

围绕网络直播专项整治、"净网""护苗"重点案件曝光等，策划集中宣传报道，教育警示相关从业者，提升"扫黄打非"影响力。强化新媒体舆论宣传，"扫黄打非"微博、微信公众号等发布信息1 600余条，点击量突破2.1亿人次，宣传话题讨论最高4.9亿次。加强"净网直通车"机制建设，整合各互联网企业有害信息样本资源，督促各企业累计清理有害信息500万余条，有力净化网络空间。

四、2021年出版物市场治理重点

2021年，"扫黄打非"战线继续深入打击各类非法出版传播活动、淫秽色情低俗信息、假媒体假记者站假记者和侵权盗版行为，以"新风2021"集中行动为平台，筑牢民心工程、高举"护苗"大旗，深入开展"护苗2021""净网2021""秋风2021"专项行动，努力实现保护未成年人氛围更加浓厚、网络空间持续清朗、新闻出版传播秩序不断改善的工作目标，为庆祝建党百年、"十四五"开局及开展党史学习教育营造良好的环境氛围。

（一）"护苗"行动聚焦育新人使命任务

一方面，组织执法力量定期检查校园周边重点市场点位，集中清理夹杂"黄暴毒"、宣扬邪教迷信等有害内容的少儿出版物；深层清理网上对未成年人具有诱导性的

不良内容；督促网络平台实施"青少年模式"并切实发挥作用，推进重点互联网企业专设"护苗"工作站点。另一方面，打造"护苗"品牌，开展"护苗"系列正面宣传教育活动，打造"护苗"教育基地，推动学校、家庭严格管理学生使用手机等智能终端产品。

（二）"净网"行动重点整治五个领域

一是继续开展网络直播专项整治，深入整治直播打赏乱象，严禁炒作"天价打赏"行为，重点关注"美女直播""热舞""主播PK"等问题多发板块，处置低俗直播诱导打赏行为；坚决打击非法地下直播平台。二是开展网络游戏专项整治，严厉打击传播淫秽色情、暴力血腥等有害内容的网络游戏，严肃处置人物衣着暴露、以打"擦边球"为噱头的网络游戏，着力查处未经批准擅自运营的网络游戏，禁止直播未经审批的网络游戏。三是开展网络文学专项整治，组织抽样检查，严肃处理导向不正确、内容低俗的作品，坚决打击制售传播淫秽色情内容行为，从严查处线下非法出版、印制、销售网络文学作品活动。四是开展弹窗广告专项整治，加大对低俗、"软色情"弹窗广告的处罚力度，追查淫秽色情网站等非法弹窗广告源头。五是开展网络社交平台专项整治，重点打击通过群组传播有害信息行为。

（三）"秋风"行动着力维护新闻出版秩序

严厉打击假媒体、假记者站、假记者，查处制售假新闻记者证、假采访证行为，查处假冒新闻机构、新闻记者从事非法活动，取缔、关闭一批非法设立的报刊编辑部、新闻记者站（工作站）及网络平台。严厉打击自媒体从事虚假新闻、扰乱网络传播秩序等活动，保持打击"网络水军""黑公关"的高压态势，清理关闭一批违法违规自媒体账号。严厉打击各类侵权盗版活动，重点查处盗版盗印党和国家重要会议文件、党史学习教育有关读本及学习辅导读物，以及大中小学教材教辅、畅销图书等行为。有力整治学校、培训机构使用盗版教材资料、未经许可擅自向社会公开发行出版物行为。

（舒　彧　全国"扫黄打非"办公室）

2020年新闻出版标准化综述

2020年是全面建成小康社会和"十三五"规划收官之年，也是举国上下共同抗击疫情的特殊的一年。挑战中蕴藏动力，面对疫情的冲击和挑战，新闻出版行业标准化主管部门与行业内各类标准化机构积极应对，在变局中开创新局，保持了新闻出版标准化各项工作正常运转，并取得了可喜成绩。标准制修订工作瞄准出版业高质量发展和深度融合中的基础性、关键性问题，多项标准填补了行业空白。国际标准化工作深度开展，我国出版领域标准化组织在国际标准化活动中的主导力和贡献力不断加强。标准化管理与服务水平持续提升，标准宣传推广与应用收效明显。

推动出版业实现高质量发展和持续创新仍将是新闻出版标准化工作的主题。发挥标准化在行业发展中的正向效应，应坚持系统观念，进一步强化标准化工作的系统性和全局性，提高标准间的协调性，增强标准适用性。积极探索有利于技术、产品快速创新的标准研制机制和模式，为新闻出版"十四五"开好局起好步提供有力支撑。

一、2020年标准化工作基本情况

（一）各级各类标准的制修订与发布

2020年，尽管受疫情影响，新闻出版标准制修订各项工作仍有条不紊地开展。国家标准、行业标准、地方标准、团体标准紧紧围绕新闻出版行业实现高质量发展，并聚焦新技术、新业态，满足行业之亟须，多项标准填补了行业空白。国际标准新提案获批立项，国际标准化工作深度开展。

1. 国家标准

2020年1月至12月，我国新闻出版领域发布国家标准（含部分标准）11项，主要涉及数字内容管理、内容资源数字化加工、发行物联网应用等方面,具体内容见表1。

表1 2020.1—2020.12 新闻出版领域发布的国家标准

序号	标准编号	标准名称	技术归口单位	发布日期	实施日期
1	GB/T 38371.1—2020	数字内容对象存储、复用与交换规范 第1部分:对象模型	全国新闻出版信息标准化技术委员会	2020.3.6	2020.10.1
2	GB/T 38371.2—2020	数字内容对象存储、复用与交换规范 第2部分:对象封装、存储与交换		2020.3.31	2020.10.1
3	GB/T 38371.3—2020	数字内容对象存储、复用与交换规范 第3部分:对象一致性检查方法		2020.3.31	2020.10.1
4	GB/T 38548.1—2020	内容资源数字化加工 第1部分:术语		2020.3.6	2020.10.1
5	GB/T 38548.2—2020	内容资源数字化加工 第2部分:采集方法		2020.3.6	2020.10.1
6	GB/T 38548.3—2020	内容资源数字化加工 第3部分:加工规格		2020.3.6	2020.10.1
7	GB/T 38548.4—2020	内容资源数字化加工 第4部分:元数据		2020.3.6	2020.10.1
8	GB/T 38548.5—2020	内容资源数字化加工 第5部分:质量控制		2020.3.6	2020.10.1
9	GB/T 38548.6—2020	内容资源数字化加工 第6部分:应用模式		2020.3.6	2020.10.1
10	GB/T 39659—2020	生僻汉字结构数字键编码		2020.12.14	2021.7.1
11	GB/T 39594—2020	图书发行物联网应用规范	全国出版物发行标准化技术委员会	2020.12.14	2021.7.1

其中,国家标准 GB/T 38371—2020《数字内容对象存储、复用与交换》和 GB/T 38548—2020《内容资源数字化加工》均属于国家质量基础共性技术研究与应用项目——数字出版技术标准的研究成果。2018 年,数字出版技术标准研究项目被列入科技部国家重点研发计划项目。其研究目的是通过建立数字出版技术标准体系框架并研制一批数字出版产品与服务的通用标准,解决我国出版业数字化转型升级中的瓶颈和

共性问题,加速出版融合发展,壮大我国数字内容产业,推动数字经济发展。

GB/T 38371—2020《数字内容对象存储、复用与交换》包括数字内容对象模型以及封装、存储与交换和一致性检查3个部分。旨在规范数字内容管理,降低数字内容资源管理与利用成本。GB/T 38548—2020《内容资源数字化加工》包括6个部分,旨在统一数字出版内容加工中的术语、加工规格、元数据、质量控制等关键性问题,保障内容资源数字化加工过程及数字化产品的质量。

GB/T 39659—2020《生僻汉字结构数字键编码》主要规定了汉字结构划分规则、数字键位设定和生僻汉字编码规则,用于解决系统中生僻汉字编码输入问题。标准将于2021年7月正式实施。

物联网技术在出版产业链中的应用越来越普遍,为规范图书发行各环节中物联网技术应用,提高图书发行行业的数字化、智能化水平,全国出版物发行标准化技术委员会组织制定了国家标准GB/T 39594—2020《图书发行物联网应用规范》,该标准对图书发行中物联网应用模式及应用技术提出了要求,并于2021年7月正式实施。

与此同时,一批新立项国家标准有序推进。截至2020年12月底,新闻出版行业新立项与研制中的国家标准13项,涉及知识服务、数字版权保护、数字化加工、印刷技术、出版物在线信息交换等多个方面,具体内容见表2。这些标准将在2021年内完成研制工作。

表2 2020.1—2020.12 新闻出版领域立项与在研的国家标准

序号	立项标准名称	技术归口单位	标准状态(截至2020年12月31日)
1	新闻出版 知识服务 知识对象标识符(KOI)	全国新闻出版信息标准化技术委员会	征求意见阶段
2	数字版权保护 版权资源标识与描述		征求意见阶段
3	数字版权保护 版权资源加密与封装		征求意见阶段
4	数字版权保护 可信计数技术规范		征求意见阶段
5	期刊文章标签集	全国新闻出版信息标准化技术委员会	征求意见阶段
6	印刷技术 网目调分色版、样张和生产印刷品的加工过程控制 第4部分:出版凹印	全国印刷标准化技术委员会	起草阶段

续表

序号	立项标准名称	技术归口单位	标准状态（截至2020年12月31日）
7	印刷技术 彩色打样用显示器 性能指标	全国印刷标准化技术委员会书刊印刷分会	征求意见阶段
8	印刷技术 彩色软打样系统要求	全国印刷标准化技术委员会书刊印刷分会	征求意见阶段
9	印刷技术 印前数据交换 阶调调整曲线	全国印刷标准化技术委员会包装印刷分会	征求意见阶段
10	印刷技术 专色阶调值的测量与计算	全国印刷标准化技术委员会包装印刷分会	征求意见阶段
11	印刷技术 印刷图像的光谱测量和色度计算	全国印刷标准化技术委员会	起草阶段
12	中国出版物在线信息交换 图书产品信息格式规范（修订）	全国出版物发行标准化技术委员会	报批阶段
13	数字版权唯一标识符	全国版权标准化技术委员会	报批阶段

2. 行业标准

2020年，国家新闻出版署批准发布行业标准47项（含1项指导性技术文件），涉及出版、印刷、出版信息化、发行等多个领域，该47项行业标准于2021年2月1日起正式实施，具体内容见表3。

表3 2020.1—2020.12 新闻出版领域发布的行业标准

序号	标准编号	标准名称	技术归口单位
1	CY/T 208—2020	文献片段标识符（DFI）	全国新闻出版标准化技术委员会
2	CY/T 209—2020	ISLI标志码图标应用	
3	CY/T 210—2020	瓦楞纸板柔性版印刷过程控制要求	全国印刷标准化技术委员会
4	CY/T 211—2020	卷筒料凹版印刷机维护保养规程	
5	CY/T 212—2020	单张纸胶印机适印状态要求及检验方法	
6	CY/T 213—2020	单张纸胶印机维护保养规程	
7	CY/T 214—2020	单张金属板材胶印产品质量要求及检验方法	
8	CY/T 215—2020	单张金属板材胶印生产过程控制要求及检验方法	

续表

序号	标准编号	标准名称	技术归口单位
9	CY/T 216—2020	胶印橡皮布使用保养规程	
10	CY/T 217—2020	数字印刷 卷筒纸喷墨书刊印刷规范	
11	CY/T 218—2020	卷筒塑料薄膜精密涂布过程控制要求及检验方法	
12	CY/T 130.3—2020	绿色印刷 通用技术要求与评价方法 第3部分：纸质柔性版印刷	
13	CY/T 130.4—2020	绿色印刷 通用技术要求与评价方法 第4部分：塑料柔性版印刷	
14	CY/T 219—2020	纸质印刷品紫外光固化胶印过程控制要求及检验方法	
15	CY/T 220—2020	卷筒纸圆压圆模切与印制质量联线检测要求及检验方法	
16	CY/T 221—2020	折叠纸盒卷筒纸无缝印制基本要求及检验方法	
17	CY/T 222—2020	柔性版制版过程控制要求及检测方法	
18	CY/T 223—2020	网版印刷 纯棉针织布反应染料平网印花过程控制要求及检验方法	全国印刷标准化技术委员会
19	CY/T 224—2020	折叠纸盒用胶黏剂粘结性能要求及检验方法	
20	CY/T 225—2020	空心凹印版辊规格尺寸分类	
21	CY/T 226.1—2020	化妆品类包装印刷品质量控制要求及检验方法 第1部分：纸包装	
22	CY/T 226.2—2020	化妆品类包装印刷品质量控制要求及检验方法 第2部分：软管包装	
23	CY/T 227—2020	柔性版印刷紫外光固化油墨使用要求及检验方法	
24	CY/T 228—2020	绿色印刷材料 胶印橡皮布	
25	CY/T 229—2020	阅读类印刷品中挥发性有机化合物的测定 气候舱法	
26	CY/T 230—2020	阅读类印刷品中挥发性有机化合物检测用气候舱通用技术条件	
27	CY/Z 22—2020	印刷标准体系表	
28	CY/T 231—2020	图书出版发行物联网平台总体结构	
29	CY/T 232—2020	单册图书唯一标识	全国出版物发行标准化技术委员会
30	CY/T 233—2020	全球图书贸易主题分类表	
31	CY/T 234—2020	出版物物联网物流包件编码	

续表

序号	标准编号	标准名称	技术归口单位
32	CY/T 102.1—2020 代替 CY/T 102.1—2014	新闻出版数字内容对象存储、复用与交换规范 第1部分：对象模型	全国新闻出版信息标准化技术委员会
33	CY/T 102.2—2020 代替 CY/T 102.2—2014	新闻出版数字内容对象存储、复用与交换规范 第2部分：对象封装、存储与交换	
34	CY/T 102.3—2020 代替 CY/T 102.3—2014	新闻出版数字内容对象存储、复用与交换规范 第3部分：对象一致性检查方法	
35	CY/T 102.4—2020	新闻出版数字内容对象存储、复用与交换规范 第4部分：篇章	
36	CY/T 102.5—2020	新闻出版数字内容对象存储、复用与交换规范 第5部分：条目	
37	CY/T 102.6—2020	新闻出版数字内容对象存储、复用与交换规范 第6部分：论文	
38	CY/T 235.1—2020	出版资源内容部件数据元　第1部分：文本	
39	CY/T 235.2—2020	出版资源内容部件数据元　第2部分：静态图像	
40	CY/T 235.3—2020	出版资源内容部件数据元　第3部分：动态图像	
41	CY/T 235.4—2020	出版资源内容部件数据元　第4部分：音频	
42	CY/T 235.5—2020	出版资源内容部件数据元　第5部分：表格	
43	CY/T 235.6—2020	出版资源内容部件数据元　第6部分：列项	
44	CY/T 235.7—2020	出版资源内容部件数据元　第7部分：索引	
45	CY/T 235.8—2020	出版资源内容部件数据元　第8部分：数学公式	
46	CY/T 235.9—2020	出版资源内容部件数据元　第9部分：化学式	
47	CY/T 235.10—2020	出版资源内容部件数据元　第10部分：程序	

2020年全年新立项行业标准（含修订）共37项。新立项的行业标准突出公益性和行业引领性，以满足传统出版提质增效和数字化出版技术升级为目标，并兼顾出版管理方、生产方和检测方等多方需求。

其中，《出版物（图书）编校质量差错判定细则和计算方法》《四角号码检字法》《线装书籍要求》《骑马订装书刊要求（修订）》《纸质印刷品覆膜表面耐摩擦性能测试方法》《3—8岁儿童分级阅读指导》等标准旨在帮助传统出版实现产品和服务质量提升。《出版物二维码技术应用要求》《出版物 VR 技术应用要求》《区块链技术在版权保护中的应用技术要求——文学、图片作品》《数字教育出版课程制作要求》《智媒体电子书存储格式要求》《数字印刷可变二维码喷印质量要求》《印刷智能制造术语》等标准，旨在规范新技术在出版领域中的应用。这批标准的研制工作已在 2020 年启动，预计未来两年将陆续完成并向社会公开。

3. 团体标准

2020 年，团体标准覆盖面进一步扩大，在印刷和数字出版领域均有新的团体标准发布。在印刷领域，中国印刷技术协会发布了 T/PTAC 004—2019《印刷智能仓储系统构建指南》、T/PTAC 005—2020《纺织品印花皮膜柔软度试验方法》和 T/PTAC 006—2020《纺织品印花皮膜透气性试验方法》3 项团体标准。在数字出版领域，中国音像与数字出版协会发布了 T/CADPA 8—2020《基于 5G 数字音乐超高清音质技术要求》、T/CADPA 9—2020《AR 出版物通用制作过程》、T/CADPA 10—2020《家长监护平台建设要求》、T/CADPA 11—2020《数字阅读平台建设要求》、T/CADPA 12—2020《游戏企业内容自审流程》、T/CADPA 13—2020《网络百科质量规范》等 8 项团体标准。

这些团体标准的及时出台，在一定程度上解决了智能印刷、数字音乐、AR 出版、网络百科、网络游戏等技术更新周期短、创新活跃度较高、市场需求变化过快的领域中缺少必要规范和标准的问题，成为了国家标准、行业标准的有效补充。

4. 地方标准

2020 年，为推进首都出版物印刷实现高质量发展，全国印刷标准化技术委员会组织制定了地方标准——《服务首都核心功能出版物印制质量要求及检验方法》。该标准中中小学教科书、报纸等重点出版物印制的关键技术指标设定高于现有标准，对首都地区重点出版物印制质量提升将起到引领作用。

5. 国际标准

2020 年，我国出版标准化组织在国际标准化活动中的主导力和贡献力持续提高。在主导和参与国际标准制定、组织国际标准化活动和积极采用国际标准等多个方面成效显著。

（1）主导制定国际标准

2020 年 12 月，由我国专家提出的国际标准提案《纸和纸板印刷品的平板模切过程控制及检测方法》正式注册为国际标准预工作项目，项目编号为 ISO/PWI 6400。该项国际标准的后续研制工作将由中国印刷技术协会和全国印刷标准化技术委员会负责组织开展。

（2）深度参与国际标准制修订

2020 年，在行业标准化主管部门的部署下，业内多家标准化技术委员会加强与国际标准化组织沟通联络，深度参与新闻出版相关的国际标准研制工作，认真履行我国义务，及时为我国利益发声，并为推进国内标准与国际标准协同积极献力。

全国印刷标准化技术委员会（SAC/TC 170）是与国际标准化组织印刷技术委员会（ISO/TC 130）对应的我国印刷标准化机构。印刷技术委员会积极履行国际标准化工作组成员义务，截至 2020 年 12 月 31 日，完成国际标准制修订各类投票 57 项，并将标准制修订过程中涉及的技术问题及时向国际标准化组织提交我国意见，发出"中国声音"。

2020 年，全国新闻出版标准化技术委员会（SAC/TC 527）委派工作人员参加了国际标准化组织 ISO/TC 46（信息与文献标准化技术委员会）第 47 届年会网络会议。密切跟踪标识原则工作组（WG16）、研究活动标识符工作组（WG17）、国际标准内容标识符工作组（WG18）以及新成立的 WG18 国际标准内容代码 ISCC 工作组的标准研制工作，及时了解国际标准动向并为国内标准的研制提供思路和参考。

（3）组织召开国际标准化会议

我国出版标准化机构在国际标准化活动中的地位日益提高。2020 年，全国印刷标准化技术委员会作为 ISO/TC 130 秘书处承担单位，组织召开了国际标准化组织 ISO/TC 130 第 34 届春季和秋季工作组网络会议并起草了关于修订国际标准、续任工作组召集人及 ISO/TC 130 主席变更等 14 项重大事项的决议草案，同时发布了 ISO/TC 130 秘书处年度报告。会议得到了参会各国代表的充分肯定，彰显了我国出版标准化机构在国际标准化会议中的影响力和贡献力。

（4）国际标准转化

2020 年，我国出版标准化领域积极开展国际标准转化行动，加快推动先进适用的国际标准转化为我国标准，缩小我国标准与国际先进标准间的差距，加快我国出版行业发展。

在印刷标准方面，截至 2020 年 12 月，已转化印刷类国际标准 26 项，被列入转化计划 11 项。在未来 5 年中，还有 60 余项印刷国际标准或国际文件将根据国内外产业的发展情况适时转化，以提高国内外标准的协同程度，推动我国印刷产业升级。

在出版物发行标准方面，全国出版物发行标准化技术委员会（SAC/TC 505）作为欧洲电子数据交换组织的国家组成员，持续跟进国际 ONIX 标准（在线信息交换标准）制修订工作，及时对照修订国内标准，保持我国标准与国际标准的一致性。技术委员会曾在 2010 年结合我国国情等效采用国际 ONIX 标准，制定了国家标准《中国出版物在线信息交换图书产品信息格式规范》（CNONIX）。目前，国际 ONIX 标准已根据产业发展需要，标准的使用范围从图书扩大到与图书相关的其他媒体产品，标准版本再次更新。技术委员会及时开展了《CNONIX 国家标准修订》项目，该项目将于 2021 年完成报批工作。

（二）标准化管理与标准化技术服务

2020 年，出版标准化管理水平提升，标准化技术服务功能增强。行业标准化管理部门进一步加大对标准质量的管理力度。各级各类标准组织制定机构积极优化运行管理。同时，标准化宣传手段创新，标准化工作在行业中的战略性地位和影响力攀升。标准化技术咨询服务升级，标准应用与推广取得了实效。

1. 标准质量管理

保障标准质量是实现标准化效能的基础和前提，是标准化工作的一项重要任务。行业标准化管理部门高度重视标准质量问题，2020 年起，通过组织开展标准评估与复审、加强标准立项管理等一系列措施，着力提高标准的适用性、科学性、先进性和可行性，推动我国新闻出版标准向高质量、高水平迈进。

（1）开展标准评估与复审工作，优化整合现行标准

《中华人民共和国标准化法》规定，标准的体系结构和标准内容应根据法律法规、市场需求变化和科技创新发展等及时调整并与之相适应。

2020 年 4 月，中宣部出版局印发了《关于做好新闻出版标准化工作的通知》，提出开展标准评估和复审工作，优化整合现行标准，适量控制行业标准数量，增强标准的

系统性和通用性等要求。出版、印刷、发行、版权等技术委员会按照行业标准化主管部门要求和部署，以推动实现行业高质量发展，满足行业转型升级和融合发展为总体方向，对本领域内的标准进行评估与复审。2020年7月，全国新闻出版标准化技术委员会完成了143项现行与在研标准的评估与复审工作。其中，29项标准（含部分）纳入修订和转化计划，同时废止了7项旧标准，提高了出版类标准的先进性和适用性。

（2）实施行业标准立项专家评估，加强源头把关

2021年3月，为进一步加强行业标准立项管理，从源头上保障标准质量，中宣部出版局发布了《新闻出版（版权）行业标准立项评估工作规则（试行）》。该文件明确了行业标准立项评估的基本原则和要求，并提出将以专家评估结果作为行业标准立项依据，提高标准立项的科学性、适用性和规范性。中宣部出版局随即启动了标准评估专家数据库建设工作。今后行业标准立项评估专家组将由专家数据库中随机产生，标准立项评估过程将更加公正、科学和高效。

2. 标准化机构建设与管理

（1）行业标准化技术委员会组织机构优化

标准化技术委员会的持续建设和健康发展影响着出版标准化工作的整体效果和发展水平。2020年，各技术委员会依据《全国专业标准化技术委员会管理办法》和行业标准化管理部门的要求，陆续开展技术委员会换届工作。《管理办法》中规定，标准化技术委员会每届任期为5年，任期届满应进行换届。2020年6月，全国新闻出版标准化技术委员会完成了换届工作，第二届委员会由国家标准化管理委员会正式批复成立。

新一届全国新闻出版标准化技术委员会进一步优化委员结构、完善业务机制。委员是标准化工作持续和健康开展的基石。第二届技术委员会对委员进行精简优化，人数由上一届的78人降至33人。同时，扩大委员专业领域覆盖面，提高委员的广泛性和代表性，并扩充了出版管理、出版产品质量检验检测等公共利益方代表，充分保障标准制修订的科学性与公正性。

技术委员会业务工作机制也在换届中得到完善。一是制订了委员激励机制，提高委员履职的积极性。通过对委员参与各类投票和会议情况的统计，对履职的委员给予相应物质奖励和表彰，增强委员的荣誉感和成就感。二是建立注册专家库，壮大标准

化工作的专家团队,增强标准化工作力量。三是加强信息化建设。建立委员微信群、注册专家微信群,升级标准信息平台,并加强日常维护,畅通联络渠道,提高标准反馈效率和质量。

(2)团体标准化机构管理赋能

2020年,印刷团体标准化工作纳入全国印刷行业标准化技术委员会秘书处管理。早在2015年,中国印刷技术协会便成立了印刷团体标准工作委员会,建立了相关工作程序和工作制度。2020年,全国印刷行业标准化技术委员会秘书处承担了印刷团体标准的制修订、标准应用推广和日常管理工作,并在前期基础上进一步健全完善了内部管理各项制度,规范了团体标准制修订程序。专业标准化机构赋能,印刷团体标准化工作将迈入发展新阶段。

3. 标准宣贯与培训

(1)举办首届新闻出版"世界标准日"活动,提升标准化战略地位

国际标准化组织(ISO)将每年的10月14日定为世界标准日,用以宣传标准化活动在世界经济社会发展中的重要作用,提高人们的标准化意识,促进标准化工作适应全球商业、工业、政府和消费者的需要。

2020年10月,我国新闻出版行业举办了以"加强标准建设,助力出版业高质量发展"为主题的首个"世界标准日"宣传活动,对新闻出版领域标准化发展现状进行了全面、系统介绍。首届新闻出版"世界标准日"活动引发了业内专家、学者和众多出版机构对标准化工作的广泛关注,成为增强行业标准化意识,增进行业标准化组织与出版企业交流沟通,提高标准化在行业中的战略地位和影响力的一次有益尝试。

(2)上线"标准云课程",开创标准宣贯培训新模式

2020年,突如其来的疫情对线下标准宣贯培训工作造成了巨大冲击。新闻出版行业各标准化技术委员会在危机中抓住新机,充分利用互联网优势,积极组织开展"标准云课堂",开启了线上培训的新模式。2020年4—6月期间,出版、印刷、发行、信息等标准化技术委员会组织录制国家标准、行业标准解读在线课程60余项,并陆续上线。借助网络传播优势,标准宣贯培训在短期内实现了规模扩大,增强了标准宣贯效果。线上培训也成为日后开展标准宣贯培训工作的有效补充形式。

4. 标准应用与推广

2020 年，标准化机构积极为出版企业、新闻出版业务相关的互联网企业、社会组织等提供标准化咨询技术服务，加快标准成果应用转化，推动标准与产业升级紧密结合，支撑产业发展。

（1）CNONIX 国家标准应用

2020 年，全国出版物发行标准化技术委员会联合中宣部机关服务中心（信息中心）及北方工业大学 CNONIX 实验室，共同为 CNONIX 国家标准应用示范企业开展技术指导，积极推广 CNONIX 国家标准在行业内的应用。技术委员会联合 CNONIX 实验室等机构通过统一采集客户端抽取 CIP 出版数据库中历史数据，帮助示范企业完成 CNONIX 标准的格式转化，为出版企业大批量的数据迁移工作进行了有效尝试[①]。

（2）ISRC 码应用与扩展

ISRC 码（国际标准音像制品编码）是音像制品的唯一标识符。中国标准录音制品编码（ISRC）中心（简称"中国 ISRC 中心"）具体负责我国 ISRC 编码的分配、管理、维护等工作。为推动 ISRC 码在我国音像产业尤其是在数字音乐产业中的广泛应用，中国 ISRC 中心积极探索 ISRC 码在国内的应用模式，促进我国音像产业健康有序发展并保持与国际市场同步。目前，中国 ISRC 中心已与腾讯音乐娱乐集团、网易云音乐平台等企业达成初步共识，将使用 ISRC 编码标识其数据库内的所有音乐制品。除此以外，ISRC 编码也逐渐成为音乐版税结算的基础工具。

（3）DCI 标准体系的应用与推广

DCI（数字版权唯一标识符）标准体系是集互联网版权服务和互联网信息内容治理于一体的互联网版权综合治理体系。DCI 体系中的《数字版权唯一标识符（DCI）》《版权服务基础代码集》《版权权利描述元数据》《版权服务基础数据元》等基础性行业标准现已发布实施。

目前，DCI 体系相关标准的应用取得了实效。截至 2020 年 11 月中旬，中国版权保护中心基于 DCI 体系标准，完成数字作品版权登记 582 185 件，合同备案 16 321 件，

---

① 全国出版物发行技术委员会. 全国出版物发行技术委员会年报（2020 年度）.

与著作权有关的权利登记1 953件[1]。同时，为加快推动DCI标准在互联网企业中的应用，全国版权标准化技术委员会已与阿里巴巴集团以及国内最大的电视互联网服务平台企业——天脉聚源公司签署了一批DCI标准示范应用合同[2]，以标准助力互联网信息治理和互联网版权保护升级。

二、标准化工作存在的问题及趋势

（一）标准化工作存在的问题

1. 标准化工作的系统化程度不高，标准化效能发挥有限

当前，出版标准化事业快速发展，但标准技术内容常存在交叉、重叠、矛盾等现象。标准化各环节发展不均衡，标准化工作尚不能形成闭环控制。这些问题反映出当前标准化工作的系统性还不够强，标准化在推进出版业健康发展中所发挥的作用还不充分。

（1）标准化目标分散，标准体系间集成度较低，标准的协调性和兼容性不强

目前，我国新闻出版业各技术委员会按照传统出版产业链条划分为出版、印刷、发行、版权等领域。标准体系建立和标准制修订工作在各个相对独立的领域中分头开展。经过多年实践和探索，各技术委员会已根据本领域需求和发展情况制定了各自的标准化目标，并依据各目标建立了不同的标准体系。各标准体系之间虽关联度不高，但并不影响传统出版业中标准的研制和使用。

随着新兴技术不断向出版业渗透融合，出版产业链上下游边界逐渐模糊，标准体系间、标准间不可避免的存在交叉，客观上增加了相互协调的难度。而标准化目标分散，标准体系间缺少集成的现状，又使标准重叠、交叉甚至相互矛盾的问题更加突出。尤其表现在与数字化出版相关的标准中，如数据规格要求、数字化加工技术要求、产品质量检测指标等方面。这给标准研制和标准实施带来了障碍和困难，直接影响了标

---

[1] 全国版权标准化技术委员会."十三五"时期工作总结以及"十四五"时期工作初步思考.
[2] 全国版权标准化技术委员会."十三五"时期工作总结以及"十四五"时期工作初步思考.

准化效能的发挥。

（2）标准制定、实施与信息反馈尚未形成闭环

标准化工作非一次性工作，而是由标准制定、标准实施和信息反馈等环节形成的闭环控制。任何一个环节都不是孤立的，需要其他环节支撑并协同推进、不断循环。而且每一轮循环都在原来的基础上创新和改进，形成螺旋上升的"标准化金字塔"发展模式[1]，从而推动标准化不断向前发展。

近几年，产业快速发展对标准需求加大，短短几年中积累了大量标准。但由于受主客观因素影响，标准实施和信息反馈发展程度落后于标准制定。标准化工作各环节无法形成相互促进、相得益彰的局面。

在标准实施方面，一是由于新闻出版领域现有标准大部分为推荐性标准，标准的实施依靠企业自愿采用。二是出版企业普遍对实施标准所带来的益处认识与理解不够，行业中又缺少激发企业标准实施的积极性的有效措施，标准实施动力不足。三是标准本身的科学性、适用性也是影响标准实施水平的原因之一。如一些标准内容陈旧而没有及时修订或者标准制定赶不上产业发展速度等，都消减了标准的执行力度。

在信息反馈环节，行业各类标准组织制定机构均建立了标准信息平台，标准信息发布效率和覆盖面显著提高。但标准信息依然是单向流通，标准信息回收和处理水平不高，尤其是标准实施阶段的信息收集和处理常被忽视。标准化管理部门、标准组织制定机构也因此无法及时、全面的了解和掌握标准实施效果和标准的适用性，并据此对标准技术内容做出调整和改进。

2. 新技术、新产品标准制定滞后，标准对技术创新的支撑力不足

近年来，行业内各标准化机构都将服务出版技术、产品创新作为标准制定的主要方向。但新技术、新产品标准的研制仍跟不上技术、产业发展速度，标准供给力仍然有限。

人工智能、区块链、物联网等新兴技术与出版业绑定引发出版制作加工技术不断革新，产品迭代周期大大缩短。然而，当前标准的制定依然采用传统模式，即待技术

---

[1] 李春田. 标准化概论（第六版）[M]. 北京：中国人民大学出版社，2014.

相对成熟后，标准才开始介入，具有一定的滞后性。同时，传统的标准研制模式有固定的程序，并需要花费大量时间对各利益相关方进行协调，标准研制周期较长。一项标准从立项到发布往往需要2—3年甚至更长的时间。

传统标准制定模式能够满足技术发展相对稳定的传统出版业的标准化需求。但却难以与技术迭代周期短，产品更新速度快的新兴出版相适应。

（二）标准化工作发展趋势

1. 提高标准质量将成为标准制修订的基本要求

国家标准化管理部门持续加强标准质量管理。2020年3月，国家标准化管理委员会发布《2020年全国标准化工作要点》，提出"推荐性国家标准将严格控制规模，强化标准立项审查"。2021年4月，《2021年全国标准化工作要点》发布，对进一步加强标准立项管理提出了"引入外部专家评估机制"等措施。

同时，行业标准质量管理工作也不断加码。2021年3月，中宣部出版局印发了《新闻出版（版权）行业标准立项评估工作规则（试行）》，将进一步提高行业标准立项管理力度，从源头上保障标准质量。

2. 支撑出版业技术创新和高质量发展仍为现阶段标准化工作的重点

标准支撑新技术、新业态发展既是当前全国标准化工作的重点任务，也是新闻出版行业发展的现实需求。2021年4月，完善新一代信息技术标准体系，推进区块链、物联网、新型云计算、大数据、5G、新一代人工智能等重点领域标准编制被列入《2021年全国标准化工作要点》的重点任务中。2019年8月，科技部、中央宣传部等六部门联合发布了《关于促进文化和科技深度融合的指导意见》，将"强化文化技术标准研制与推广"列入重点任务，提出以标准助力文化和科技深度融合等若干具体要求。

与此同时，出版管理机构和大众对出版产品和服务质量要求有不断上升的趋势，迫切需要标准及时出台。尤其需要加大出版产品质量检验、检测、评价类标准的研制，为出版质量检验与质量管理工作提供科学依据，从而保持出版产品质量的可靠性与稳定性，不断满足大众需求。

三、关于新闻出版标准化工作的建议

（一）坚持系统观念，强化标准化工作的全局性建设

党的十九届五中全会将坚持系统观念作为"十四五"时期经济社会发展必须遵循的原则之一。现代标准化理论更以系统论为基础，增强新闻出版标准化工作的系统性，是提高标准化工作协调性，发挥标准化最优效能，增强标准化对行业发展支撑力的关键。

1. 强化顶层设计，提高标准体系的集成度，增强标准间的配套性和协调性

第一，明确现阶段标准化总体目标。解决标准分散、交叉、重复、矛盾等问题应从标准制定工作的源头入手。标准化目标是标准体系建立和标准制定的基础。实现高质量发展，推进出版深度融合和产业技术创新是当前和未来几年出版工作的主题。行业标准化工作应围绕出版工作重点制定全行业标准化总体目标。促进出版标准化总目标与行业重大战略互动对接，把握行业发展对标准化的重大需求，明确行业标准化工作的总体任务。

第二，以标准化目标为方向调整现有标准体系，统筹各级各类标准制定。各级标准组织制定机构应树立全局观念，将总目标分解为若干分目标，并依据目标审查现有标准体系规划的合理性。调整标准体系层次关系、功能及各类标准的数量比例，促使标准体系符合目标要求。单项标准的研制应服从全局，在满足实际需求的同时充分考虑标准化目标和标准体系的制约性，保持标准研制与行业发展需求相一致。

第三，提高标准制修订过程的开放性，推进标准共商共治。新兴技术促使出版产业链的联系更加紧密，标准制修订工作面临着越来越多的跨行业、跨领域合作。"闭门造车"式的标准制定方式已不适应当前的发展趋势。因此，应加强行业内外、各级各类标准组织制定机构间的交流与合作。积极邀请相关方参与标准制修订工作，促进标准信息共享，共同应对因技术与市场变化带来的系统性、综合性问题，从而增强标准间的配套性和协调性，提高单项标准的覆盖面，避免标准技术内容出现交叉、重复、

矛盾等问题。

2. 促进标准化各环节协同发展，提高标准实施和信息反馈水平

标准制定和标准实施、信息反馈共同构成标准化过程，任何一环节存在短板都将影响标准化效果的实现。因此，补齐标准实施和信息反馈环节短板，实现各要素协同发展是当务之急。

一是促进标准与质量检验协同，增强标准实施动力。当前，标准制定与质量检验工作在各自领域都取得了较大成效，但彼此之间仍衔接不畅。建议加强出版标准组织制定机构与质量检验检测机构之间的合作与配合，促使标准成为出版产品和服务质量检验的有力依据，并以质量检验督促出版企业执行标准，提高标准实施水平。

二是推动认证发展，提高出版企业实施标准的自愿性。认证可提高出版产品辨识度和可信度，吸引企业使用标准，增强出版企业实施标准的积极性。然而，出版领域的认证活动仍处于起步阶段。建议研究制定出版业开展认证的配套政策和措施，加快行业认证发展，提高出版企业实施标准的主动性。

三是加速标准信息双向流通，提升标准实施信息反馈效果。标准实施信息反馈是指标准实施后，标准制定部门收集标准实施情况和实施中遇到的问题并进行处理的过程。标准实施信息反馈是维持标准"新陈代谢"重要措施[①]。实现标准的信息反馈需要建立标准信息反馈渠道并对反馈信息进行有效处理。因此，应优化现有标准信息平台功能，加强与标准实施单位的对接、联络，提高标准实施信息回收率。同时，探索利用大数据、云计算等新技术，增强标准实施数据采集和处理能力，推动标准实现持续改进。

（二）提升标准化对产业技术创新的支撑能力

1. 探索创新标准制修订模式，增强新技术、新产品标准的适用性

一是努力缩短标准研制周期。一方面，将标准研究工作关口前移，形成标准立项前以技术内容研究为主，立项后以标准流程为主的标准研制模式，加快标准研制速度。另一方面，可借鉴国际标准研制模式，采取标准早期介入，并将标准内容随技术变化

---

① 《标准化法》释义. 国家标准化管理委员会 http://www.sac.gov.cn/.

快速更新版本，实现标准研制与技术研发同步，及时响应市场、技术变化对标准化的需求。

二是不同类型的标准可采取不同的复审周期。标准复审是保持标准生命力的重要措施。《中华人民共和国标准化法》规定，标准的复审周期一般不超过五年，经过复审，对不适应经济社会发展需要和技术进步的标准应当及时修订或者废止。出版领域标准覆盖面广，既包括技术相对成熟稳定的传统出版领域又涵盖技术革新快的新兴出版领域。新兴出版领域中的产品标准、技术标准等尤其需要根据政策环境、技术发展和标准使用方需求等变化及时调整标准内容，淘汰落后标准。因此，这类标准应适当缩短标准复审周期，保持标准的活力。

2. 探索市场性标准上升为公益性标准的机制，加大新技术、新产品标准供给

建议加快企业标准、团体标准中的具有行业引领性、关键共性技术的标准通过有效渠道和规范程序进入行业标准或国家标准的体系中，扩大标准的技术创新、产业升级供给力。同时，将市场性较强的企业标准、团体标准转化为公益性标准，有利于提高标准对新产品、新业态的约束力，兼顾出版创新与出版质量。

（李　旗　中国新闻出版研究院）

2020年出版专业教育现状、新形势与变革趋势

我国的出版教育自新中国成立伊始，度过了一段缓慢发展期。改革开放以后，随着出版业的发展繁荣，我国的出版教育取得较大发展，截至目前已覆盖了高等教育的各阶段，初步构建了从高等职业教育（专科）、本科生教育、硕士研究生教育到博士研究生教育的多层次人才培养体系。2020年，在"双一流"和"高精尖"学科的建设推动下，在出版学设为一级学科的呼声中，在智能媒体的技术进步浪潮中，面对不断变化的出版市场人才需求，我国出版专业教育形势发生了一些变化。

一、2020年出版专业教育的现状分析

（一）出版专业高等职业教育

2015年10月，教育部对现行的《普通高等学校高职高专教育指导性专业目录》进行修订，形成了《普通高等学校高等职业教育（专科）专业目录（2015年）》，该专业目录中的新闻传播大类下共设置23个专业，其中新闻出版类专业8个，分别是图文信息处理、网络新闻与传播、版面编辑与校对、出版商务、出版与电脑编辑技术、出版信息管理、数字出版、数字媒体设备管理。笔者通过登录全国职业院校专业设置管理与公共信息服务平台查看"高等职业教育专业设置备案结果"，并从中检索2020年度的新闻出版类专业备案数据，统计出2020年教育部备案的高职高专出版专业开设情况。较之2019年，2020年全国高等职业教育院校在出版类专业设置上有了一些变化，具体情况如下。

开设"图文信息处理"专业的共9所院校，安徽新闻出版职业技术学院、宿州职业技术学院、江西传媒职业学院（该校开设有3年制和5年制的图文信息处理专业）、山东传媒职业学院、晋城职业技术学院、上海出版印刷高等专科学校、四川文化产业职业学院、天津现代职业技术学院、重庆商务职业学院。与2019年相比，减少了大连职业技术学院、北京信息职业技术学院2所院校。

开设"网络新闻与传播"专业的共44所院校，与2019年相比，增加了15所院校，分别是首都经济贸易大学密云分校、广州华立科技职业学院、广东工商职业技术大学、广州涉外经济职业技术学院、贵州盛华职业学院、海南科技职业大学、黄河交通学院、江苏联合职业技术学院、江西软件职业技术大学、江西艺术职业学院、成都理工大学工程技术学院、昌吉学院、宁波幼儿师范高等专科学校、浙江汽车职业技术学院、温州商学院。同时也减少了5所院校，分别是汕尾职业技术学院、郑州信息科技职业技术学院、江西泰豪动漫职业学院、宁波教育学院、镇江市高等专科学校。

开设"版面编辑与校对"专业的共1所院校，安徽新闻出版职业技术学院。与2019年相比，无增无减。

开设"出版商务"专业的共7所，分别是安徽新闻出版职业技术学院、广西教育学院、湖北第二师范学院、上海出版印刷高等专科学校（该校开设有2年制和3年制的出版商务专业）、四川文轩职业学院、四川文化产业职业学院、南充职业技术学院。与2019年相比，减少了江苏联合职业技术学院，增加了湖北第二师范学院。

开设"出版与电脑编辑技术"专业的共3所院校，分别是东莞职业技术学院、上海出版印刷高等专科学校、四川文轩职业学院。与2019年相比，无增无减。

开设"数字出版"专业的共11所院校，分别是北京北大方正软件职业技术学院、东莞职业技术学院、深圳职业技术学院、广东轻工职业技术学院、湖南大众传媒职业技术学院、苏州工业园区服务外包职业学院、江苏城市职业学院、江苏联合职业技术学院、山东传媒职业学院、上海出版印刷高等专科学校（该校开设有2年制和3年制的数字出版专业）、成都工业学院。与2019年相比，减少了江西传媒职业学院、吉林省经济管理干部学院、安徽新闻出版职业技术学院3所院校，增加了北京北大方正软件职业技术学院、东莞职业技术学院2所院校。

2020年无开设"数字媒体设备管理"专业的院校，且该专业2019年也无院校开设。

2020年无开设"出版信息管理"专业的院校。与2019年相比，减少了安徽新闻出版职业技术学院。

较之2019年，2020年我国出版类高职教育开设院校整体数量略有增加，其中，"网络新闻与传播"专业开设院校增加明显，除停开的5所院校外，共15所院校增开此专业。除了该专业，其余专业开设点院校均呈减少趋势，如"图文信息处理"专业开设点院校较之2019年减少2所，"数字出版"专业开设点院校减少3所，增加2所，总体来看减少1所。继2019年"数字媒体设备管理"专业无院校开设后，2020年"出版信息管理"专业也遭遇了院校停办的局面。

（二）编辑出版学本科教育

截至2020年底，全国共有编辑出版学本科专业建设点68个，通过查询教育部每年公布的"普通高等学校本科专业备案和审批结果"数据，可以清楚地看出：近年来我国编辑出版学专业建设点有所减少，且持续呈下降趋势。2018年是编辑出版学专业建设点"动荡最为剧烈"的年份，全国共有7所院校在教育部备案撤销了编辑出版学专业，无一所高校增设编辑出版学专业，2019年编辑出版学专业建设点变更情况与2018年一致，有2所院校备案撤销了编辑出版学专业，分别是湖南工商大学与青海师范大学，该年也无新增。2020年延续了前两年的趋势，编辑出版学专业建设点再度缩紧，本年度虽然在辽宁传媒学院新增1个编辑出版学专业办学点，但有3所院校在教育部备案撤销了编辑出版学专业，它们分别是中国人民大学、安徽新华学院以及广西民族大学。[①]

综合近几年编辑出版学专业建设点的动荡表现，笔者认为这是在"双一流"建设政策引导下，我国高校本科专业发展进入"大浪淘沙"阶段的一个缩影。一方面，在"双一流"建设背景下，部分高校立足"新文科"转向，试图打造跨专业、跨学科、跨文化的人才培养模式，而偏向传统的编辑出版学就在此时显得有些"落伍"，这些高

---

① 教育部关于公布2020年度普通高等学校本科专业备案和审批结果的通知. 中华人民共和国教育部政府门户网站（http://www.moe.gov.cn/srcsite/A08/moe_1034/s4930/202103/t20210301_516076.html）。据笔者了解，中国人民大学的编辑出版学专业几年前已经停止招生。

校想集中优势力量和资源打造、建设与时代潮流紧密结合的新兴特色专业；另一方面，当今的出版产业发展迅猛，由传统出版到数字化出版再到智能化发展趋势，产业的转型升级周期缩短，对人才的需求也在不断发生变化，当前的编辑出版学专业人才培养目标与业界的实际需求不匹配，无法顺应和满足出版业智能化发展的人才需求。

与编辑出版学专业点数量剧变相伴随的是编辑出版学本科教育的优势发展。

2019 年底，教育部公布"2019 年度国家级一流本科专业建设点名单"，中国传媒大学、北京印刷学院、武汉大学、河南大学和上海理工大学这五所高校的编辑出版学专业入选"国家级一流专业"。根据教育部办公厅《关于公布 2020 年度国家级和省级一流本科专业建设点名单的通知》，2020 年编辑出版学国家级一流本科专业建设点增至 8 个，新增的 3 个专业建设点分别设在浙江传媒学院、陕西师范大学、吉林工程技术师范学院。"国家级一流专业"的头衔不仅是对这些学校编辑出版学专业教育建设成果的肯定，更是为未来的专业建设注入了新的发展动力，国家在财政方面给予的专项资金支持使学校在教师发展与教学团队建设、实验实训条件建设等方面更加完善，让这些优质的编辑出版学专业建设点获得更好的发展。

（三）数字出版本科教育

2020 年，北京印刷学院数字出版专业入选 2020 年度国家级一流本科专业建设点。这是数字出版专业第一次有学校入选，标志着数字出版专业得到了国家层面的认可，为未来数字出版专业的发展树立了良好的典范。

截至 2020 年底，全国开设本科数字出版专业的院校共 23 所，其中，2019 年新增 2 所，分别是山西传媒学院与闽南师范大学，2020 年新增 2 所，分别是南京传媒学院与山东政法学院。自首批数字出版专业建设点开设以来，数字出版专业开设点数量一直在稳步增长，每年都会有院校增设数字出版专业，这说明社会各开办高校能正视社会发展的需求，看到了数字出版行业的人才缺口。但由于数字出版开办时间短，在开办院校数量上不是很多，开办学校多为普通本科院校或者民办院校、独立学院。

（四）出版专业硕士生教育

据"出版学一级学科论证报告写作组"统计，截至 2019 年，全国至少有北京大学、四川大学52个学术型硕士点明确招收出版方向的研究生[①]。其中，仅有6所高校将"出版"单独列为二级硕士点开展人才培养，分别是：中国传媒大学、四川大学、北京印刷学院、上海理工大学、武汉大学和南京大学。其中，中国传媒大学、四川大学、北京印刷学院和上海理工大学在文学门类下新闻传播学一级学科下开设出版学二级硕士点，而武汉大学和南京大学则在管理学门类下图书情报与档案管理一级学科下开设出版学二级硕士点。除以上几所高校将"出版"单独列为二级硕士点外，其余高校均采用在其他专业（如传播学）二级硕士点下设置编辑或出版研究方向。2020年，由于出版学一级学科认证尚未通过，出版学仍然处于缺乏独立学科地位的窘境中，出版学学术研究生人才培养依旧采用"挂靠"的模式。

通过查询中国研究生招生信息网硕士专业目录得知，目前全国共28所高校开设出版专业学位硕士授权点并招生，结合院校授权点2019、2020年公布的硕士研究生录取名单，统计近2年各授权点招生情况（见表1）。

表1 全国出版专业学位硕士点开设院校及2019、2020招生情况

序号	学校名称	获批时间	开设院系	2019招生人数	2020年招生人数
1	南京大学	2010年7月	信息管理学院	31（含4推免）	30（含9推免）
2	武汉大学	2010年7月	信息管理学院	15（含6推免、3非全）	17（含3推免）
3	复旦大学	2010年7月	中国语言文学系	24（含6推免）	24（含7推免）
4	南开大学	2010年7月	文学院	1	1
5	四川大学	2010年7月	文学与新闻学院	12（含2推免）	15（含3推免）
6	北京印刷学院	2010年7月	新闻出版学院	39（含2推免）	51
7	中国传媒大学	2010年7月	新闻传播学部传播研究院	19	27（含1推免）
8	河北大学	2010年7月	新闻传播学院	21	16
9	河南大学	2010年7月	新闻与传播学院	26（含3非全）	20（含2非全）
10	湖南师范大学	2010年7月	新闻与传播学院	17	21
11	华中科技大学	2010年7月	新闻与信息传播学院	12	10
12	吉林师范大学	2010年7月	新闻与传播学院	9	12
13	安徽大学	2010年7月	新闻传播学院	14（含1推免）	15

---

① 陈丹，徐露. 全国高校出版专业教育现状调研与发展路径分析［J］. 出版发行研究，2021（2）：19-27.

续表

序号	学校名称	获批时间	开设院系	2019 招生人数	2020 年招生人数
14	青岛科技大学	2014 年 5 月	传媒学院	27	48（含 14 非全）
15	华东师范大学	2014 年 5 月	传播学院	20（含 13 推免）	20（含 9 非全）
16	上海理工大学	2014 年 5 月	出版印刷与艺术设计学院	27	24
17	南昌大学	2014 年 5 月	新闻与传播学院	8	8
18	苏州大学	2014 年 5 月	传媒学院	12	未招生
19	陕西师范大学	2014 年 5 月	新闻与传播学院	17	21
20	辽宁大学	2018 年 3 月	新闻与传播学院	10	10
21	南京师范大学	2018 年 3 月	文学院	36（含 2 推免）	37（含 2 推免）
22	暨南大学	2018 年 3 月	文学院	12（含 2 推免）	30（含 4 推免）
23	济南大学	2018 年 3 月	文学院	9（含 4 非全）	12
24	华南师范大学	2018 年 3 月	文学院	15	25
25	广东财经大学	2018 年 3 月	人文与传播学院	15	33
26	广西师范大学	2018 年 3 月	文学院	10	23
27	昆明理工大学	2018 年 3 月	艺术与传媒学院	5（含 3 非全）	6（含 2 非全）
28	云南民族大学	2018 年 3 月	民族文化学院	3	3
			总计	466	559

通过对比我们不难发现，2020 年较之 2019 年，大多出版专业硕士授权点均有扩招，招生数量变化浮动较大的是 2018 年 3 月获批出版专硕学位点的几所院校，如暨南大学 2019 年招生 12 人（含 2 推免），2020 年招生 30 人（含 4 推免），增加了 18 人；广东财经大学 2019 年招生 15 人，2020 年招生 33 人，增加了 18 人；广西师范大学 2019 年招生 10 人，2020 年招生 23 人，增加了 13 人。如此大规模的扩招，应有以下两点原因，一方面，这些院校 2018 年度获批学位授权点，2019 年开始第一年的正式招生，学生此前对其了解不够深入，不敢盲目报名，报考生源不足自然录取人数少。而在经过一年的观望后，不少考生有了前人的经验作为参考，开始选择报考这些专业，报考生源随之增加。另一方面，疫情影响下，为缓解就业压力，教育部发布关于研究生教育改革的通知，其中明确表明为了提升教育素质，将扩大招生规模。各高校纷纷响应国家政策号召，增加研究生招生名额。

（五）出版专业博士生教育

笔者通过查阅中国研究生招生信息网博士目录板块，以出版专业或出版研究方向为关键词进行检索，辅以博士点导师研究方向查询，得出 2020 年我国目前开设出版专业和出版研究方向的二级博士点院校共 17 所，如表 2 所示。

表 2　全国出版专业学位博士点开设院校

序号	学校	院系	专业代码	研究方向
1	武汉大学	信息管理学院	1205Z1 出版发行学	01（全日制）出版营销管理
				02（全日制）数字出版
				03（全日制）新媒体与数字出版
				04（全日制）英美出版研究
				05（全日制）出版政策与法规
				06（全日制）文化产业管理与版权贸易
				07（全日制）数字出版与新媒体
				08（全日制）数字资产管理
				09（全日制）编辑理论研究
				10（全日制）中国编辑思想史
				11（全日制）近现代出版史
				12（全日制）阅读史与阅读文化
				13（非全日制）出版营销管理
				14（非全日制）数字出版
				15（全日制）出版基础理论
				16（全日制）科学信息交流与学术出版
2	北京大学	信息管理系	120520 图书情报与档案管理（编辑出版学）	（全日制）不区分研究方向
3	中国传媒大学	传播研究院	0503Z4 编辑出版学	学术期刊研究
4	南京大学	信息管理学院	120500 图书情报与档案管理	18 出版理论与历史
				19 数字出版与相关文化产业发展
				20 出版经济与管理
				21 数字出版与新媒体
				42 出版营销管理
				43 智能出版

续表

序号	学校	院系	专业代码	研究方向
5	中国人民大学	新闻学院	0503Z1 传媒经济学	当代出版史研究
				数字出版研究
6	北京外国语大学	国际新闻与传播学院	0502Z8 国际传播	区域与国别出版传媒现状
				区域国别出版史
				中外出版文化比较研究
7	北京师范大学	新闻传播学院	050106 中国现当代文学	04 大数据与数字出版
8	华东师范大学	传播学院	050302 传播学	01 编辑出版研究
9	浙江大学	人文学院	050106 中国现当代文学	编辑出版与当代文化
10	南开大学	文学院	050106 中国现当代文学	04 现代中国文学与传播
11	复旦大学	新闻学院	050302 传播学	18（全日制）数字出版与知识传播
12	四川大学	文学与新闻学院	050302 传播学	01 公共传播
13	陕西师范大学	新闻与传播学院	0501Z1 文艺与文化传播学	05 出版文化与社会发展
14	河北大学	新闻传播学院	050300 新闻传播学	02 传播理论与实务
15	安徽大学	新闻传播学院	050300 新闻传播学	02 传播学（晚清民国出版史、当代出版业、新媒体出版）
16	湖南师范大学	新闻与传播学院	050300 新闻传播学	04 编辑出版学
17	武汉理工大学	计算机科学与技术学院	081200 计算机科学与技术	05 数字传播与数字出版

根据统计，目前我国有 17 所高校依托一级学科博士点开设了出版学专业（4 所）或出版研究方向（13 所）的博士点，隶属于不同的专业、不同的院系。这一统计结果与近年来的相比无太大变化，但相较于国家整体的教育规模，当下的出版专业博士研究生教育规模还是太小，无法满足现如今中国出版事业和出版产业发展对高质量、高层次人才的需求。

二、2020年出版教育发展的新特点

（一）疫情倒逼出版产业结构升级，在线教育提供出版教育新形式

2020年初新型冠状病毒疫情暴发，给整个社会带来巨大冲击，对全国各行各业和人民的生产、生活、工作、学习都产生了巨大的影响。出版界也不例外，疫情按下的暂停键使得传统的出版企业陷入巨大的困境，倒逼其加快出版融合创新发展的步伐。推动传统出版数字化转型升级，政策层面早已构建积极引导的长效机制，但不少传统出版企业却并未充分响应国家号召，数字出版满足于做"表面文章"，直至疫情期间，学校停课、工厂停工、书店停业，全社会的生产生活活动陷入停滞，数字出版业务的全线上操作流程的高效优势充分凸显，各出版企业才真正认识到实现产业结构优化，推进传统出版与数字出版融合发展的必要性，纷纷搭建优化专属的数字平台，丰富数字资源，提供融合性的服务与产品，力求构建完整的数字出版产业链。这其中，发展最为迅速的当属在线教育。

作为数字出版行业的新兴板块之一，在线教育一直是具有教育资源的出版机构关注的重点，疫情期间，由于线下停课，各学校为避免正常的教学计划受到过分影响，纷纷开展线上课程，给在线教育提供了巨大的发展空间。以往，传统的教育出版机构通常只将在线教育产品作为纸质版教辅材料的增值内容，且类型比较单一，如各种配套的电子版材料、音视频内容等。随着疫情的发展，原本只是配角的在线教育产品开始凸显优势，发挥作用，各教育出版机构纷纷开发线上各类富媒体教育课程资源，以满足不同学龄段各类学生的线上学习需求。

突如其来的新冠肺炎疫情，改变了全国各类各种学校的教学形式，网络授课在线教育成为首要选择。这其中，当然也包括不同类型的高校出版专业教育，随着整个社会进入疫情常态化阶段，各高校仍面临着线下课程向线上课程转变的需要，出版专业教育也应时刻保持危机意识，对教学管理体系、内容实施、考评体系等作出相应的调整，制定适时的预备方案，对教学模式、教学平台、教学设计进行更新和优化，以此

提升专业人才的培养水平，推动专业人才培养转型。

（二）新文科建设背景下，出版专业人才培养目标亟待更新

新文科这一概念最早是由美国希拉姆学院于 2017 年率先提出，其主要思想是对传统文科进行学科重组与文理交叉，也就是把新技术融入哲学、文学、语言学等课程中。2018 年 8 月，中共中央在全国教育大会召开之前发文指出，我国高等教育必须创新发展，不仅要发展新工科，还要发展新医科、新农科、新文科。2019 年 4 月 29 日，教育部等 13 个部门联合召开"六卓越一拔尖"计划 2.0 启动大会，为发展新工科、新文科、新医科、新农科，打赢全面振兴本科教育攻坚战谋篇布局。[①] 新文科建设是继新工科之后，全面深化高等教育教学改革的又一重大举措。2020 年 11 月，由教育部新文科建设工作组主办的新文科建设工作会议发布了《新文科建设宣言》，是我国各高校文科专业改革的风向标，出版专业作为当中的一分子，无论是本科阶段传统的编辑出版与新兴的数字出版教育，还是出版硕士教育与出版职业教育，都要深耕新文科建设土壤，优化专业结构，推进专业与技术融合。

新文科目前还只是相对于传统文科而言的一个概念，目前学界并未对其内涵有一个明确的界定，但综合学界各位专家对其的讨论意见，可以达成共识的是新文科是对新时代发展的回应，是在新技术革命影响下所形成的高度融合、多元交叉的具有新时代显著特征的哲学社会科学。它不是对传统文科知识体系的全盘否定，而是在其优秀成果的基础上进行创新与发展，以应对新时代背景下出现的新情况与新问题。

当今世界由两个重要的关键词构成：技术革命与全球化。"云大物移智区加"（云计算、大数据、物联网、移动互联网、人工智能、区块链、"互联网＋"）等新兴智能技术集群，使出版产业遭遇前所未有的转型与变局，对人才的需求也更加的多元化。[②] 而单一知识体系的人才培养模式逐渐显露出木桶效应，培养出来的人才难以适应社会发展需求，复合型人才越来越受到社会青睐。在"新文科建设"视域下，要进一步培养出适应行业发展、交叉融合的应用型出版专业人才。

---

① 张文晋. 新文科建设背景下编辑出版学专业人才的培养 [J]. 山西财经大学学报, 2019, 41 (S2)：88 - 90.

② 张书玉, 王雪梅. "新文科建设"中应用型传媒人才培养的再定位 [J]. 传媒, 2021 (3)：82 - 85.

(三) 智媒时代，人才需求新变化呼唤出版专业教育新变革

伴随着移动互联网终端的发展，智能媒体技术演进，促使媒介形态从"融媒"向"智媒"的转变，推动了传统出版业的数字化、智能化转型变革。万物皆媒，智慧互联，智媒从虚拟场景中拓宽了真实场景空间，对人类的感知力、认知力、行动力、创造力进行了无限延伸，出版内容的生产与传播过程也日趋智能化和场景化。

智媒时代，人工智能、5G直播、虚拟现实等技术为传统出版业注入转型的创新活力，数字出版、融合出版、"互联网+出版"等新兴出版模式催生了多元的职能岗位。有学者曾做过调研，发现新兴出版业对人才的需求主要集中在新媒体编辑、新媒体策划、新媒体运营和产品经理等业务岗位。在岗位能力要求上，业界更看重从业人员对新技术、新思想、新工作模式在出版业中的运用能力，更强调传统编辑、营销人员具有互联网思维、新媒体运营能力以及用户习惯分析能力。[①] 与此同时，出版专业所培养的人才，已不再单单局限在传统出版业寻求工作，智媒时代背景下，各类互联网公司的涌现提供了更多的职业选择，熟悉新媒体传播规律、掌握新型传播技术的复合型出版专业人才成为大势所需。

为了更好地适应新业态、新模式对人才技能的新需求，越来越多高校出版教育开始向数字出版、智媒传播、新媒体运营等人才培养方向转型探索。然而，由于新兴培养方向师资欠缺和相关课程体系不成熟，传统编辑出版学科面向智媒时代的人才培养转型并不理想，难以顺应智媒背景下行业转型的新需求。

三、出版专业教育未来变革趋势

(一) 深耕新文科建设土壤，探索出版专业人才培养新思路

1. 参照"大教育观"，明确出版专业人才培养新定位

新文科建设究其根本，是要把新技术融入传统的文科教育当中。当前，伴随着新

---

① 李雅筝，周荣庭. 智媒时代编辑出版人才培养的理念革新与技能重构 [J]. 出版广角，2020（2）：25-29.

兴科技的不断涌现和迭代升级，媒介生态环境发生了很大的变化，媒介传播方式日益多元化，人人皆媒，万物互联。这些变化在思维和技术层面对出版专业人才提出了更高的要求，尤其是在人人皆媒、万物互联的智媒时代，各类技术媒介的融合发展需求要求出版人才不仅要掌握传统的单一的出版专业理论知识，更要具备跨学科、跨专业的丰富的多领域知识、多样的技术操作技能以及能吸收海量信息并融会贯通为我所用的思维能力。

顺应时代变化对人才能力提出的新需求，培养能够胜任新型出版产业链条各生产环节的应用型复合型现代出版人才，这与新文科教育对人才的定位观念形成共识，新文科教育不仅要求学生要掌握传统文科视域下的本专业相关知识，更要求学生要博采众长，主动学习和吸收其他邻近学科及相关专业的知识或技能，跨越单一学科和专业局限。

在新文科教育的背景下，要结合"大出版教育"的理念，树立全新的人才培养观念，重新定位出版专业人才的培养目标，即从单一专业能力的出版人才培养，转向多元实践能力的智媒传播人才培养。让学生在学习的宽度上，不能囿于出版专业这个基本学科，要进行学科交叉学习，从其他学科汲取成长养分，提升通识学习素养，尤其要注重对现代数字传播技术的学习应用；在学习的长度上，倡导学生要具有"终身学习"的理念，无论是在课堂内外，还是将来步入工作岗位，都要不断学习现代新型媒介技术，提升跨媒体从业技能，与时俱进才能不被时代淘汰。

2. 突破专业壁垒，合理构建出版专业课程体系

新文科建设不仅要在人文社会科学领域内进行学科交叉与融合，还要突破人文社会科学的限制，在文理与文工学科领域内进行更大跨度的融合与重组，更多强调学生素质与思维能力各方面的全面提升。[①] 目前，我国设置出版专业的高校，不论是高职教育，还是硕士生教育，每一个学段的出版专业教育理念都偏向传统，将出版课程体系设置囿于一方之地，缺乏与经管、营销以及信息技术学科的交叉融合，导致培养出来的出版专业学生一方面缺乏多元的知识体系和思维角度，一方面缺乏现代信息技术操作技能，不能适应当下出版业的复合型应用型人才需求。

---

① 张文晋. 新文科建设背景下编辑出版学专业人才的培养［J］. 山西财经大学学报，2019，41（S2）：88 - 90.

如果说人才培养目标只是对未来出版专业人才提出了理想预期，那么课程体系的设置是否合理、是否与时俱进则真正关乎出版专业学生的知识能力和素质结构，决定了理想预期是否能成为现实。因此，高校要重视出版专业课程设置，结合时代发展背景，依托新文科教育理念，要打破学科间的壁垒，拆除专业之间的围墙，重视交叉学科课程的开设，同时根据学校主体学科侧重的特点，集合自身的师资和资源优势，设置围绕优势学科领域的出版专业课程结构。出版作为"宽口径"的专业，与许多学科都有着极其紧密的联系，与经济学与管理学结合，可以加大出版经营管理、出版物市场营销等课程比重；与信息技术学、情报学交叉融合进行课程设计，则可以增加数字传播技术、信息检索等类似课程比重。

（二）结合疫情常态化背景，构建出版专业人才教育新路径

1. 创新教学平台，打造新媒体教学资源库

从疫情暴发到如今全社会进入疫情常态化阶段，线上教学已成为目前各高校教学的重要形式之一，当教学活动脱离了实景的依托，师生的互动减少，学生的参与感也会降低，这将极大地影响学生的知识接受度与听课效率。但同时我们也要看到线上教学在特殊时期发挥的关键作用，从而逐步适应它。一方面，线上教学突破了时空、载体、资源等的限制，可以极大地节约教育成本；另一方面，线上教学平台的运用，推动了高校之间优质教学资源的共享，通过相互借鉴可以提高自身的课堂教学效果。我们要基于实践获得的反馈对在校教学平台进行优化建设，通过可视化效果等手段增强学生的听课体验，从而提升学生的听课效率，实现教学效果的最优化。

目前，各教育出版机构与在线教育平台已经联合推出了许多优质的教学资源，出版专业教师应发挥专业优势，对这些资源和信息进行归纳整理，并根据教学内容、课程性质等条目将相应的教学资源进行整合分类，存储在课程资源库，并在日常的教学实践活动中，不断丰富资源库中的教学内容。不同高校的出版专业教学侧重点也不同，相应地，其教学资源库也有很多可以相互借鉴的内容，因此，高校之间要尽可能实现资源库的开放共享，以满足教师在进行跨学科跨专业教学时，对不同教学资源的组合和调用，以提升教学效果。综上，创新在线教学平台，打造出版专业教学资源库并实

现资源共享,是后疫情时代出版专业教学路径优化的必然选择。

2. 技术赋能,应用技术优化教学设计

技术赋能,是指在出版专业的学习研究以及行业实践中,通过选择准确的技术工具并应用创新的技术手段、为传统的实践或研究工作赋予技术基因的能力。技术赋能是在接纳学习技术的基础上,进一步让技术为我所用,真正实现应用技术并令其辅助各项实践研究工作。[1] 目前,出版产业或内容生产领域最核心的能力,一类是传统的内容创作、编印发等基本能力,另一类就是在互联网信息技术发展前提下训练的技术辅助能力。新时代出版专业人才上述两种能力缺一不可,让学生学习掌握技术工具并能熟练应用至各类场景,如理论分析、调查研究、实习实践等,是如今出版专业教育要着力培养的核心竞争力。这就需要让技术赋能教育本身,让高校出版专业教育的过程成为新技术应用于行业实践的试验田,在教育过程中形成探索、融合的新模式。

智媒时代,多数高校出版专业教师虽然已经认识到技术发展、媒介融合为教育带来的积极影响,但是在实际的日常教学活动中,仅有小部分教师在教学中能够经常性使用翻转课堂、双师课堂等新型教学设计模式,大部分教师仍然使用传统的课堂讲解方式,不能熟练运用信息化技术创新教学手段。后疫情时代,高校出版专业教师要转变思维,不仅要认识到技术的重要性,更要知行合一,在实际的教学活动中,利用移动互联技术和现代信息技术,以培养具备多元实践能力的复合型创新人才为目标,深入改革传统的教学内容,围绕策划运营等多维度开展教学设计,结合线上线下教学,与学生积极互动,在将新媒体技术融入教学推动学生学习的同时,强化对学生信息技术能力的培养,构建个性化协作式的学习环境,拓展信息技术学习的优势,以寻求良好的教学效果。

(三) 面向智媒时代,拓展出版专业人才技能培养新实践

1. 组建"双师双能"型出版专业师资队伍

智媒时代,融合出版行业站在了时代的风口,也向出版人才培养工作提出新的要

---

[1] 强月新,孔钰钦. 新文科视野下的新闻传播人才培养 [J]. 中国编辑,2020 (10): 58-64.

求。高素质人才的培养需要高素质的师资队伍的支撑，当下，高校须重构结构合理的专业的师资队伍，一方面要建设一支具备"专业知识＋专业技术"过硬的"双师"队伍；另一方面要建设一支"教学能力＋实践能力"过强的"双能"队伍。[①] 目前，由于开设出版专业本硕博一体式培养的高校极其稀缺，出版专业教师大多都是"半路出家"，或擅长理论研究，或擅长技术操作，能将技术与理论结合运用自如的少之又少。一方面，高校要鼓励出版专业教师深入行业实践，向业界专家学习新技术的应用，提升其在行业领域的技术实践能力。教师只有具备了扎实的理论知识和过硬的实践技能，才能根据实际培养出适应行业发展需求的优秀人才；另一方面，高校要积极引进业界出版业界的专家人士，通过聘任其为专职教授、邀请其开展讲座等方式对学界教师的知识传授做补充；积极引进数据分析、软件设计等技术相关专业的优秀人才，为智媒时代出版专业教育转型提供技术指导。

2. 深化产教融合，打造产学研共同体

智媒时代，出版工作强调人才的应用与创新能力，各高校要积聚社会各界力量，整合优势资源，深化产教融合，构建产学研共同体，多方共同参与出版人才的培养过程，引导学生树立职业思维观念。

一方面，教师在课堂上要多采用案例教学法，基于案例来组织基本的教学内容，强化课堂中的师生互动，逐步引出理论知识的技能要领，并使技能训练贯穿整个讲授过程。在开设与出版业生产环节紧密联系的课程时，教师可以尝试与业界人士联系，将企业的真实项目引入教学活动中，让学生从目标理解、思考策划到数据搜集、分析总结都尽量独立完成，并由业界人士进行点评指导，如此贴合实际的动脑思考与动手操作将极大地锻炼学生的应用能力。

另一方面，要打造出版专业学生的实践实训基地，形成常态化的实习实践机制，让学生的实习实践有地可去，有事可做。实习实训基地也能集百家之长，整合高校、出版社、出版研究所、出版企业等方的优势资源，将课堂的理论教学与业界实践、科研实践等紧密结合，形成教学、实践、科研三方动态交互的良性循环，最终达到多方共赢，极大地促进智媒时代复合型应用出版人才培养。

---

① 李建伟，董彦君. "新文科"框架下编辑出版学专业发展指向［J］. 出版广角，2020（16）：28-30.

参考文献

[1] 陈丹, 徐露. 全国高校出版专业教育现状调研与发展路径分析 [J]. 出版发行研究, 2021 (2): 19-27.

[2] 张书玉, 王雪梅. "新文科建设"中应用型传媒人才培养的再定位 [J]. 传媒, 2021 (3): 82-85.

[3] 强月新, 孔钰钦. 新文科视野下的新闻传播人才培养 [J]. 中国编辑, 2020 (10): 58-64.

[4] 李建伟, 董彦君. "新文科"框架下编辑出版学专业发展指向 [J]. 出版广角, 2020 (16): 28-30.

[5] 李雅筝, 周荣庭. 智媒时代编辑出版人才培养的理念革新与技能重构 [J]. 出版广角, 2020 (2): 25-29.

[6] 张文晋. 新文科建设背景下编辑出版学专业人才的培养 [J]. 山西财经大学学报, 2019, 41 (S2): 88-90.

（张文红　博士，教授，北京印刷学院编辑出版系主任；

陈怡颖　北京印刷学院2019级出版专业硕士研究生）

2020年新闻出版走出去发展报告

2020年是我国决胜脱贫攻坚、全面建成小康社会和"十三五"规划收官之年，同时也是我国同全世界一道共同抗击新冠肺炎疫情，共建人类健康共同体的一年。在这个重要时间节点，我国出版界积极主动策划优质选题，加强国际交流合作，向全世界讲好中国抗疫故事，讲好脱贫攻坚故事，为建设人类命运共同体作出了积极贡献。同时，在面对全球疫情防控常态化的形势下，出版业对外交流合作既面临更大的挑战，也面临着更大的机遇。

一、2020年出版走出去基本情况

（一）"十三五"收官之年，出版走出去稳步发展

2017年，原国家新闻出版广电总局出台了《新闻出版业"十三五"时期"走出去"专项规划》，文件对"十三五"期间出版走出去各项指标提出了明确目标。我国出版业在2020年对外交流合作受到疫情严重影响的情况下，多项指标依然稳步推进，较"十二五"末期有明显增长。其中，版权贸易方面，据不完全统计，2020年版权输出15 000余种、版权引进约16 000余种，值得注意的是2019年版权输出14 816项，版权贸易逆差在2019年达1.15:1，均已提前实现规划目标（13 000种；1.5:1）；版权输出国家在同欧美发达国家保持增长的基础上，与"一带一路"相关国家的版权输出已近10 000余项，较"十二五"末期增长了两倍有余。营销渠道方面，我国各类出版企业与国际主流营销渠道开展深度合作，通过主流书店、线上平台等不断提升中国图书展示展销。同时不断创新"借船出海""搭台唱戏"的方式，由中宣部指导，五洲传播出版社、中图公司等实施的"中国书架"项目已在欧美发达国家、周边国家的主

流书店、机场酒店、央企海外分支机构等设立超过 150 个中国书架,主动聚集中国内容外文图书资源,贴合目标国家读者需求,展销图书种类不断丰富,促进图书销售,形成品牌效应。北京国际图书博览会经过 34 年发展,已成为世界第二大书展,2020 年受疫情影响,更是首次举办了线上书展。本届书展吸引了 97 个国家和地区的约 1 400 家展商线上参展,通过图博会线上达成版权贸易协议及意向 6 788 项,版权贸易数量创新高,办展模式创新发展,影响力不断增强。各类所有制企业充分调动参与出版走出去工作的积极性,形成分工协作、共同推进的新局面。由江苏译林出版社与北京求是园文化传播有限公司联合成立的江苏求真译林出版社成为第三家获得对外专项出版权的企业,成立后求真译林出版社积极拓展走出去业务,将中国主题、哲学社科、文化文艺等国内优秀图书输出"一带一路"国家。同时积极建立各方共同参与、创新合作共赢的新闻出版交流机制。为贯彻落实习近平总书记在亚洲文明对话大会上提出的"中国愿同有关国家一道,实施亚洲经典著作互译计划"重要倡议精神,经过前期调研研究,2020 年中宣部正式启动"亚洲经典著作互译计划",并在第十六届中新双边合作机制会议上,中新双方国家领导人签署了首份经典著作互译出版备忘录——《中华人民共和国国家新闻出版署与新加坡共和国文化、社区及青年部关于经典著作互译出版的谅解备忘录》,对促进两国出版文化交流合作,两国文明互学互鉴,推动中外文明交流互鉴具有积极意义。

(二)积极策划优质选题,及时回应国际关切,向世界展示真实、立体、全面的中国

2020 年 1 月疫情暴发初期,出版界立即快速响应,积极策划出版优质抗疫内容图书,并进行对外推广、翻译出版,为抗击疫情国际合作,打造人类健康命运共同体作出了积极贡献。一大批科普类读物迅速出版上市并向海外翻译出版。1 月 23 日,全国第一本正式出版上市的新冠病毒防护图书——《新型冠状病毒感染防护》由广东科技出版社出版,而该书的出版仅仅用时 48 小时,同时图书一经出版便输出中文繁体版、英文、蒙文、马来文等多个语种;处在疫情中心的湖北科学技术出版社,在 1 月 26 日出版了《新型冠状病毒肺炎预防手册》电子版供大众免费阅读,同时输出多语种外文版；北京出版集团的《新型冠状病毒肺炎家庭自我防护手册》《新型冠状病毒肺炎公众防控指南》《新型冠状病毒肺炎公众防控指南》等图书，输出至美国、意大利、塞尔维亚、俄罗斯等9个国家；吉林出版集团《新型冠状病毒感染的肺炎预防手册》《病毒来了！——新型冠状病毒感染的肺炎预防知识绘本》出版并实现多语种版权输出；上海世纪出版集团《全球公共卫生治理中的国际机制分析》《医学传播学——从理论模型到实践探索》《方舱医院感染控制手册——新型冠状病毒肺炎疫情防控实务》等9个品种累计实现20个语种29种输出；山东出版集团《新型冠状病毒感染的肺炎防控知识120》《新冠肺炎防护手册》《新型冠状病毒肺炎防护知识挂图》输出日、韩、阿拉伯等国家和地区；中南出版传媒集团向马来西亚、印度、斯里兰卡，以及土耳其等阿拉伯国家捐赠版权并翻译出版了《读童谣，防病毒：新型冠状病毒防疫绘本》《新型冠状病毒感染的肺炎校园防控手册》《新型冠状病毒感染的肺炎心理防护知识问答》等图书。一批向海外读者讲述真实的中国抗疫故事，向国际出版领域发出中国声音的抗疫纪实类图书出版发行并翻译出版。中国外文局新世界出版社《为爱守护，战"疫"故事》《凯哥日记——一个加拿大人的重庆战"疫"》《生死之交》《战"疫"，英雄有你》输出俄文、白俄文、哈萨克文、吉尔吉斯文版；外文出版社《武汉封城：坚守与逆行》《2020：中国战"疫"日志》《2020：中国战"疫"日志》（第二辑）等输出12个国家；中国画报出版社《援鄂医疗队》（英文版）电子书在各大线上平台发布，美国亚马逊同步上市销售；江西中文天地出版传媒集团策划、出版并向海外授权了一批《战"疫"，我在中国》（中文版、英文版）、《向光而行——战"疫"的色彩》、《一枝一叶总关情》文艺类图书；山东出版集团《让我隔空抱抱你——镜头下的人民战"疫"纪实》输出了阿拉伯文、法文、俄文版等；北京语言大学出版社编辑出版了"外国人眼中的中国抗疫"《青山一道，同担风雨——2020年，20位国际友人疫情期的中国见闻》中、英语版；浙江大学出版社主动策划了《命运与共：中意两国共同抗疫》，邀请意大利汉学家、中意文化使者梅碧娜教授撰写。通过少儿图书有效传播防疫科学知识，营造有利于各国少年儿童了解新冠病毒疫情并参与抗疫的阅读环境，展现了中国与各国共克时艰的患难真情。江苏凤凰少年儿童出版社原创抗疫绘本《"童心战'疫'·大眼睛暖心绘本"系列》（6册）版权输出至19个国家，以15个语种出版发行；中国外文局海豚出版社出版的青少年心理辅导类图书《直面"黑天鹅"——危机时刻的青少年心理疏导》输出阿拉伯语，电子书版权也同步输出；四川新华文轩出版传媒股份有限公司四川辞书出版社实现《中小学生新冠肺炎防护科普读本》阿拉伯文版纸电同步推出；中国少年儿童新闻出版总社《新型冠状病毒走啦!》累计输出25个语种，覆盖荷兰、保加利亚、斯洛伐克、波兰、巴西、伊朗、印度、韩国、马来西亚、印尼等23个国家和地区，版权输出对象均为所在国主流出版社，进入主流出版市场。

在纸质版图书快速出版发行的同时，多家出版单位还将翻译出版的多语种抗疫相关主题图书，通过线上平台、数字阅读平台向全世界提供免费下载。中国外文局中国画报出版社《新型冠状病毒肺炎防护挂图》陆续在巴基斯坦、黎巴嫩、阿联酋、埃及、波兰、印度等国以电子版或纸质版的形式出版发行；浙江出版联合集团联合中国文化译研网等国内出版单位将《疫情来临时》《新型冠状病毒肺炎预防手册》图书电子版权免费赠送给伊朗、塞尔维亚、巴基斯坦、苏丹、意大利、罗马尼亚、马来西亚、新加坡等全球90多个国家、200多家海外出版机构；人民卫生出版社联合五洲传播出版社出版的《新型冠状病毒肺炎公众防护指南》及《新型冠状病毒感染的肺炎公众心理自助与疏导指南》多语种电子书陆续在亚马逊海外站点、that's book平台、苹果ibooks、Overdrive等国内外知名数字阅读平台供公众免费下载阅读；浙江大学出版社梳理了由浙大社出版的李兰娟院士主编的《人工肝脏》《感染微生态：理论与实践》等涉及重大传染病、感染微生态领域的图书，中英文电子书免费线上阅读，同时参与WHO的新冠研究刊源，所有新冠类文章上传到WHO平台免费向全世界共享。

在积极分享中国抗疫经验的同时，中国教育出版集团、时代出版集团、江西中文天地出版传媒、四川新华文轩出版传媒、人民出版社、中国人民大学出版社、外研社、中少总社等出版单位向其美国、英国、韩国、意大利、印度、巴基斯坦、罗马尼亚等国家的合作伙伴捐赠口罩等防疫物资，表达中国出版业的关心慰问。

在全面建成小康社会收官之年，一批展现中国脱贫攻坚成果，讲述中国脱贫攻坚故事的图书翻译出版。外文出版社出版的《中国扶贫案例故事选编2020》邀请来自美国等国家的11名作者从生态、"互联网＋"、科技、金融、旅游等多角度全方位讲述中国扶贫故事，展示中国扶贫工作主要做法，分享成功经验。中国作家协会发布"脱贫攻坚题材报告文学创作工程"成果，并举行了海外推广签约仪式。该工程组织遴选了25位优秀作家赴全国20多个省、自治区、直辖市的扶贫点深入生活、实地采访，创作反映脱贫攻坚工作进展和成就的报告文学作品，其中《国家温度——2019—2020 我的田野调查》《十八洞村的十八个故事》《高高的元古堆》《映山红，又映山红》《出泥淖记》《凉山热土——大凉山信札》《春风染绿红山下》《岭南万户皆春色——广东精准扶贫纪实》等 8 部作品已与 3 家海外出版社实现了英文版权输出。

（三）优秀教育教材进入对象国国民教育体系，服务贸易国际合作机会得到拓展

中国外文局华语教学出版社印尼编辑部合作出版的图书中已有 6 种进入 2020 年印尼国民教育体系，入选教育部中小学生读物推荐书单，2019 年出版的两种图书已完成每种 1 000 册的采购；埃及联合编辑部出版的图书 2020 年被沙特教育部最大的教材供货商 ALSHEQARY 出版集团选购，2019 年出版的图书已销售 2 000 多册。这批联合策划出版的版权图书对于帮助当地读者更好地了解中国，学习汉语，促进双边文化交流，提升中国国际影响力起到了积极的作用。继上海教育出版社数学教材输出英国并进入其国民教育体系后，上海教育出版社再次成功中标商务部"援南苏丹教育技术援助二期项目"。该项目是落实习近平总书记提出的"推进国际传播能力建设，讲好中国故事，展现真实、立体、全面的中国，提高国家文化软实力"的示范性项目。此次中标是集团服务国家战略，助力上海教育"走出去""走进去"的一次具有里程碑意义的突破性尝试。浙江出版联合集团多学科教材海外版权走出去，马来西亚高中理科教材和教师手册陆续出版，并输出至马来西亚 60 所华文独立中学使用；《你好喀麦隆》新版三册汉语基础教材顺利送审喀麦隆教育部，在埃及汉语基础教材项目基础上扩展的"一带一路"国家本土化汉语教材项目，将正式启动第一批 10 个国家汉语教材的编写工作；《小学数学 1—6 年级》法文版顺利出版并结项。中南出版传媒集团延续教育出版走出去优势，2020 年湖南教育出版社成功中标中央统战部《海外华文教师培训教程》出版项目，图书交付后将用于全球各国华文教师培训；集团海外印刷业务成功中标阿富汗国家教材印刷项目，并正式签署海外合同，目前正在印前审稿阶段。清华大学出版社积极扩大中国高等教育的国际影响力，努力使优质教材和高校人才培养成果进入国际学术圈。2020 年，向德国德古意特出版社输出了"薛定宇教授大讲堂"系列

的英文版，向世界展示中国高等教育的前瞻性思维；与施普林格继续打造"全球优博论文项目"。浙江大学出版社基础教育教材走出去实现零突破，开拓与非洲国家合作，与非洲教育出版社共同投标非洲国家喀麦隆教育部国家教材项目，《幼儿园图画书》（1, 2年级）成功中标，两册图书首次印刷出口数量共计36.8万册，成为其教育部唯一指定国家教材，进入国民教育体系，该教材法语版将辐射周边26个法语国；同时承接教材的设计、排版加工、代理印刷、出口等多元服务，在国际出版交流中积极拓展服务贸易合作机会。外语教学与研究出版社利用自身优势，积极研发自有版权的国际化英语学习教材与读物并推动版权输出，《北极星英文分级绘本》《悠游阅读》《悠游国际少儿英语》系列等优质英语读物已与读者见面，并实现了向阿拉伯地区、泰国和港澳台地区的版权输出，这是国内原创英语学习产品走向国际的崭新尝试，其中"新托福"系列输出阿拉伯版本已于2020年出版。

（四）积极参与线上书展活动，版权贸易数量稳定，合作交流机制不断拓展

2020年1月4日，凤凰出版传媒集团主办的"阅读中国"图书展暨"中印文化交流图片展"在印度首都新德里举行。书展展出了60余家国内出版单位出版的近千种反映当代中国的主题、文化、文艺等各类图书。2月6日，第26届卡萨布兰卡国际书展在摩洛哥卡萨布兰卡国际会展中心举行，而随着国内疫情暴发，中国参展团被迫取消行程，此时人民天舟摩洛哥分公司主动担起参展任务，展出了百余种6 000余册中国主题图书；2月22日，该公司又携带3 000余册多语种中国主题图书和文创产品赴阿曼马斯喀特国际书展参展，积极推动中阿出版交流合作。

随着全世界疫情愈发严重，各大线下国际书展纷纷取消，北京国际图书博览会、博洛尼亚童书展、法兰克福书展等改为线上举办，国内出版单位积极采取线上交互式沟通，开展网上推介、贸易对接、在线洽谈等工作，向全球出版商展览展示我国精品图书。中国出版集团积极寻找解决方案，整合内部资源创办中版好书云展销平台，举办"中版好书全球云展销大会"，面向全球推介中国出版集团有限公司旗下纸电结合万种精品图书。人民文学出版社、商务印书馆、中华书局、中国大百科全书出版社、人民音乐出版社、三联书店、东方出版中心、中国民主法制出版社等出版的《故宫六百年》、《中国道路丛书》、《庄子的世界》、《大漠祭》（中英文版）、《中国合唱作品精选》、《了不起的文明现场》、《北洋军阀史》、《第三次全球化浪潮》先后亮相"云端"。图博会线上书展期间,北京出版集团选出400余种适合线上版权交易的图书,进行电子化展示,录制全英文版权图书推介视频,邀请曹文轩等知名作家,利用腾讯、京东等线上平台举办23场线上版权推介和品牌推广活动,共达成版权签约41种。中央编译出版社共上线推广105种图书,涵盖中央文献外文版、哲学社科、中国传统文化等三大主题板块,重点展示《论坚持推动构建人类命运共同体》等主题图书10种,进行循环滚动播放;通过BIBF官方快手账号推送西班牙语文学译丛视频推荐,点击量超过20万次。浙江联合出版集团代表浙江牵头设立北京图博会浙江分会场,高质量完成中央领导网上连线调研重大活动任务,举办60多场内容丰富形式多样的线上活动,达成110余项版权交易意向与协议;时代出版传媒股份有限公司以"云端创新走出去,实体落地走进去"为主题,举行直播、录播等内容丰富、形式多样的文化交流和推广在线活动60多场次。作为主活动的"决胜小康,书会五洲——时代出版2020年新书线上分享会",集中展现了时代出版国际文化交流的风貌风采,以书为媒,让世界读懂新时代的中国,读懂中国的时代出版。中文天地出版传媒集团组织旗下出版社策划了36场形式多样、内容丰富、主题鲜明的线上版权推介和品牌推广活动,实现了68个项目的版权输出。法兰克福书展线上书展期间,南方出版传媒股份有限公司重点参与了法兰克福书展"阅读中国"专页在线展示,制作了"一个医生的故事"中英双语视频,向国际读者介绍"共和国勋章"获得者钟南山院士生平事迹以及三本相关图书,并举办了多场线上活动。中文天地出版传媒集团展出193种"走出去"精品佳作,包括主题类、人文社科类、文学类,以及少儿类作品,实现了《中国共产党怎样解决贫困问题》《独龙江上的小学》《瓷上中国——China和两个china》以及"蘑菇城堡名家经典童话系列"等17个项目的版权输出。

(五)线上论坛培训,促进人才交流与合作

人才交流培养方面,受疫情影响无法进行人员往来的交流沟通,多家单位通过线上培训、交流、研讨的方式促进中外编辑、出版家、翻译家的交流沟通。中国青年出版社承办的"2020年国际图书编辑能力提升线上培训班",通过理论与案例相结合的方式,开设"国际出版现状及发展趋势""编辑——为了成功而策划""国际出版营

销、市场推广和供应链""中国文化·国际表达——探索中的中国青年出版社国际出版事业"等课程,邀请到国内外知名专家学者授课,超过100家出版社数千名人员参加培训。浙江大学出版社主动搭建学术期刊编辑交流平台,举办全球范围内的第二届"学术交流的未来"热点研讨会、"卓越办刊必修课""卓越办刊训练营"以及PIE(出版创新教育)系列期刊培训等全国范围内的国际化办刊实务公益培训,举办线上线下培训近20场,邀请国际和国内的一流办刊专家,总计近万人次参会,影响遍及海内外。外语教学与研究出版社通过线上、线下相结合的方式成功举办了"人文经典互译与文明互鉴"论坛,讨论了出版业和译者如何推动人文经典互译出版,促进不同文明互学互鉴,来自国内外出版界、翻译界、学术界近300人参加论坛。

(六)中国图书多语种版接连获得所在国奖项,国际影响力获得提升

中国教育图书进出口公司《三体》爱沙尼亚语版获得爱沙尼亚科幻协会举办的Stalker最佳翻译长篇奖。《三体》三部曲已输出28个语种,外文版销量不断突破新高,累计销量高达260余万册,其中美国销量已达115万册,英国近50万册,德国32余万册。《三体》因其影响力得到了好莱坞影视公司网飞(Netflix)的关注,其官方宣布将制作《三体》剧集,同时,作品影视化又反向促进了作品的销量,形成了良性循环。安徽教育出版社《晋书地理志汇释》获日本中文书年度销售榜单前十名;《影像李鸿章》被澳大利亚国立图书馆、美国加州大学图书馆、明尼苏达大学图书馆、美国国会图书馆、哈佛大学燕京图书馆馆藏。北京出版集团授权亚马逊出版的《人生》英文版参与亚马逊举办的2020年"世界图书节"好书推荐活动,并成为2020年8部入选作品中唯一的中国图书,也是自本活动开展以来首部入选的中国图书。本届活动有超过100万读者参加,覆盖184个国家。本届评选中,《人生》英文版在文学虚构类图书的文学小说及家庭小说畅销榜中均排名第一,在文学虚构类图书的传奇小说畅销榜中排名第二,受到海内外读者的好评。北京大学出版社《中国民间文学概要》俄文版获得俄罗斯出版社商协会举办的2019年度"全俄优秀图书竞赛"的"最佳人文科学类图书"奖。

凤凰出版传媒股份有限公司和中国科技出版传媒股份有限公司持续入围全球出版五十强,2020年分别位列榜单第11位和第43位,凤凰出版继续保持中国入选出版企业首位,科技出版集团逐渐成为全球科技出版大社,中国出版龙头企业逐渐在世界崭露头角。

二、2020 年出版走出去发展亮点

(一) 依托地缘优势,整合优势资源,加强区域性出版交流合作

北方联合出版传媒集团设立北方国家版权交易中心,作为东北亚版权贸易基地,服务于版权产业链上的各个环节。除集团推荐的优秀图书之外,北方国家版权交易中心每季度向各社征集一次重点外向型图书,面向更广泛的版权信息平台进行版权推广工作。尽可能扩大集团各类图书的国际曝光率,推动更多辽版图书走向世界。广西出版集团完善升级中国-东盟版权贸易服务平台网站平台,推动图书多种形式的传播。2020 年达成合作意向出版社 10 多家,新上线图书 30 多册,通过网站影响力,推动广西科技社图书版权输出。黑龙江出版集团积极尝试加强同日本、俄罗斯等周边国家相关机构深化合作,同时借助地域文化、边疆历史文化等方面的资源优势,借助与日本、意大利、俄罗斯、蒙古国等国出版机构的合作经验,以及黑龙江东北数字出版传媒有限公司中国养父母记忆馆网站、黑龙江朝鲜民族出版社在韩出版基地等平台优势,一方面拓展形式更加灵活多样的合作路径,另一方面继续寻求与境外知名出版机构的合作,持续跟进开展小语种图书相关版权贸易。云南凭借其在澜湄流域少数民族居住地理位置及少数民族族群多样性的优势,积极响应澜湄合作"共商、共建、共享"的合作理念,云南教育出版社依托其与老挝、泰国、越南、缅甸、柬埔寨等出版机构建立的良好合作关系,翻译出版了《澜湄国家共同脱贫致富故事汇》英文版,展示了我国脱贫减贫成果对促进澜湄流域经济社会发展、提高澜湄流域人民生活水平,以及为澜湄合作提供中国方案起到的积极作用,同时该项目也获得了外交部、财政部等部委的支持。

(二) 积极整合优质图书内容资源,为海内外提供优质线上课程与指导,寻求教育解决方案开发路径

当前,国际教育出版集团,如圣智学习出版集团、培生教育集团等,在面临传统出版向数字出版转型的过程中,积极寻求创新出版模式,正在进行自身的定位调整。

如培生以数字化方式和手段，通过建设以学生为中心的个性化学习、教学数据管理、在线评测等系统解决教育中的问题。与此同时，我国教育出版机构也紧跟国际趋势，积极寻求转型。高等教育出版社 2020 年启动爱课程国际平台，免费向全球学习者开放具有中国特色、世界水平的优质课程，并提供尽可能的学习指导与服务，分享前期开展大规模在线开放课程建设与应用的宝贵经验，首批上线课程 291 门，覆盖"双一流"高校 53 所、特色高水平大学 7 所。同年，该平台入选了联合国教科文的全球教育联盟，联合国教科文教育信息技术研究所在官网上也正式发布了爱课程的网址，推介该平台为全球学习者的远程教育解决方案。高教社在联合国教科文组织的"中非高级别对话"中，将爱课程国际平台的在线课程推荐给非洲高校免费使用，受到与会非洲有关国家教育部领导和联合国教科文高级别官员的高度评价。北京语言大学出版社海外市场团队经过充分调研之后，率先组织策划了《HSK 标准教程》亚洲及泛太平洋地区在线教师培训系列讲座。北语社按照"每月一个主题，每周一次课程，每天一次分享"的节奏，陆续推出了《标准汉语会话 360 句——HSK 考试指定教材》+ 短期速成初级汉语口语教学、文化讲述类图书 + 海外教学网络教学技巧、泰国开学季《天天汉语》教学设计与实施、《速通汉语》+ 短期汉语教学开展等一系列在线教师培训超 20 余场，主题覆盖了汉语国际教学的方方面面，受众人群来自世界各地。外语教学与研究出版社与牛津布鲁克斯大学合办的孔子学院在疫情暴发后，及时将所有线下语言课程转为线上课程，并通过调整课程定价策略吸引到更多新学员，联合麦克米伦出版公司组织在线汉语教学系列网络直播课；先后举办了"云太极"、暑期汉语强化班、中国舞课程、教师培训、线上夏令营等一系列线上课程和活动；先后举办 26 次线上汉语角，累计近 200 人次参加。

（三）发力数字版权，转型融合发展

2020 年受疫情影响，纸质图书海外出版发行受到较大阻力，出版企业通过数字版权输出、数字产品走出去、电子书、数据库等方式，继续推动中国图书对外推广、海外传播。华语教学出版社积极探索新的版权合作模式，以数字版权带动版权输出数量及收入的提升，筛选优质海外合作方进行数字版权授权，2020 年海外电子授权图书下载量累计 26 万余次，电子版权收入仅逾 5 万美元，新兴数字版权授权品种数及收入位

居行业前列。浙江出版联合集团《肿瘤整形外科学》（英文版）、《手及上肢先天性畸形》（英文版）数字版本资源被全球顶尖科研数据库平台 Web of Science 收录，截至 2020 年 12 月，下载量分别达 2.7 万次和 1 万次；截至 2020 年 11 月，集团在亚马逊美国、Apple iBooks、Overdrive 海外图书馆三个平台销售电子出版物 751 个品种，与 Overdrive 平台紧密合作，累计上架有声书 1 719 个品种，电子读物 5 117 本，并在与平台协作运营，参与鼠年农历新年促销、金秋中文内容促销、烹饪美食及手工艺主题促销、新年新气象主题促销等 10 余个专题推广活动。安徽少年儿童出版社《熊猫日记》的 AR 版权输出英国，英国 Inception 公司将把这 10 本图书加入其独立开发的 APP 中，在全球范围内推广发行给超过百万的订阅用户，这是我国本土作家作品首次被制作成 AR 图书走向全球，开创了融合出版"走出去"的新路径，该项目于 8 月份登上了美国《出版视角》杂志"精选全球版权输出作品"新闻。安徽教育出版社与泰国红山出版社进行电子书、有声书开发、订阅模式等业务合作；与 eSentral 电子书平台的合作有序推进，借助该平台成熟的技术架构与丰富的国际出版资源，将优质电子书接入东南亚线上阅读市场，将图书数字内容通过东南亚市场辐射到全球。广西出版集团接力出版社《酷虫学校科普漫画系列》《物种起源》等以电子书的形式分别输出韩国、越南（电子书）；《阿狸和小小云》《我用 32 个屁打败了睡魔怪》以有声书形式输出马来西亚，利用数字技术、数字渠道，积极推动出版走出去产品由传统形态向数字形态转型，努力实现数字出版产品的版权输出。中国青年出版社研发的"中国艺术在线——中国文化艺术国际传播数据库"将成为一个数字化、智能化、可搜索的中国文化艺术百科全书和数字博物馆，分中、英文版呈现，由英国布鲁姆斯伯里出版集团为英文版提供国际营销支持。该产品将发行到国内外各级公共图书馆和大学、中小学图书馆，并配合孔子学院、驻外使馆等机构，介绍与中国传统文化艺术相关的重点产品。同时，"中国艺术在线"也将通过互联网，将部分内容向大众免费开放。

（四）内容策划本土化，推动社会效益与经济效益双丰收

中国出版企业通过设立海外分支机构或中国主题图书编辑部，进行本土化的选题策划，出版了一批优秀中国主题图书，取得了社会效益与经济效益的双丰收。外文出版社"中国出版物海外合作出版与推广项目"入选中宣部国际传播能力建设项目，全

年共运作10家中国主题图书海外编辑部，开展合作图书25种，目前已完成出版14种。华语教学出版社承接中国主题图书海外编辑部项目的六个子项目，合作完成49种图书，并进入本土主流销售渠道。南方出版传媒股份有限公司在新加坡成立的"中国主题国际编辑部"项目制方式运作良好，首批图书《粤港澳大湾区规划和全球定位》《5G的世界》已在翻译制作中，即将在全球出版发行。广西出版集团接力出版社埃及分社依然稳步推进出版工作、努力树立起海外设点的出版品牌，第二批27种阿拉伯语版图书于2020年出版发行。新华文轩出版传媒股份有限公司四川美术出版社"南亚出版中心"，在中印局势不稳定的情况下，与合作成熟的印方伙伴保障版贸工作有序进行，凭借四川丰富的旅游文化资源以及该社的专业能力，选取中性和普世选题内容向印度社会传达友好、亲近的形象；同时"南亚出版中心"通过加强与巴基斯坦、斯里兰卡、尼泊尔等其他南亚国家出版机构的合作来构建更加完整的传播框架，以此产生联动效应，间接对印度带来影响。中国科技出版传媒股份有限公司收购法国EDP科学出版公司后，成立专门的工作小组，推动国内编辑部在策划组稿过程中提升稿件质量以达到国际化的出版标准，策划更加适合英语、法语等为母语的读者的科技图书选题，广泛传播中国的优秀科技作品。全年共有8种原创英文图书通过EDP Sciences出版，包含《中国葡萄酒》《土壤的故事》《月球旅店》等一批优秀的科普读物。

（五）拓宽海外渠道，提升中国图书影响力

2020年，我国出版企业充分利用海外合作伙伴的本土优势，进入国外主流发行渠道，提升中国图书海外影响。中国外文局下属各出版社与20多个国家出版机构建立了国际合作出版机制，与海外出版机构合作共建45家中国主题图书海外编辑部，合作出版150多种中国主题图书，与海外图书馆、大学等机构合作建设10家中国图书中心，在汇聚海内外资源、共同讲好中国故事方面再上台阶。其中，外文出版社西班牙中国主题图书海外编辑部的图书出版后，在墨西哥、玻利维亚、委内瑞拉、厄瓜多尔及哥伦比亚等地区销售，读者可在出版社网站查看相关的图书信息，也可通过图书的数据库、西班牙的国际标准书号和Dilve查看了解图书情况；海豚出版社依托罗马尼亚柯林特出版集团发行网络，合作出版的图书在罗马尼亚全境的线上及线下书店全面铺开。北方联合出版传媒集团全资海外公司Design Media Publishing（UK）Limited经过10年

经营，已与美国 Baker and Taylor、英国 Marston 建立了良好的合作关系，辽版图书可以直售美国各院校图书馆及校园书店和全欧洲 2 400 个书店客户。凤凰出版传媒集团深度打造海外"凤凰书架"项目，截至 2020 年 12 月底，已经建成 11 家，覆盖欧美及"一带一路"沿线国家，提升凤凰精品图书在海外主流智库机构的影响力。安徽美术出版社在新加坡设立了"时代友联图书专柜"，以"搭平台、强合作、促交流、铸品牌"为主旨，发挥合作伙伴的资源、市场互补优势，促进双向投资和多元贸易，实现合作共赢。安徽文艺出版社新加坡友联书局合作展示书柜持续运营，与欧洲大学书店合作设立的安徽文艺德语版图书专柜已经上架。南方出版传媒股份有限公司出版的《中国梦·广东故事丛书》韩文版，在韩国亚马逊上线销售，受到当地读者关注；《中国共产党指导思想发展史丛书》英文版在亚马逊和 Kinokuniya 书店的全球销售网络上架，全面覆盖北美、拉美、欧洲、澳大利亚、亚洲主流销售渠道，已收到美国乔治城大学图书馆、密苏里大学图书馆和新加坡国家图书馆等知名图书馆的预购订单，逐渐进入世界主流图书馆配市场。人民卫生出版社与英国 Bloomsbury 公司建立合作，拓展英文图书的销售渠道；与印度 BKM Royal Collins 公司合作开拓北非销售渠道；与北京同仁堂瑞士股份公司合作拓展中医走出去图书销售渠道。清华大学出版社有 22 种英文版学术著作由国际著名学术出版机构出版，并通过 SpringerLink、ScienceDirect、亚马逊、巴诺书店、英国水石书店、电讯报网上书店、bookdepository、abebooks、worldcat、vitalsource、bokus、scribd 等成熟的专业渠道及营销网络进入全球主流学术市场和图书馆，推动着中国学术出版走出去；一批专业和文化类图书，如《服饰中华——中华服饰 7000 年（第三卷）》（日文版）、《探寻独角兽——解读分享经济创新创业密码》（日文版）、《山海经》（韩文版）等，通过日本国书刊行会、亚马逊、kyobobook、ridibooks、aladin 等渠道进入了海外读者的视野。中国人民大学出版社通过与圣智学习出版公司、麦格劳—希尔教育出版公司、劳特里奇出版公司、麦克米兰出版公司等出版机构合作，将图书销售到斯坦福大学图书馆、哥伦比亚大学图书馆、莱斯大学图书馆、普林斯顿大学图书馆、波士顿大学图书馆、哈佛大学图书馆、南非斯坦陵布什大学等 50 余家全球大学及图书馆；与黎巴嫩数字未来出版社合作，调研阿拉伯语国家 700 多家大学图书馆需求，把中国内容图书推荐到图书馆藏。

(六) 不断积累作者译者资源,推动图书品质提升

出版单位通过与政府部门、海外出版机构、高校、科研机构等建立的长期合作,不断积累海外作者、译者、汉学家资源,促进中国图书海外出版品质不断提升。中国画报出版社通过与外方合作出版积累了大量的人脉和社会资源,与当地新闻机构、高校、科研院所、作家协会、出版社、书店建立了良好的联系,拥有一大批长期合作的作家、翻译家、汉学家和出版家资源。北方联合出版传媒集团在译者方面,与俄罗斯、日本、英国以及国内外高等院校优秀的外语教师、资深翻译以及母语译校人员建立长期合作。凤凰出版传媒股份有限公司建设的"凤凰国际出版翻译专家库",吸引海外汉学家和文学资源加入专家库,为凤凰外向型出版产品贡献智力资源,吸引其写作成果留在凤凰出版。同时通过凤凰英译读本计划,开放专家库资源,推进资源共享。北京师范大学出版社通过"扎耶德中心文库""中阿友好文库"和"'一带一路'友好合作文库"等对阿文库的建设,与沙特、卡塔尔、阿曼、约旦、科威特、埃及、巴林和叙利亚的政府部门、学术科研机构和出版机构建立了紧密的合作关系,同时也组建了一支强大的海外翻译团队,实施了一批包括中国经典译丛、中国文学名家译丛、文明交流互鉴译丛、中阿理论丛书和童书绘本等图书多语种翻译出版。

三、推动出版走出去的建议

(一) 加强选题策划,主动贴近对象国读者需求

从"走出去"到"走进去",要从"我要说什么"向受众"想知道什么"转变,从表达自我主张向将自我主张和目标受众需求相结合,防止一味输出可能会引起的反感或误解。这就要求我们出版单位在选题策划之初,就要充分调研对象国目标读者的阅读需求。据不完全统计,目前国内出版机构通过合资独资等方式建立的海外分支机构,或与国外出版机构合作建立的中国主题图书海外编辑部等已超过了500家,这为我们更好地了解海外读者需求奠定了坚实的基础。通过海外分支机构的本土化经营、

或者海外编辑部对当地市场的精确感知以及认真深入的调研阅读需求，精准策划出版选题，细分阅读市场，策划出版更满足目标受众的阅读需求、符合目标受众的阅读习惯的中国主题、中国内容图书。同时，可以通过打造产品品牌线、聚焦品牌作家等方式，引导海外读者阅读偏好，主动培育海外读者基础。

（二）加强融合版权运营，推动融合业态发展

随着5G移动互联、大数据、人工智能、区块链等新技术的广泛应用，以及因疫情影响带来的人们购买图书、阅读图书方式的转变，出版业应进一步加强融合版权运营。出版单位可以尝试开展融合版权运营，整合纸质版、数字版、文创产品、展览展示、展演等多种形态资源，与外方机构合作，推动图书版权输出、实体书出口、合作出版，如新华文轩利用三星堆、大熊猫等四川的独特资源，拓展文旅、研学等多种融合业态，形成传播合力，讲好四川故事。新星出版社则以"漫画书＋动画视频＋AI沉浸式体验"的创新方式讲述中国长征的故事；在"中国人的智慧和生活"的视角下，以拍摄视频节目和运营网络社群的方式展示中国传统文化、传播中国传统文化。

（三）加强图书分类策划宣传推广，提升国际传播力

2020年，新冠肺炎疫情改变了人们的生活方式、阅读方式，读者感兴趣的阅读题材也发生了巨大的变化，人们开始更多关注描述人类历史上曾出现的重大事件的历史或文学类图书、有助舒缓焦虑情绪的心理学书籍等，随之而来的图书出版发行、宣传推广方式也应改变。出版社可以尝试开拓新的图书销售推广渠道，开拓走出去的新模式，如人民文学出版社尝试在海外社交媒体创立自营账号，打开了中外文学交流的新窗口，同时实现了图书销售的新突破；凤凰传媒国际公司在澳大利亚创建的"双城理想"天猫店在此次疫情中初步获得成效，其图书销售数量成倍增长。

同时在政策方面，目前已有的政府资助项目如经典中国国际出版工程、丝路书香工程、中国图书对外推广计划大多数集中在翻译出版过程，建议可以尝试增加对宣传推广的支持，可以按照图书类别不同、举办活动数量等指标为基础给予资金支持。同时，应加强海外传播效果的研究及考核，如学术图书的馆藏数量、学界影响力，文学

图书销量、畅销书情况、文学评论情况等。

（四）推动各类平台建设，适应后疫情时代国际交流新趋势

2020年新冠肺炎疫情暴发以来，意大利博洛尼亚童书展、伦敦书展、美国书展等相继延期或取消，甚至美国书展宣布永久停办线下书展，法兰克福书展、博洛尼亚童书展、北京国际图书博览会相继试水线上书展，其中法兰克福书展采取全数字形式、图博会也首次采取线上的方式举办。目前，我国疫情防控取得了阶段性胜利，但海外多国疫情呈现反弹趋势，甚至发生病毒变异导致疫情加重，防疫形势依然严峻，国际书展依然可能存在人员无法实现面对面交流的情况，因此线上平台的建立尤为重要。2020年，中国外文局、中国出版集团等多家国内出版集团、出版社尝试整合内部图书、出版资源，建立线上云展示、云交易平台，获得了初步成效，为出版对外交流合作提供了新可能。同时，在平台建立的基础上，出版社日常工作需要继续加强与外方出版社的沟通，加强版权图书书目的及时更新补充。

另外，加强发挥出版联盟平台的作用，集合国内资源，国内出版单位加强沟通合作，形成合力推动出版走出去。2020年面对全球疫情的蔓延，国际儿童读物联盟主席张明舟发起"中国原创童书解困世界儿童——抗疫'世界大战'里的中国童书募集函"，得到国内出版机构、作家、插画家、各国译者的多方积极响应，短时间内征集了多种少儿图书版权的捐赠以及翻译邀请，我国童书出版界的积极响应为世界儿童提供了阅读文化读物。另外，由中国人民大学出版社发起的"一带一路"共建国家出版合作体、外语教学与研究出版社发起的"中国—中东欧出版联盟"、接力—东盟少儿图书联盟等在疫情期间充分发挥出版联盟沟通交流机制，各联盟"发起人"积极引导国内外出版单位加强版权合作，同时一些国外出版机构因疫情影响巨大，发生出版社停办取消等问题，从而对前期已经建立的版权合作产生了消极影响，此时联盟则起到了沟通纽带作用，为中外出版机构搭建创造了新的合作机会，为走出去起到了积极的贡献。

（刘莹晨　中国新闻出版研究院）

第四编

中国香港特别行政区、澳门特别行政区、台湾地区出版业发展报告

2020年中国香港特别行政区出版业发展报告

2020年，突如其来的新冠肺炎疫情持续整年未停，5月、7月和11月，香港先后出现三波疫情肆虐，社会与经济活动几乎停摆，出版业也未能幸免，陷入空前困境。尽管危机重重，但出版界团结一心，为业界为企业努力奋斗，书写了极不平凡的2020年。

一、百年一遇的困境

（一）门市生意惨淡，多家老牌书店关门

在2019年修例风波中，书店为避免受到牵连，被迫关门，正常营业日子大减。2020年1月底疫情暴发后，因防疫导致社会活动减少，令零售业包括书店人流大减，生意断崖式下滑。一些老牌、营运历史较长的书店，敌不过现实的冲击，最终在去年结业，包括在港经营逾40年的综合连锁书店"大众书店"全线16家、专营教科书的书店，如龄记宣布结束书店业务、伟发书店退场；早在1908年创立，在港经营超过百年的老英文书店辰冲也光荣结束实体书店，改为网上经营。

（二）香港书展两度取消，前所未见

2020年因抵不住疫情，香港书展史无前例地先后两次被迫取消。第一次取消是7月。经过5月、6月的"小阳春"，香港疫情原已较为受控，政府的防疫限制措施得以逐步放松，尝试容许部分大型活动有序举行（例如部分开放海洋公园、一些展览活动

等）。主办方香港贸易发展与参展出版社原以为只要做足防疫安排，减少进场人数，书展就能顺利进行。

不料，受境外输入病例影响，香港于 6 月底突然暴发第二波疫情，受感染人数逐日骤升。主办方与出版界听取医学专家意见，审慎地评估和反复协商后，在书展开幕前两天，无奈忍痛延后开展。由于所有筹备工作都已完成，也投进几乎所有资源，令主办方和参展商均损失惨重。书展是香港出版业最重要的销售平台和机会，突然腰斩，情非得已，因此当时主办方与参展商均同意，假定在 12 月疫情能平稳的情况下，会复办香港书展。再次不幸的是疫情反反复复，年底更是暴发了第三波疫情，2020 年的香港书展最终无法举行，令参展商失望之余，并丧失销售新书的档期。过去飓风也吹不走香港书展，最多只是缩短了展览日子，世纪疫症竟令香港书展连续 31 年来第一次中断。

（三）参加国际书展的"香港馆"也取消或停办

香港书展如此，多个国际书展同样因疫情而被迫取消，或改为网上进行。香港业界多年来获得"创意香港"支持，原本计划好以"香港馆"名义参加的书展，包括：意大利波罗尼亚、法兰克福等，一一没法成行。部分只能向主办方提供网上资料，上传到主办方的书展网站，可说也是史无前例。香港馆取消一定程度影响了业界交往和洽谈版权的机会，以及经营的气氛。

二、业界自救

（一）第一次业界调查与争取：疫情第二波

受疫情影响，香港经济全面受挫，出版业也不能幸免。特区政府在 2、3 月间公布推出第一轮"防疫抗疫基金"，当中出版界几乎毫无受惠。香港出版总会于是发起第一次业界全面调查，了解行业受疫情影响下的经营状况。调查以问卷方式进行，两日内共 114 家机构回复，取样约占行业两成多，包括出版（54%）、零售（12%）、发行

（10%）、印刷（10%）等；其中九成为中小企，而10人以下的公司占四成。调查主要结果如下。

1. 疫情对出版业界带来极大打击

近半出现严重亏损。调查显示，自疫情暴发至今，65%受访公司的营业收入已累计"下跌五成"以上，当中表示"下跌七八成"的有22.9%，"下跌九成或以上"的有16.1%。96.6%受访公司表示在第一季度录得亏损中，当中45.8%受访公司表示录得严重亏损，另有31.4%表示出现中度亏损。

2. 出版业普遍对前景感到悲观

四成考虑裁员或减薪应对。其中七成受访公司在未来一两个月会减少营运，包括出版量、宣传或营业时间等，41.5%表示会考虑裁减员工，36.4%会考虑员工减薪，28%考虑员工停薪留职，甚至8.5%考虑结束营运，可见业界的经营存在极大困难。

3. 现时措施未能协助业界

希望政府提供直接补助。超过八成半的受访公司（86.4%）认为政府现时推出的各项补贴或资助项目（包括防疫抗疫基金）对出版业没有帮助，认为有帮助的只占6.8%。被问到哪些措施最能帮助出版业，82.2%受访公司认为政府首先应为营运及员工薪金提供直接补贴，其次为成立出版业振兴提升基金（44.1%）、豁免或延后缴付税金与差饷等由政府征收的费用（30.5%）及补贴企业申请贷款的利息（21.1%）。

调查结果出来后，香港出版总会向政府发出题为"支援出版刻不容缓"的建议书，要求政府马上支援业界，缓解业界困境，包括：为营运及员工薪金提供直接补贴；成立出版业振兴与提升基金，协助业界转型提升；豁免或延后缴付税金与差饷等由政府征收的费用；补贴企业申请贷款的利息。最终政府未有马上接纳，令业界感到失望与无奈。

（二）第二次业界调查与争取：第三波于7月书展延期后

突如其来的第三波疫情令香港书展被迫临时叫停，参展商损失惨重。为了解书展延期对业界的影响，香港出版总会发起成立"争取支援书展参展商专责组"，又进行一次问卷调查。调查在短短 9 小时内收到共 134 家机构回复，取样占总参展商数目约三成，租用摊位数目不少于 1 000 个（约占总摊位数目四成），受影响员工多达 4 000 人。这次调查主要结果包括以下几点。

第一，书展是参展商的重要收入来源，延期令营业额损失严重。约一半受访公司损失营业收入 50 万以上，当中两成表示损失达 100 万以上，一成损失超过 200 万。受访公司总计营业损失最少 9 000 万，由此推算全部参展商的总营业损失超过一亿。

第二，参展商为筹备书展付出的开支血本无归。参展商已投入的五大开支是："摊位搭建、物料与设计费""工资""租金""为书展赶制商品的额外开支""物流仓存"。损失达 20 万以上的公司约两成半，10 至 20 万的有两成半，10 万以下的约五成。以上还未包括展销商品的成本和营业损失。当中租用摊位较多的参展商，损失较大。

第三，接近九成公司表示现金流会受影响，约六成达严重或中等程度。约六成公司会在未来两三个月以不同方式裁减成本，包括："减少营运""裁员、员工停薪留职""减薪"。约一成公司甚至表示会"考虑结业"。

第四，几乎所有受访公司（96%）要求政府资助参展商已付的开支，当中约一半更希望获得全部资助。

"争取支援书展参展商专责组"促请政府高度关注，短期尽快推出措施补偿参展商的损失，中长期重视出版行业的社会价值，推出政策帮助转型和长远发展，包括：

一是为参展商已付的筹备书展开支提供补偿，弥补损失；

二是提高资助上限，并考虑资助全数参展租金。调查显示，场地租金是前期较大的开支之一；

三是尽快公布书展的重办日期，以便业界及早做出配合，减少不必要的开支；

四是建议在重办书展时，政府拨款推出书展"购书券"；例如在每张门票上附予一定金额的购书额，一方面有助刺激读者进场消费，让市民直接受惠，另一方面可推广阅读风气；

五是为出版社提供给仓存和物流的协助，暂存商品和搭建物资至书展重办；

六是促请善用现有平台和资源，推动网络销售，特别帮助资源缺乏的中小型出版社。

在出版总会多番争取后，政府最终在补贴工资、暂存商品与搭建物资租金优惠、电商平台开拓上，给予一定的补助，回应了出版业的部分诉求。

（三）推出首个出版资助计划

市场狭小，是制约香港出版发展的原因之一。不少具有创意的作品，可能因为缺乏足够的市场支撑而无法出版。香港出版总会经近两年的酝酿，在"创意香港"的赞助与支持下，推出第一届"想创你未来——初创作家出版资助计划"（资助计划）。

资助计划旨在培育初创作家（过去三年内：2017年5月25日—2020年5月24日从未出版或只出版/发表了首部著作的本地初创作家），联合出版社申请，出版具创意的优质书籍，以补足香港的出版缺门，包括三个范畴：绘本、科普和非遗。获选项目可获得最高50万元资助，可用于创作、出版纸本书、编制电子书和有声书，以及推出各种知识付费服务，也可用于推广和参加境外国际书展，以促进版权输出，开拓国际市场，转型升级，进一步提升香港作为华文出版中心的地位。项目主席李家驹博士指出，资助计划远不止于一次评选，而在于营造并鼓励优质出版的氛围。由专家、资深的出版人担任评审和导师，培育初创作家和出版社成长进步；如项目名称点出，鼓励初创作家"想创未来"，助香港出版再创高峰。

三、出版业的整合与变化

（一）联合新零售公司成立

书店经营不景气，转型与整合是迫切课题。联合出版集团经过几年的探索与酝酿，下定决心对旗下的书店零售业务作一次全面的调整和改造，将三家老牌书店品牌：香港三联、中华和商务（以下简称"三中商"）合并管理，组成联合新零售公司，统一管理。

据联合集团的说法，通过多次整合，包括品牌重塑、产品线重整、重新布点、架构改革、人员精简，资源整合，希望一方面可加强经营能力，有效管理，成本控制，另一方面为读者提供更佳服务，迈向新零售模式，在线上线下并行的新形态书店。联合出版集团指出，多次零售业务整合本为日后长远发展考虑，却正好抵住当前外部环境挑战与经营不确定性的压力，不然零售业务的损失应会更大。

（二）"三中商""回归"出版

长期以来，香港三联、中华和商务兼有出版与零售两项业务。联合出版集团将零售业务分拆，归并到联合新零售公司后，"三中商"就只剩下出版，未来将可更聚焦于出版发展。在此格局改变后，"三中商"管理层就如何因应社会与文化的变化需要，将公司重新定位，特别是重塑选题板块。三联以"时潮·人文关怀"、中华以"推广中华文化与普及"、商务以"大教育"，各自定位，确定未来五年的发展规划，矢志朝向多形态、多维度、多模式的知识付费方向发展，助力出版更精准、更精彩的图书，供华文读者分享。

四、出版界履行社会责任

（一）建构"以读攻毒"公益平台

受疫情影响，香港于2020年2月起逐步停工停课，打乱了市民正常的学习和生活。香港出版总会率领行业，为履行社会责任，于2月上旬发动"停课不停学·以读攻毒"行动，组织体育、文化和演艺团体等，建构公益平台（可浏览 https://www.readtogether.hk/)，呼吁出版界为受疫情影响的学生和公众，奉献免费内容资源与服务，继续学习和阅读，实行停课不停学，"以读攻毒"。

此项目获得业界热烈响应，发动后两周内，先后有六十多家出版机构积极参与，获得约2 000项内容信息与服务，包括电子书、网上学习平台、网上评估平台、图书分享会、网上高考补习等，让公众受惠，网站的流量超过20万。同时，项目获得十五家机构与学校团体冠名支持，媒体广泛报道，获各界一致好评。

（二）出版防疫读本

在疫情暴发之初，联合出版集团有感于大众对新冠肺炎疫情了解不多，要加强防护认知，于是推动旗下出版社——三联书店和万里机构合作，火速出版《新型冠状病毒感染肺炎防护读本》。在一周之内，出版了纸本书及电子书，印量超过 35 万册，免费向公众派发，电子版供免费下载，全力推动全城抗疫。这一活动获得政府、社会和媒体的支持和赞誉，一些企业自意提供捐助。

五、社会半停摆下的阅读状况

（一）全民阅读调查

因疫情闲赋在家的市民是否增多了阅读，业界均渴望知悉了解。在 2020 年 4 月 23 日世界阅读日之际，香港出版学会连续第六年公布了阅读状况调查。学会委托调查机构"新论坛"进行"全民阅读调查"，以了解香港市民的阅读习惯趋势，去年的焦点特别是电子阅读与习惯，包括：阅读内容、阅读时数、消费行为等。调查以音频电话随机抽样，在今年 1—2 月期间成功访问了 2 040 人。

调查发现，在过去一年内，市民的阅读习惯较疫情前总体上升，七成半受访者有纸本阅读习惯，略高于前一年（之前约为七成），阅读时间亦较疫情前上升近一成；有电子阅读习惯的受访者亦达七成左右，其中近七成认为使用电子媒介增加了他们的阅读时间，逾半受访者日花一小时以上；年长者最常读新闻或杂志，年轻人则较常读小说、文章或评论；近四成人有为电子阅读消费，逾半 18—40 岁受访者月花费 50 美元以上。

根据调查结果，香港出版学会提出多项推广阅读的建议：①社会各界继续合作，推动全民阅读风气，并正视电子阅读的现象和趋势；②关注青少年的电子阅读习惯，学术界可增加研究，评估电子阅读对青少年的影响，与家长和教育界一起积极善用电子平台，培养青少年的阅读素养；③出版业界维持传统纸本出版市场之余，关注电子阅读消费市场的发展，加快提供多元化的电子阅读解决方案，满足读者需要，开拓市场；④政府应向市民加强电子借阅服务和推广，为业界提供资助培训人才，协助业界转型，为学生和广大市民提供最适切的电子阅读资源，配合公众所需。

（二）继续推动"自家慢读"

香港出版总会与香港出版学会再次推动"自家慢读"行动，鼓励市民留家时，享受"慢读"减压。行动受到各界积极回应，4月及5月期间，近百位来自政界、商界、医学界、学术界、教育界及文化界名人，例如马逢国议员、霍启刚先生、陈美龄女士等，在"全民阅读@香港"面书（Facebook）分享阅读心得，并邀请广大读者一同参与"自家慢读，减压6分钟"；通过6分钟的阅读时间，纾缓情绪，使身心愉悦。同时，公众可一齐参与"阅读挑战"活动，大家通过在Facebook的分享，以及点名（hashtag）邀请4位朋友，互相感染和鼓励，带动全城阅读气氛，"以读攻毒"。推广阅读要持之以恒，相信"自家慢读"应成为香港出版界固定项目。

（三）政商推动：落实教育局赠书学童

近两年来，香港出版总会与教育局筹办大型阅读活动："阅读满FUN"和"亲亲·喜阅嘉年华"，组织近50家出版社参加，捐出超过千种图书参展，免费供中小学生和家长在场畅游书海，每次活动参加人数逾万，反应热烈。为持续推动阅读，教育局特意调拨资源，向每一位中小学生赠送一本图书，供他们在暑期内阅读。在香港出版总会的专业协助下，教育局专家就几个主题，选定了优质图书的书目，供学校选购。此项目涉款约6 000万，赠书反映了政府重视阅读的决心与力度，学校、校长、老师和家长均表欢迎，对项目能鼓励学生重视阅读，给予高度肯定。同时，此优质书目日后成为学校图书馆主任设计阅读活动与订购图书的参考，一举数得。

六、出版风貌与特征

（一）出版量

在社会动荡与疫情影响下，出版社不敢出书，令出版量停滞不前。据康文署辖下的"书刊登记组"（负责管理国际出版书号的政府部门）数字，2020年全年登记的新书书号（中英文，卖品）共 7 548 种，与前一年的 7 555 种不相上下，反映受社会环境和气氛影响，出版量不多，出版社出书的态度审慎。尤其值得注意的是，在上半年疫情严峻的情况下，出版社原期望 7 月的香港书展能如期举行，故在 6 月、7 月出版较多新书以赶上书展，最终事与愿违，出版社只能在网上找方法倾销，或于年底散货。出版量减少是不景气的征兆，特别对一些"微小企出版社"（只有少量员工，一年出版量并不多的出版社）而言，创伤不一定要关门倒闭，减少出版量已是很严重的警示，导致现金流出现问题。

（二）出什么书

如要描述 2020 年香港出版的内容特征，"因缘际会"应是最恰当的用词。"因缘"是指碰上了特殊的出版机遇而有的作品，"际会"则指出版正好能回应时代所需。2020 年的香港出版，既有因缘，也有际会之作。

先说"因缘"。2020 年社会的阅读兴趣之一，肯定是疫情。除了上述提到的《新型冠状病毒感染肺炎防护读本》外，香港三联出版了内地著名摄影记者刘宇的《我怕将来会忘记：武汉抗疫手记》。此书记述作者以记者的身份，在疫情暴发之初，跑到封城的武汉，采访当地人们生活，内容独特，所选照片、所撰文字触动人心，是一个大时代记录，出版价值很高。疫情缘故，市民留港，发掘本地更多有趣事物和独有文化，也是美事；因此，万里机构出版了香港观鸟会的《观鸟系列：香港观鸟全图鉴》（全二册）。新雅出版了年青作家麦晓帆的《石狮安安爱游历系列》（全三册），以绘本形式向儿童深度介绍香港的古迹历史，推动本地游及学习。市民在家时间多了，减少外出用餐，加上多注重卫生，更关心理财等生活习惯改变，推动了不少食谱、卫生、美容、财经出版。

至于 2019 年香港发生社会事件、中美关系紧张，也是出版社关心的课题。去年名列畅销书榜分别有大公报出版社两本：一本是大型照片画册《哭泣的城市》，全书收录大量照片，按时序将一幕幕的黑暴实录，再次真实地向读者呈现，令人动魄惊心。另一本是专栏作家屈颖妍的《一场集体催眠》，她以敏锐的视角、犀利的笔触，揭示香港此前持续八个多月的黑色暴乱根源，此书多次荣登书店畅销榜。此外，香港中华出版了内地博客"兔主席"的《撕裂之城——香港运动的谜与思》，既记录了前年香港的社会动荡，也作了深度的分析与评论，成为香港与内地的畅销书，多次重印。香港商务阿儿的《凭信念——香港警察故事2019》，讲述警察面对社会暴力事件时，坚守岗位，尽力执法背后的故事和心路历程。

在中美关系题目上，著名经济学家、香港中文大学前校长刘遵义的《天塌不下来：中美贸易战及未来经济关系》，以经济学者的视角，分析中美互依的微妙关系，指出合作则利，对抗双失，是值得重视的作品。资深传媒人金焱也在《亲历美国逆转》中勾画出真实而生动的美国政经与社会变化图景。

说到"际会"，香港去年出版了不少经年积累、沉淀和酝酿才成的作品，当中不乏传世厚重之作。首推是香港地方志中心策划，由几十名香港专家学者团队合力编纂的《香港志·总述——大事记》，是筹备整理经年的权威之作。如是书序言所述，"是一本为香港人编写的香港发展大事表"，初步完成了香港编史立志的创举。另外，有学术巨著《叶灵凤日记》及《叶灵凤全集》出版，是卢玮銮教授（小思）多年埋首整理留港数十年的中国现代作家叶灵凤大量素材的心血结晶。编订日记，考订工作所耗时间相当长，此书是研究当代作家叶灵凤以至香港文坛的重要材料。筹备多时、碰巧在去年成书出版，还有金耀基教授的学术力作《百年中国学术与文化之变：探索中国的现代文明秩序》。作者是著名学者，在五年内写出六篇文章，包括五四运动的本质回顾与评述，都是他相当重要的学术文章。

七、教育出版仍是焦点

（一）通识科改革及送审教材

香港通识科及教材出版在2019年已是焦点。自2014年占中事件，不少中学生参与运动，社会已有强烈不满，认为香港教育出了问题。2019年修例风波中，更多中学生参与，令人震惊和不安，很多人直指与通识科有直接关系，内地媒体多次发文，严重批评。"通识风波"引发了通识科课程改革与教材送审的热烈讨论，2020年终于一锤定音。

教育局于 2020 年年底公布,将高中通识科全面改革,包括:科目名称改为"公民与社会科";公开试仍维持必修和必考,但只设合格与不合格,变相将科目的重要性降低;重整及删减课程内容与课时,减至原有内容的一半;不设"独立专题探究(IES)";内容重视培养学生的正面价值观、积极态度及国民身份认同,学习国家发展、宪法、基本法和国家安全教育等;所有学生均可获得赴内地考察机会,让他们亲身认识国情和国家发展;设立"适用书目表",教科书需经教育局审批。

教育局认为政治上要正本清源,改革刻不容缓。虽然教科书编写与送审需时,但颁布和推行"公民与社会科"不能因没有课本而停止,决定在 2021 年 9 月马上实施;课本最快要在今年 12 月才开始送审,最快在 2022 学年才供应学校。在此过渡期间,教育局将提供材料予教师和学生使用。有出版通识课本的出版社,将各施奇谋,开动脑筋,出版参考资料与服务,争取学校在新科推行时继续采用。随着"公民与社会科"推出,预料市场将重新洗牌。

(二) 其他教育出版热点

其一是新课程的推行与落实,包括:初中中国历史科设为必修科后,在 2020 学年正式推行,从中一开始。高中四个主科的课程与考评核讨完成与颁布。教育局除将上述的通识科改为"公民与社会科"外,中国语文、英文和数学三个主科,经政府组成的专责小组详细检讨后,都大动"手术",包括删减原有课程与修订考评内容,未来一两年上述科目的教材可能要进一步修订送审。

最值得留意,应是在疫情下,被迫较长时间停止面授课,改在网上教与学而产生的影响。屈指一算,去年 9 月新学年至今,大部分学校只能维持 3—4 个月的正式面授课(也只是半天,学生一周几天轮流到校),网上学习几为主要。经历大半年"被迫网课",事后不少论者、校长、老师、家长,甚至是学生本身,均认为网上学习的问题较多,最主要如:学习质量较难控制、学习态度较难集中、学生缺少交流与校园生活、基层学生有网络学习鸿沟等。究竟是新学习模式要需时适应,还是网上学习本身不足,相信要有更多研究后才能得悉清楚。而可以肯定的是疫情反复而未能完全受控,接种疫苗比例暂未达致相当百分比,以致未能产生群体免疫作用下,线上线下融合方式估计要持续一段时间。这对传统教材出版社而言,将是重大的考验与挑战,同时也是机遇。

八、结语:"求变是不变的硬道理"

香港经历两年来种种重要变化,令人充分体会到什么是"求变是不变的硬道理",世事难料,唯有不断上进,以变应变。在疫情下,政府要面对整个社会、各行业要求补贴与支援的呼声,其中对出版业已算有所关顾,提供了书展小额补贴、工资津贴等。出版界清醒地认识到,解困只是短期措施,更重要是转型发展。在困境中,业界反思要更积极进取,以更大的决心,解决一些早已存在的根本性问题,例如:如何突破香港市场狭小的不足,多走出去;如何从单一的传统出版形式,延伸发展其他具商业模式的业务,以增加收入;如何加强在线销售,开拓不同渠道;如何优化在线互动宣传,增加多媒体方式的呈现,等等。

执笔之际,2021年上半年所有实体书展已全部取消,下半年尚难逆料。对此严峻局面与形势,出版界唯有求变求新,方可重生。

(李家驹　香港出版总会会长)

2020 年中国澳门特别行政区出版业发展报告

2020 年因受到新冠肺炎疫情的影响，导致澳门特别行政区的财政收支大幅减少，对于文创产业的资助因而下降，但是短期内未见对出版业的发展有所影响，出版量只稍微下降。相反，创作人因疫情带来的冲击，有更多时间及灵感进行创作，预计在经济好转后，澳门的出版量将再次提升。以下为2020年度的出版概况。

一、出版物统计

本统计的数据源主要是综合了澳门公共图书馆、澳门大学图书馆及澳门主要出版机构网上目录而得来的。截至 2021 年 5 月 25 日，2020 年出版数量，分别有 936 种图书及 10 种期刊，共计 946 种。其中有 741 种有申请国际书号及国际期刊号 18 种，共计 759 种。仅次于 2019 年的 777 种，申请国际书号的数量下降了 18 种。在整体出版数量方面，较 2019 年 996 种图书及 22 种期刊，轻微下降了，包括图书减少了 60 种，期刊 16 种。在这个小城市，每天约有 2.6 种书刊出版。至于图书型态也有所改变，本年度有 57 种图书以电子书形式出版，并申请的国际书号。另外有 98 种出版物为教科书，主要为法律的教考资料及中小幼学校用书，后者多为一套多册，所以增加不少国际书号。而年度出版物方面，计有 177 种，较去年 217 种，减少了 40 种，主要由于部分机构因疫情影响而没有举办年度的活动，故此没有出版年度的活动册。此外，其他特别类型的出版物有展览特刊 30 种、纪念特刊 20 种、视频光盘及会议论文集各 13 种、法律文本 7 种、绘本 11 种、漫画 10 种、乐谱 2 种等。

二、图书出版情况

(一) 主题内容的统计

表1为2020年澳门出版书刊按主题内容的统计表,可见文学类共有175种,排在榜首;第二为艺术类,有145种;第三为历史类,有82种;第四为经济类,74种;第五为教育类,66种;第六为公共行政类,56种;第七为宗教类,52种;第八为语文类,有50种;第九为科学类,有46种;第十为法律类,43种(见表1)。

表1 2020年澳门出版书刊按主题内容统计表

排行	主题	数量
1	文学	175
2	艺术	145
3	历史	82
4	经济	74
5	教育	66
6	公共行政	56
7	宗教	52
8	语文	50
9	科学	46
10	法律	43
11	社会	37
12	医学	24
13	旅游	16
14	交通	11
14	音乐	11
15	哲学	10
16	心理	8
16	博彩	8
17	体育	5

续表

排行	主题	数量
18	书目	6
19	治安	4
19	统计	4
20	人口	2
20	饮食	2
20	传播	2
20	图书馆	2
21	地理	1
21	军事	1
21	电影	1
21	综合	1
21	戏剧	1
	总计	946

（二）主题内容分析

排在第一位的文学类书刊有 175 种，主要来自特区政府文化局及澳门基金会出版的不同的文学系列作品集；其次是文学社团及机构，均出版了不少新生代作家作品集，如澳门日报出版社、别有天诗社等。而内地也有不少作家在澳门出版文学集，主要由银河出版社、国际炎黄出版社等出版社出版。

排行第二为艺术类书刊 145 种，正好见证了近年来特区政府大力推动文创产业及展览业的成果。其内容主要由特区政府文化局出版知名的外地文博单位及其来澳展出之作品结集及场刊。由于设计精美、内容充实，这些出版物成为澳门图书市场的热点，除在两岸出版业界中获得良好的口碑外，海外及其他地区市场销售也不错。另外，澳门基金会出版本地艺术家作品系列，让本地艺术家作品得以结集出版。同样也有不少内地艺术家在澳门出版书刊，主要由中国艺术出版社、中国艺文出版社等单位出版。

排在第三位的历史类书刊，共有 82 种。以澳门历史为主要内容。如澳门理工学院开展澳门地方史的研究工作，并将多种研究成果结集出版；澳门国际研究所出版有关土生葡人的历史专著，特区政府文化局也出版大型历史展览及口述历史丛书等著作，文化公所出版系列澳门口述历史丛书。虽然历史类题材以澳门为题，但是作者在内容上引入较多新元素及第一手数据，加上排版精美悦目，有利读者阅读及欣赏，在外地市场销售上有较好的发展。

第四位为经济类，共 74 种。包括各类统计调查报告、商业机构或社团的年度报告及特刊为主。

第五位为教育类，共 66 种。主要为学校教科书，其次为学校年度特刊、校内通讯、教科书及学生作品集等。本年度特色是联国学校针对课程而出版多种教科书，另外澳门劳校中学也出版了一系列学生作业成果集。

第六位为公共行政类，共 56 种，其作品内容以特区政府部门的年度工作报告及倡导政制为主，其中审计署出版的多种审计报告最具参考价值。

第七位为宗教类，共 52 种，主要也是联国学校因应校本宗教课程，出版一系列的宗教教科书，另外乐仁出版社也出版不少翻译的宗教著作。

第八位为语文类，共 50 种，主要是学校的语文教科书。

第九位的科学类，共 46 种，主要以科普作品为主。

第十位的法律类，共 43 种，主要为特区政府立法会出版的澳门法律与法规专书。由于澳门法律图书往往成为本地法律从业人士及修读法律系学生的教材与参考书，其中以澳门大学及司法培训中心出版的书刊，在本地市场有一定的需求，为书店业带来一定收入来源。

（三）书刊出版的语种

在书刊出版语种方面，参见表 2，中文有 632 种、中英文有 89 种、葡文有 71 种、中葡英有 55 种、中葡文 49 种、英文有 45 种，另有中日文、葡英文、中英拉丁文、马来文及越南文各 1 种，大部分少数语种的出版物均为乐仁出版社的宗教作品，用作外销东南亚市场。

虽然澳门定位为国际休闲中心，外资博企在澳门有一定的影响力，加上澳门为葡语地区交流的平台，理应在外文著作较中文为多，可是外文著作比例仍然偏低，未能有条件打进国际市场。2020 年，三种主要语种出版物，计有中文 826 种，占总体

87.3%；英文 191 种，占总体 20.2%；葡文 176 种，占总体 18.6%。中文书刊的出版比例更大幅拉开外文书刊的出版数量。可见出版单位偏向以中文为阅读媒体。

表2 2020年图书语种数量统计

排行	语种	数量
1	中	632
2	中英	89
3	葡	71
4	中葡英	55
5	中葡	49
6	英	45
7	中日	1
7	中英拉丁	1
7	马来文	1
7	越南	1
7	葡英	1
	总计	946

三、出版单位类型及出版数量

（一）概况

2020 年，澳门共有 266 家出版单位出版书刊，为历年之最，参见表3。从不同类型出版单位的出版数量来看，第一为私人出版单位，共 79 家，出版 403 种；第二为政府部门 48 家单位出版书刊 291 种；第三为社团，共 108 家单位出版 205 种图书；第四为个人自资出版，共 19 人，出版 33 种；最后为学校，12 家单位出版 23 种。

这反映了近年来社团、私人出版社及个人自资出版有急速上升的趋势，而本年度再次出现私人出版社出版数量多于政府出版单位，说明澳门出版业已步入市场导向、企业经营的阶段。

表3　2020年各类型出版单位数量及出版数量统计表

出版单位类别	单位数量	出版数量
私人出版社	79	403
政府部门	48	291
社团	108	205
个人自资出版	19	33
学校	12	23
总计	266	955

（二）私人出版单位出版情况

在私人出版单位出版方面，本年度共出版了403种。第一位为文化公所58种；第二位为银河出版社36种；第三位为新成立的微宏数据分析（澳门）有限公司27种，主力出版考试用书；第四位为人民科学出版社有限公司25种；第五位为中国艺术出版社21种。

私人出版单位在最近三年有显著的增加，而且出版数量已超越政府部门出版的图书，慢慢走向市场导向的现象。本年首5位的出版单位，共出版167种，占该类别的41.4%，其中更有1家为新成立。

（三）特区政府出版单位出版数量排行

表4为特区政府部门出版单位出版数量排行前五位。依次为教育暨青年局，43种；统计暨普查局，36种；文化局及澳门理工学院各24种；澳门大学，21种；澳门基金会，16种。前五位的出版量总计为148种，占政府出版物数量的50.9%。

表4　2020年特区政府部门出版单位出版数量排行榜

排行	出版单位	数量
1	教育暨青年局	43
2	统计暨普查局	36
3	文化局	24
3	澳门理工学院	24

续表

排行	出版单位	数量
4	澳门大学	21
5	澳门基金会	16
6	审计署	14
7	劳工事务局	11
8	法律及司法培训中心	10
9	旅游局	7
10	财政局	6
11	社会工作局	5
12	市政署	4
12	金融管理局	4
12	新闻局	4
12	澳门特别行政区政府	4
13	中国-葡语国家经贸合作论坛（澳门）常设秘书处	3
13	世界旅游经济研究中心	3
13	房屋局	3
13	科学技术发展基金	3
13	高等教育局	3
13	邮电局	3
13	廉政公署	3
13	台风委员会	3
13	卫生局	3
14	土地工务运输局	2
14	司法警察局	2
14	印务局	2
14	治安警察局	2
14	政策研究和区域发展局	2
14	澳门生产力暨科技转移中心	2
14	澳门科学技术发展基金	2
15	环境保护局	2
15	地球物理暨气象局	1
15	法院	1
15	社会保障基金	1

续表

排行	出版单位	数量
15	金融情报办公室	1
15	政策研究和区域发展局	1
15	负责任博彩推广筹委会	1
15	个人资料保护办公室	1
15	海事及水务局	1
15	消防局	1
15	消费者委员会	1
15	能源业发展办公室	1
15	贸易投资促进局	1
15	澳门旅游学院	1
15	检察院	1
15	惩教管理局	1
	总计	291

（四）社团出版单位出版情况

表5为社团出版单位出版情况，依次为澳门国际研究所，16种；思路智库出版，10种；第三为澳门智慧人文励政会，9种；第四为澳门池畔书艺研习社，7种；第五为圣公会澳门社会服务处5种。首五位共计出版47种，占社团出版数量的22.1%。

表5　2020年社团出版单位出版数量排行榜

排行	出版单位	数量
1	澳门国际研究所	16
2	思路智库	10
3	澳门智慧人文励政会	9
4	澳门池畔书艺研习社	7
5	圣公会澳门社会服务处	5
6	澳门中华学生联合总会	4
6	澳门出版协会	4
6	澳门别有天诗社	4

续表

排行	出版单位	数量
6	澳门明爱	4
6	澳门书画艺术联谊会	4
7	天主教澳门教区	3
7	缅华笔友协会	3
7	澳门文遗研创协会	3
7	澳门妇女联合总会	3
7	澳门发展策略研究中心	3
7	澳门诗社	3
7	澳门钱币学会	3
8	官乐怡基金会	2
8	松风文化艺术协会	2
8	澳门女子书法画篆刻家协会	2
8	澳门工艺美术协会	2
8	澳门中华新青年协会	2
8	澳门幻羽同人文化交流协会	2
8	澳门字体设计学会	2
8	澳门收藏家协会	2
8	澳门老年书画家协会	2
8	澳门东亚大学公开学院同学会	2
8	澳门采风粉画协会	2
8	澳门青年交响乐团协会	2
8	澳门书画艺术品（国际）协会	2
8	澳门动漫文化交流促进会	2
8	澳门基督教新生命团契	2
8	澳门教育专业协会	2
8	澳门博彩研究学会	2
8	澳门笔会	2
8	澳门华夏文化艺术学会	2
8	澳门街坊会联合总会	2
8	澳门经济学会	2
8	澳门漫画从业员协会	2
8	澳门学园传道会	2
8	澳门竞新书画学会	2
8	澳门摄影学会	2

续表

排行	出版单位	数量
9	Santa Casa da Misericórdia de Lisboa	1
9	中国（澳门）华侨摄影学会	1
9	中国书画研创学会	1
9	弘艺峰创作社	1
9	共建好家园协会	1
9	同善堂	1
9	亚洲艺粹会（澳门）	1
9	易摄影会	1
9	风盒子小区艺术发展协会	1
9	培正中学同学会	1
9	创志戏剧社	1
9	朝阳学会	1
9	集乐澳门	1
9	新澳门学社	1
9	圣庇护十世音乐学院	1
9	广东省粤港澳合作促进会	1
9	澳门工人武术健身会	1
9	澳门工程师学会	1
9	澳门工会联合总会	1
9	澳门中国纸币学会	1
9	澳门中华教育会	1
9	澳门北区工商联会	1
9	澳门互联网研究学会	1
9	澳门互联网络研究计划	1
9	澳门仁协之友联谊会	1
9	澳门公务人员体育会	1
9	澳门天主教美满家庭协进会	1
9	澳门巴西研究学会	1
9	澳门文化艺术学会	1
9	澳门水墨艺术学会	1
9	澳门加拿大经贸促进会	1
9	澳门四海国际文化艺术学会	1
9	澳门成人教育学会	1
9	澳门行隐画艺学会	1

续表

排行	出版单位	数量
9	澳门作家协会	1
9	澳门利民会	1
9	澳门扶康会	1
9	澳门防止虐待儿童会	1
9	澳门东盟国际商会	1
9	澳门社会工作人员协进会	1
9	澳门青年联合会	1
9	澳门城市大学研究生会	1
9	澳门科学技术协进会	1
9	澳门弱智人士家长协进会	1
9	澳门书法篆刻协会	1
9	澳门书画社	1
9	澳门浸信会	1
9	澳门国际版画艺术研究中心	1
9	澳门基督教青年会	1
9	澳门荷塘同乡会	1
9	澳门创新科技中心	1
9	澳门创新发展研究会	1
9	澳门循道卫理联合教会社会服务处建华家庭服务中心	1
9	澳门智慧人文励政会	9
9	澳门视觉艺术协会	1
9	澳门图书馆暨资讯管理协会	1
9	澳门汉字学会	1
9	澳门管理专业协会	1
9	澳门写作学会	1
9	澳门影视传播协进会	1
9	澳门数码摄影学会	1
9	澳门学者同盟	1
9	澳门颐园书画会	1
9	澳门听障人士协进会	1
9	濠江法律学社	1
9	艺术无间协会	1
9	嘤鸣合唱团	1
	总计	213

（五）个人自资出版概况

个人自费出版也是历年之最，共 19 人 25 种，其中包括两位外籍人士，首三位依次为：邓润美 3 种；Sellma Luanny Silva Coimbra Batalha、周旭峰、程裕升各 2 种；第三为全部 1 种著作的作者。

（六）学校出版概况

本年度的学校出版物数量不多，仍然维持在出版学校毕业特刊及学校的学生作品为主，加上部分学校出版物为内部发行，至今只收到 23 种，估计有部分出版仍未收集得到，需要日后再作补充，参见表 6。首三位依次为联国学校，6 种；劳校中学，5 种；慈幼中学及粤华中学各 2 种。

表 6 2020 年学校出版数量排行榜

排行	出版单位	数量
1	联国学校	6
2	劳校中学	5
3	慈幼中学	2
3	粤华中学	2
4	化地玛圣母女子学校	1
4	庇道学校	1
4	培正中学	1
4	新华学校	1
4	嘉诺撒圣心英文中学	1
4	圣玛大肋纳学校	1
4	澳门圣经学院	1
4	澳门国际学校	1
	总计	23

四、新成立出版单位情况

2020 年，澳门共新成立各类出版单位 50 家，包括个人自费出版 12 家、社团 16

家、私人出版社 22 家。较 2019 年 60 家减少了 10 家。

五、报纸及期刊出版情况

澳门出版的报纸及期刊约有 200 种，大部分以机构的通讯为主。其中较重要的有报纸 10 种及期刊 30 种，题材以澳门旅游、时事为主。学术期刊有 60 多种，内容以文史研究、法律、经济、教育等类别为主。澳门大学图书馆将 60 种较重要的编入澳门期刊网的电子检索系统内。其中有两种刊物包括《澳门理工学报》及澳门大学的《南国学术》均在内地具有一定的影响力，前者在中国人民大学 2018 年度复印报刊资料转载指数排行榜中，全文转载率位列第二名，转载量位列第五名，综合指数位列第四名。后者，在"二〇一九年度复印报刊资料转载指数排名"的"高等院校主办学报排名"中，位列第四。该期刊于 2019 年的发文量为 59 篇、被全文转载 21 篇，转载率为 35.59%，较 2018 年度排名上升了三位。此外，澳门行政杂志也因为经费问题改以电子版发行。

由于疫情影响，2020 年创刊的期刊有 10 种。对比 2019 年 23 种，减少了 13 种，只有 1 种申请 ISSN 号码，本年度创刊的期刊不多，主要是受疫情影响，社会活动锐减，财政不足所致，参见表 7。

表 7　2020 年创刊的报刊名单

期刊名称	出版单位	出版日期	刊期
大电视 = Big TV magaZine	追梦者娱乐文化有限公司	2020.09	双月刊
小树苗家庭成长园地	澳门循道卫理联合教会社会服务处建华家庭服务中心	2020	一年三期
太阳旅游 = Sun travel	太阳旅游有限公司	2020.10 –	双月刊
世界博彩与旅游研究	澳门理工学院	2020.02 –	半年刊
教培通讯	澳门教区教理培育委员会	2020.1	不定期
谈 Teen 说 Day 青少年关注精神健康刊	圣公会青年领袖发展中心	2020.1	季刊
澳门工程	澳门工程师学会	2020	季刊

续表

期刊名称	出版单位	出版日期	刊期
澳门大学科技学院通讯	澳门大学科技学院	2020.01–	半年刊
澳门研究简报 = Macao studies bulletin	澳门大学澳门研究中心	2020.07–	季刊
湾区视野（ISSN 2709—1716）	湾区视野出版社	2020.1	双月刊

六、出版业界交流

澳门从事图书出版的从业者不足 2 000 人，分别在近 300 个出版单位工作。其中有近 40% 为社团及业余性质的出版人，另约有 500 人从事报刊的出版与编辑工作。

澳门每年的三次大型书展，分别在 3 月、7 月及 11 月举行，先后由澳门出版协会及一书斋举办，每次均展出逾万种图书，平均每次入场人数约 2 万人。其主要客源为图书馆的个人读者。而本年度因为疫情影响，3 月份的大型书展取消了。至于 7 月及 11 月的书展，却因本地读者没有出外旅游，书展生意额上升一倍以上。对外推广方面，本年度澳门出版界没有组团参加任何外地的国际书展，而文化公所与澳门文化广场共组织了来自 32 家出版单位的 928 本图书参加第 27 届北京国际图书博览会的云书展，向内地及海外读者推广澳门的优秀出版物。

七、书店业

2020 年，澳门书店业的格局基本依旧，没有太大变化，共有门市书店及代理公司 39 家，包括澳门文化广场（2 家分店）、澳门星光书店（2 家分店）、宏达图书中心、浸信书局、圣保禄书局、葡文书局、文采书店、一书斋、珠新图书公司、信息店、环球书局、耶路撒冷书城、活力文化、新城市图书中心、环亚图书公司、大丰啤令行、竞成贸易行、学术专业图书中心、澳门政府书店、知乐馆、大众书局、悦学越好有限公司、井井三一儿童绘本书屋、正能量书房、游乐、慢调书旅、文化公所、边度有书、愉阅屋、开书店、鞠智绘本屋、新桥荣德书店、艺文书局、吸引力书店、RS485 一人有限公司、成翰一人有限公司（没有门市）及凼仔龙环葡韵内的万象画廊书屋。澳门的二手书店约 10 家、漫画店约 12 家［老地方漫画店、一雄动画漫画游戏专门店、漫画馆、漫画 Teen 地、四人帮漫画店（宏开）（中星）、漫画 1/2、少年漫画、达富漫画、漫画馆（下环）（裕华）（贾伯乐）］。部分玩具店及报摊，如 Miku 通贩、一雄玩具也有少量漫画销售；报刊批发商约 6 家。不少书店为谋求多元化经营、在售书之外拓展其他新的业务，成为复合型书店。

由于疫情影响，在线订购成为订购书刊的主要渠道，本地可直接在网上订购的书商有澳门政府信息中心（印务局）、澳门国际研究所、市政署、地图绘制暨地籍局、星光书店、学术专业图书中心、乐仁网上书店及在本年度 9 月推出的文化局网上书店。可惜鉴于外国疫情影响，寄发外国的邮件曾一度暂停服务或延误。

八、结语

2020 年，澳门传统的图书出版数量维持在 900 种以上，而且新出版的单位也是历年之第二位，可见业界于本年度延续 2019 年的升幅，有着快速的发展，可是疫情之后，澳门政府紧缩开支，减少出版的资助，预计 2021 年的出版数量将有一定数量的减幅。书店业由于没有受到旅客减少所影响，反而因为大部分读者都留在澳门消费，门市营销畅旺。本年度也没有书店结业。面对疫情，澳门出版业将继续尝试以电子图书及纸本图书共同出版的模式，借着新媒体的优势，将产品推广至世界各地。

（王国强　澳门出版协会副理事长）

2020年中国台湾地区出版业发展报告

一、出版概况

台湾地区重要的出版社多半以出版集团的形态出现，包含城邦出版控股集团、远流出版社等，其他重要出版社包含三采文化、大块文化、天下文化、五南出版、台湾角川、尖端出版、有鹿文化、东立出版、采实文化、春天出版、皇冠文化、时报文化、高宝书版、远见、联经；小学教科书的则有康轩、翰林；与宗教有关的出版社则有天恩出版社、以琳书房、佛光文化、法鼓文化事业、香光书乡出版社、慈济文化出版社、道声出版社等；台湾地区重要的图书经销公司包括联合发行与红蚂蚁；而在发行方面则有连锁书店，如金石堂、诚品（受到新冠肺炎疫情影响，诚品在2020年结束包含24小时营运的敦南店在内的9家分店）、三民书局、垫脚石图书文化广场、诺贝尔图书城等；网络书店则以博客来网络书店规模最大，其他还有金石堂网络书店、momo购物网、读册、PChome 24h购物书店等；独立书店的部分则包含三余书店、虎尾厝沙龙、洪雅书房、胡思二手书店、茉莉二手书店等，而少数书店则以价格或主体特色见长，如女书店以女性主义书籍为导向，而水准书局则以低价及老板个人推荐图书风格为其特征；在小说漫画及杂志出租店方面则有十大书坊、彩虹屋漫画店等品牌；至于在电子书销售平台方面，则有很多属于原本并非图书产业的业者进驻，如Google图书、读墨、Kobo、Pubu电子书城、远传电信E书城、台湾大哥大myBook、中华电信HAMI书城，以及偏向机构服务的电子书平台，如凌网Hyread、华艺airiti以及联合线上UDN读书吧等，以及与图书馆密切合作的台湾云端书库等不同类型。目前台湾地区电子书销售仍以读墨为最大（2020年营收约新台币2.5亿），其次则是Kobo的2亿，这两家电子书销售平台都有自己专属的电子书阅读器。

而在图书相关产业公会方面，主要的组织包括：台北市杂志商业同业公会、台北市出版商业同业公会、台湾数位出版联盟、台湾独立书店文化协会、中华动漫出版同业协进会、台湾电子书协会、台湾数位出版联盟协会、中华出版伦理自律协会、台湾数位有声书推展学会等。

根据台湾"国家图书馆"书号中心的统计分析，2020 年台湾共有 4 694 家出版社申请图书 ISBN，共出版 35 041 种新书（包含电子书）为 1 591 种，近 3 年新书出版数量连续呈现下跌趋势，2018 年至 2020 年每年新书下跌幅度分别为 3.19%、5.89%、4.81%。台湾出版机构在 2020 年减少 258 家，累计出版社为 34 467 家，近九成出版社（87.94%）年出版量 10 种以下。

二、发展现状分析

（一）图书出版类型

台湾新书出版数量已经连续三年低于 4 万种，同时也是近 20 年来台湾年度新书量首次低于 3.6 万种。表 1 是统计近三年台湾出版社根据其出版量的统计结果，由表 1 可知道 2020 年台湾地区申请 ISBN 的 4 694 家出版社有 2 662 家（占 56.71%）仅出版 1 种图书；出版图书 2 至 5 种的出版社有 1 164 家（占 24.80%），其出版量合计占整体台湾图书出版的 9.34%；出版图书 6 至 10 种的出版社有 302 家（占 6.43%），其出版量合计占整体台湾图书出版的 6.59%；出版图书 11 至 20 种的出版社有 250 家（占 5.33%），其出版量合计占整体台湾图书出版的 10.56%；出版图书 21 至 30 种的出版社合计有 100 家（占 2.13%），其出版量合计占整体台湾图书出版的 7.16%；出版图书 31 至 100 种的出版社合计有 171 家（占 3.64%），其出版量合计占整体台湾图书出版的 25.37%。而出版图书超过 100 种以上的出版机构有 45 家（占 0.96%），其出版量合计占整体台湾图书出版的 33.37%。进一步分析每年出版超过 100 种以上的出版社可以发现出版量 101 至 200 种有 20 家、出版量 201 至 300 种的出版社有 14 家、出版量 301 至 400 种的有 4 家、出版量 401 至 500 种的出版社有 3 家、出版量 501 至 1 000 种的出版社有3家，而年出版量超过1 000种以上之出版机构则只有1家。2019年还有51家出版社年出版量超过100种，到了2020年则减少为45家，年出书量超过100种的出版社，其出版主题以"漫画""小说"及"考试用书"为主。

表1 台湾地区近三年（2018—2020）图书出版类型统计

ISBN 申请量	2018年		2019年		2020年	
	出版社数	出版量	出版社数	出版量	出版社数	出版量
1	2 861 (57.91%)	2 861 (7.31%)	2 864 (57.84%)	2 864 (7.78%)	2 662 (56.71%)	2 662 (7.60%)
2—5	1 199 (24.27%)	3 321 (8.49%)	1 200 (24.23%)	3 379 (9.18%)	1 164 (24.80%)	3 274 (9.34%)
6—10	294 (5.95%)	2 260 (5.78%)	313 (6.32%)	2 399 (6.52%)	302 (6.43%)	2 310 (6.59%)
11—20	239 (4.84%)	3 494 (8.93%)	235 (4.75%)	3 455 (9.39%)	250 (5.33%)	3 702 (10.56%)
21—30	123 (2.49%)	3 098 (7.92%)	113 (2.28%)	2 783 (7.56%)	100 (2.13%)	2 510 (7.16%)
31—100	174 (3.52%)	8 770 (22.42%)	176 (3.55%)	8 981 (24.40%)	171 (3.64%)	8 891 (25.37%)
101及以上	50 (1.01%)	15 310 (39.14%)	51 (1.03%)	12 949 (35.18%)	45 (0.96%)	11 692 (33.37%)
合计	4 940	39 114	4 952	36 810	4 694	35 041

若以出版机构类型分析出版量可以发现，2020年台湾地区申请ISBN的出版社共4 694家，属于"一般出版社"的有3 085家，合计出版新书30 670种，占整体出版数量的87.53%；属于"政府机关"类型的出版社有854家，共出版新书3 290种，占整体出版数量的9.39%；至于"个人"出版社则有755家，共出版新书1 081种，占整体出版数量的3.08%。进一步根据台湾"财政部"营利事业家数及销售额的统计资料，台湾2020年的实体及电子书销售总额为190.4亿元，其中实体书占96.43%，电子书占3.57%，2020年销售额较2019年减少4.4亿元，负增长2.37%。

表2是统计台湾地区近三年各主题类型的新书出版样貌，根据台湾"全国新书资讯网·ISBN/CIP各年度统计"的数据显示，2020年出版最多的新书类别是"人文史地（含哲学、宗教、史地、传记、考古等）"类，共计有4 177种新书，占新书总数的

11.92%，不过该类图书的新书数量与上年相比减少了 92 种（下跌 1.02%）。新书出版数量第二多的是"儿童读物（含绘本、故事书等）"，共出版 3 937 种新书，占新书总数的 11.24%。第三位则是"社会科学（含统计、教育、礼俗、社会、财经、法政、军事等）"，共出版 3 500 种新书，占新书总数的 9.99%，第四位为"小说（含轻小说）"，共出版 3 289 种新书，占新书总数的 9.39%，第五位是"漫画书"，共出版 2 821 种新书，占新书总数的 8.05%。原本在 2019 年排第五位的"艺术（含音乐、建筑、雕塑、书画、摄影、美工、技艺、戏剧等）"类图书则因出版量减少了 299 种，跌幅 10.66%，因此在 2020 年跌出前五名。而受到新冠肺炎疫情影响，减少最多的出版类型是"休闲旅游"类图书，与 2019 年相比共减少 479 种，较 2019 年下滑了 70.86%；下滑比例次高的则是"商业与管理"，跌幅为 20.04%。

表2 台湾地区近三年（2018—2020）图书出版类型统计

序号	图书类型	年度图书出版数量与比例		
		2018	2019	2020
1	文学	2 643（6.76%）	2 351（6.39%）	2 252（6.43%）
2	小说	4 191（10.71%）	3 497（9.50%）	3 289（9.39%）
3	语言	1 318（3.37%）	1 054（2.86%）	1 048（2.99%）
4	字典工具书	149（0.38%）	119（0.32%）	107（0.31%）
5	教科书	1 479（3.78%）	1 938（5.26%）	1 910（5.45%）
6	考试用书	2 161（5.52%）	2 558（6.95%）	2 377（6.78%）
7	漫画书	2 497（6.38%）	2 738（7.44%）	2 821（8.05%）
8	心理励志	1 564（4.00%）	1 361（3.70%）	1 601（4.57%）
9	科学与技术	2 343（5.99%）	2 146（5.83%）	2 156（6.15%）
10	医学家政	2 552（6.52%）	2 078（5.64%）	1 929（5.51%）
11	商业与管理	1 682（4.30%）	1 492（4.05%）	1 193（3.40%）
12	社会科学	4 327（11.06%）	3 790（10.30%）	3 500（9.99%）
13	人文史地	4 936（12.62%）	4 269（11.60%）	4 177（11.92%）
14	儿童读物	3 788（9.68%）	3 887（10.56%）	3 937（11.24%）
15	艺术	2 810（7.18%）	2 806（7.62%）	2 507（7.15%）
16	休闲旅游	626（1.60%）	676（1.84%）	197（0.56%）
17	其他	48（0.12%）	50（0.14%）	40（0.11%）
	合计	39 114	36 810	35 041

新书种类成长的部分，2020年出版量增加最多的是"心理励志"类增加240种来到1 601种，增长率为17.63%。进一步观察台湾近3年各类新书出版趋势可以发现"漫画书"与"儿童读物"等2类主题新书的成长趋势较其他类型图书明显。以"漫画书"类图书为例，2020年增加83种，增长率为3.03%；"儿童读物"增加50种，增长率为1.29%。

若以"一般出版社""政府机关"以及"个人出版"等不同类型的出版社来分析其出版重点可以发现，"一般出版社"有3 085家，共出版新书30 670种，新书主题前五位分别是"人文史地"（占11.82%）、"儿童读物"（占11.06%）、"小说"（占10.56%）、"漫画书"（9.05%）、"社会科学"（8.39%）。而"政府机关"出版社共有854家，2020年出版新书共3 290种，出版主题前五位分别是"社会科学"（24.87%）、"艺术"（17.48%）、"科学与技术"（17.08%）、儿童读物（14.68%）、"人文史地"（11.79%），五大类合计占85.90%。至于"个人"出版社则有755家，共出版新书1 081种，前五大的出版主题分别是"艺术"（23.32%）、"人文史地"（15.26%）、"文学"（10.36%）、"社会科学"（9.99%）及"科学与技术"（6.38%）。由上面的分群分析可以发现，虽然不同类型出版机构出版重点有所差异，但不论任何类型的出版机构都会将"人文史地"及"社会科学"等两类的图书当作出版的选题重点。

（二）适读对象

在有关适读对象的统计方面，属于"成人（一般）"图书最多，计22 746种，占全部新书总数的64.91%；其次为"成人（学术）"有4 530种（占12.93%）；第三为"青少年"有3 232种（占9.22%）；标示属于"乐龄"族专属图书最少，且仅有20种，仅占全部新书总数的0.06%；注记为"限制级"图书则有1 175种，占全部新书总数约3.35种（占比3.35%），较2019年增加170种，成长16.92%。由出版社自行注记为"限制级"图书的类型主要是"漫画书"（850种，占72.34%）与"小说"（289种，占24.60%）两大类，上述相关资料如表3所示。

表3 台湾地区近三年（2018—2020）出版图书适读对象分类分析

适读对象	图书出版适读对象分类数量与比例		
	2018	2019	2020
成人（一般）	26 662（68.16%）	23 728（64.46%）	22 746（64.91%）
成人（学术）	4 747（12.14%）	5 046（13.71%）	4 530（12.93%）
青少年	3 503（8.96%）	3 506（9.52%）	3 232（9.22%）
学龄儿童	3 247（8.30%）	3 441（9.35%）	3 199（9.13%）
学前幼儿	936（0.05%）	1 067（2.90%）	1 314（3.75%）
乐龄	19（2.39%）	22（0.06%）	20（0.06%）
合计	39 114	36 810	35 041

2020年台湾地区所出版的新书中，属于繁体中文的新书有32 663种，约占全部新书总数的93.21%，以简体中文出版图书则有207种（占0.59%）。若统计外文出版的书籍，最多的种类为英文书，共1 047种（占2.99%），除了中文与英文外，其他语言的比例都不超过1%，其中日文出版品共有130种、韩文出版品有8种、德文出版品7种、法文出版品6种等。属于"其他"语文的出版品有973种，主要是双语或多语对照等，类型以艺术类（如摄影、画册、作品集等）、语言学习及儿童读物为主。

（三）翻译书

表4是整理台湾翻译书出版类型的统计分析结果，台湾地区在2020年所出版35 041种新书中，有9 549种图书标示为翻译图书，占全部新书总数27.25%，较2019年减少83种。翻译图书过半数源自日本，有5 212种（占所有翻译图书之54.58%）；其次为美国2 143种（占翻译图书22.44%）；第三及第四为英国791种（占8.28%）和韩国436种（占4.57%）。在其他翻译自其他各国的9百余种图书中，包括法国近250种，德国130种，以及东南亚国家（马来西亚、泰国、越南等）约一百余种。

表4 2020年台湾地区翻译书出版类型统计分析

图书类型	新书总数	翻译书总数（比例）	翻译书占该类书比例	翻译书来源国				
				日本	美国	英国	韩国	其他
文学	2 252	376（3.94%）	16.70%	110	91	60	15	100
小说	3 289	1 149（12.03%）	34.93%	833	160	68	15	73
语言	1 048	97（1.02%）	9.26%	33	6	2	49	7
字典	107	4（0.04%）	3.74%	1	0	2	1	0
教科书	1 910	112（1.17%）	5.86%	7	85	9	0	11
考试用书	2 377	21（0.22%）	0.88%	12	5	0	4	0
漫画	2 821	2 457（25.73%）	87.10%	2 373	3	2	20	59
心理励志	1 601	570（5.97%）	35.60%	177	269	35	38	51
科学技术	2 156	448（4.69%）	20.78%	205	158	38	15	32
医学家政	1 929	736（7.71%）	38.15%	461	145	35	45	50
商业管理	1 193	409（4.28%）	34.28%	159	209	23	10	8
社会科学	3 500	577（6.04%）	16.49%	134	293	64	26	60
人文史地	4 177	733（7.68%）	17.55%	144	356	103	20	110
儿童读物	3 937	1 436（15.04%）	36.47%	319	284	307	156	370
艺术	2 507	388（4.06%）	15.48%	216	78	41	20	33
休闲旅游	197	33（0.35%）	16.75%	27	0	2	2	2
其他	40	3（0.03%）	7.50%	1	1	0	0	1
合计	35 041	9 549	27.25%	5 212	2 143	791	436	967

若以翻译书的种类来看，2020年台湾地区翻译书占比最高的前5位分别是"漫画书"（2 457种，占25.73%）、"儿童读物（含绘本、故事书等）"（1 436种，占15.04%）、"小说（含轻小说）"（1 149种，占12.03%）、"医学家政（含医学、保健、家事、食品营养、食谱等）"（736种，占7.71%）及"人文史地"（733种，占7.68%）。此外，台湾地区2020年所出版的原书来自祖国大陆（从简体中文转换为繁体中文）的数量有987种，并以"小说"类为主。

（四）电子书

2020年台湾地区有269家出版机构申请电子书ISBN，共出版电子书2 038种，占全年新书出版总数的5.82%，相比2019年增加447种，增长28.10%。表5整理近三年台湾地区电子书出版类型的统计分析，根据表5可以知道2020年台湾地区所出版的电子书以"人文史地（含哲学、宗教、史地、传记、考古等）"最多，有320种，占电子书总数15.70%；其次为"社会科学（含统计、教育、礼俗、社会、财经、法政、军事等）"有251种（占12.32%），第三则是"儿童读物（含绘本、故事书等）"，共有237种（占11.63%），第四为"小说"222种（占10.89%）。出版量成长最多为"小说"及"心理励志"，分别增加128种（成长4.98%）及119种（成长5.43%）。

表5 台湾地区近三年（2018—2020）电子书出版类型统计分析

序号	电子图书类型	数位图书出版数量与比例		
		2018	2019	2020
1	文学	501（11.54%）	199（9.76%）	199（9.76%）
2	小说	384（8.85%）	222（10.89%）	222（10.89%）
3	语言	71（1.64%）	29（1.42%）	29（1.42%）
4	字典工具书	65（1.50%）	3（0.15%）	3（0.15%）
5	教科书	23（0.53%）	57（2.80%）	57（2.80%）
6	考试用书	94（2.17%）	53（2.60%）	53（2.60%）
7	漫画	4（0.09%）	18（0.88%）	18（0.88%）
8	心理励志	334（7.70%）	149（7.31%）	149（7.31%）
9	科学与技术	333（7.67%）	162（7.95%）	162（7.95%）
10	医学家政	329（7.58%）	107（5.25%）	107（5.25%）
11	商业管理	250（5.76%）	133（6.53%）	133（6.53%）
12	社会科学	525（12.10%）	251（12.32%）	251（12.32%）
13	人文史地	627（14.45%）	320（15.70%）	320（15.70%）
14	儿童读物	531（12.24%）	237（11.63%）	237（11.63%）
15	艺术	156（3.59%）	79（3.88%）	79（3.88%）
16	休闲旅游	101（2.33%）	12（0.59%）	12（0.59%）
17	其他	12（0.28%）	7（0.34%）	7（0.34%）
	合计	4 340	1 591	2 038

2020年台湾地区所申请ISBN的2 038种电子书中，档案格式以"EPUB"最多，共有982种（占58.89%），其次是"PDF"格式，共有929种（占45.58%），"其他档案格式"则有127种（占4.09%），多半为HTML格式。

根据2020年台湾阅读风貌及全民阅读力的年度报告的资料显示，2020年台湾地区因受到新冠肺炎疫情影响，图书借阅总人次为2 220万，较2019年减少75万（降低3.27%），图书借阅总册数为8 015万，台湾地区每人平均借阅册数为3.4册。不过电子书借阅的总册数则增长108万册来到363万册。根据台湾地区图书馆的统计资料可以知道，女性读者全年借阅册数为4 827万册（60.22%），男性读者则为3 188万册（39.78%），女性比男性的借阅册数高出20.44%。语言文学类图书是不分性别同列最受欢迎的书种，包含有各国的翻译小说、语言学习图书、散文、文学评论及诗词等文学作品，年度借阅册数逾3 920万册，占总借阅量48.92%。进一步针对性别进行分析可以发现女性选择的顺序是应用科学类、艺术类与社会科学类，而男性选择阅读主题的顺序则为艺术类、应用科学类及自然科学类，如摄影、休闲旅游、工程、工艺和资讯科学等主题。

台湾的图书书版数量已经连续三年呈现衰退的趋势，2020年的台湾图书出版数量更创下近20年来的新低，只有35 041种。图书出版品具有许多复合式的功能，如文化传承、传递知识、具有娱乐的功能等。但是随着资讯科技的进步，网络媒体（如脸书、电子书、Youtube、podcast等数位传播）提供与纸本不同且多样化的传播管道，而这些新兴的网络媒体也让读者与创作者的界线越来越模糊，传播门槛的降低也造成分众市场的经营更具效益，而这些技术的创新早已重新定义所谓的出版产业。2020年遇到的新冠肺炎疫情让许多产业受到冲击，许多需要借助实体场域才能提供服务的商业模式都遇到巨大的挑战（如实体书店）。展望出版产业的未来，有许多值得我们关心的议题，包含后疫情时代对学习与阅读的影响，人工智能在创作与实体服务上的应用，以及大数据分析对于图书的选题策划与推荐等，这些趋势都值得我们开始思考如何重新定义未来的出版产业与阅读行为，并进一步将资源投资在最需要关注的发展趋势上。

（黄昱凯　台湾南华大学文化创意事业管理系副教授）

第五编
出版业大事记

2020 年中国出版业大事记

1 月

7—8 日 由中国出版协会、中国新闻出版研究院主办的第十三届新闻出版业互联网发展大会在京举行。大会以"全媒体创新、高质量发展"为主题，发布了《2019 互联网发展报告》和 2019 年度"互联网创新人物""互联网＋出版创新项目"获奖个人和单位。

8 日 由中国书刊发行业协会主办的 2020 中国书店大会暨"新时代杯"2019 时代出版·中国书店年度致敬盛典在京举行。大会以"书店重做与高质量发展"为主题，发布了《2019—2020 中国实体书店产业报告》和《2019 中国实体书店图书报告》。

同日 韬奋基金会全民阅读促进会成立大会暨"中华优秀科普图书榜"2019 年度榜单发布会在京举办。

9 日 为期 3 天的 2020 北京图书订货会在中国国际展览中心（老馆）开幕。本届订货会的主题为"全面推进出版业高质量发展，精品图书助力小康社会繁荣"，展出图书近 40 万种。

同日 全国"扫黄打非"办公室公布 2019 年度"扫黄打非"十大案件，涉及非法出版、网络传播淫秽物品、侵犯未成年人权益、假记者敲诈勒索、侵权盗版等类型。据统计，全年全国共查办"扫黄打非"案件 1.1 万余起，其中刑事案件 1 600 余起，刑事处罚 3 600 多人。

10 日 由中国出版协会主办、中国少年儿童阅读推广联盟协办的"2020 中国百城儿童阅读嘉年华"启动仪式在北京图书订货会上举行。

13 日 《"舌尖上"的安全——从田间到餐桌的风险治理》研究成果报告会在京举行。该书由中国农业出版社出版，是"十三五"国家重点出版规划项目"大国三农"

系列丛书之一。

14日　由中国期刊协会与中国少年儿童报刊工作者协会联合举办的2019年少儿报刊阅读季活动总结大会在京举行。据了解,全国有249家少儿报刊社开展了2019年少儿报刊阅读季活动,共计9 948.3万少年儿童参与并受益。

同日　首都版权产业联盟第二次会员大会在京召开。审议通过了首都版权产业联盟与北京版权保护协会合并并更名为"首都版权协会"的议案。王野霏当选理事长。

19日　中国出版协会成立40周年座谈会在京举行,会议回顾中国出版协会在党的领导下,不忘初心,与出版界砥砺前行的辉煌历程,再启新时代新航程。

31日　中宣部在京召开专题视频会议,研究部署新型冠状病毒感染的肺炎疫情宣传引导工作。中共中央政治局委员、中宣部部长黄坤明出席会议并讲话,强调要深入学习宣传贯彻习近平总书记重要指示精神,加大权威信息发布力度,加强政策措施宣传解读,持续振奋精神、凝聚力量,为打赢疫情防控阻击战提供有力舆论支持。

2月

6日　为期10天的第26届卡萨布兰卡国际书展在摩洛哥卡萨布兰卡国际会展中心举行,中国图书再次亮相北非国际书展,并受到读者欢迎。

19日　北京市委宣传部、市政府新闻办联合多部门召开新闻发布会,宣布市文化改革和发展领导小组办公室出台《关于应对新冠肺炎疫情影响促进文化企业健康发展的若干措施》,打出28条文化企业政策"组合拳",为疫情下的文化企业保驾护航。

22日　为期10天的第25届马斯喀特国际书展在阿曼国际会展中心开幕。我国展团携200余种、近800册图书参展,其中《习近平谈治国理政》《摆脱贫困》《周易》《红楼梦》等图书广受欢迎。

26日　2020年度国家出版基金拟资助项目名单公示期已满。经报国家出版基金管理委员会批准,决定对已公示的《习近平用典(第三、四辑)》等633个项目给予国家出版基金资助。

本月　面对疫情,中宣部出版局、中国新闻出版研究院指导国家知识资源服务中心迅速行动。该中心汇聚了41家知识服务单位的相关产品,公众可通过国家知识资源服务中心门户网站或微信公众号检索防疫专业知识,也可以直接访问相关单位的知识服务产品，免费查看所需内容。

本月　自2月1日至29日，60家数字阅读平台及单位积极响应中国音数协发出的《数字阅读行业战"疫"倡议书》，共设置80余个免费阅读专区，用户总浏览量超过52.8亿人次，总阅读量超过72.2亿人次，总阅读时长超过3.3亿小时，总下载量超过2.4亿次，新增注册用户突破1亿。

3月

13日　"江苏省全民阅读活动领导小组（扩大）电视电话会议"召开，据了解，2019年度全省居民综合阅读率达90.16%，比2018年度提高0.23个百分点，提前实现"十三五"目标。

25日　中国印刷博物馆、中国出版协会、中国印刷技术协会、中国版本图书馆、中国新闻出版传媒集团有限公司等5家单位联合发布《关于征集抗击新冠肺炎疫情出版物和印刷品等藏品的通知》，向全国出版、印刷界公开征集防疫相关藏品。

31日　郑州市文化广电和旅游局与国家知识产权运营公共服务平台交易运营（郑州）试点平台达成合作协议，率先依托全国唯一的知识产权交易市场，组织文旅企业挂牌交易，实现资源共享，拓宽融资销售渠道，以多种方式将知识产权变现。

同日　国家版权局批复授予北京北大方正电子有限公司等41家单位"全国版权示范单位"称号，授予中海石油（中国）有限公司等28家单位"全国版权示范单位（软件正版化）"称号，授予上海创智天地园等8家单位"全国版权示范园区（基地）"称号。

本月　中共中央党史和文献研究院翻译的习近平《论坚持推动构建人类命运共同体》一书日文版由中央编译出版社出版发行。本书由中共中央党史和文献研究院编辑，收入习近平同志论述坚持推动构建人类命运共同体的重要文稿85篇。该书日文版和此前出版的英文、法文版，对于国外读者深入了解构建人类命运共同体理念、深刻理解习近平外交思想的丰富内涵和我国外交方针政策，具有重要意义。

4月

1日　由广州市委宣传部、书香羊城全民阅读活动组委会办公室主办，广州新华出版发行集团股份有限公司承办的2020年广州读书月拉开帷幕。本次读书月以"朝夕阅读 不负韶华"为主题，结合防疫以及复工复产期间市民的阅读需求，开启线上数字阅读，并联动广州塔、广州购书中心、广州图书馆、广州地铁等全城户外广告资源为阅读亮灯。

9日 据湖北省新华书店（集团）有限公司介绍，截至当日，湖北省89家中心门店，除武汉市内的5家外，位于其他市州的84家均已恢复营业。

13日 中国图书进出口（集团）总公司与华为技术有限公司在京签署全面合作框架协议。根据协议，双方将共同打造"智慧中图"、联合拓展公共文化行业项目、联合培养交叉领域专业人才、共同举办行业品牌活动。华为将与中图联手打造5G阅读创新中心，提供5G新阅读服务。

14日 人民日报新媒体、北京出版集团、北京大学出版社等国内14家文化机构，联合抖音、今日头条、番茄小说，发起了一项旨在推动大众读好书、好读书的全民阅读计划——"都来读书"。这是国内文化机构与互联网平台共同发起的首个大型读书计划。

20日 中国新闻出版研究院在线发布第十七次全国国民阅读调查成果。调查显示，2019年我国成年国民各媒介综合阅读率保持增长势头，各类数字化阅读方式的接触率均有所增长。其中，我国成年国民和未成年人有声阅读继续较快增长，成为国民阅读新的增长点，移动有声APP平台已经成为听书的主流选择。

21日 由浙江省文史馆发起，浙江图书馆联合主办的"图书馆藏书尽其用——浙江省文史研究馆馆藏书籍进百家图书馆"活动启动仪式在浙江图书馆举行。此次公益赠书活动面向省、市、县三级公共图书馆，实现102家全覆盖，共捐赠馆藏书籍23种2 649册，其中不乏有《马一浮全集》《张宗祥文集》《中国地域文化通览》《浙江文化简览》等精品力作。

23日 2020年中国数字阅读云上大会正式上线开幕。中宣部副部长梁言顺在线上发表的"4·23"世界读书日寄语中指出，让全民阅读成为新时代新风尚，成为促进个人发展、助推社会进步的重要力量。本届大会以"e阅读，让生活更美好"为主题，特别增设抗疫主题活动。

同日 国家版权局与全国"扫黄打非"办公室联合发布了2019年度全国打击侵权

盗版十大案件。十大案件涵盖新闻出版、影视、动漫等领域。

29日　以"行业联合、共建信任"为主题的联合信任版权保护平台战略发布会暨合作签约仪式在京举行。会上，中国摄影著作权协会、中国音像著作权集体管理协会、国家版权交易中心联盟、部分省市版权协会以及视觉中国、全景网络、中视瑞德等16家单位与该平台进行了共建签约。旨在解决版权产业发展过程中面临的确权难、取证难、维权成本高、权利人和使用者信息不对称等问题。

本月　广东省出版集团旗下多家出版社向美国、加拿大、印度、日本等国家输出多本抗疫图书版权，分享中国抗疫经验。其中，由广东科技出版社出版的《新型冠状病毒感染防护》，发行量突破188万册，并推出蒙古文、彝文、藏文、朝鲜文等少数民族语言文字版本和繁体版。

本月　中国音像与数字出版协会游戏出版工作委员会发布《2020年第一季度中国游戏产业报告》。报告显示，第一季度中国游戏市场实际销售收入732.03亿元，受到移动游戏实际销售收入增长的拉动，相比2019年第四季度增长了147.43亿元，环比增长25.22%。

5月

8日　由中国期刊协会主办，中国邮政集团公司报刊发行局协办，中国少年儿童报刊工作者协会、中国少年儿童新闻出版总社承办的2020年"少儿报刊阅读季"活动启动，活动主题为"手拉手、读中国、看世界"，至明年1月结束。

9日　重庆市版权研究基地成立授牌仪式在重庆师范大学举行。重庆市在重庆师范大学新闻与传媒学院、西南政法大学知识产权学院、四川美术学院当代视觉艺术研究中心、重庆理工大学知识产权学院4所高校所属院系设立重庆市版权研究基地。

15日　中国印刷博物馆线上召开2020年活字印刷术学术研讨会。来自博物馆、科研院所、中国印刷博物馆分馆和展示联盟的约200位印刷文化领域研究人员在线参会。

17日　《国家哲学社会科学文献中心学术期刊数据库用户关注度报告（2019年度)》发布。目前，国家哲学社会科学文献中心上线数据近2 000万篇，累计点击量近7亿次，下载量超过3 200万篇。

26日　深圳大学与深圳出版集团联合举办校企共建战略合作签约仪式，正式启动全民阅读产学研项目。

6月

5日　国家网信办、全国"扫黄打非"办公室会同最高人民法院、工业和信息化部、公安部、文化和旅游部、市场监管总局、广电总局等部门启动为期半年的网络直播行业专项整治和规范管理行动。此次集中行动不仅要有效遏制行业乱象，也要科学规范行业规则，促进网络生态持续向好。

12日　重庆市音像与数字出版协会游戏服务专门委员会在重庆授牌成立。会上，重庆市音像与数字出版协会、重庆华略数字文化研究院发布《2019—2020年重庆游戏产业发展报告》，报告显示，2019年，重庆游戏业产出21.67亿元，其中游戏运营收入10.39亿元，研发产出11.28亿元，分别比2018年增长8%和28%，是近3年增长速度最快的一年。

同日　北京市委宣传部与腾讯新闻联合发起的"北京实体书店守望计划"在2020北京书市上正式启动。该项目将通过直播带货形式持续助力实体书店，邀请作家走进书店直播带货，知识分享、思想碰撞、读者互动、在线购书等"书事"均可在腾讯直播间一站式完成，同时通过微信平台广泛传播，为推动全民阅读带来新路径、新场景。

15日　由人民日报社、中国福利会指导，人民日报数字传播有限公司旗下"人民阅读"平台、中福会出版社、阅文集团共同发起的中国儿童数字阅读中心在上海正式揭牌成立。旨在探索"党媒+群团+企业"融合协作新模式，提升儿童文学优质供给，推动儿童文学高质量、多元化发展。

16日　由青岛市崂山区委宣传部主办、为期15天的"2020青岛市崂山区邻居节"在青岛西海岸新区启动。据了解，"山海书香·悦读崂山"流动享读车集图书阅览享读、音视频录制、多路信号直播等多种功能于一体，为社区、学校和企业开展主题教育活动提供了新平台，受到社区居民的欢迎。

29日　由中国外文局主办的"疫·镜——国际抗疫影像纪实"云摄影展在京启动，这是全球首次以抗击新冠肺炎疫情为主题举办的大型展览。此次展览以互联网为载体，分为移动端、电脑端和社交媒体端3种呈现形式。其中，移动端采用3D建模技术提供虚拟观展体验，分为中、英文版。

6月30日—9月30日 根据《顺义区支持实体书店高质量发展扶持资金管理办法》，北京顺义区公开征集2020年度支持实体书店高质量发展扶持项目，将从补贴、奖励、政府购买服务等三方面对实体书店给予扶持。这是继石景山区、海淀区等之后北京又一个城区开启的扶持实体书店行动。

本月 国家新闻出版署印发《关于进一步加强网络文学出版管理的通知》，要求规范网络文学行业秩序，加强网络文学出版管理，引导网络文学出版单位始终坚持正确出版导向，坚持把社会效益放在首位，坚持高质量发展，努力以精品奉献人民，推动网络文学繁荣健康发展。

本月 中宣部办公厅印发《关于公布2020年主题出版重点出版物选题的通知》，公布2020年主题出版重点出版物选题125种，其中图书选题110种、音像电子出版物选题15种。

本月 国家新闻出版署印发《关于做好2020—2021学年中小学教科书印制发行工作的通知》，就疫情防控常态化条件下中小学教科书印制发行工作作出部署。通知要求，严格落实属地管理责任。

本月 国家新闻出版署印发《报纸期刊质量管理规定》，加强报刊质量管理，规范报刊出版秩序，促进报刊质量提升。

本月 中央宣传部（国务院新闻办公室）会同中央党史和文献研究院、中国外文局编辑的《习近平谈治国理政》第三卷，由外文出版社以中英文版出版，面向海内外发行。《习近平谈治国理政》第三卷收入了习近平总书记在2017年10月18日至2020年1月13日期间的报告、讲话、谈话、演讲、批示、指示、贺信等92篇，分为19个专题。为了便于读者阅读，该书作了必要注释，该书还收入习近平总书记这段时间内的图片41幅。

7月

3日 全国政协委员读书活动综合线下交流会在京举行。中共中央政治局常委、全国政协主席汪洋出席并讲话。他强调，开展委员读书活动是十三届全国政协推动学习型社会建设、提高委员履职水平的实际行动，也是适应常态化疫情防控、创新履职方式的重要举措，要深入贯彻习近平总书记重要指示批示精神，不断总结深化，持续探索创新，坚持久久为功，推动委员读书活动走深走实。

6日　为了更好地宣传、推进、保障民法典实施，人民出版社近日出版了"《中华人民共和国民法典》释义"系列图书（七册），即日起在全国新华书店发行。

7日　由贵州省委宣传部、贵州省版权局主办的"激活价值 注力攻坚"多彩贵州民族民间文化版权服务工程启动活动在"中国民间文化艺术之乡"水城县举行。该工程拟从今年下半年开始，在整个"十四五"期间，从作品登记、宣传推广、版权转化3个环节服务贵州民族民间文化版权产业发展，带动就业，惠泽百姓。

9日　全国"扫黄打非"办公室公布了"净网2020"专项行动上半年工作数据：全国共查处网络"扫黄打非"案件1 800余起，取缔非法不良网站1.2万余个，处置淫秽色情等有害信息840余万条。

同日　浙法传媒集团正式成立，其前身为《浙江法制报》。据悉，这是全国首家法治传媒集团。

10日　首届中版好书全球云展销大会在京开幕。为期3个月的云展销大会由中国出版集团主办、中国图书进出口（集团）总公司承办，面向全球推介中国出版集团有限公司旗下纸电结合万种精品图书。

同日　北京开卷信息技术有限公司发布的2020年上半年整体图书零售市场相关数据。受疫情影响，今年上半年我国整体图书零售市场同比呈现负增长，下降9.29%，但较一季度降幅收窄；网店渠道整体继续保持小幅正增长，同比上升了6.74%，增速较去年同期明显回落，但较一季度有所加快。

13日　第四届湖北出版政府奖正式揭晓，根据《湖北出版政府奖评选章程》规定，《马克思主义在中国早期传播著作选集（1920—1927）第1—3卷》《湖北文学通史（3卷）》等25种图书，《湖北日报》等4种报纸、《地球科学》等6种期刊和湖北知音传媒集团有限公司王应鲲等9人获奖。

17日　国家新闻出版署门户网站官方微信"中国新闻出版政务"正式上线运行。以发布国家新闻出版署要闻信息、通知文件、政策解读，新闻出版领域工作动态，为行业及公众提供权威、便捷的查询和举报投诉为主要功能。

21日　第十三次中美欧日韩知识产权五局合作局长会议召开，会议通过了《2020年中美欧日韩知识产权五局合作局长联合声明》。重申了五局"为用户和公众提供更好的服务，以增强知识产权在激励创新和促进社会经济发展中的作用"的共同承诺，并将继续在应对疫情以及激励推动创新方面采取措施并分享最佳实践。

22 日　中国社会科学院新闻与传播研究所和社会科学文献出版社共同在京发布新媒体蓝皮书《中国新媒体发展报告 No.11（2020）》。蓝皮书显示，2019 年，我国新媒体在网络协同和数据智能的双重驱动下，用户数量、产业规模、应用和服务的数量与质量都得到了快速提升，5G、区块链、海外布局等进一步促进了我国新媒体发展。

23 日　第十届江苏书展在苏州拉开帷幕。江苏省各地 111 个江苏书展分展场、2 个线上分展场同步启动开幕活动。苏州市"学习强国"阅享空间先行建设单位获赠全民阅读数字资源。

30 日　由中国教育报刊社举办的"推动基础教育高质量发展暨《人民教育》创刊 70 周年读者座谈会"在京举行。教育部党组成员、副部长郑富芝出席座谈会并指导基础教育新闻宣传工作。

31 日　浙江省十三届人大常委会第二十二次会议审议通过《浙江省广告管理条例》，明确提出违规违法游戏广告的广告主和发布者面临同责同罚。

本月　为帮助印刷发行企业渡过难关，湖南省委宣传部与省财政厅联合出台了《关于应对新冠肺炎疫情影响促进文化产业持续健康发展的若干措施》。截至目前，湖南全省印刷、发行行业新冠肺炎疫情防控补贴资金 1 577 万元已全部发放到位，惠及省内 334 家发行企业和 129 家印刷企业，有效提振了行业信心。

本月　国家出版基金项目"中华优秀传统文化传承系列"（英文版）近日由上海译文出版社出版。该系列分为《中国神话故事与三十六计》《中国历史著述》《中国成语故事》《中国历代著名绘画作品鉴赏》《中国历史人物》《中国古建筑及其故事》6 册。

8 月

1 日　中国游戏产业研究院正式揭牌并落户上海张江国家数字出版基地，该研究院由中国音像与数字出版协会设立，并与上海市共建。

10 日　财政部公布 2019 年全国财政决算。数据显示，2019 年新闻出版电影支出决算数为 102.98 亿元，为上年决算数的 105.6%。其中版权发行方面支出最多，为 40.51

亿元。

12日 国家重大文化工程《辞海》(第七版)与读者见面。该书总字数约2 350万字,总条目近13万条,图片1.8万余幅;新增条目(含义项)1.1万余条,75%以上的条目都有程度不同的修订或更新。

同日 2020上海书展暨"书香中国"上海周开幕。本届书展由上海市委宣传部(上海市新闻出版局)指导,上海市书刊发行行业协会、上海市国际贸易促进委员会主办。

17日 "新华书店城市书房"启动仪式在上海举行。预计年底前,上海将陆续建成50家"新华书店城市书房",为社区居民提供舒适的阅读空间。

20日 第五届BIBF菠萝圈儿国际插画展入围作品以线上直播方式公布,在60组入围作品中,崔超、段凯琳、郭雨晴等22位中国插画家创作的《坏猫大花和奶奶》《新桃花源记》《喵行天下》等作品入选。

21日 2020南国书香节拉开帷幕。本届南国书香节由广东省委宣传部和全省各地级以上市委宣传部主办,以书店为依托,在广东全省设150个分会场,参展图书超20万种,举办线上线下文化活动近200场次。

同日 "为中国未来而读——2020阅读行动论坛"在北京商务印书馆举行。本次论坛由教育部语言文字信息管理司指导,商务印书馆、中国教育报社主办。

同日 北京98家文化产业园区分别获得"市级文化产业园区""市级文化产业示范园区(提名)"或"市级文化产业示范园区"授牌。截至2019年底,98家园区共集聚企业9 540家,其中文化企业7 337家,包括腾讯、新浪、网易、光线传媒等文化领域知名企业,以及众多成长型文化企业、小微文化企业。

25日 中国—中东欧国家出版联盟"人文经典互译与文明互鉴"论坛在北京举办。本次论坛由北京外国语大学、中国—中东欧国家出版联盟主办,外语教学与研究出版社、中国文化译研网承办。来自国内外出版界、翻译界、学术界近300人参加了本次论坛。

26日 新闻出版高质量发展大讲堂系列直播课开启首场直播。直播课由中国新闻出版传媒集团联合《中国学术期刊(光盘版)》电子杂志社主办,中国新闻出版广电网、中国知网承办。

28日 2020年北京出版高峰会议第一期以"智慧图书馆的馆藏与服务"为主题，与业界专家学者就图书馆数字化和在线化运营、打造智慧服务平台等话题展开交流。会议首次采用"云端"参会、线上直播的形式分两期举办。

29日 中国版权协会文字版权工作委员会在京正式成立。该委员会是由文字作品版权领域相关单位和机构自愿组成的公益性群众团体，受中国版权协会直接领导，是中国版权协会的二级委员会。

31日 国家图书馆与阅文集团共同召开"珍藏时代经典 悦享网络文学"发布会。双方签署战略合作协议，宣布阅文集团挂牌成为国家图书馆第二家互联网信息战略保存基地，同时，来自阅文平台的百部网络文学佳作典藏入馆。

同日 2020印刷出版文化国际学术研讨会在京举行。来自中外博物馆、协会、高校、科研院所的专家学者围绕"印刷出版与文化生活"主题，通过线上线下相结合的方式进行研讨。

本月 北京市首个优秀古籍整理出版扶持项目管理办法实施。根据管理办法，自今年起将"北京市优秀古籍整理出版扶持项目"财政资金单独立项，以加强和推进北京市历史文献和文化典籍整理出版工作。预算额度提高到每年500万元，专项用于鼓励和支持北京市优秀古籍整理成果的出版，预计每年资助10个项目，单个项目最高不超过60万元。

9月

1日 《新华字典》编纂70年暨第12版出版座谈会在北京人民大会堂举行。全国人大常委会副委员长、民进中央主席蔡达峰，中宣部副部长梁言顺，教育部副部长、国家语委主任田学军，中国社会科学院秘书长、党组成员赵奇，中国出版集团有限公司董事长谭跃，中国社会科学院原副院长江蓝生等出席会议。

2日 国家图书馆发布"日本细菌战资源库"、《侵华日军细菌战档案汇编》等文献整理成果。资源库面向社会免费开放，展示史实史证，助力学术研究，"让历史说话，用史实发言"。

3日 全国首家软件正版化服务中心——重庆市软件正版化服务中心揭牌仪式暨正版软件推介会在中国西部（重庆）科学城举行。该服务中心由市版权局、市经信委共同指导，旨在落实国家创新驱动发展战略、加快推进重庆市软件正版化工作和软件业高质量发展。

同日　陕西省首个"5G+VR"红色文化体验馆正式对外开放。该馆由陕西新华出版传媒集团陕西科学技术出版社、延安市新华书店联合陕西"互联网+革命文物"教育平台三方共同建设。

4—6日　第四届中国"网络文学+"大会开幕式暨高峰论坛在北京举行。本届大会以决胜全面小康、决战脱贫攻坚为主线，以"网映时代，文谱华章"为主题，着重展示网络文学依托时代发展，植根于民、创作为民的写作导向，引导更多网络文学作家致力于讲述中国故事，谱写时代美好篇章的精品化创作。

5日　第四届中国数字出版创新论坛在京举行。本届论坛以"数字传承　共享高质量发展成果"为主题，面向国内外出版业展示数字出版领域最新成果，为出版单位与科技企业的信息交流、经验互鉴、融合发展搭建互动平台。

6日　以"5G时代的全媒体版权经济"为主题的首届中国国际版权服务大会在京举行。大会由中国出版协会、北京市委宣传部、中国新闻出版传媒集团、北京市贸促会、首都版权协会联合主办。

7日　由中国版权协会主办的纪念《著作权法》颁布三十周年暨中国版权协会成立三十周年座谈会在京举行。

同日　第四届中华藏书文化论坛在京举行。论坛围绕"藏书文化与书香社会"的总议题，分设"藏书文化的人文精神与当下传承""元典阅读与文脉传承的系统建设""藏书文化与当代民众生活的重塑"3个分论坛。

8日　以"建立全媒体传播体系牢牢占据传播制高点"为主题的第十五届中国传媒年会在南京举行。年会由中国新闻出版研究院传媒杂志社联合新华报业传媒集团、南京报业传媒集团主办，扬子晚报社紫牛新闻承办。

10日　2020中国黄山书会在合肥滨湖国际会展中心拉开帷幕。本届书会主题为"决胜小康　奋斗有我"。

16日　在由国家版权局举办的2020中国网络版权保护与发展大会上，国家版权局网络版权产业研究基地发布了《中国网络版权产业发展报告（2019）》。2019年中国网络版权产业市场规模达9 584.2亿元，同比增长29.1%。

22—24日　首届中国期刊高质量发展峰会暨第九届上海期刊论坛在沪举行。峰会由中国期刊协会、上海市出版协会、上海市期刊协会和上海大学共同主办。来自管理部门、行业协会相关负责人，以及全国各地期刊界从业者等1 300多人通过现场及线上两种方式参加了活动。

23日　由中国书刊发行业协会民营书业工作委员会主办的"Books New + 书业新生态——面向未来的思考"2020聚焦科技创新推动出版发行、教育新生态研讨会在京举行。

25日　中国音像与数字出版协会正式发布《基于5G数字音乐超高清音质技术要求》团体标准，该标准是我国首个基于5G网络的数字音乐行业团体标准。

26日　第27届北京国际图书博览会"云书展"正式开幕，古巴担任书展主宾国。为应对疫情常态化新挑战，顺应国际出版业发展新趋势，创办34年的北京国际图书博览会首次移师线上。来自97个国家和地区的近1 400家展商完成线上注册，并上传3.8万余种中外版权图书。其中，新展商数量达200家，国际出版50强中有25家注册参展，"一带一路"沿线国家和地区达31个。

28日　由甘肃省委宣传部主办、读者出版集团承办的"书香陇原·金秋阅读季"开幕暨甘肃省新华书店西北书城升级重启仪式在兰州举行。

本月　中共中央办公厅、国务院办公厅印发了《关于加快推进媒体深度融合发展的意见》，并发出通知，要求各地各部门结合实际认真贯彻落实。

10月

9日　首届北京国际音乐产业高质量发展促进大会在北京音乐产业园开幕，北京市委常委、宣传部长杜飞进出席开幕式。

13日　第72届法兰克福国际书展线上开幕，中国出版通过中国图书进出口（集团）有限公司设立的"阅读中国"网站专页整体亮相，17家中国的出版集团及专业出版单位参展。

本月　中宣部印发《关于促进全民阅读工作的意见》。《意见》明确，到2025年，通过大力推动全民阅读工作，基本形成覆盖城乡的全民阅读推广服务体系，全民阅读理念更加深入人心，活动更加丰富多样，氛围更加浓厚，成效更加凸显，优质阅读内容供给能力显著增强，基础设施建设更加完善，工作体制机制更加健全，法治化建设取得重要进展，国民综合阅读率显著提升。

11 月

3 日　第 21 届深圳读书月拉开帷幕。六大深圳书城举办"庆祝深圳经济特区建立 40 周年"主题书展，集中展示精品主题出版物，全面反映深圳城市发展实践创造的伟大奇迹。

同日　首都版权协会知识产权纠纷人民调解委员会成立暨授牌仪式在京举行。这标志着北京版权纠纷人民调解工作正式开启。

10 日　第十六届中国（深圳）国际文化产业博览交易会（云上文博会）新闻发布会在深圳举行。本届文博会展览平台为文博会官方网站、中国文化产业网、微信小程序"文博会+"，云上平台主要包括云开幕、云展厅、云招商、云签约、云大数据五大板块。

13—15 日　2020 中国上海国际童书展在上海世博展览馆举办。本届上海童书展展览面积 2.5 万平方米，吸引了 21 个国家和地区，386 家童书出版机构和儿童有关文化企业参展，参展中外最新童书超过 6 万种，其中外版童书约 2 万种，占品种总数的 35%，83 位来自 12 个国家的特邀嘉宾参与了官方活动。展会期间举办了各类专业交流、新书发布、阅读推广、在线直播等活动共计 308 场，覆盖除主会场外的学校、书店、图书馆等 100 多个阅读、教育、艺术文化空间。近 2 万名观众参观了上海童书展线下展会，截至 11 月 15 日，童书展线上商贸配对及线上活动参与和观看量突破 52 万。

15 日　国家版权局经广泛征求意见后下发《关于进一步做好著作权行政执法证据审查和认定工作的通知》。《通知》明确，根据投诉人提交的权利证明文件以及侵权证据，著作权行政执法部门能够直接认定被投诉人的行为构成侵权的，无需委托鉴定机构进行鉴定。著作权行政执法部门可依法查处通过虚构授权、虚假授权等方式非法传播他人作品的侵权行为，依法规范权属不清、不正当维权等行为。

18 日　中国文化产业投资母基金在北京正式成立。基金由中宣部和财政部共同发起设立，目标规模 500 亿元，首期已募集资金 317 亿元。基金成立是深入贯彻落实党的十九届五中全会精神、推进文化改革发展的重要举措，对于健全现代文化产业体系，完善把社会效益放在首位、社会效益和经济效益相统一的体制机制，推进社会主义文化强国建设具有重要意义。

21日　视听表演北京条约版权生态高质量发展论坛在首届中国（北京）国际视听大会（CIAC）上举行。《视听表演北京条约》是新中国成立以来首个在我国缔结、以我国城市命名的国际知识产权条约。

28日　社会科学文献出版社与江南大学联合在江苏无锡主办第九届人文社会科学集刊年会，年会主题为"学术集刊高质量发展：机制与创新"。

30日　2020年全国有声读物精品出版工程入选项目发布仪式在京举行。经多轮评审及组织公示，《习近平新时代中国特色社会主义思想学习纲要（有声书）》《从一大到十九大：中国共产党全国代表大会史（有声书）》等55个项目入选。

12月

1日　由红旗出版社、中国妇女报社主办的第八届"书香三八"读书活动颁奖典礼暨第九届"书香三八"读书活动启动仪式在京举行。活动共评选出获奖作品2 680件，180个单位获组织奖。

1—2日　以"新时代·新格局·新举措"为主题2020泰山国际新闻出版合作大会暨泰山新闻出版小镇建设发布会在山东泰安举行。大会由中国出版协会、山东省委宣传部（山东省新闻出版局）指导，中国新闻出版传媒集团协助，泰安市人民政府主办，泰安市委宣传部等承办。

2日　中国国际著作权集体管理高峰论坛在京举行。这是新修著作权法公布后，首个专注研讨著作权集体管理相关问题的国际高峰论坛，由国家版权局指导，中国音像著作权集体管理协会主办。

3日　第六届全国版权示范城市联盟年会在厦门举行，年会邀请杭州、成都、青岛、苏州等全国版权示范城市、创建城市围绕"优化版权生态，繁荣产业发展"主题交流经验。

4日　第十三届海峡两岸（厦门）文化产业博览交易会在厦门国际会展中心举行。据了解，4天展期内，共有93个文旅项目达成合作意向，项目总金额388.21亿元；现场签约项目20个，签约额67.55亿元。

8日 在以视频形式举办的第十六届中新双边合作机制（JCBC）会议上，中新双方国家领导人共同宣布中新签署《中华人民共和国国家新闻出版署与新加坡共和国文化、社区及青年部关于经典著作互译出版的谅解备忘录》等事项，中宣部副部长张建春代表国家新闻出版署在备忘录上签字。这是自亚洲经典著作互译计划启动以来，中国与亚洲国家之间签署的首份关于经典著作互译出版的备忘录，对向外译介中国精品力作，推动中外文明交流互鉴具有积极意义。

10日 由中国版权协会主办的2020年中国版权年会暨"远集坊"高峰论坛在珠海举行。会上，中国版权协会与国家对外文化贸易基地（深圳）联合发起了"2020年最具版权价值排行榜"评选活动。

11日 图书出版的高质量发展暨中国商业出版社成立40周年座谈会在京举行。

12日 由人民教育出版社主办的"第二届中小学教材论坛"在京举行，论坛以"人教70年：我国中小学教材建设的历程与成就"为主题，回顾我国中小学教材建设取得的历史成就，探索新时代中小学教材建设的发展路径，深化我国中小学教材编写、发行、使用、管理、评价研究。

18日 第十四届中华图书特殊贡献奖颁奖仪式在京举办，隆重表彰为推动中国出版走出去、促进中外文明交流互鉴作出突出贡献的15个国家15位获奖人。荣获本届中华图书特殊贡献奖表彰奖励的15个国家15位作家、翻译家、出版家分别是：阿根廷作家古斯塔沃·吉拉多、匈牙利作家郝清新、波兰作家格热戈日·科沃德科、俄罗斯作家科雅琼、越南已故作家杜进森、喀麦隆青年翻译家杜迪、意大利翻译家卡萨齐、吉尔吉斯斯坦翻译家巴特克古尔·卡拉姆别科娃、瑞典翻译家罗德堡、英国翻译家韩斌、美国翻译家倪豪士、德国出版家汤恩平、以色列出版家皮埃尔·赫泽尔·拉维、黎巴嫩出版家巴萨姆·谢巴鲁、塞尔维亚出版家久雷蒂奇·亚戈什。他们中有推动习近平新时代中国特色社会主义思想国际化表达和传播的外国前政要，有书写记录当代中国故事的海外知名作家，也有长期潜心研究中华文化的著名翻译家，还有致力于促进中外出版合作的国际出版家。

18—19日 以"全民阅读：在变局中开新局"为主题的第三届中国全民阅读年会在广西南宁举行。年会由中国出版协会、中国阅读三十人论坛指导，中国新闻出版研究院、广西出版传媒集团、人民出版社联合主办，广西新华书店集团、新阅读杂志社承办,中国出版协会全民阅读工作办公室、人民出版社读书会、新教育研究院新阅读研究所协办。年会旨在建设书香社会、推动全民阅读、打造公益性年度全民阅读推广的交流平台。来自各省省委宣传部、文化和旅游局、教育局的代表,出版界的代表,知名作家、学者近 300 人参加本次年会。

21 日 以"创新引领消费 融合赋能变革"为主题的第十届中国数字出版博览会在京开幕。中宣部副部长张建春出席开幕式并以《大力实施数字化战略 推动出版强国建设》为题作主旨讲话。

同日 中国新闻出版研究院发布《2019—2020 中国数字出版产业年度报告》。报告显示,2019 年,国内数字出版产业整体收入规模为 9 881.43 亿元,较上年增长 11.16%,其中,互联网广告、移动出版、在线教育、网络游戏依然稳居收入榜前 4 位,互联网广告、移动出版、在线教育继续保持快速发展态势。

同日 中国印刷技术协会成立 40 周年系列纪念活动在京举行。受中宣部副部长张建春委托,中宣部副秘书长、出版局局长郭义强出席活动并祝贺。

26 日 中国财经媒体版权保护联盟与北京汉仪创新科技股份有限公司在京举行签约仪式。此次签约旨在以团体议价优势推动该联盟媒体单位规范使用正版字体,从而降低媒体因未经授权使用汉仪字库美术字体而出现的法律风险。

29 日 河南新闻博物馆在河南日报报业大厦正式揭牌。该馆由河南日报报业集团独家创办,开启了全国首家由党媒集团独立创办新闻博物馆的先河。

本月 由中共中央党史和文献研究院翻译、中央编译出版社出版的《习近平关于统筹疫情防控和经济社会发展重要论述选编》英文版在全国出版发行。该书中文版已于 2020 年 10 月出版,收入习近平同志有关重要文稿 43 篇。为便于国外读者阅读和理解,英文版增加了注释和索引。

(邓 杨 中国新闻出版研究院)

2020年中国香港特别行政区出版业大事记

1月

2日　2019年曾面临经营困难的书商里人文化，宣布举行歇业大清仓至1月31日，转战网上。

6日　《亚洲周刊》"2019年十大小说"揭晓，十本"小说类"优秀中文出版物中，有来自香港作家董启章的作品《命子》（联经出版公司）。

14日　为配合新时代零售行业发展，联合出版集团以香港三联、香港中华、香港商务的零售业务为基础，组建联合新零售（香港）有限公司，营运遍布于全港的书店网络和网上平台，是该集团转型升级、整合创新的一件大事。当天该公司董事会成员主持祝愿仪式。

15日　香港公共图书馆于大围推出全港第三个自助图书站，加强为市民提供二十四小时的公共图书馆服务。

同日　因应疫情严重，教育局宣布延迟开课，各公营私营机构主张停课不停学，免费提供学习资源，网站内容丰富，阅读、中英数史科地俱备，还有小游戏寓学习于娱乐。

同日　香港商务于即日起一连六天举行"书送祝福"旧书回收活动，在指定门市收集市民捐赠图书，并于4月进行义卖，每本10元，收益扣除行政费用后，全数拨捐香港沃土发展社。

16日　中环大馆举办第二届《BOOKED：香港艺术书展》，集中展示艺术书籍，成为另类的艺术实践，将书本、出版等与当代艺术结合，以印刷品作媒介，探索艺术创作的多元形式，旨在引领市民前往艺术之途的大门。展览为期四天，至 1 月 19 日结束。

19 日　《亚洲周刊》"2019 年十大好书"揭晓，十本"非小说类"优秀中文出版物中，有三本香港出版物入选，包括许纪霖《中国时刻？从富强到文明崛起的历史逻辑》（香港城市大学出版社）、任剑涛《中国的现代国家构造（上、中、下）》（香港城市大学出版社）和刘天赐《赐官驰骋纵横五十年》（天地图书）。

20 日　联合出版集团发布十本"2019 年度好书"，包括《香港故事——五十个独特视角讲述"百变"香港》（香港三联）、《〈延禧攻略〉美学解构》（香港三联）、《饶宗颐香港史论集》（香港中华）、《台湾岛史记（上下册）》（香港中华）、《互联互通与香港新经济融资创新》（香港商务）、《粤普英顺逆序辞典》（香港商务）、《鼎爷厨房~原汁原味功夫菜》（万里机构）、《新雅幼儿互动点读图典及拼字套装》（新雅文化）、《美国陷阱：如何通过非经济手段瓦解他国商业巨头》（中和出版）、《触摸历史：五四人物与现代中国（增订本）》（香港中和），由专家、资深出版人，选出每年最有价值的书，向读者推介，也是鼓励属下出版社。

同日　联合出版集团发布十则"2019 年度新闻"，包括：①集团强化战略创新，注重系统筹划，"5+2 现代出版传媒产业体系"建设加快推进；②集团致力于"深耕香港、面向世界、注重原创、兼顾引进"，大力推进出版主业提振工程，内容创新能力明显提升；③集团打造"香港出品"品牌活动，积极参与各大书展，彰显香港出版特色，旗下机构出版物屡获殊荣；④集团推进中商印刷创新转型，持续开拓互联网服务新业态，核心竞争力进一步提升；⑤集团启动零售整合，着力打通线下与线上，连接实体与虚拟，打造产品销售与知识服务的平台型连锁企业，更好服务香港社会；⑥集团加快推进新媒体与新业态板块创新转型，融合发展初见成效；⑦集团修建发展新赛道，加快推进战略合作，发展格局与事业版图不断扩大；⑧集团以管理创新为内生动力，优化企业资源配置，提升集团管理效益；⑨集团多渠道建设联合出版培训体系，涵养学习型企业文化；⑩集团植根香港、深耕香港、服务香港、反哺香港，积极投身社会活动，勇于履行社会责任。

29 日　为应对严峻疫情，联合出版集团推出香港首部免费《新型冠状病毒感染肺炎防护读本》，为公众提供实用、准确、专业的防疫资讯，以降低疫情传播风险。该书由广东省疾病预防控制中心、万里机构编辑委员会编写，由香港三联、万里机构出版。

该书同步出版电子版,之后推出英文版,保护市民健康,获社会好评及关注。

本月　香港理工大学持续推行 READ@ Poly 阅读计划,本年度获选英文书是 Ted Chiang 的 *Exhalation*。全校学生可以免费获得一本实体书,也可到图书馆借阅纸本或电子书,阅毕图书,他们还可报名参加读书会讨论,以及撰写读后感赢取奖品等。该计划于 2011 年首办,年度荐书由本校园共同投票选出,该计划在全国高校图书馆阅读推广案例大赛参赛的 450 多所学术图书馆的计划中,获颁一项特别奖,以示表扬。

2 月

17 日　由香港出版总会、香港各界文化促进会、香港影业协会、香港体育社团联会发起的"全民抗疫,以读攻毒"网上文化公益活动启动,希望连接出版、文化、影视、体育、教育、艺术等界别,为公众特别是中小学生提供阅读、学习、考评、专业培训,以及心理咨询、体育、保健、饮食和娱乐等资讯和服务。

23 日　香港作家君比因病离世。她曾创作《叛逆岁月》系列、《4 个 10A 的少年》、《夜青天使系列》,写作生涯获奖无数,多次荣获香港"中学生好书龙虎榜"最受欢迎作家,作品陪伴不少出生于 90 后的青年成长,是一代年轻人的回忆。

本月　香港出版学会完成职业训练局资历架构之"出版业职业资历阶梯计划"中文和英文版报告书,并呈交资历架构委员会。该计划由香港出版学会于 2018 年成功投标承办,调查及分析在综合中文图书出版社编辑部的五个职位,期望更准确地提供编辑专业的进修及就业的进阶路线图。

3 月

10 日　大众书局黄埔分店遭一家投资公司上诉追租,业主要求大众书局清还欠款 47 万多港元,及要求收回铺位。

11 日　香港免费报纸《都市日报》有关连的公司,日前被一家印刷公司上诉高院,指其拖欠一笔印刷费逾 1 188 万港元,要求其偿还款项及支付利息。

19 日　在严峻的零售经营环境下,大众书局 16 家书店全线结业,发言人表示未来将集中资源在教育出版等业务。

23 日　大公文汇传媒集团公布,《哭泣的城市——香港修例风波实录》即日起在全港书店发售。据称，该画册以大量新闻图片、评论文章、图表、漫画以及视频新闻（二维码），记录了修例风波爆发以来的事态发展，以全方位的视角真实记录这场风波的全貌。

24日　联合出版集团揭晓八位"年度好编辑"，包括：宁础锋（香港三联）、杨歌（香港中华）、邹淑桦（香港商务）、曹嘉怡（教图公司）、潘晓华（新雅文化）、杨克惠（香港中和）、郭韵婷（橙新闻）和李仕奇（橙新闻）。

本月　商务印书馆两家书店结业。

4月

6日　在抗疫期间，康乐及文化事务署特别设立一站式网上资源中心 www.lcsd.gov.hk/tc/onlineresources.html，让市民可以不受场馆开放限制，在网上参与或欣赏文体活动，当中有康文署与香港电台推出"十五分钟的约会"，鼓励市民每日阅读。

8日　《老夫子》出版人吴中兴逝世。

同日　康乐及文化事务署公共图书馆举办的第三十届全港诗词创作比赛"填词"截稿，最后选出学生组和公开组冠亚季军各一名和优异奖各四名，得奖作品稍后于各区公共图书馆巡回展出。公共图书馆自1991年开始举办全港诗词创作比赛，目的是提高市民之国语运用和韵文欣赏能力。比赛单年比诗，双年比词。

10日　独立出版社麦穗出版宣布结业，该社主要出版本地文学及文化书籍，当中不乏获奖作品。

15日　联合新零售有限公司旗下文化阅读及电商平台"一本"上线，其 Super Card 会员系统，贯通香港三联、香港中华、香港商务实体门市与"一本"电商平台，实现多项优惠促销组合以及多种销售场景。同时，"一本"以推荐书单和会员互动为特色，实现文化活动在线直播功能。

同日　由康乐及文化事务署香港公共图书馆主办的"二零二零年中文文学创作奖"截稿。比赛设新诗、散文、小说、文学评论、儿童故事和儿童图画故事六个组别，评判团从超过1 100份参赛作品中，选出共48份不同文体的优胜作品，11月举办获奖作品展览。"中文文学创作奖"于1979年首办，自1992年起隔年举行，历年来发掘了许多极具潜质的文坛新秀，当中不少已成为本港举足轻重的作家和学者。

20日 政府宣布，在第二轮"防疫抗疫基金"中提出企业薪金补贴，以及承诺资助印刷及出版业界参加下一届书展。

同日 为响应"世界阅读日"，康乐及文化事务署香港公共图书馆延续"共享·喜阅新时代"主题，当日推出一连串精彩活动，加入全新概念"喜阅密码@LIBRARY"，与读者拆解喜阅的秘密。打响头炮为"作家与你共享喜阅"活动，两位香港青年作家游欣妮、梁伟洛（可洛）通过短片分享阅读如何改变他们的人生；儿童文学作家郑咏诗则畅谈亲子共读的好处。此外还有每年均举办"4·23世界阅读日创作比赛"，"松一松e阅读小站"电子书推广活动，读者无需预约即可免费借阅。其他重点节目，包括"与作家会面""夏日阅缤纷""香港图书馆节"和"'喜'动图书馆"等。

21日 香港出版学会网上公布"香港全民阅读调查"结果。这是该会与新论坛连续五年合作进行的追踪调查，以了解香港的阅读人口、阅读习惯、阅读动机、对纸本书和电子书的喜好等。本年度成功访问了2 097人，调查发现，2020年有阅读印刷书习惯的被访者，只有65.3%，按年减3.3%，是历年调查的新低，而回应"没有"则占34.7%。学会以过去四年的数据作比较和分析，获众多媒体报导及引用调查报告。这次发布会另一项内容，是宣布启动香港出版总会和香港出版学会合作推动的"自家慢读"行动。该活动鼓励市民在疫情期间享受慢读减压。活动获教育局支持，担任协办机构，向中小学发出通告，鼓励师生参加，扩大影响力。活动在5月8日结束，反映良好。

23日 香港特区政府"创意香港"赞助，第一届"想创你未来——初创作家出版资助计划"举办发布会。项目由香港出版总会主办，是本港首个由出版专业策划的出版资助计划以培育初创作家，鼓励出版社出版具创意、优秀、具潜力的书籍，补足本港出版缺项、增强出版创意优势，并协助出版业界开拓外地市场，巩固香港创意之都的地位。获资助作品将出版成书，在国际书展中的"香港馆"展出，促进版权输出，开拓国际市场，进一步提升香港作为华文出版的地位。

本月 鉴于新冠肺炎疫情仍未明朗，为避免人流聚集及保护公众健康，由太古地产"爱心大使计划"、香港小童群益会及义务工作发展局原订于本月举行之"书出爱心·十元义卖"慈善活动取消。

5 月

5 日　有声书网页"书声 SyuSing"登场，提供免费有声书，书种包括：散文、小说、新诗、青少年文学、经典文学，可收听的作家作品包括：小思、何福仁、韩丽珠、谢晓虹、黎紫书、卢伟力、王良知等，经典文学作家则有鲁迅和萧红。

6 月

18 日　由香港浸会大学文学院主办的"红楼梦奖——世界华文长篇小说奖"公布入围名单，香港作家西西、董启章分别凭《织巢》及《爱妻》入围。该奖项两年一度举办，获奖作家可获港币三十万元奖金。

20 日　香港电台与香港出版总会合办的"第十三届香港书奖"举行颁奖礼，评审团及公众选出 9 本入围书，获奖书籍包括：《生抽香港》《正道·大学——写在风雨之后》《我们的黄金时代》《命子》《穿梭太平洋：金山梦、华人出洋与香港的形成》《卢玮銮编年选辑》《读胡适》及儿童少年读物《和平是什么》等。本年度新增设的"香港新晋作家奖"由冯睎干获得，而荣获"评审推荐"之新晋作家包括（排名不分先后）：林喜儿、罗乐敏、黄振威、赵晓彤及梁柏坚。"香港书奖"始于 2007 年，评审团从提名书籍中选出约 20 本进入决选，再从最后入围书籍中选出获奖书籍，公众投票占总评分 20%。

23 日　两年一届由康乐及文化事务署香港公共图书馆主办的"第十三届香港文学节"于当日展开。今届文学节以"字旅·时光"为主题，通过专题展览等各类活动，从不同角度探索作家如何表述个人视野和体验，通过文学再现和想象，重构不同时代的景致和人文风貌。此外，文学节前奏活动"童年"中文征文比赛的获奖作品亦会于专题展览中展出，比赛收到超过六百份参赛作品。

同日　香港出版总会、香港图书文具业商会、香港书刊业商会合办一场名为"挑战与机遇：两会关于香港的议题"的出版界交流会，由马逢国、霍启刚担任分享嘉宾，邀请出版界从业员及商会会员参加。交流会探讨在社会事件及疫情后，配合国家发展大局，香港未来的机遇与发展，并深入解读国安法。当日出席者众，问答环节反应热烈。

24日 由香港出版总会主办，特区政府创意香港赞助的"想创你未来——初创作家出版资助计划"截止报名，该计划分设绘本、科普、非物质文化遗产三大类别，合共收到123份申请书。7月举行两天评审日，按评审准则（内容与意念、编辑与制作及推广与营销）选出9份入围作品。

本月 教育局推出"书出知识—赠阅图书"试行计划（2020），向所有就读公营学校（包括特殊学校）及直接资助计划学校的中小学生送赠图书，目的是让他们通过获赠的实体书，于暑假期间随时随地翻阅书本，享受翱翔书海的乐趣，并培养良好阅读的习惯。本试行计划获香港出版总会支持。

7月

1日 明镜新闻出版集团的出版和杂志业务，从当天起正式离开香港。

13日 因第三波新冠肺炎疫情来势汹汹，为公众安全起见，政府当日公布将原定于7月15—21日举行的香港书展延期。同日，香港出版总会发声明，对书展延期以保障市民安全表示支持，但也指出，除销售损失外，在举行前两天才突然停办，不少出版社已投入开支，呼吁政府向出版业提供适当资助。

16日 香港出版学会联合香港学校图书馆主任协会举行"香港学校图书馆及青年阅读调查"网上发布会。前者在2020年6月向12—36岁的青少年进行为期两周的网上问卷调查，成功收集近400份问卷；后者则于4月开始，邀请学校图书馆主任自由填写问卷，最后共有136名学校图书馆主任完成问卷。前一份报告显示：阅读并未能在青年人中成为风气，平均每年阅读印刷书籍的数量以两三本为最多，而且以功能性为主；后一份报告则显示：小学较多学生平均每人借阅量从11—40本，到中学较多学生平均每人借20本或以下，借阅量随年龄递减。两份问卷为了解青年阅读和学校图书馆工作情况，提供了宝贵的参考数据。

23日 香港出版总会名誉会长霍启刚报名参加立法会体育、演艺、文化及出版功能组别选举。

24日 由香港教育城举办的"第17届十本好读"，该奖项接受学界投票，由学生、教师一人一票选出2018/19年度出版的心爱书籍和作家。小学生组方面，"厉河"票选为他们最爱作家、《大侦探福尔摩斯43 时间的犯罪》获小学生最爱书籍第一位，教师推荐好读第一位是《STEAM 大挑战：32 个趣味任务，开发孩子的设计思考力 + 问题解决力》；中学生组方面，"游欣妮"票选为他们最爱作家、《十分 [ ] 的猫》获中学生最爱书籍的第一位，教师推荐好读第一位是《我们都是这样在屋邨长大的》。

本月　月底，植根香港百年的英文书店辰冲图书有限公司（Swindon Book Co.）宣布关闭其位于尖沙咀乐道的实体总店，转作网上营运，旗下位于中环及金钟的书店 Hong Kong Book Centre 及 Kelly & Walsh 则照常营业。

本月　HKTV 公布在 8 月举办网上书展计划，有超过 40 家出版商落实参与。

8 月

4 日　由香港互动市务商会主办、香港特区政府"创意香港"为主要赞助机构的第二届"香港初创数码广告企业 X 出版宣传支援计划"颁奖典礼暨得奖者分享会以网上 Facebook 直播形式举行。得奖名单：郭斯恒的《霓虹黯色——香港街道视觉文化记录》（香港三联）荣获金奖；何美怡的《失常罪——法医精神科医生的代告白》（天窗出版）、袁斯乐的《野孩子追梦的世界》（明窗出版）荣获银奖；陈新安、伍桂麟的《无言老师——遗体捐赠者给我们的生死教育课》（明窗出版）荣获铜奖；郑天仪的《地方营造——重塑街道肌理的过去与未来》（香港三联）荣获优异奖。该奖项旨在培育本地初创数码广告企业，并有助推广阅读与帮助出版界有效运用社交媒体平台宣传。

7 日　第八届"红楼梦奖"公布得奖名单，香港作家西西的《织巢》获"专家推荐奖"。两年一度的"红楼梦奖"由香港浸会大学文学院主办，以奖励成书的优秀华文长篇小说，提升华文文学水准。

10 日　为应对持续的新冠肺炎疫情，以及基于公共健康风险考虑，香港出版总会表示，取消原订于 7 月香港书展期间举办之第一届"想创你未来——初创作家出版资助计划——得奖作家发布会"，改于当天在网上公布获奖名单。有关得奖项目名单包括："绘本组"有《爱昆虫的男孩》（黄庆诗著，互动媒体）、《陌生人》（赵嘉雯著，Kubrick）、《莫莉与索奇》（陈可菲著，香港商务）；"科普组"有《珍珠解码——进入科普世界》（王俊杰著，Everyone Press Ltd）、《无言老师的 21 堂解剖课》（伍桂麟、陈新安著，明报出版社）、《熊猫记者调查：香港历史上的四大病魔怪》（麦明心著，香港皇冠）；"非遗组"有《香港遗美——香港老店记录》（林晓敏著，非凡出版）、《观心自在：香港观音诞与观音信仰探源》（骆慧瑛著，天地图书）、《一对丝袜，一杯奶茶》（洪蔼婷著，香港中华书局）。

24 日　香港诚品公布，首家"复合式诚品儿童馆"正式进驻 K11 Musea，是为香港第六家分店，也是诚品香港在 2020 年的第三家新开分店。

9 月

2 日　家庭与学校合作事宜委员会发出通知，在互联网上发布《小学概览 2020》（中文及英文版）。《小学概览》的中文及英文版印刷本由全港幼儿园及幼儿园暨幼儿中心，派发给本学年就读高班学生的家长，旨在为家长提供主要的学校资讯，帮助他们替子女选择合适的学校。

23 日　诚品在香港的第四家分店"诚品书店奥运店"于大角咀奥海城正式开幕，奥海城是西九龙最主要的购物商场，与港铁"奥运站"以天桥相连，奥运店的店名也源自于此。店内规划有诚品儿童馆，这是诚品儿童馆首度进驻旺角区。

10 月

15 日　"两岸出版高峰论坛暨第二十五届华文出版年会"举行，由于疫情关系，会议采用大陆、台湾、香港、澳门四地连线形式进行。香港出版学会前副会长、全民阅读调查专案召集人池丽华以"从阅读到慧读的探索发言"为题，介绍和分析了香港全民阅读的现状和趋势，交流不同群体读者特别是青年读者的阅读兴趣，祈盼推动更多更好的华文经典作品进入大众阅读视野。

18 日　康乐及文化事务署香港公共图书馆主办的第二届香港图书馆节于 10 月 18 日至 11 月 29 日举行，节以"阅读四重奏"为主题，结合线上线下平台，将阅读从文本延伸至跨界艺术、多媒体、虚拟科技及文艺活动，让读者通过各类创意活动，欣赏跨界创作及各类文学作品。

19 日　由香港教育大学"中国文学文化研究中心"举办的"香港文学文化沙龙"，全年主办五次活动，当天主办的是本年度最后一场："第九次香港文学文化沙龙：文学与社会"，邀请香港作家董启章先生和香港教育大学文学及文化学系副教授陈智德博士对谈。该项活动自 2018 年开始，由李欧梵教授联同一众大学学术单位创办以文学为出发点，为香港文化之研究开辟一个新视野。活动通过提问和交谈的方式引发讨论，旨在鼓励对话、交流，互相学习。

28 日　今年是张爱玲诞辰一百周年，张爱玲母校香港大学举办"百年爱玲，人文港大"张爱玲百年诞辰纪念文献展，当天展览在香港大学美术博物馆的网页上线，策展人黄心村是香港大学文学院比较文学系教授、系主任。这次线上展览提供的资料将帮助更多的研究者重新定义张爱玲在现代中文文学和世界文学中的位置。与此同时，改编自张爱玲经典小说、由许鞍华执导的《第一炉香》（*Love After Love*），也入选了本届威尼斯影展非竞赛单元。

本月　中华商务联合印刷（香港）有限公司在今年的美国印刷大奖中斩获 3 项班尼奖、14 项精品奖和 26 项优异奖，合共获得 43 个奖项，成为全场得奖总数第三名的企业。其中，获得班尼奖的作品为：*The Beatles Yellow Submarine*、*Every Day is Saturday* 和《公司印后样册》。

11 月

3 日　华人漫画经典《老夫子》为香港本地一代人的集体回忆，其出版人吴中兴于今年 4 月辞世，由吴氏早年购入作旗下吴兴记书报社，当天售出上环自用铺位。

6 日　联合出版集团董事副总裁、中华商务董事总经理梁兆贤荣获香港政府职业训练局（VTC）颁授的荣誉院士之最高荣誉，以表彰其长期为职业专才教育和奉献社会的重要贡献。

8 日　深圳读书月首届"深港共读，双城同感"活动发布会于深圳市福田区深业上城举办，发布会活动由深圳读书月组委会办公室、深圳市阅读联合会主办，香港出版总会、香港图书文具业商会、香港文化创意产业发展基金会协办，深圳出版集团、联合出版集团、中华商务贸易公司（广州）、本来书店、深业上城承办，商务印书馆（香港）有限公司、联合新零售（香港）有限公司、"一本"APP，深圳数字出版服务有限公司特别支持。重磅活动有"张爱玲百年诞辰及其他"主题讲座及藏品展，还有行业专业人士评选推出的"两地书单"等。其间，联合出版集团旗下本来书店策划深港青人阅读交流活动因积极响应粤港澳大湾区战略发展规划、推动大湾区出版行业与文化活动交流的内外双循环新发展格局而获评"最具创意活动"。

10日　职业训练局与香港出版学会合办出版培训课程，题目是"创意编辑关键：从数据、案例及策略谈起"系列讲座，精心策划了5个讲座，邀请专家学者从数据、案例及策略谈起，回归数据分析、搜罗得奖个案、通过现象看本质，一同寻找出版创意的新蓝海。

23日　早前香港贸易发展局宣布，将原定于2020年7月15日至21日举行的香港书展及当中的香港运动消闲博览，延至2020年12月16日至22日在湾仔会展举行。贸发局与香港书展协办机构的代表当日再作商讨，鉴于近期疫情反弹，应避免举行室内大型群体聚集活动，局方及各协办机构一致同意，即使书展采取多项措施，于12月复办仍会有很大风险，基于市民及展商的安全为首要考虑，将香港书展顺延至2021年7月举行。

本月，香港诚品荃湾店进行扩张占地逾8 000平方英尺，新增文具馆及生活馆。

12月

1日　康乐及文化事务署宣布，为应对2020年新冠肺炎疫情的最新情况，采取进一步限制措施，减少社交接触。香港中央图书馆、六家主要图书馆及其参考图书馆，以及三十一家分区图书馆将实施特别开放时间，时间为星期一至六下午一时至八时，星期日及公众假期上午九时至下午五时。康文推出新的一站式网上文康资讯学习平台"寓乐频道"（www.lcsd.gov.hk/tc/edutainment-channel.html）。其中的"互动+01"系列，将由12月12日起推出博物馆虚拟导赏节目，由香港科学馆、香港艺术馆馆长带大家在网上互动欣赏展品。"寓乐频道"增设"101入门教室"，以短片方式介绍有关文化、艺术、科学、体育、园艺及豢养动物等范畴的基础知识，让市民在安坐家中抗疫时细细欣赏，接触各式艺文康体资源，探索知识新领域。

3日　家庭与学校合作事宜委员会发布《中学概览2020/2021》（中文及英文版）的网上版；概览的中文及英文版印刷本将由全港小学派发给本学年就读小六的学生家长，旨在为家长提供综合性的学校资料，以供参考。概览也刊载了"主席的话"，为家长讲解选校的要点。

7日　第十二届九龙城书节首次移师网上举行，联同二十多个书商、独立书店制作了逾20场讲座、对谈直播、新书推介等。书节一连两周每晚七时于Facebook播出不同节目，主办单位在 Facebook 上表示，希望"在社交距离时代中，拉近与阅读的距离"。

9 日　诚品于今日发布"2020 诚品年度阅读报告"，今年适逢百岁诞辰的文坛巨匠张爱玲，是唯一同获两岸三地读者青睐的"年度十大作家"，而新世代作家"不朽"夺下台港年度作家第一名。

15 日　中华商务联合印刷（香港）有限公司成立 40 周年，在其位于大埔中华商务大厦举行 40 周年暨《传承与创新》新书发布仪式，联合出版集团办公会成员莅临现场出席活动。因新冠肺炎疫情缘故，活动采取线上直播形式，获香港特区政府行政长官林郑月娥发来祝贺视频。《传承与创新》一书由香港商务出版，中华商务印刷，联合电子协助同步推出电子书、有声书版本，以跨媒体形式，让公众了解中华商务改革、发展、壮大和创新的故事。

22 日　康文署宣布，其一站式网上资源中心（www.lcsd.gov.hk/tc/onlineresources.html）于 4 月设立，并陆续加添内容，其中香港公共图书馆制作之"喜阅亲子 Voice & Move"以一连五集的短片教导家长和小朋友通过声音、道具、表情、肢体动作，把单向平面的讲故事活动，演绎成亲子互动学习空间，借此提升小朋友阅读的兴趣。

（潘翠华　香港联合出版集团）

2020 年中国澳门特别行政区出版业大事记

2 月

本月　澳门大学出版的人文社科类期刊《南国学术》在"2019 年度复印报刊资料转载指数排名"的"高等院校主办学报排名"中，位列第四。该期刊于 2019 年的发文量为 59 篇、被全文转载 21 篇，转载率为 35.59%，较 2018 年度排名上升了三位。由澳门大学编辑出版的综合性人文社会科学学术理论期刊《南国学术》，在第六届全国高校社科期刊评优活动中获得高度赞赏，被评为"全国高校社科名刊"；其中的栏目"东西文明对话"被评为"全国高校社科期刊特色栏目"；总编辑田卫平被评为"全国高校社科期刊优秀主编"。

7 月

10—19 日　由澳门理工学院及一书斋合办的"第 23 届澳门书市嘉年华"，以"独乐·读乐"为主题，在澳门理工学院体育馆举行。

8 月

本月　文化公所与台湾华艺电子书合作推出"电子书推广计划"，并公开征集全澳纸本图书，致力推动澳门图书数字化。

9 月

26—30 日　受新冠肺炎疫情影响，第 27 届北京国际图书博览会（BIBF）于本年采用在线联展举办，展期为 9 月 26 日至 30 日。通过公开征集，文化公所与澳门文化广场共组织了来自 32 家出版单位的 928 本图书参加本次 BIBF 云书展，向内地及海外读者推广澳门的优秀出版物。

10 月

15 日　澳门出版协会以在线会议形式，出席由中国版协轮值主办的"第廿五届华文出版年会"，其中王国强代表澳门发表《2019 年澳门出版概况》一文。

11 月

15—24 日　澳门出版协会主办"2020 年秋季书香文化节"，展出各类新书逾 3 万种，共超过 15 万册。

（王国强　澳门出版协会副理事长）

2020年中国台湾地区出版业大事记

1月

18日 已经举办28届的台北国际书展,历年来皆吸引约50国、600多家参展单位与会,台北国际书展原定2月4日至9日假世贸一馆举行,因考虑新冠肺炎疫情暴发,主办单位决议推迟至5月7日至12日原场地举行。

30日 北市图深耕电子书使用人次突破80万,在电子书之借阅排行中,前十名之电子书有4本为宗教心灵主题,其中《被讨厌的勇气:自我启发之父"阿德勒"的教导》蝉联排行榜冠军。若以主题进行分析,最受读者欢迎之电子书主题依序为"财经商管""休闲生活""语言学习""宗教心灵"及"文学小说"。

2月

5日 最老文青圣地——"中央书局"强势回归,出生台中的张杏如信谊基金会董事长是推动"中央书局"回归的主要推手。"中央书局"三层楼的空间:一楼选书强调台湾与台中,期望开启在地与国际的对话;二楼是信谊基金会擅长的亲子共读空间;三楼陈列人文社会书籍,还能举办发表会、讲座等各式活动。

8日 和平青鸟书店荣获"世界三大设计奖"的2020年德国iF设计大奖(iF Design Award),得奖原因包括"独立书店跟建商的合作,打破常规里建案接待中心的定型观念,以及以跨界融合,结合艺术展览、演讲、文化活动,为公众带来创新又愉悦的体验的经营理念"。

26日 *Vogue Taiwan*和*GQ Taiwan*于2020年全面淘汰传统的塑胶杂志袋,于寄送杂志时改为使用台湾铭安科技制造的环保杂志袋。*Vogue Taiwan*和*GQ Taiwan*所使用的环保杂志袋由铭安科技内部牌号GP1003的材质制作而成,其中含有主原料为玉米的

PLA 聚乳酸塑胶，并获得国际 OK Compost 生物可分解认证，在工业堆肥环境下 12 周内便能分解完毕。

3 月

5 日　艺术界年度盛事"意大利波罗尼亚插画展"，每年吸引全球众多插画家参与，入选皆为顶尖佳作，不再排名；入围作品除了收录于当年度波罗尼亚年鉴，也将于波罗尼亚书展会场和全球巡回展出。今年超过 2 500 人投稿，日前所公布 76 位入围者中包含台湾女孩陈巧妤（笔名：Yedda Chen）。

8 日　世界前三大的法国安古兰漫画节每年举办艺术驻村交流计划，台湾自 2014 年起也陆续举荐敖幼祥、米奇鳗、61Chi、陈沛珛等 10 位漫画家前往驻村。"文化部"公布今年将由漫画家 Adoor Yeh、Doz Lin 赴安古兰国际漫画暨影像城"作者之家"驻村创作 3 个月，与来自世界各地、不同文化背景的驻村漫画家交流激荡。

19 日　九歌年度文选得奖者名单出炉，得奖的包含散文选主编凌性杰、年度散文得主王盛弘、小说选主编张惠菁、年度童话得主刘碧玲、童话选主编林哲璋。

23 日　"文化部"为减轻文化艺术事业及相关从业人员因新冠肺炎疫情影响而发生之营运冲击，提供纾困补助，特办理"出版事业及实体书店"类别之纾困补助申请说明会。

4 月

15 日　"第 21 届漫画博览会"原订于今年 7 月 30 日至 8 月 3 日举行，不过受到新冠肺炎疫情影响，主办单位 15 日公布确定取消，将积极投入筹备 2021 年的展览。

23 日　"文化部"与"财政部"达成共识，完成"文化艺术事业减免营业税及娱乐税办法"相关条文修订，图书免征营业税将于 2021 年中正式实施。新修订的《文化艺术事业减免营业税及娱乐税办法》，将增订实体及数位图书的出版业者，实体或数字图书出版物经"文化部"认可后，就可免征营业税。全球目前已经有英国、爱尔兰、阿根廷、韩国、泰国、马来西亚等 53 个国家，提供纸本图书免税或零税率优惠；韩国、泰国、马来西亚更进一步同时免除纸本与数位图书出版品的营业税。

23 日　响应 4 月 23 日世界阅读日，新北市长侯友宜 22 日出席远见天下文化事业群"安心防疫·相信阅读"计划,分享自己推荐精选的防疫书单,希望大家在防疫期间重拾阅读的好习惯。市长侯友宜的私人防疫书单,第一本是硅谷教父约翰·汉尼斯的《这一生,你想留下什么》,面对时代变迁,期望借助硅谷教父的经验,带领新北市迎向新未来;第二本是以色列历史学家哈拉瑞的《21世纪的21堂课》,在人工智慧发展的时代,如何保持竞争,需要大家一起省思;第三本是由波兰米契林斯基夫妇共同绘制的《地图》,其以独特手绘风格呈现各国特色城市、代表人物等,通过新奇有趣的图说,认识世界各国事物。

5月

15日 史上第一次集结众多出版社以影片、新书、活动作全方位展现的2020台北国际书展线上书展Online,自5月15日起至6月30日展开长达47天展期,以"阅读新风景Online"为主题,"Online Book秀"出版社铆足全力,除了介绍新书,原为今年2月书展筹备多时的展位设计图也在此曝光,和大众分享。

22日 自2013年起邀集"国家图书馆""全国公共图书馆"合办的"台湾阅读节",活动多元多变,获得2020年美国图书馆协会(ALA)的国际图书馆创新服务奖。每年12月举办的台湾阅读节,包含上百场多元阅读活动,有上百个单位响应,最特别的是近年让民众走出户外,在大安森林公园等场所举办阅读嘉年华,将书中知识与公园生态、阅读活动融合,让各种年龄的民众都能感受阅读的魅力。

31日 全球首家24小时书店诚品敦南店将于5月31日歇业,诚品敦南店于1989年在台北仁爱敦南圆环落脚,不但是诚品的"起家厝",而且以综合型书店结合商场,并开创全球首家24小时不打烊的书店经营模式,逐步成为台北及台湾重要地标。诚品敦南店结束后将由诚品信义店接棒24小时营业,以"多维世界,与你同步看见"崭新定义,结合24小时不打烊音乐馆与知味市集,打造"生活与昼夜阅读的博物馆"。

6月

1日 全台最大文学阅读网站《镜文学》发展有声节目,打造官方网站文字朗读系统(Text to Speech),全站签约作品加入男、女声朗读功能,成为台湾第一个结合有声阅读的创作文学平台。

2 日　创刊 32 年、全台唯一晚报《联合晚报》因受读者阅读习惯改变、数字媒体发展和新冠肺炎疫情等因素影响，决定终止发行。

10 日　为鼓励民众于新冠肺炎疫情趋缓后扩大艺文消费，振兴艺文产业发展，"文化部"投入 12 亿元共计发行 200 万份 600 元"艺 FUN 券"，以"艺文专用、不限区域使用"为原则，并采电子票券方式发行。持有电子票券的民众则可于"艺文展演场馆及音乐展演空间""书店及唱片行""电影院"及"艺文展演预购票券"等，全台超过 1 万家以上店家使用。

15—30 日　安锡国际动画影展市场展将于 6 月 15 日至 30 日期间举办，受新冠肺炎疫情影响改为线上展出。为应对参展型态改变，"文策院"成立"虚拟台湾馆"，协助 15 家动画业者、21 部作品参与线上市场展会，并首次参与出版及动画媒合单元，会前邀请资深动画授权成员传授经验谈，以期提高原创图像 IP 媒合成功机率。

7 月

2 日　松菸"不只是图书馆"重新开馆，台湾设计研究院营运的"不只是图书馆"7 月起搬到松菸北侧澡堂，"BOOK BATH 泡书区"延伸室内澡堂意象，跳脱澡池既定的跨入式座位，打造环书围绕的下沉式阅读区域，成为浸泡知识的书池。

10 日　台中市真人图书馆进驻，建筑疑问迎刃而解。真人图书馆（The Human Library）源自于 2000 年的哥本哈根，目的在于促进人与人之间的互动，跨越族群所带来的隔阂，运用图书馆借书的方法来"借出"真人，通过"借入"人的提问来了解不同的文化、摒除偏见，并提供面对面沟通交流的知识阅读方式。

14 日　2019 年度常态第 2 期艺文补助结果公告，本期常态申请并受理 607 件、通过初审排入复审会议为 588 件、获补助件数为 370 件，平均获补助比率为 63%，补助总金额为新台币 3 052 万元。本期进入复审会件数以音乐类（147 件）最多，其次依序是美术与书法水墨类（视觉艺术）（101 件）、社区文化类（77 件）等。本期首次提出申请件数为 116 件，其中 55 件获补助，获补助比率为 47%。观察本期整体收件数比去年同期减少约 9%，其中以音乐类减少达 26%，受疫情影响最巨。

20 日　廖瑞铭教授撰写的《舌尖与笔尖：台湾母语文学的发展》由越南作家协会出版社正式在越南出版，这是第一本以越南文介绍台语文学的专书。

8月

7日 2020文创产业新闻报导奖揭晓得奖名单，"中央通讯社"以"文化+双周报"第41期"老·技艺　新·生命"获奖。

18日 线上漫博展于8月18日登场，共有超过40家动漫业者参与，也是全球首次大型直播漫博活动，为期5天的直播活动将有近20位艺人、Coser与网红加入直播行列。

20日 为行销台湾内容与拓展泰国出版产业市场，"文策院"与泰国出版商及书商协会（Publishers and Booksellers Association of Thailand，PUBAT），以及东南亚国协出版协会（ASEAN Book Publishers Association，ABPA）合作策划"后疫情时代出版产业的创意表现——台湾观点"线上产业论坛，8月20日于线上同从业者进行分享交流。

22日 第22届台北文学奖举行颁奖典礼，征文项目分为小说、散文、现代诗、古典诗、舞台剧本及文学年金奖助计划等六项，加上第20届文学年金最终决审得主，总计颁发23个奖项。

27日 第55届电视金钟奖公布今年入围者名单，先前第53届也曾以第一季动画入围金钟奖，且屡获国际奖项肯定的台湾原创优质动画《Food超人》（*Food Men*），再度以第二季动画入围本次金钟奖"动画节目奖"。这部近年高人气的台湾原创动画作品，曾连续荣获2018年意大利"奥尼罗斯影展"（Oniros Film Awards）最佳动画奖和美国"南部电影节"（Southern Shorts Awards）最佳动画大奖、最佳编剧等奖项，以及入围台湾2018年"电视金钟奖""中国新光奖"。

9月

11日 由"台湾文化部"主办的第44届金鼎奖颁奖典礼于台北文创大楼举行，今年共有1 300余件出版品报名杂志类、图书类、政府出版品类、数字出版类等4大类组20个奖项，经各专家学者评审，计28件作品获奖、41件作品获得优良出版品推荐及特别贡献奖。

13日 台湾漫画家彭杰在日本连载作品《转生贤者的异世界生活》获得漫迷喜爱，在日本累积销售突破200万册，再创台湾漫画家新纪录。

22日 第11届金漫奖特展登场，漫画家阮光民（右）荣获本届"网路人气奖"。

本届金漫奖特展以"城市漫步"为主题,期许通过城市的人、地景,呼应漫画的点、线、面元素,让读者、观众漫游于漫画中。

23 日　诚品于香港第四家据点"诚品书店奥运店"选址为大角咀,并于 9 月 23 日正式开幕。全新诚品书店奥运店空间设计呼应大角咀船坞的历史特色,以海蓝色波浪天花设计,大面玻璃引进阳光,并以"锚定当下·阅读时光"为定位,规划"对映香港""经典共读"等主题推荐书展,邀请读者细阅香港。

10 月

7 日　为鼓励好故事成为好剧本,创造 IP 在内容市场跨域合作,"文化内容策进院"举办"出版改编影视剧本"编剧端媒合服务指南说明会,期望通过内容开发专案计划媒合服务,经由串联有文本授权改编意愿之出版方、编剧或开发团队及有投拍意愿之影视投拍方合作,由文策院投入初期开发费用及编剧劳务费用,分摊初次合作的开发风险,加速影视改编能量,"文策院"今年接手"文化部"移交之"出版与影视媒合"业务后,把一次性活动扩大为长年性的媒合与开发机制,以连结出版与影视能量,导入市场资金,提高作品成功投拍机率。

12 日　"经济部"中小企业处为协助中小企业掌握经济趋势脉动,希望通过优良中小企业经营管理出版品的甄选、推荐与推广,带动中小企业读书风气,提升其经营能力与开拓视野,因此推动"金书奖——优良中小企业经营管理出版品推广计划",本年得奖的有经营管理类(共 9 本)、科技与资讯类(共 3 本)、行销类(共 3 本)、创新与创业类(共 3 本),以及传记类(共 2 本),得奖的出版社包含大块文化、三采文化、读书共和国文化、秀威资讯科技公司《酿出版》、城邦文化事业股份有限公司、远见天下文化出版、天下杂志、时报文化出版、先觉出版以及财团法人中国生产力中心。

14 日　每年十月初秋在欧洲盛大开展的知识产业嘉年华会——法兰克福书展(Frankfurt Book Fair),本年度受到新冠肺炎疫情影响宣布取消实体展会,于原本展览时间 10 月 14 日至 18 日转型成为线上体验数字展。"文策院"以策展概念规划展会内容:除了成立虚拟"台湾馆"外,并与"THE ARTS + 计画平台"合作推出线上论坛、参与"Bookfest Digital 平台"以剧场跨域展演及声音剧场表现台湾出版形象。

11 月

17 日 诚品生活于 11 月 17 日宣布将前进东南亚，于"吉隆坡金三角"武吉免登（Bukit Bintang）商圈"The Starhill"开展马来西亚首家据点，预计 2022 年与读者见面。马来西亚首都吉隆坡更获联合国教科文组织 UNESCO 选为"2020 年世界图书之都（World Book Capital City）"，诚品生活携手创办人祖籍金门、长期支持华文教育的 YTL 杨忠礼集团（YTL Corporation Berhad）合作，开展台湾出版与文化创意产业新的可能。

19 日 第三十四届吴舜文新闻奖于 11 月 19 日公布"第三十四届吴舜文新闻奖——优胜得奖者"，并颁发"影音类"奖项三项、"文字类"奖项三项、"纪录片奖"及"新闻摄影奖"等共八座奖项。

同日 位在香港荃湾 D·PARK 愉景新城的"诚品生活荃湾店"于 11 月 19 日正式剪彩开幕，成为诚品在香港的第五家正式店点。

12 月

1 日 诚品全通路计划"诚品线上 eslite.com"于 12 月 1 日开站，提供 200 万种全台最丰富书籍、精选全球首发文具，还有各国丰富生活风格选品，每年规划逾 100 档线上下书展，通过诚品阅读职人观点推荐读者多元主题书单。

12 日 "2020 诚品年度阅读报告"公布，今年适逢文坛巨匠张爱玲百岁诞辰，其是唯一同获台港陆读者青睐的"年度十大作家"，而新世代作家"不朽"夺下台港年度作家第一名。

20 日 "金蝶奖"是台湾地区表扬书籍设计最重要的奖项，第 17 届的"金蝶奖"台湾出版设计大奖由夏宇、洪伊奇《脊椎之轴》、郭一樵《剪花活：剪纸合作社——台湾剪纸的实验田野》、陈冠儒《百代之过客》夺下今年的金、银、铜三奖。本次得奖作品多能掌握当代艺术精神，从概念到执行，贯彻整个编辑观念，不走过度设计，这也是近来国际的趋势。

（黄昱凯　台湾南华大学文化创意事业管理系副教授）